Birgit Blättel-Mink · Ortwin Renn (Hrsg.)

Zwischen Akteur und System

Birgit Blättel-Mink · Ortwin Renn (Hrsg.)

Zwischen Akteur und System

Die Organisierung von Innovation

Westdeutscher Verlag

Der Westdeutsche Verlag ist ein Unternehmen der Bertelsmann Fachinformation.

http://www.westdeutschervlg.de

Umschlaggestaltung: Horst Dieter Bürkle, Darmstadt
Druck und buchbinderische Verarbeitung: Rosch-Buch, Scheßlitz
Gedruckt auf säurefreiem Papier
Printed in Germany

ISBN 3-531-12996-1

Inhalt

IV. Innovation und Diffusion

Birgit Blättel-Mink

Zwischen Akteur und System - Zur Einführung

"Ich will die Arbeit im Forschungsbereich auf fünf Leitbilder konzentrieren: Dies ist einmal der Übergang zur Informationsgesellschaft, zweitens die biotechnologische Revolution des 21. Jahrhunderts, drittens das Wirtschaftswachstum in Stoffkreisläufen, viertens eine Energieerzeugung mit minimaler CO_2-Emission und schließlich die Entwicklung von Innovationssystemen im Netzwerk." (Jürgen Rüttgers, in: Das Parlament, Nr. 11, 10.3.95)

Die Leitbilder des "Zukunftsministers" berühren allesamt das Thema "Innovation". Neue Technologien sollen entwickelt werden, neue Branchen sich installieren. Die Vereinbarkeit von Wirtschaftswachstum und sinkendem Ressourcenverbrauch erfordert, neben neuen Technologien, auch neue Produktionskonzepte, und schließlich bedarf es neuer Formen der Interaktion, Kooperation und Koordination um der Komplexität des aktuellen wirtschaftlichen und gesellschaftlichen Wandels mit gangbaren Strategien entgegenzutreten. Gefordert sind demnach nicht nur technische Produkt- und Prozeßinnovationen, die den wirtschaftlichen Wachstumsmotor am Laufen halten bzw. wieder in Gang bringen, sondern auch soziale und ökologische Innovationen, die wirtschaftliche Entwicklung mit den Erfordernissen von Sozial- und Umweltverträglichkeit zu vereinbaren imstande sind.

Die somit konstatierte Vielfalt der Thematik "Innovation" erfordert auch eine multi- bzw. transdisziplinäre Herangehensweise. Daß neben den Wirtschaftswissenschaften auch die Soziologie das Thema "Innovation" aufgreift, ist nichts Neues. Dies jedoch gemeinsam zu tun, stellt eine Seltenheit, wenn nicht eine Innovation dar.

Konzeptionell gibt es mindestens drei gewichtige Gründe, die Frage der Organisierung von Innovationen in systematischer Absicht aufzugreifen. Zum einen die Diskussion um Gestalt, Existenzbedingungen und Leistungsfähigkeit nationaler Innovationssysteme im System der internationalen Arbeitsteilung verbunden mit der Frage, inwieweit eine Einschränkung auf die regionale Ebene oder aber eine Ausweitung auf die globale Ebene einem besseren Verständnis von Innovationsprozessen dient. Zum anderen die Frage nach den institutionellen Bedingungen von Technikgenese, Forschung und Entwicklung sowie wirtschaftlicher Anwendung von technischen Neuerungen, die sich mehr und mehr als ein System von Kooperationsbeziehungen innerhalb und außerhalb der Wirtschaft konstituieren. Schließlich wird Technikgenese mehr und mehr zu einem Prozeß, der unter Berücksichtigung der Nachfrageseite vor sich geht und neue Formen der Wissensvermittlung erfordert. Der Aspekt der Diffusion von technischen Innovationen darf dementsprechend nicht vernachlässigt werden.

Die aktuelle Wirtschaftssituation erfordert ungewohnte Lösungen. Um technische Innovationen zu realisieren, sind soziale Innovationen gefragt, die das Institutionengefüge neu konstituieren. Zwischen Akteur und System, von strikter Arbeitsteilung hin zu Kooperation, von der Externalisierung außerökonomischer Faktoren zur Integration sämtlicher Aspekte des Innovationsprozesses in das Unternehmen, sind nur einige der wesentlichen Dynamiken, die den modernen wirtschaftlichen Entwicklungsprozeß vorantreiben. Die zunehmende Bedeutung von (Innovations-) Netzwerken im Sinne der Selbstorganisation von wirtschaftlichen Akteuren zwischen Markt und Organisation und die zunehmende Internalisierung externer Effekte im Bereich der industriellen Produktion - hier vor allem die zunehmende Bedeutung von Umweltmanagement - stellen Meilensteine im Prozeß der Moderne dar.

Der Band ist in vier Abschnitte unterteilt. Der Abschnitt "Theoretische Konzepte in der Innovationsforschung" gibt einen Überblick über die Innovationsforschung im Ausgang von Joseph A. Schumpeter. Die neue Organisationsform "zwischen Markt und Hierarchie", das Netzwerk, wird ausführlich dargestellt und diskutiert. Ziel dieses ersten Abschnittes ist es, einen Rahmen zu schaffen, in den sich die folgenden Beiträge einfügen lassen. "Zwischen Akteur und System: Institutionelle Bedingungen von Technikgenese und Innovation" lautet das Thema des zweiten großen Abschnittes. Hier finden sich Beiträge, die von der globalen bis zur Ebene des einzelnen Wirtschaftsunternehmens streuen. Gemeinsam ist ihnen der Versuch, die aktuellen Probleme zu benennen, die sich in den einzelnen Phasen des Innovationsprozesses ergeben und die die wirtschaftlichen und außerwirtschaftlichen Akteure dazu veranlassen, neue Lösungswege einzuschlagen. Eines dieser Probleme betrifft die "Internalisierung externer Effekte", das Thema des dritten Abschnitts. Wie und unter welchen Bedingungen ein derartiger Prozeß initiiert wird, stellt den Inhalt der hier versammelten Beiträge dar. Die Frage der Durchsetzbarkeit von technischen Innovationen wird mehr und mehr zur Frage nach der Akzeptanz neuer Techniken. Das Verhältnis von "Innovation und Diffusion" wird im vierten Abschnitt näher behandelt.

Zwischen Akteur und System sind die aktuellen **theoretischen Konzepte in der Innovationsforschung** zu verorten. *Birgit Blättel-Mink* ("Elemente einer sozioökonomischen Theorie der Innovation") identifiziert die

Elemente einer Theorie der Innovation und verknüpft diese miteinander. Hierbei wird schnell deutlich, daß alleine soziologische Ansätze nicht ausreichen, um innovatives Handeln zu erklären. Die Autorin verbindet in ihrem Beitrag Erkenntnisse aus der evolutorischen Ökonomik mit den Arbeiten der "Neuen Wirtschaftssoziologie" sowie organisationssoziologischen Arbeiten der Neo-Institutionalisten. Den Kern nationaler bzw. regionaler Innovationssysteme stellen, Blättel-Mink zufolge, die Wirtschaftsunternehmen dar. Ihre Innovationsbereitschaft hängt sowohl von externen als auch von internen Faktoren ab. Diese werden wiederum sowohl von wirtschaftlichen als auch von nicht-wirtschaftlichen Institutionen überlagert. Das Innovationsaufkommen eines Wirtschaftsunternehmens hängt ab von Größe, Branchenzugehörigkeit und Lebensphase sowie natürlich internen Entscheidungsstrukturen und der Kultur des Unternehmens. Aber ein Wirtschaftsunternehmen kann nicht erfolgreich innovativ sein, wenn nicht die relevanten Umwelten innovativ sind, sowohl im Hinblick auf die Bereitschaft Neues nachzufragen als auch im Hinblick auf die Bereitschaft Neues zu fördern. Ein wesentliches Problem stellt hier die Wissensvermittlung dar, der Informationsfluß zwischen unterschiedlichen korporativen Akteuren.
Diese Problematik wird von *Uwe Kowol und Wolfgang Krohn* ("Modernisierungsdynamik und Innovationslethargie: Auswege aus der Modernisierungsklemme") aufgegriffen, die in der Bildung von "Innovationsnetzwerken" eine Strategie sehen, die es den Unternehmen ermöglicht, die spezifischen Schwächen hierarchischer Organisationen (Unicherheit, mangelnder Informationsfluß, mangelndes Wissen) und von Märkten (Intransparenz, Asymmetrien) zu überwinden. Wenn bereits im Prozeß der Technikentwicklung Nutzer und Hersteller von Techniken zusammenarbeiten, dann werden sowohl materiale als auch finanzielle Unsicherheiten reduziert. Allerdings stellen Netzwerke relativ "neue" Formen der Koordination dar, die von ihren Teilnehmern bestimmte Fähigkeiten erfordern, wie z.B. Vertrauen. Die Autoren zeigen auf, wie durch spezifische "Technikentwicklungspfade" Netzwerke gestärkt werden, aber auch kaputtgehen können. Sie stellen diese Evidenzen in den breiteren Kontext der "Modernisierungsmodernisierung" und äußern die Hoffnung, daß Netzwerke in der Lage sind, typische Probleme, die zwischen Entwicklungsdynamiken auf der einen und den Interessen und Handlungspotentialen korporativer Akteure auf der anderen Seite entstehen, zu überwinden.

Zwischen Akteur und System: Institutionelle Bedingungen von Technikgenese und Innovation stellt einen thematischen Schwerpunkt dar, der aus mehreren Blickwinkeln diskutiert wird. *Gerd Schienstock* ("Probleme der Koordinierung, Steuerung und Kontrolle einer globalen Ökonomie") greift einen Zusammenhang auf, der im Kontext der Modernisierung verortet ist. Es geht ihm um die Frage, inwieweit der Nationalstaat unter den Bedingungen einer zunehmenden ökonomischen Globalisierung noch in der Lage ist, die Aufgabe der Steuerung der Wirtschaft erfolgreich wahrzunehmen, oder inwieweit hier regionale oder transnationale Instanzen erfolgreicher sein können. Er kommt zu dem Schluß, daß weder die Nation, noch die Region, noch transregionale Beobachtungs-, Steuerungs- und Kontrollinstanzen, wie z.B. die Europäische Union, diese Aufgabe optimal erfüllen können. Als Grund nennt er die Tendenz transnationaler Konzerne, ihre Standorte selektiv zu wählen und damit regionale Wachstumschancen ungleich zu verteilen. Während er für die nationale und die regionale Ebene inhärente Asymmetrien zwische politischen und wirtschaftlichen Akteuren aufzeigt und vor allem das Modell regionaler Wachstumskoalitionen als ein recht fragiles Konstrukt entlarvt, deckt er einen Widerspruch in der Zielsetzung transregionaler Instanzen auf, der, letztendlich aufgrund wirtschaftlicher Interessen, nicht auflösbar ist: die gleichzeitige Förderung regionaler Entwicklung und interregionalen Ausgleichs. In jedem Falle bedarf es, so Schienstock, regionaler Innovationssysteme, die eine Region in die Lage versetzen, spezifische Standortvorteile zu entwickeln und zu erhalten. Das von der Europäischen Union eingesetzte Instrument der Strukturfonds hält er für wenig effektiv.

Die Bedingungen von Forschungs- und Entwicklungsförderung aus ökonomischer Sicht analysieren *Georg Licht und Wolfgang Schnell* ("Externe Effekte, Finanzierungsrestriktionen und Forschungs- und Technologiepolitik"). Der interessante Versuch auf der unternehmerischen Ebene, den Zusammenhang von Finanzierungsrestriktionen und Innovativität, systematisch, d.h. auch multivariat zu analysieren, beginnt mit der theoretischen Begründung der volkswirtschaftlichen Notwendigkeit einer staatlichen Förderung von Forschung und Entwicklung. Hier werden zwei Punkte herausgehoben: die positiven Externalitäten (d.h. Spillovereffekte) und ein Marktversagen im Kreditmarkt. Die empirische Gültigkeit der theoretischen Annahmen wird sodann belegt und zugleich kritisch diskutiert. Die staatliche Förderung konzentriert sich auf high-tech Unternehmen mit Spillovereffekten und die meisten der geförderten Unternehmen (Befragt im Rahmen des Mannheimer Innovationspanels) bezeichnen sich selbst als kreditrationiert. Weiteren Forschungsbedarf sehen die Autoren in der Frage, inwieweit staatliche Förderung tatsächlich zu höherer Innovativität führt, oder ob nicht häufig bereits am Markt erfolgreiche, innovative Unternehmen gefördert werden. Ein detaillierter Vergleich von Förderprogrammen auf EU-Ebene, Bundes- und Länderebene, führt zu einer Unterscheidung im Hinblick auf die Bedeutung von Humankapital und Finanzrestriktionen. Für die Länderprogramme, die verstärkt kleine und mittlere Unternehmen fördern, stehen Finanzrestriktionen der Unternehmen im Vordergrund, wohingegen auf Bund- und EU-Ebene die Teilnahmewahrscheinlichkeit deutlich mit dem vorhandenen Humankapital in eher großen Unternehmen korreliert.

Daß sich Innovationen "bezahlt" machen, belegt eindrucksvoll *Hermann Schnabl* ("Innovation und sektorale Wachstumsdynamik"). Er analysiert die Innovationsproblematik aus der Perspektive der einzelnen Wirtschaftssektoren. Mit Hilfe eines von ihm selbst entwickelten Instruments, der "Minimal Flow Analyse", untersucht er Veränderungen in der deutschen Wirtschaftsstruktur, indem er die Veränderung der relativen Gewichtung einzelner Sektoren aufzeigt. Als Meßgrößen benutzt er "Input-Output-Daten" einzelner Sektoren, d.h. er greift auf die wirtschaftliche Gesamtrechnung zurück. Eindrucksvoll beschreibt er den Bedeutungsverlust einzelner Sektoren (Hier: Nahrungsmittel) und den gleichzeitigen "Aufstieg" (Hier: Baugewerbe) anderer. Interessant ist vor allem die graphische Darstellung von "Wachstumsclustern" im Sinne von Sektoren, die sich sternförmig um "Aufsteiger" anordnen (Zulieferer etc.). Für den Aufstieg verantwortlich macht Schnabl relative Preissenkungen durch Produktivitätssteigerung, d.h. Prozeßinnovationen und Veränderungen in der Nachfrageelastizität durch eine Vervielfältigung des Angebotes, d.h. Produktinnovationen. Stetige Bemühungen um die Verkürzung von Produktlebenszyklen durch Innovation scheint eines der Hauptrezepte für wirtschaftliches Wachstum darzustellen und damit die Behauptung einer zentralen Position im sektoriellen Verteilungsgeflecht.
Ein "top-down"-Modell eines Innovationsnetzwerkes stellt *Helge Majer* vor ("Nationale und regionale Innovationssysteme - Wissenschaftsstadt Ulm"). Die "Wissenschaftsstadt Ulm" ist noch unfertig, so das Fazit seines Beitrages, von einer Wissenschaftsstadt kann noch nicht gesprochen werden. Gegründet - mit Unterstützung der Landesregierung unter Lothar Späth - mit den Zielen Forschungs- und Wirtschaftsförderung, steht das seit 1987 im Aufbau befindliche Forschungszentrum unter einem wissenschaftlich-industriellen Paradigma. Aspekte wie Sozial-, Umwelt-, und internationale Verträglichkeit, so der Autor, finden noch zu geringe Berücksichtigung. Die Kooperation zwischen Wissenschaft und Unternehmen funktioniert nach der Logik von Netzwerken und eher punktuell, die Stadt(verwaltung) wird eher ausgebeutet, denn als gleichberechtigter Partner behandelt, die kritische Öffentlichkeit findet wenig Gehör. Zwar hat sich die Arbeitslage verbessert, das Bildungs- und das Gesundheitsversorgungsniveau sind gestiegen, jedoch auf Kosten der Umwelt (Abfall, Verkehrsaufkommen etc.). Die Chancen der Wissenschaftsstadt, finanzielle und ideelle Mittel zur Entwicklung eines regionalen Innovationsystems - im Sinne eines evolutionären Innovationsprozesses - der technische, wirtschaftliche und soziale Innovationen mit sich bringt, wurden nicht optimal genutzt. Als problematisch hierbei bewertet der Autor die auf der Systemtheorie basierende Erkenntnis, wonach nur die "Kerngruppe" der Wissenschaftsstadt diese auch verändern kann. Die Kerngruppe ist jedoch bislang stärker an quantitativem, denn an qualitativem Wachstum (Nachhaltigkeit) interessiert, und die Kooperations- und Kommunikationsbereitschaft, die

kommunikative Öffnung hin zu anderen relevanten Akteuren, ist zu gering. Majer hofft hier auf die immanente Dynamik der Wissenschaftsstadt.
Die Bedeutung von "intermediären Institutionen" oder "Brückeninstitutionen" diskutiert *Martin Heidenreich* ("Zwischen Innovation und Institutionalisierung. Die soziale Srukturierung technischen Wissens") für den Bereich der Entwicklung technischen Wissens. Hierbei trennt er wissenschaftliches von technischem Wissen und verweist auf eine Kommunikations- und Kooperationsproblematik zwischen Wissenschaftlern und Technikentwicklern. Innovation wird in einem komplexen Wechselspiel "zwischen" Wirtschaft, Wissenschaft und Politk hervorgebracht, so seine Ausgangsthese. Hierbei ergeben sich spezifische Lernbarrieren vor allem im Hinblick auf die Vermittlung anwendungs- und praxisbezogener Wissensbestände. Heidenreich zufolge scheitern Innovationen zum einen an alltagsweltlich stabilisierten Denkroutinen und zum anderen an den sozialen Regulierungsinstitutionen. Er überprüft diese These, indem er drei Formen der Strukturierung technischen Wissens näher analysiert: die Organisation, das organisatorische Feld und die Profession. Als Lösung spezifischer Innovationsbarrieren, die sich im Prozeß der Institutionalisierung derartiger Regulierungsformen auszubilden drohen, führt Heidenreich soziale Innovationen auf, d.h. die Herausbildung von Brückeninstitutionen, die zur Bildung von Innovationsnetzwerken beitragen und die Vermittlung wissenschaftlichen und technischen Wissens erleichtern.

Um die Umwelt- und Sozialverträglichkeit von Wirtschaftswachstum durch Innovationen geht es in unserem nächsten Abschnitt. Die **Internalisierung externer Effekte** durch Adoption neuer industrieller Leitbilder sowie damit verbundene Grenzen und Konflikte, sind das Thema von *Frieder Meyer-Krahmer* ("Umweltverträgliches Wirtschaften: Neue industrielle Leitbilder, Grenzen und Konflikte"). Herkömmliches Wirtschaften führt, so der Autor, nicht in ausreichendem Maße zu einer Entkopplung von Wirtschftswachstum und Ressourcenverbrauch. Es bedarf der Durchsetzung neuer industrieller Leitbilder, die zu einer wirklich substantiellen Änderung der Umweltbedingungen führen. Ohne Anspruch auf Vollständigkeit und unter der Annahme bestehender Überschneidungen und fließender Übergänge diskutiert Meyer-Krahmer drei dieser neuen Leitbilder: den verstärkten Einsatz umweltfreundlicher Technologie als traditionelles Leitbild, die Schließung von Stoffkreisläufen und die ganzheitliche Produktpolitik und -nutzung (z.B. Verkauf von Nutzen anstatt von Produkten). Letzteres ist vor allem aus soziologischer Perspektive interessant (vgl. Abb. 8), schließt es doch grundlegende Änderungen in Konsum und Lebensstil ein. Die beiden ersten Leitbilder stoßen im Hinblick auf ökologische Wohltaten schnell an ihre Grenzen. Im ersten Falle werden spezifische Einspareffekte (Ressourcenschonung) häufig schon allein durch ein moderates Wirtschaftswachstum überkompensiert und im zweiten Falle sind die "Kreisläufe" bislang noch relativ weit, sodaß auch hier die gewünschten bzw. notwendigen Effekte nicht in ausreichendem Maße eintreten. Nichtsdestotrotz betont der Autor die Bedeutung der Technikgenese für umweltverträgliches Wirtschaften und die damit verbundenen veränderten unternehmerischen Innovationsstrategien. Die Konflikte, die sich mit dem letzten Leitbild ergeben, das eine ganzheitliche Produktpolitik mit sich bringt und damit eine Verschiebung von der Produktions- hin zur Produktverantwortung, werden im letzten Teil dieses Beitrages aufgezeigt. Es wird immer spezifische Gewinner und Verlierer geben, was Meyer-Krahmer zu dem Schluß bringt, daß die eigentliche Konfliktlinie quer durch Wirtschaft, Gesellschaft und Politik läuft.

Über Unternehmen, die einen Pfad in Richtung der Entkopplung von Wirtschaftswachstum und Ressourcenverbrauch eingeschlagen haben, referieren *Thomas Dresel und Birgit Blättel-Mink* ("Ökologie in Unternehmen"). In qualitativen Fallstudien wurden 6 Unternehmen, die sich allesamt durch ökologische Innovationen hervorgetan haben, zu ihren Motivationen, Risiken und Lernprozessen für den Bereich der Integration von Ökonomie und Ökologie befragt. Zwei Fragen leiteten die Erhebung: 1. Welches ist die Logik, nach der Unternehmen ökologische Innovationen tätigen? 2. Welches sind die Umstände oder Bedingungen dafür, daß sich diese Logik in bestimmten Unternehmen entfaltet oder nicht? Der beispielhaften Darstellung der ökologischen Innovationsaktivitäten von vier untersuchten Unternehmen, folgt die Darstellung der wesentlichen Ergebnisse. Keines der untersuchten Unternehmen orientiert sein Handeln explizit am Leitbild nachhaltiger Entwicklung. Allen geht es um die Stärkung der Wettbewerbsfähigkeit durch die Erhöhung ihrer Kompetenz. Ökologische Innovationen (vor allem Prozeßinnovationen) stellen sich als mehr oder weniger natürliche Folgen von Qualitätsmanagement dar. Die wirtschaftliche Tätigkeit wird "reflexiv vergegenwärtigt und in ihrer Ressourcenabhängigkeit transparent gemacht". Ökologische Innovatoren schaffen sich ihre relevanten Umwelten selbst und instrumentalisieren diese für ihre Zwecke. Durch all diese Strategien sichern sich die Unternehmen Handlungsspielräume und darin liegt denn auch, so Dresel und Blättel-Mink, der Beitrag der Unternehmen zur Nachhaltigkeit.

Einen Beitrag zur Sozialverträglichen Technikgestaltung liefert *Hedwig Rudolph* ("Personalpolitik als Innovationsstrategie"), die die soziale Einbettung wirtschaftlicher Entscheidungen am Beispiel geschlechtsspezifischer Personalpolitik diskutiert. Rudolph überprüft die These, wonach gesellschaftliche und unternehmensinterne Machtverhältnisse dafür verantwortlich zu machen sind, daß der Arbeitsmarkt auch in der aktuellen Situation, in der kreatives Personal gefragt ist und soziale Innovationen von allen Seiten gefordert werden, geschlechtsspezifisch segmentiert bzw. segregiert ist, d.h., daß Frauen auch heute noch, wie bereits im Verlaufe der industriellen Revolution, bei gleicher Leistung spezifischen Nachteilen unterliegen. Beschäftigungsorganisationen, so die Autorin, nutzen die ökonomische Produktivität, die hohe Fachqualifikation und die starke Berufsmotivation von Frauen erst dann, wenn derartige soziale Innovationen nicht notwendig mit sozialen Sanktionen aufgrund eines "Normverstoßes" einhergehen. Und so bleibt der Arbeitsmarkt geschlechtsspezifisch segregiert, erhalten Frauen am ehesten Zutritt zu Tätigkeitsfeldern, die Männer wegen günstiger Alternativen verlassen haben. Die Lösung, auf die Rudolph verweist, liegt, wie bereits erwähnt, im Mut zu sozialen Innovationen und mehr noch in der Herausbildung neuer gesellschaftlicher Normen, die zur Folge hätten, daß Diskriminierung negativ sanktioniert wird und nicht umgekehrt.

Nicht nur die Technikgeneseforschung, sondern auch der Themenkomplex **Innovation und Diffusion** erfordert neue theoretische und praktische Konzepte. Diffusionsforschung heute firmiert häufig unter dem Label "Akzeptanzforschung" und stellt einen nicht unwesentlichen Teil soziologischer Innovationsforschung dar. Die Diskussion um "Technology-Push and -Pull" muß in diesem Kontext betrachtet werden. Wie wir in den Beiträgen zum Thema "Internalisierung externer Effekte" sehen können, wird beispielsweise der Bereich des Umweltmanagements häufig als Pull-Phänomen betrachtet. Im folgenden geht es denn auch um die Nutzerseite von Produktinnovationen. *Ortwin Renn* ("Die Rolle von Technikleitbildern für technische Innovationen") gibt einen Überblick über die Diffusionsforschung im Anschluß an die Arbeiten von Joseph A. Schumpeter und verweist auf die Bedeutung von Veränderungen im Präferenzverhalten und in den bevorzugten Lebensstilen der Nachfrager für den Erfolg von technischen Innovationen. Aus der Perspektive der Techniknutzerinnen und -nutzer wird Innovation unter dem Gesichtspunkt des Technikleitbildes, als Kombination von Vision und Handlungsorientierung, thematisiert. Um mehr über die Durchsetzbarkeit von technischen Innovationen zu erfahren, muß der gesellschaftliche Technikbedarf als Leitbild für Technikentwicklung und -politik wirksam gemacht werden. Renn nennt zwei Strategien, um diesen Technikbedarf zu ermitteln. Zum einen, aus unternehmerischer Perspektive, die Erkundung der komplexen Vernetzung von Konsumenten, Produzenten und Öffentlichkeit und der Aufbau horizontaler Kooperationen, zum anderen, die Aufgabe des politischen Systems, einen intensiven gesellschaftlichen Diskurs über die Zukunft der Industriegesellschaft zu initiieren und Anregungen für die weitere Entwicklung zu geben. Derartige technikbezogene Diskurse versteht Renn als notwendige soziale Innovationen, die den Prozeß technischer Innovation sozial einbetten und in adäquate Bahnen zu lenken vermögen.Hierin sieht Renn eine Aufgabe für die Sozial- und Geisteswissenschaften.

In welchem Kontext und mit welchen Zielen neue Kommunikationstechnologien benutzt werden und ob sie eher als Spielzeug oder als Werkzeug gesehen werden, untersucht eine Forschergruppe um Michael Schenk an der Universität Hohenheim. *Deziderio Sonje, Michael Schenk und*

Hermann Dahm ("Werkzeug oder Spielzeug? Individuelle Bewertungskriterien moderner Kommunikationstechnik") haben eine Untersuchung unter privaten und beruflichen Nutzern von Datenfernübertragung und Mobiltelefonen durchgeführt mit dem Ziel, die "innovative Qualität einer Neuerung aus der Perspektive der Anwender" zu bestimmen. Hierbei stellten sie fest, daß diese Gruppe vor allem männlich ist, im mittleren Alter und Bezieher überdurchschnittlich hoher Einkommen. Anhand eines klassischen Einstellungsmodells fanden sie heraus, daß diese Technologien überwiegend als Werkzeuge genutzt werden und aus der Anwenderperspektive durchaus als technisch ausgereifte Produkte betrachtet werden können. Erstaunlich wenig Bedeutung kommt der symbolischen Nutzenzuschreibung zu. Berufliche Anwender verbinden mit beiden Technologien eine Verbesserung der Arbeitsorganisation. Für den privaten Bereich liegen die gemessenen Werte immer etwas niedriger, was die Autoren darauf schließen läßt, daß diese Innovationen einen stärkeren Einfluß auf die Berufs- als auf die Privatwelt haben.

Der Prozeß der Technikgenese sowie die Entscheidung für oder gegen die Implementation eines neuen Produktes, neuen Produktionsprozesses etc., aber auch der Prozeß der Diffusion von Innovationen, unterscheiden sich in hohem Maße von dem Prozeß der "Neukombination des Produktionsmittelvorrates" durch den "reinen" Unternehmer, wie er von Joseph A. Schumpeter für seine Zeit so treffend beschrieben wurde. Welche Rolle das "persönliche Element im Wirtschaftsleben" unserer Zeit noch hat, kann hier nicht abschließend beurteilt werden. Tatsächlich bestimmen außerwirtschaftliche Faktoren in immer stärkerem Maße die Organisierung von Innovation. Der Grad der "sozialen Einbettung" wirtschaftlicher Akteure nimmt stetig zu. Dies zeigt sich nicht nur in der verstärkten Kooperation innerhalb der Wirtschaft, sondern auch in der zunehmenden Bedeutung eines nationalen/regionalen Institutionengefüges für wirtschaftliche Entwicklung. Die Notwendigkeit schließlich zu wissen, was außerhalb der Wirtschaft vor sich geht, fördert die Bildung von Organisationsformen zwischen Markt und Hierarchie.
Daß "soziale Einbettung" durchaus mit wirtschaftlicher Rationalität und Logik vereinbar ist, zeigen vor allem die Beiträge zur "Internalisierung externer Effekte". Betont wird die Notwendigkeit sozialer Innovationen, wenn es darum geht, die Prozesse von Technikgenese und Technikimplementation mit einer höheren sozialen Akzeptanz auszustatten.
Die Kommunikation technischen Wissens und interorganisatorischer sowie interindividueller Interessen stellt ein Thema dar, das in mehreren Beiträgen Beachtung findet. Eine Institutionalisierung von Kommunikation außerhalb von Markt und Hierarchie scheint dazu geeignet, die unterschiedlichen Formen und die unterschiedliche Strukturierung technischen Wissens zu überwinden.

Die Organisierung von Innovationen zwischen Akteur und System außerhalb von Markt und Hierarchie erfordert jedoch besondere Fähigkeiten von den beteiligten korporativen Akteuren: Vertrauen, Fairneß sowie Verständigungs- und Kompromißbereitschaft. Daß Innovationen den wirtschaftlichen Erfolg von Unternehmen fördern und daß durch eine sozial- und umweltverträgliche Technikgestaltung spezifische Wohlfahrtseffekte für die Gesellschaft insgesamt zu erwarten sind, scheint außer Frage zu stehen. Inwieweit die relevanten Akteure diese Erkenntnis zu verinnerlichen in der Lage sind, wird die Zukunft zeigen.

I. Theoretische Konzepte in der Innovationsforschung

Birgit Blättel-Mink

Elemente einer sozioökonomischen Theorie der Innovation

1. Einleitung

Warum sinkt der Anteil privater Forschungs- und Entwicklungsausgaben in Dänemark? Warum schaffen es einheimische irische Unternehmer nur unter großen Anstrengungen ihre high-technology Unternehmen am Leben zu erhalten? Warum ist Japan in der Lage ökologisches Denken in seine Unternehmen bzw. sein ganzes Wirtschaftssystem zu integrieren, ohne starke Wettbewerbsnachteile zu erleiden? Warum weist die Deutsche Wirtschaft immer wieder zeitliche Lücken zwischen Invention und Innovation auf? Warum wird Singapur zum Dienstleistungszentrum in Malaysia bzw. Südasien? Warum schaffte es die Region Südost-Brabant in Holland bislang nicht, ein innovatives Milieu zu generieren und warum ist dies umgekehrt in Wales durchaus möglich?

Diese und andere Fragen im Zusammenhang mit wirtschaftlicher Entwicklung und internationaler Wettbewerbsfähigkeit sollen im folgenden nicht etwa einzeln beantwortet werden. Es soll vielmehr ein theoretisches Instrument entwickelt werden bzw. die Elemente eines solchen, mit dessen Hilfe die o.g. Tatsachen erklärt werden können. Das ist zumindest der Anspruch der folgenden Ausführungen.

Eine vorläufige These, die dazu dienen soll, die o.g. Zusammenhänge zu systematisieren, lautet: Nicht mehr alleine Marktgesetze determinieren wirtschaftlichen Erfolg oder Mißerfolg, aber auch der Staat ist nicht mehr der einzige Akteur, der die Schwächen der Marktwirtschaft zu kompensieren in der Lage ist. Die soziale Einbettung wirtschaftlichen Handelns, die Regulationskraft sozialer Institutionen, führt dazu, daß wirtschaftliche Probleme und Erfolge auf allen Ebenen - Unternehmen, lokal, regional, national, international - sich zunehmend aus der Existenz von mehr oder weniger informellen Kooperationsbeziehungen und Netzwerken innerhalb und außerhalb der Wirtschaft, bestimmter wirtschaftspolitischer Strategien, kultureller Gegebenheiten und individueller ökonomischer und nicht-ökonomischer Interessen der unterschiedlichen beteiligten individuellen und kollektiven Akteure erklären lassen.

Die Soziologie hat sich über Jahrzehnte nicht damit beschäftigt, wie die Wirtschaft einer Gesellschaft funktioniert und wie wirtschaftliches Handeln zu erklären ist. Spätestens seit Talcott Parsons (vgl. u.a. Parsons/Smelser 1984) ging es lediglich um das Verhältnis von Wirtschaft und Gesellschaft sowie um die Frage nach der Rolle der Wirtschaft in der Gesellschaft insgesamt (vgl. u.a.

Habermas 1981, Luhmann 1988). Die strikte Arbeitsteilung zwischen den Wirtschaftwissenschaften und der Soziologie scheint sich, spätestens seit Mark Granovetters These von der sozialen Einbettung wirtschaftlichen Handelns (1986), etwas abzumildern. Auch die Arbeiten von Richard Swedberg u.a. nehmen hier eine Vorreiterfunktion ein. (Vgl. Swedberg u.a. 1987)
Das Thema dieses Beitrages ist "wirtschaftliche Entwicklung durch Innovationen". Und auch hier gibt es eine interessante Entwicklung. Die Theorie der wirtschaftlichen Entwicklung, wie sie von Joseph A. Schumpeter (1912) formuliert wurde und deren Hauptakteur der "reine" Unternehmer, der den wirtschaftlichen Produktionsmittelvorrat neu kombiniert und einen Prozeß der "schöpferischen Zerstörung" einleitet (Innovation - "Unternehmergewinn/Monopolsituation - Imitation - Diffusion), wird in der Folge, durch die Vertreter und Vertreterinnen der Evolutorischen Ökonomik, modifiziert hin zu einer Theorie "nationaler Innovationssysteme" in deren Mittelpunkt die Kooperation zwischen wirtschaftlichen aber auch zwischen wirtschaftlichen und nicht-wirtschaftlichen Akteuren steht (vgl. Lundvall 1992, Nelson 1993). Nicht mehr allein wirtschaftliche Akteure gewährleisten wirtschaftliche Entwicklung, soziale Institutionen gewinnen, auch in den Augen von Wirtschaftswissenschaftlern, mehr und mehr an Bedeutung.
Der soziale Ort, an dem die Entscheidung für Forschungs- und Entwicklungskooperation, für die Installation eigener Forschungs- und Entwicklungsabteilungen sowie für die wirtschaftliche Nutzung von neuen Technologien fällt, ist das wirtschaftliche Unternehmen, die wirtschaftliche Organisation. Diese unterliegt eigenen Entwicklungsgesetzen und selegiert ihre relevanten Umwelten in Abhängigkeit von eben diesen Entwicklungsgesetzen. (Vgl. u.a. Meyer/Rowan 1983; Quinn/Cameron 1983) Gleichzeitig findet ein selektiver Prozeß von außen statt, der organisationale "outputs" fördert oder hemmt, der Kooperationsersuchen aufnimmt oder ablehnt, der die Verbreitung von Innovationen fördert oder hemmt, der Kooperation zustande kommen läßt oder nicht. (Vgl. u.a. Schmid 1992)

Zu wissen, daß wirtschaftliches Handeln sozial situiert ist, daß Innovation ein kollektiver Prozeß ist, der nicht nur wirtschaftlich determiniert ist, reicht demnach nicht aus, um die oben aufgeführten Fragen zu beantworten. Mit Hilfe organisationssoziologischer Ansätze zum Thema "organisationaler Wandel" müssen Bedingungen identifiziert werden, die dafür verantwortlich sind, daß eine wirtschaftliche Organisation bereit ist, Innovation zu institutionalisieren oder nicht.

Eine sozioökonomische Theorie der Innovation muß demnach drei Ebenen verknüpfen: die Mikroebene wirtschaftlichen Handelns, die Makroebene wirtschaftlicher (und sozialer) Strukturen und Institutionen sowie die Mesoebene der wirtschaftlichen Organisation. Nur dann sind wir in der Lage, in

Anlehnung an Max Weber, eine Analyse des Verhältnisses "der Wirtschaft und der gesellschaftlichen Ordnungen und Mächte" zu leisten.

Im folgenden werden kurz die wesentlichen Elemente der neuen Soziologie wirtschaftlichen Lebens und des Ansatzes "Nationaler Innovationssysteme" unter dem Aspekt der wechselseitigen Anschlußfähigkeit für die Erklärung von Innovativität vorgestellt. Im Anschluß daran werden Bedingungen organisationalen Wandels diskutiert, die zumindest mitverantwortlich sind für die Institutionalisierung von Innovation in Gesellschaften.

2. Facetten einer Theorie der Innovation

2.1 Neue Soziologie wirtschaftlichen Lebens

Dieser Ansatz basiert auf zwei Grundannahmen. Die Annahme der sozialen Einbettung wirtschaftlichen Handelns geht zurück auf die Arbeiten von Karl Polanyi (1944) und in jüngster Zeit Mark Granovetter (1986). Der von den Autoren benutzte Begriff wirtschaftlichen Handelns entspricht dem Begriff sozialen Handelns bei Max Weber, d.h. wirtschaftliches Handeln orientiert sich an dem Handeln anderer. Das Verhältnis von Wirtschaft und Gesellschaft wird mit Parsons konzipiert: Wirtschaft als Subsystem der Gesellschaft. Dieser Forschungsansatz verzichtet jedoch auf den Funktionalismus Parsonianischer Prägung. Zum anderen, und darauf aufbauend, basiert er auf der Annahme der sozialen Konstruktion wirtschaftlicher Institutionen.
Folgende Faktoren tragen zur Erklärung wirtschaftlichen Handelns bei: die Netzwerke, in denen sich die wirtschaftlich Handelnden befinden, die sich als wirtschaftsimmanente oder permanente Interaktionsprozesse beschreiben lassen, die Pfadabhängigkeit von Institutionenbildung und Institutionenwandel, die wiederum auf soziale Interaktionen zurückgehen und die Institutionen selbst, die als handlungserleichternd und wegweisend, aber auch als restriktive Randbedingungen verstanden werden. "... economic institutions are constructed by mobilisation of resources through social networks, conducted against a background of constraints given by the previous historical development of society, polity, market and technology". (Swedberg/Granovetter 1992, S. 18) Sie reduzieren Unsicherheit, dienen der Konfliktvermittlung und schaffen ein soziales Anreizsystem. Das Netzwerkkonzept wird als Alternative zu Markt und Organisation in die Diskussion gebracht. Die Stärke schwacher Beziehungen ("loose-coupling") ist eines der wesentlichen Konstitutiva des Netzwerkansatzes, daneben sind zu nennen Reziprozität, Interdependenz und Macht (siehe Grabher 1993). Gernot Grabher unterscheidet drei Typen von Netzwerken: horizontale (strategische Allianzen, z.B. mit dem Ziel der Produktion neuen Wissens), vertikale (Netzwerke zwischen Lieferanten und

Produzenten) sowie regionale Netzwerke (im Sinne der Kooperation innerhalb von Industriedistrikten). Uli Kowol und Wolfgang Krohn (1994; sowie Beitrag in diesem Band) gehen davon aus, daß die spezifischen Schwächen von Markt und Organisation, für den Bereich der Technikgenese, durch "networking" überwunden werden können. Die Schwächen des Marktes bestehen in einem unvollständigen Kommunikationsfluß sowie in Marktintransparenzen. Die Schwächen der Organisation heißen mangelnde Flexibilität, technologische Unsicherheiten und organisationale Geschlossenheit. Dagegen bestehen die Stärken des Netzwerkes in seiner Reziprozität (wechselseitige Kommunikation mit dem Ziel der Reduktion von Unsicherheit), in der Interdisziplinarität der Wissensformen (wirtschaftliches Wissen/technologisches Wissen) sowie in einer operativen Geschlossenheit bei kommunikativer Offenheit. So funktioniert beispielsweise die Kommunikation zwischen privaten und öffentlichen Forschungs- und Entwicklungsabteilungen relativ unproblematisch, während die Kommunikation zwischen Forschungs- und Entwicklungs- und anderen Abteilungen ein und desselben Unternehmens häufig nicht funktioniert. Grund hierfür sind die unterschiedlichen Wissenstypen. Kowol und Krohn gehen der Frage nach dem Verhältnis von Technikgenese und Marktdynamik nach. Ist Technikgenese ein Prozeß, der als "technology-push" bezeichnet werden kann, d.h. seine Dynamik aus der Technikentwicklung selbst heraus gewinnt, oder handelt es sich um ein Geschehen, das von dem Prozeß wirtschaftlicher Entwicklung abhängt, als "technology-pull" auf die Bedürfnisse des Marktes antwortet? Die Autoren beantworten die Frage, indem sie erst beides verneinen und sodann behaupten, Technikgenese und Marktdynamik bedingten sich wechselseitig rekursiv, d.h. Technik entwickelt sich kontextabhängig, in Reaktion auf Marktbedingungen, und Markt entwickelt sich in Abhängigkeit von Technik. Technologien zu entwickeln ohne Nutzenanalyse ist dysfunktional (vgl. auch Mensch 1975), aber produzieren, ohne zu wissen, was technisch möglich ist, ist ebenso dysfunktional, vor allem unter Wettbewerbsbedingungen. Das öffentliche Forschungs- und Entwicklungssystem wird hierbei nicht berücksichtigt (vgl. Dosi 1988). Wenn also unterschiedliche Akteure bestimmte Probleme haben, wie mangelnde Kommunikation, Unsicherheiten, Marktversagen, vertikale Desintegration etc., sich also sowohl der Markt als auch die Organisation als exclusive Steuerungsmechanismen nicht mehr bewähren (siehe auch Internationale Arbeitsteilung, Globalisierung etc.), so bietet sich nun das Netzwerk als Alternative an.
Ein weiteres konstitutives Element dieses Ansatzes ist die Integration von Zeit, d.h. die analytische Beschäftigung mit Wandel im Wirtschaftssystem, vor allem des Wandels wirtschaftlicher Institutionen durch veränderte endogene oder exogene Gegebenheiten (veränderte Netzwerke, Interessen, Strukturen), die wiederum die Interaktionsprozesse verändern. Dieses Interesse überschneidet sich mit unserem Forschungsobjekt wirtschaftlicher Entwicklung durch Innovation.

Mit Hilfe dieses Ansatzes kann die zunehmende Internalisierung bislang externalisierter Effekte in wirtschaftliches Kalkül, die Integration von Ökonomie und Ökologie (Umweltverträglichkeit) und die Integration von Ökonomie und Lebenswelt (Sozialverträglichkeit), erklärt werden.

Zwei Folgerungen bezüglich der Anknüpfungspunkte an die Makro- sowie an die Mesoebene lassen sich hier bereits ableiten:

- Wenn wirtschaftliches Handeln sozial eingebettet ist, so spielen nicht nur die wirtschaftlichen, sondern auch die sozialen Institutionen eine erhebliche Rolle im Hinblick auf die Bestimmung von Handlungsspielräumen, Interessen, Anreizen und Ordnungsmustern. Dies knüpft an den Ansatz der "Evolutorischen Ökonomik" an.
- Kooperation zwischen wirtschaftlichen und nichtwirtschaftlichen Akteuren stellt einen wesentlichen Aspekt dieses Ansatzes dar (Netzwerke). Dieser Kooperationsaspekt findet sich auch in der evolutorischen Ökonomik, wo unterschiedliche Informationsträger in Interaktion treten und miteinander lernen.

2.2. Innovationstheorie - Vom Individuum zum Kollektiv

Die Innovationstheorie von Joseph A. Schumpeter (1964) betont die individuelle Entscheidung für die Implementation einer Neuerung in einer wirtschaftlichen Organisation. Schumpeter sucht nach dem persönlichen Element im Wirtschaftsleben. Seine Theorie verknüpft den Makroprozeß der wirtschaftlichen Entwicklung durch Neuerungen mit dem Mikroprozeß der Innovationsentscheidung auf Unternehmensebene. "Reines" Unternehmertum hat die Funktion, wirtschaftliche Entwicklung einzuleiten. Dies geschieht dadurch, daß die vorhandenen Produktionsmittel, vorzugsweise in einer Phase wirtschaftlichen Abschwungs und diskontinuierlich, neu kombiniert werden. "Reines" Unternehmertum tritt dann nicht vereinzelt, sondern in Scharen auf. Gerhard Mensch (1975) verknüpft Schumpeters Theorie mit einer Theorie der technischen Entwicklung, indem er die Beziehung zwischen Inventionen und Innovationen untersucht. Er weist nach, daß Scharen von Innovationen, d.h. der wirtschaftlichen Nutzung von Inventionen in der Phase eines "technologischen Patts" und konjunkturell in einer Phase der Stagflation verstärkt auftreten, d.h. in einer Phase, in der der wirtschaftliche Nutzen von Erfindungen sich dem Ende zuneigt und neue Erfindungen noch nicht wirtschaftlich genutzt werden. Scharen von Innovationen führen zu wirtschaftlichem Aufschwung, auf den zwangsläufig ein Abschwung folgt. Innovationen läuten einen Prozeß der schöpferischen Zerstörung ein, wenn die Imitatoren einer Innovation auf sich warten lassen. Der spezifische Unternehmergewinn resultiert aus der "Monopolphase" zwischen der Erstinnovation und den Folgeinnovationen bzw. der Diffusion einer Neuerung. Innovation bei Schumpeter ist spezifisch außeralltäglich. Erfolgreiches Unternehmertum erfordert besondere individuelle

Eigenschaften wie Kreativität, Erfolgsorientierung, Kampfgeist. Unternehmer sind spezifisch individuelle Akteure, die ihr Handeln rational planen und versuchen, ihre Interessen auf dem Markt durchzusetzen.

Bereits Schumpeter thematisiert die "soziale Einbettung" (Granovetter 1985) wirtschaftlichen Handelns, wenn er die "schützenden Schichten" beschreibt, die den Kapitalismus stützen. Diese institutionellen Elemente umfassen auch kulturelle Aspekte, wie die Wertschätzung kapitalistischen Unternehmertums in der Gesellschaft. (Vgl. Schumpeter, 1980; Vgl. auch Blättel-Mink 1994).

In der Folge der Entwicklung einer evolutorischen Wirtschaftstheorie geht es vor allem um die Kooperation zwischen Unternehmen, z.B. im Bereich der Forschung und Entwicklung neuer Produkte und Produktionsprozesse, aber auch in den Bereichen Marketing, sowie der Kooperation zwischen Zulieferern und Produzenten auf nationaler Ebene bzw. auf der Ebene von multinationalen Konzernen.

Michael E. Porter (1990) stellt die Frage, warum manche nationale Wirtschaftssysteme wettbewerbsfähiger sind als andere. Seine Antwort lautet: weil sie bestimmte interdependente Bedingungskonstellationen, "Cluster" (strukturelle Faktoren, Nachfrage, Netzwerke, Unternehmensstrategien) aufweisen, die es ihnen ermöglichen, relative Innovationsraten zu reproduzieren.

Die Arbeiten von Giovanni Dosi (1982 und 1988), Richard Nelson/Sydney G. Winter (1982), Carlota Perez (1982) und Christopher Freeman (1992) zum Thema technologischer Wandel müssen sodann als nächster Schritt in Richtung der Konzeptualisierung eines nationalen Innovationssystems, als einer Voraussetzung für nationale Wettbewerbsfähigkeit, gesehen werden. Schritt für Schritt wird der Schumpetersche individuelle Unternehmer, das persönliche Element im Wirtschaftsleben, durch ein Netzwerk von wirtschaftlichen und außerwirtschaftlichen Akteuren ersetzt und aus seiner Außeralltäglichkeit herausgehoben. In einem ersten Schritt geht es um die Interaktion innerhalb der Wirtschaft innerhalb des Marktes (Interaktion und Kooperation im Bereich von Forschung und Entwicklung sowie zwischen Konsumenten und Produzenten). In einem zweiten Schritt werden außerwirtschaftliche Institutionen in das Innovations-Netzwerk einbezogen. Wirtschaftliche Kräfte allein reichen nicht aus, um Innovation zu "institutionalisieren". Soziale Systeme der Forschung, der Ausbildung, der Industriepolitik und der bürgerlichen Gesellschaft insgesamt müssen dazu beitragen, eine innovative Atmosphäre zu schaffen und zu erhalten. Ging es Christopher Freeman, Giovanni Dosi und Carlota Perez noch im besonderen um den sozioökonomischen Prozeß der kontinuierlichen Forschung und Entwicklung neuer Technologien ("trajectories"), so beschäftigen sich die Forscher und Forscherinnen um Bengt-Ake Lundvall (1992), in einem ersten Ansatz, mit den Interaktionsprozessen zwischen Nutzern und Produzenten in sämtlichen Phasen technologischer Entwicklung. In einem zweiten Schritt werden relevante strukturelle und institutionelle Determinanten zu einem System

integriert. Dieses System konstituiert sich durch Lernprozesse, die auf Interaktionen basieren.
Der Prozeß der Produktion steht in einem interdependenten Verhältnis zum Prozeß der Innovation, die Struktur einer Wirtschaft, und damit ihre Produktionsbedingungen steht in einem ebensolchen zum nationalen, oder auch regionalen Institutionengefüge. Die Analyse wirtschaftlicher Innovationsprozesse wird zur Analyse interaktiver und damit sozial eingebetteter Lernprozesse.
Ein Innovationssystem setzt sich aus Elementen und Beziehungen zusammen, die interagieren mit dem Ziel der Produktion, Diffusion oder Anwendung von wirtschaftlich nutzvollem Wissen. Hieraus ergeben sich mögliche Interaktions- und Kooperationsebenen innerhalb des Marktes: zwischen Unternehmen (horizontal - vertikal), zwischen Produzenten und Konsumenten; außerhalb des Marktes: zwischen Unternehmen und (öffentlichen - privaten) Forschungseinrichtungen, zwischen Unternehmen und Staat: Wirtschaftsförderung, Industriepolitik; Industrielle Beziehungen; zwischen Bildungs- und Ausbildungssystem und Wirtschaft. Ein nationales Innovationssystem besteht aus Elementen und Beziehungen, die entweder innerhalb der Grenzen eines Nationalstaates verankert sind, oder dort ihre Wurzeln haben. Interaktives Lernen stellt die Basis des Innovationssystems dar, d.h. es stellt die Basis jeglichen Produzierens dar, eröffnet jedoch die Möglichkeit zur Innovation. Unterschiedliches Innovationsaufkommen und damit unterschiedliche Wettbewerbsfähigkeit nationaler bzw. regionaler Wirtschaftssysteme kann, so der Anspruch dieses Ansatzes, durch die unterschiedliche Ausprägung der wirtschaftlichen Strukturbedingungen und des nationalen Institutionengefüges erklärt werden. "... economic structure and institutional set-up form the framework for, and strongly affect, processes of interactive learning, sometimes resulting in innovation". (Lundvall 1992, S. 9; vgl. Graphik 1 im Anhang)
Innovation wird verstanden als ein fortlaufender Prozeß des Lernens, Suchens und Forschens, der zu neuen Produkten, neuen Techniken, neuen Organisationsformen und neuen Märkten führen soll. Lundvall spricht von neuen Kombinationen akkumulierten Wissens.[1]
Institutionen werden als "... Sets von Gewohnheiten, Routinen, Regeln, Normen und Gesetzen (definiert), die die Beziehungen zwischen Individuen regulieren und Interaktion gestalten". (Johnson 1992, S. 26, ÜadE) Institutionen können Innovationen befördern, aber auch behindern. Im allgemeinen werden sie als eher starre Gebilde betrachtet, deren Wandlungsfähigkeit von den Individuen abhängt, die an den "alten" Institutionen festhalten und solchen, die sich davon abweichend verhalten, mit dem Ziel der Innovation. Pfadabhängigkeit wird in unterschiedlichen Bezügen

1 Schumpeter sprach von der Neukombination des Produktionsmittelvorrates.

manifest. Dosi (1982), Freeman (1992) und Perez (1988) verweisen u.a. auf die Abhängigkeit von Forschungsprozessen von forschungsleitenden Paradigmen ("trajectories"). Im Bereich der Industriepolitik findet sich ein weiteres Beispiel, anhand dessen die Bedeutung von Pfadabhängigkeit für wirtschaftliches Handeln belegt werden kann, industriepolitische Entscheidungen, wie die Entscheidung, Handelsbarrieren soweit als möglich abzubauen, bringen bestimmte Konsequenzen mit sich, die Reversibilität erschweren. Intra- und extrawirtschaftliche Interaktionsprozesse, mit dem Ziel der Entwicklung, Implementation und Diffusion von neuem Wissen, können dazu führen, daß sich Institutionen verändern, daß sie lernen. (Vgl. Johnson 1992)

Aus einer vergleichenden Analyse mehr oder weniger erfolgreicher nationaler Innovationssysteme konnten folgende Faktoren extrahiert werden, die die jeweiligen nationalen Besonderheiten zu erklären vermögen (vgl. Blättel-Mink Hg.; 1995):

- Natürliche Ressourcen
Je höher die nationale Ausstattung mit natürlichen Ressourcen, desto eher kann eine Volkswirtschaft externes Wissen und externe Produkte importieren. Die Investitionen in einheimische Bildung sind dann nicht notwendig hoch. Je geringer die Ausstattung mit natürlichen Ressourcen, desto bedeutsamer wird die Exportorientierung einer Volkswirtschaft, um die internationale Kaufkraft zu erhöhen, damit notwendige Importe getätigt werden können, und desto wichtiger ist die Investition in einheimische Humanressourcen. (Vgl. auch Nelson 1993)

- Institutionengefüge
Einen zweiten Erklärungsfaktor stellen die spezifischen nationalen Institutionen dar: Wirtschafts- und Industriepolitik, Industrielle Beziehungen, Bildungs- und Ausbildungssystem, Transfereinrichtungen, Verbände. Diese lenken die Innovationskraft einer Volkswirtschaft. Institutionelle Kontinuität ist ein wichtiges Erfolgskriterium für den Aufbau eines starken nationalen Innovationssystems (Pfadabhängigkeit). (Vgl. auch Nelson 1993)

- Wirtschaftliche Koordination
Die Art und Weise der wirtschaftlichen Koordination innerhalb einer Nation, ist ein dritter und wesentlicher Faktor für Grad und Ausmaß von Innovativität. Je stärker die Wirtschaft koordiniert ist (über Unternehmensgruppen oder über Arbeitgeberverbände), desto wahrscheinlicher ist zwischenbetriebliche Kooperation mit dem Ziel der Produktion, Anwendung und Diffusion von nutzvollem Wissen. Der Grad der Veralltäglichung von Innovation, d.h. die Wahrscheinlichkeit, daß der Produktionsprozeß (zumindest inkrementale) Inno-

vationen hervorbringt, steigt mit zunehmender Koordination. Die hohe Individualisierung wirtschaftlicher Akteure in liberalen Volkswirtschaften dagegen erschwert häufig die Implementation von Neuerungen aufgrund mangelnder Marktmacht kleiner und mittlerer Unternehmen. Gleichzeitig weisen liberale Marktwirtschaften eher Basisinnovationen oder radikale Innovationen auf, die den Produktionsprozeß revolutionieren.

Exkurs 1:
David Soskice (1994) nahm jüngst einen Paradigmenwechsel vor, als er Länder nach "pattern and degree of organisation of national business" unterschied. " ... we accord to national business systems, and their capacity (or incapacity) formally or informally to organise and sustain the production of framework incentives and constraints for individual companies to operate in the same type of importance as political economists accorded to unions as key collective actors in the corporatist environment of the 1970s". (Soskice 1994, S. 273) Diese Arbeitgeberverbände erfüllen folgende Funktionen: Sie ermöglichen es der Wirtschaftsgemeinschaft, mit den Arbeitnehmerorganisationen zu verhandeln und sie zu zwingen, ihre vertraglichen Vereinbarungen zu erfüllen. Sie gewährleisten ihren Mitgliedern Zugang zu breit gefächertem Wissen und Fachkenntnissen in der Industrie und reduzieren dadurch den Druck auf einzelne Unternehmen (vor allem kleine und mittelständische Unternehmen), sich externes Wissen zu beschaffen. Sie spielen drittens eine Hauptrolle bei Langzeitfinanzierungen, da es den Banken möglich ist, die Erfolgswahrscheinlichkeit der Vorhaben einzelner Unternehmen indirekt über ihren Leumund innerhalb der Arbeitgeberverbände und bei anderen Unternehmen zu bewerten (vgl. Soskice 1994, S. 281).
Soskice unterscheidet "liberale Markwirtschaft", also schwache wirtschaftliche Koordination, keine Möglichkeiten für Netzwerke, kein gemeinschaftliches Handeln und "koordinierte Marktwirtschaft", d.h. die Wirtschaftsunternehmen sind in ihren Strategien deutlich aufeinander bezogen. Die Art der wirtschaftlichen Koordination, " ... the degree and pattern of coordination between companies in an economy determines the framework constraints and incentives (covering finance, industrial relations and training, and intercompany relations) within which companies in that economy operate". (ibid., S. 282) Soskice versucht das unterschiedliche nationale Innovationspotential und Innovationsaufkommen dadurch zu erklären, daß unterschiedliche Arten und Muster der Unternehmenskoordination unterschiedliche Gelegenheiten schaffen, um sowohl innerhalb, als auch außerhalb des Wirtschaftssytems zu kooperieren. In Bezug auf Innovation deuten verschiedene Koordinationsmuster verschiedene Wege an, Innovationsprozesse durchzuführen. Soskice beschreibt für die liberale Marktwirtschaft der USA die Dominanz wissenschaftlich basierter Innovationen, die innerhalb "unternehmerischer Regime" durchgeführt werden

(Acs/Audretsch 1992), einhergehend mit einer Schwäche, neue Produkte auf dem Markt zu implementieren. Für die "koordinierten" Marktwirtschaften Deutschlands, Japans und anderer nordeuropäischer Länder beschreibt Soskice hohe Zuwachsraten an Produkt- und Prozeßinnovationen auf dem Gebiet der Erzeugung differenzierter Qualitätsprodukte. Es muß hervorgehoben werden, daß Deutschland besonders stark auf letzterem Gebiet ist, wohingegen Japan ebenso in der Lage ist, hochwertige Technologien schnell einzuführen. Deutschland zeichnet sich durch hochwertige Qualitätsprodukte, Japan durch seine "schnelle Reaktion" und die USA durch ihre radikalen Innovationen aus. Wichtig ist ein weiterer Unterschied, den Soskice vornimmt. Dieser ergibt sich aus dem Rahmen, in dem die Unternehmenskoordination stattfindet: industrie-koordinierte und gruppen-koordinierte Marktwirtschaft. Im ersten Falle findet die Koordination durch Industrieverbände statt, während im zweiten Falle die Koordination innerhalb großer Firmengruppen stattfindet, die sich aus mehreren Einzelunternehmen in unterschiedlichen Branchen zusammensetzen (Soskice 1994, S. 274). Die meisten nordeuropäischen Länder gehören zum erstgenannten Fall, Japan repräsentiert den letzteren. Laut Soskice bestimmen Muster und Art der Geschäftskoordination den Produktmarkt und die Innovationsstrategien der betreffenden Firmen.

- Nationales Ordnungsmodell

Je korporatistischer eine Gesellschaft, desto höher die privaten und öffentlichen Bildungsausgaben, desto größer die Vernetzung innerhalb als auch außerhalb der Wirtschaft, desto stärker das System industrieller Beziehungen, desto leichter der Zugang zu Informations- und Kommunikationsnetzwerken für diejenigen, die am öffentlichen Leben teilnehmen, desto eher wird bestimmten Gruppen die Teilnahme an IuK-Netzen vorenthalten. Je liberaler und marktgesteuerter ein Gesellschaftssystem, desto ungleichmäßiger ist der Zugang zu Innovations- und Kommunikationsstrukturen auch innerhalb des öffentlichen Lebens verteilt, desto höher muß die individuelle Leistungsbereitschaft sein sowie die Entscheidungsbereitschaft und die Bereitschaft der Gesellschaftsmitglieder, sich auf eigene Faust Informationen zu beschaffen. (Vgl. auch Lash 1993)

Exkurs 2:

Scott Lash (1993) führt eine Unterscheidung ein, die Bezug nimmt auf die Formen der Modernisierung von entwickelten und weniger entwickelten Gesellschaften. Im Hinblick auf die Chancen für reflexive Modernisierung (d.h. Freisetzung der Individuen von Strukturen, vor allem von traditionalen Strukturen) unterscheidet er korporatistische und neoliberale Strukturen. Reflexivität setzt symbolische Strukturen, Strukturen der Kommunikation voraus. Reflexive Modernisierung setzt Informations- und Kommunikationsstrukturen voraus, die es dem Individuum erlauben, sich reflexiv von den Strukturen zu befreien. Lash thematisiert die unterschiedliche Eingebettetheit in diese Informations- und Kommunikationsstrukturen: "Man sollte diese Informations- und Kommunikationsstrukturen durchaus in einem empirischen Sinne verstehen, in der Bedeutung, die den Karten der Kommunikationsgeographen zugrunde liegt. Solche Karten stellen Zonen dar, durch die Kommunikationen und Informationen fließen. Man sieht auf diesen Karten dicht "vernetzte" lebende Zonen und ausgedünnte vernetzte "wilde" Zonen. Wer Zugang zu diesen strukturierten Strömungen der Information hat, hat auch erhebliche Reflexivitätschancen. Wer wenig Zugang zu diesen Kommunikationsströmungen hat und sich in einer toten oder wilden Zone befindet, wird auch wenig Reflexivitätschancen haben und nicht zu den Reflexivitätsgewinnern, sondern zu den Reflexivitätsverlierern gehören." (Lash 1993, S. 195)

Ähnlich wie Soskice unterscheidet er Neoliberalismus und Korporatismus und analysiert diese beiden Formen der staatlichen Koordination und Regulierung im Hinblick auf ihre Informations- und Kooperationsmuster. Korporatismus fördert reflexive Modernisierung, indem er den Austausch von Informationen erleichtert. Am Beispiel des Produktionssystems kann gezeigt werden, daß korporatistische "Rigiditäten" im Hinblick auf Informations- und Kommunikationsfluß deutliche Vorteile gegenüber einem neoliberalen Modell besitzen. Desweiteren lohnt es sich für den Unternehmer innerhalb eines korporatistischen Systems in Bildung und Ausbildung zu investieren (Japan: gruppenspezifisch - Deutschland: Kooperation Wirtschaft, technische Fachhochschulen, Gewerkschaften, Handelskammern), wohingegen im neoliberalen, marktgesteuerten Kontext sich Investitionen in die Bildung und Ausbildung nicht lohnen, da die Arbeiter einem hohen Arbeitsplatzwechsel unterliegen. Ein weiteres Beispiel stellen die "externen" Elemente des Produktionssystems dar. "In marktgesteuerten Ländern wie den USA und England, sind Arbeiter und Finanzinstitutionen nur schwach mit der Firma verbunden und daher vom Informationsfluß ausgeschlossen. Die rigiden stärkeren Verbindungen in Deutschland und Japan ermöglichen dagegen die Einbeziehung von Arbeitern und Finanzinteressen in den Informationsfluß der Firma." (Lash 1993, S. 196f) Nachteile von Korporatismus ergeben sich aus einem inhärenten Antimodernismus. Zum einen im Bereich der Wohlfahrtsentwicklung, wo Frauen aufgrund ihrer relativ niedrigen Erwerbsbeteiligung aus vielen Informations- und Kommunikationsnetzwerken ausgeschlossen sind (Männer sind Haupternährer, und an die Stelle von staatlichen Wohlfahrtsdiensten treten staatliche Transferleistungen; dagegen England - Wohlfahrtsdienste werden von Frauen in der Privatwirtschaft produziert). Zum anderen im Bereich der nationalen Geschlossenheit von korporatistischen Systemen: "Das relativ hochkorporatistische Deutschland ist in vielerlei

Hinsicht immer noch eine Nationalökonomie, was sich etwa in dem niedrigen Grad ausländischer Portfolioinvestitionen zeigt. Diese nationale Ausrichtung der Ökonomie bringt bedeutsame Einschränkungen im Hinblick auf die Globalisierung von Informations- und Kommunikationsnetzwerken mit sich." (Lash 1993, S. 199) Ein Indiz hierfür zeigt sich in der bis vor kurzem währenden Beschränkung der deutschen Exportwirtschaft auf Europa.

- Wirtschaftliche Struktur - Branchendifferenzierung
Branchen verfolgen unterschiedliche Entwicklungspfade, sind mehr oder weniger innovativ, mehr oder weniger abhängig von Humanressourcen (arbeits- vs kapitalintensive Branchen) und kreieren unterschiedliche technologische Regime (Trajektorien) (Blättel-Mink 1994a). Keith Pavitt (1984) schlägt folgende Branchendifferenzierung vor: wissensbasiert, angebotsdominiert, skalenintensiv und spezialisierte Anbieter. Diesen Branchengruppen können unterschiedliche Innovationstypen zugeordnet werden. Damit einher geht die unterschiedliche Bereitschaft zu externer Kooperation. Der Maschinenbau beispielsweise konstituiert sich durch eine enge Nutzer-Produzenten-Kooperation, oder die high-tech Branche ist angewiesen auf die Kooperation mit öffentlichen und halböffentlichen Forschungsstellen. Auch die typische Größenzusammensetzung und damit zusammenhängende Produktionsregime spielen eine wichtige Rolle im Hinblick auf die Innovationsbereitschaft. "Routinisierte Regime", typisch für die Automobilindustrie und die Nahrungsmittelindustrie (skalenintensive Branchen) weisen Verbesserungsinnovationen (inkrementale Innovationen) auf sowie hohe Markteintrittsbarrieren für Kleine und Mittlere Unternehmen. Unternehmerische Regime ermöglichen Basisinnovationen, die Eintrittsbarrieren für Kleine und Mittlere Unternehmen sind relativ niedrig. Beispiele sind die Elektronikindustrie und die chemische Industrie. (Vgl. Audretsch 1991)

Aktuelle Diskussion:
Inwieweit ein derartiges Innovationssystem sich in der aktuellen Situation tatsächlich innerhalb nationaler Grenzen findet, ob nicht die zunehmende Globalisierung oder aber auch die zunehmende Regionalisierung Prozesse darstellen, die die Bedeutung nationaler Institutionen und Strukturen in den Hintergrund treten lassen, ist eine Frage, die immer häufiger aufgeworfen wird. Gerade multinationale Konzerne überschreiten die Grenzen ihres Heimatstandortes. Interessant ist hier die Auswahl der Orte für bestimmte Tätigkeiten. So bleibt Forschung und Entwicklung häufig am Heimatstandort oder wird in andere hochentwickelte Wirtschaften verlagert, während Produktionsstandorte bevorzugt Billiglohnländer darstellen. Auf der anderen Seite stehen zunehmende Regionalisierungsbestrebungen im Bereich von Technologiepolitik, von Bildungs- und Ausbildungspolitik sowie von Arbeitsmarktpolitik. Ist eine

regionale Politik eher geeignet, auf die spezifischen strukturellen und institutionellen Besonderheiten einzugehen? Ist es einfacher Innovativität im Sinne einer alltäglichen Handlungsorientierung auf regionaler Ebene herzustellen? Sind Entwicklungsdefizite eher auf regionaler Eben zu beheben? Alle diese Fragen können im Moment noch nicht befriedigend beantwortet werden, wenn hier auch seit einiger Zeit verstärkt Bemühungen unternommen werden.[1]
Das Unternehmen, die wirtschaftliche Organisation stellt den Kern von Innovationssystemen dar. Neben der Mikroebene wirtschaftlichen Handelns und der Makroebene nationaler bzw. regionaler Innovationssysteme, muß deshalb auch der Ort näher bestimmt werden, an dem sich wirtschaftliches Handeln abspielt. Wirtschaftliche Akteure handeln in Organisationen, die in einem bestimmten Verhältnis zu Innovation stehen. Innovation leitet neben institutionellem auch organisationalen Wandel ein. Organisationen lernen durch Innovation, verändern ihre Produktionsstrukturen und womöglich auch ihre Organisationskultur. Eine Theorie organisationalen Wandels stellt ein wesentliches Element einer Innovationstheorie dar.

2.3 Organisationaler Wandel

Es muß also die soziale Einheit, das soziale System näher beschrieben werden, an dem die Entscheidung, über wirtschaftliche oder außerwirtschaftliche Kooperation mit anderen Unternehmen und/oder öffentlichen Forschungs- und Entwicklungsabteilungen mit dem Ziel durch Lernen, Suchen und Forschen zu neuen Produkten, neuen Techniken, neuen Organisationsformen und neuen Märkten zu kommen, gefällt wird. Wann kooperieren Unternehmen, welche Rolle spielen für sie welche Umwelten in diesem Zusammenhang, kann Kooperation mit dem Ziel der Innovation institutionalisiert werden und unter welchen Bedingungen?
Zur Beantwortung dieser Fragen wird der "Life-cycle" Ansatz von Robert E. Quinn und Kim Cameron 1983) sowie die Idee der Selektivität innerhalb des "ökologischen" Ansatzes (Schmid 1992) und der Ansatz der "Neo-Institutionalisten" (Meyer/Rowan 1983; Powell/Di Maggio 1991) herangezogen.
Der Lebenszyklus-Ansatz identifiziert unterschiedliche Probleme, denen sich eine Organisation in Abhängigkeit von der Lebensphase, in der sie sich befindet, gegenübersieht. Organisationsentwicklung läßt sich beschreiben als eine Folge von vier quasi irreversiblen Phasen. Jede weist typischerweise unterschiedliche Ziele und Effizienzkriterien auf. In der unternehmerischen Phase geht es primär um Ressourcenallokation. Effizienzkriterien sind Flexibilität

1 Das Konzept "Regionale Innovationssysteme" bzw. "Innovationsregime" wird innerhalb der Akademie für Technikfolgenabschätzung in Baden-Württemberg weiter entwickelt. (Vgl. u.a. Braczyk/Cooke/Heidenreich (Hg.; im Druck); Cooke 1992)

und Risikobereitschaft. Die kollektive Phase widmet sich den Humanressourcen und strebt die Genese von Gemeinschaftsgefühl oder "corporate culture" an. Die Phase der Formalisierung und Kontrolle zielt auf Stabilität ab und verbessert hierzu das Informationsmanagement und die Kommunikation innerhalb der Organisation. In der vierten Phase der Konsolidierung bzw. Strukturerweiterung (Elaboration) spielen Produktivität und Effizienz eine herausragende Rolle. Planung, Reflexivität und Evaluation sind dominante Kennzeichen dieser Phase. Am Ende dieser Phasen beginnt der Lebenszyklus von Neuem, auf emergentem Niveau, beispielsweise durch eine Innovation. Möglich ist jedoch auch der Zusammenbruch der Organisation. Die erste und die dritte Phase sind typisch offene Phasen (nach außen orientiert). Die Organisation steht in Interaktion mit externen Umwelten mit dem Ziel der Ressourcenallokation oder externer Anerkennung. Die zweite und die vierte Phase sind typisch geschlossen, nach innen orientiert.
Eine Institutionalisierung von Innovation ist aus dieser Perspektive eher nicht zu erwarten. Allerdings hilft uns dieser Ansatz, die starke oder schwache Innovationsbereitschaft von Unternehmen besser zu verstehen. Demnach gibt es Phasen, in denen die Konsolidierung nach innen, d.h. Sozialverträglichkeit oder "Corporate Culture" wichtiger ist, als die Bewährung in externen Umwelten (z.B. Umweltverträglichkeit). Die Abfolge der Lebenszyklusphasen, die tatsächliche Dominanz bestimmter Ziele und Effizienzkriterien ist abhängig von der Branchenstruktur (low-technology vs high-technology) sowie von der Größe des Unternehmens.
Interessant wird nun ein Blick auf das Außenverhältnis von Organisationen. Das Selektionsmodell in der Organisationsforschung folgt Luhmanns Systemtheorie. Organisationen werden konzipiert als kommunikativ offene und operational geschlossene selbsreproduktive Systeme. Evolution wird definiert als die selektorabhängige Reproduktion von genau den Handlungsregeln, deren Institutionalisierung Handelnde befähigt, ihre internen und externen Handlungsprobleme zu lösen. Der Selektor legt die Probleme fest. Handelnde sind gezwungen ihre Probleme rekursiv zu lösen. Nicht nur die interne, auch die externe Selektivität bestimmt die Probleme, die gelöst werden müssen. "Die jeweiligen Umwelten stellen demnach nicht allein eine Spielwiese für die Anpassungsfähigkeiten der Akteure dar, sondern sie wirken als externe Selektionsfaktoren, die mitentscheiden, welchen Regeln die Akteure auf Dauer folgen können und welchen nicht und damit welche Arten von Handlungen und Interaktionen sie aufrechterhalten können. Sowohl interne wie externe Selektoren bestimmen, mit welchen Opportunitäten und Restriktionen die Akteure bei der Festlegung ihres weiteren Handelns rechnen sollten." (Schmid 1992, S. 197f)
Lebenszyklusphasen determinieren Probleme und Selektivität, Selektivität determiniert die Regeln und Mittel der Problemlösung, sowie die organisationalen Lernkapazitäten.

Evolutiver oder struktureller Wandel im Schmidschen Sinne beinhaltet einen Aspekt des Lernens. Organisationen, die lernfähig sind, sind in der Lage ihre Ziele, ihre Strukturen und Kultur sowie ihre Strategien bewußt zu ändern. Entsprechend dem Lebenszyklusmodell sind jedoch Organisationen nicht immer zu allen Arten des Lernens bereit (doing, searching, exploring). Selbstbeobachtung findet beispielsweise vor allem in der zweiten und in der vierten Phase des Lebenszyklus statt.
Schließlich sei hier noch der Ansatz der Neo-Institutionalisten (Meyer/Rowan 1983; Powell/DiMaggio 1991) aufgeführt, Organisationen im Hinblick auf ihre Rationalität zu differenzieren. Sie unterscheiden institutionalisierte Organisationen und kontextabhängige Organisationen. Während institutionalisierte Organsationen sehr stark an "scheinbar" rationalen Strukturen interessiert sind und einen losen Zusammenhang zwischen Verwaltung / bürokratischer Struktur und technischen Aktivitäten aufweisen, stehen kontextabhängige Organisationen in einer starken Abhängigkeit zur Umwelt. Sie sind "output" orientiert. Ihr Überleben hängt nicht so sehr von interner Rationalität, sondern eher von externer Bewährung ab. Wirtschaftliche Unternehmen sind in der Regel dem kontextabhängigen Typ zuzuordnen, wobei auch hier Unterschiede zu beobachten sind: Unternehmen in "unternehmerischen" (wissensbasierte Branchen, High-Technology) Regimen sind umweltabhängiger als in "routinisierten" Regimen (Großunternehmen, angebotsorientierte Branchen). Es handelt sich hier nicht um eine Dichotomie, sondern um ein Kontinuum.

3. Konklusion

Die analytische Verknüpfung der drei Ebenen Handlung, Organisation, Wirtschaftliche Struktur und Institutionengefüge für den Bereich wirtschaftlicher Entwicklung erlaubt es uns, die unterschiedliche Innovativität und damit Wettbewerbsfähigkeit von Nationen oder Regionen, aber auch von lokalen Einheiten analytisch zu erfassen und zu erklären. Die Analyse der Handlungsbedingungen wirtschaftlicher Akteure (social embeddedness, Branchenzugehörigkeit, Selektivität der Problemwahrnehmung und Problemlösung, Lebenszyklus der Organisation, Grad der Kontextabhängigkeit) läßt Schlüsse auf ihre Interessen, auf ihre Bereitschaft zu wirtschaftsinterner bzw. wirtschaftsexterner Kooperation ("networking") zu, auf ihre Bereitschaft und auf ihre Möglichkeiten, Innovationen zu institutionalisieren und schließlich auf ihre Bereitschaft und Kapazitäten zu lernen. Des Weiteren ergeben sich hieraus Schlüsse auf die Bereitschaft und die Potentiale, externe Effekte zu internalisieren. Die Analyse sozialer Institutionen (Pfadabhängigkeit, Soziale Konstruktion) erlaubt es, die Umwelten der Unternehmen zu erfassen und im Hinblick auf Interaktions- und Kooperationsbereitschaft näher zu bestimmen. Die Bereitschaft zu informellen Formen der Kooperation ("networking"), jenseits von Markt und Staat, scheint hierbei eine zentrale Rolle zu spielen. Ein innovatives Milieu, egal ob auf organisationaler, lokaler, regionaler oder nationaler Ebene, entsteht durch das Zusammenspiel mehrerer Akteure, die neben je eigenen Entstehungs- und Wandlungsbedingungen in einem interdependenten Verhältnis stehen.

Um schließlich am Ende noch einmal auf die Eingangsfragen zurückzukommen, so sei hier auf folgende Veröffentlichungen verwiesen: Braczyk/Cooke/Heidenreich (Hg.; im Druck); Blättel-Mink (Hg.) 1995; Grabher (Hg.) 1993; Mjoset 1992. Die einzelnen Beiträge vor dem Hintergrund der o.g. Aspekte zu rezipieren, scheint durchaus vielversprechend.

Literatur

Amabile, Teresa M. (1990) A model of creativity and innovation in organizations. In: Cummings, Larry L. / Staw, Barry M. (Hg.) The evolution and adaptation of organizations. London: JAI Press inc.

Audretsch, David B. (1991) Die Überlebenschancen neugegründeter Unternehmen und das technologische Regime. WZB - Discussion paper. FS IV 90-1. Berlin: WZB

Biervert, Bernd/Held, M. (eds.; 1992) Evolutorische Ökonomik: Neuerungen, Normen, Institutionen. Frankfurt am Main: Campus

Blättel-Mink, Birgit (1994) Innovation in der Wirtschaft - Determinanten eines Prozesses. Frankfurt am Main: Lang (Dissertation Heidelberg 1992)

Blättel-Mink, Birgit (1994a) The institutional dimension of economic innovation - An economic-sociological investigation in Ireland. (Human Capital and Mobility fellowship. Final Report) Cork

Blättel-Mink, Birgit (Hg., 1995) Nationale Innovationssysteme - Vergleichende Fallstudien. Forschungsreihe der Abteilung für Soziologie: Studentische Arbeiten. 1/1995. Stuttgart: Universität Stuttgart

Braczyk, Hans-Joachim/Cooke, Ph./Heidenreich, M. (Hg.; im Druck) Regional innovation systems - the role of governances in a globalized world

Cooke, Phil (1992) Regional innovation systems: Competitive regulation in the new Europe. In: Geoforum, Jg. 23, Nr. 3, S. 365-382

Dosi, Giovanni (1982) Technological paradigms and technological trajectories. A suggested interpretation of the determinants and directions of technological change. In: Research Policy, Jg. 11, S. 147-162

Dosi, Giovanni (1988) The nature of the innovative process. In: Dosi/Freeman u.a. (Hg.), S. 221-238

Dosi, Giovanni/Freeman, Chr. u.a. (Hg.; 1988) Technical change and economic theory. London: Pinter Publishers

Foster, Richard N. (1986) Innovation - die technologische Offensive. Wiesbaden

Freeman, Christopher (1992) Formal scientific and technical institutions in the national system of innovation. In: Lundvall (Hg.), S. 169-187

Grabher, Gernot (1993) Rediscovering the social in the economics of interfirm relation. In: Grabher (Hg.), S. 1-31

Grabher, Gernot (Hg.; 1993) The embedded firm. On the socioeconomics of industrial networks. London: Routledge

Granovetter, Mark (1992/1985) Economic action and social structure: the problem of embeddedness. In: Granovetter/Swedberg (Hg.), S. 53-81

Granovetter, Mark/Swedberg, R. (Hg.; 1992) The sociology of economic life. Oxford: Westview Press

Habermas, Jürgen (1981) Theorie des kommunikativen Handelns. 2 Bände. Frankfurt am Main: Suhrkamp

Heertje, Arnold (1982) Schumpeters model of the decay of capitalism. In: Frisch, Helmut (Hg.) Schumpeterian economics. New York, S. 84-94

Johnson, Björn (Instituional learning. In: Lundvall (ed.), S. 23-44

Kirzner, Israel M. (1985) Discovery and the capitalist process. Chicago

Kowol, Uli/Krohn, W. (1994) Innovationsnetzwerke. Ein Modell der Technikgenese. IWT-Papers, 6/94. Universität Bielefeld

Luhmann, Niklas (1988) Die Wirtschaft der Gesellschaft. Frankfurt am Main: Suhrkamp

Lundvall, Benkt-Ake (1988) Innovation as an interactive process: from user-producer interaction to the national system of innovation. In: Dosi/Freeman et al. eds., S. 349-369

Lundvall, Bengt-Ake (Hg.; 1992) National systems of innovation. Towards a theory of innovation and interactive learning. London: Pinter Publishers

Mensch, Gerhard (1975) Das technologische Patt. Innovationen überwinden die Depression. Frankfurt am Main

Meyer, John W./Rowan, B. (1983) "Institutionalised Organisations: Formal Structure as Myth and Ceremony". In: Meyer, John W./Scott, W.R. Organisational Environments: Ritual and Rationality. London: Sage Publication, S. 21-44

Mjoset, Lars (1992) The Irish economy in a comparative institutional perspective. Published by the National Economic and Social Council. Dublin

Nelson, Richard (Hg.; 1993) National innovation systems. A comparative analysis. Oxford: Oxford University Press

Nelson, Richard/Rosenberg, N. (1993) Technical innovation and national systems. In: Nelson (ed.), S. 3-21

Nelson, Richard/Winter, S.G. (1982) An evolutionary theory of economic change. Cambridge: University Press

Parsons, Talcott/Smelser, Neil J. (1984/1956) Economy and society. A study in the integration of economic and social theory. London: Routledge&Kegan Paul

Pavitt, Keith (1984) Sectoral patterns of technical change: Towards a taxonomy and a theory. In: Research Policy, Vol. 13, S. 343-373

Perez, Carlota (1988) New technologies and development. In: Freeman, Christopher/Lundvall, B.-A. (Hg.) Small countries facing the technological revolution. London: Pinter, S. 83-97

Porter, Michael E. (1990) The competitive advantage of nations. London

Powell, Walter W./DiMaggio, P. J. Hg.; 1991) The new institutionalism in organisational analysis. Chicago/London: The University of Chicago Press

Quinn, Robert E./Cameron, K. (1983) Organisational life cycles and shifting criterias for effectiveness: some preliminary evidence. In: Management Science, Vol. 29, S. 33-51

Rogers, Everett M./Shoemaker, F. (1971) Communication of innovations: A cross-cultural approach. New York: The Free Press

Schmid, Michael (1992) Die evolutorische Ökonomik - Würdigung eines Forschungsprogramms. In: Biervert/Held (eds.), S. 189-215

Schumpeter, Joseph A. (1912) Theorie der wirtschaftlichen Entwicklung. Leipzig

Schumpeter, Joseph A. (1980/1942) Kapitalismus, Sozialismus und Demokratie. München: UTB

Soskice, David (1994) Innovation strategies of companies: a comparative institutional approach of some cross-country differences. In: Zapf, Wolfgang/Dierkes, M. (eds.) Institutionenvergleich und Institutionendynamik. WZB-Jahrbuch 1994. Berlin: edition sigma, S. 271-289

Swedberg, Richard (1986) The paradigm crisis and economic sociology. In: Himmelstrand, Ulf (Hg.) Sociology: From crisis to science? Vol.1: The sociology of structure and action. London: Sage, S. 145-172

Swedberg, Richard (1991) Major traditions of economic sociology. In: Annual Review of Sociology, Vol. 17, S. 251-276

Swedberg, Richard/Himmelstrand, U./Brulin, G. (1987) The paradigm of economic sociology: Premises and promises. In: Theory and Society, Vol. 16, S. 169-213

Swedberg, Richard/Granovetter, M. (1992) Introduction. In: Granovetter/Swedberg (Hg.), S. 1-26

Türk, Klaus (1989) Neuere Entwicklungen in der Organisationsforschung. Stuttgart: Enke

Williamson, Oliver G. (1985) The economic institutions of capitalism. New York: Free Press

Anhang

Graphik 1: Nationales Innovationssystem

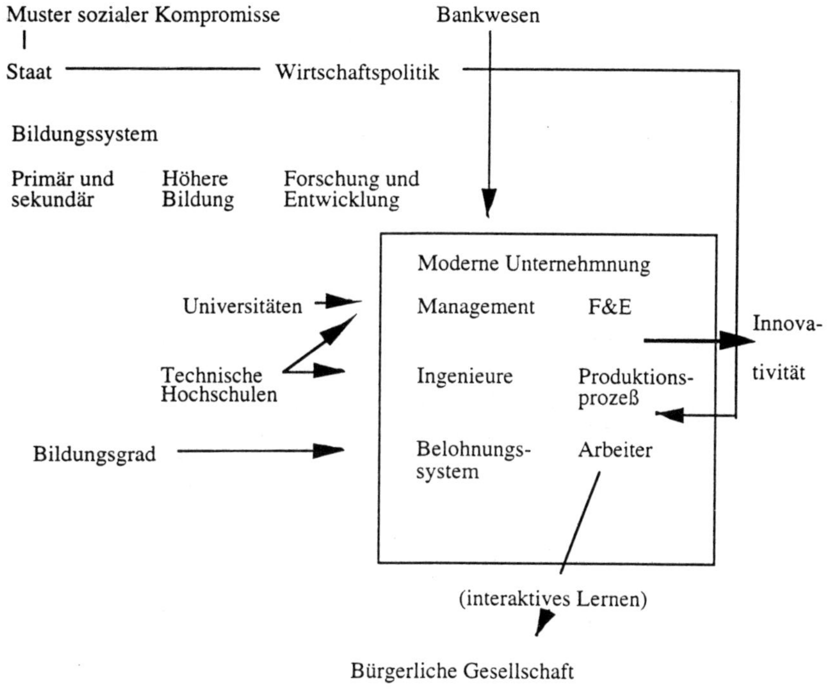

Übersetzung aus Mjoset 1992, S. 120

Uli Kowol/Wolfgang Krohn

Modernisierungsdynamik und Innovationslethargie
Auswege aus der Modernisierungsklemme

1. Innovationslethargie

In der Tradition der industriellen Modernisierung wurde korporierten Akteuren in erster Linie das Risiko zugemutet, die Signale des Fortschritts in eine Handlungsstrategie umzusetzen, die den Unternehmen Überlebenschancen sicherte. Die Signale waren solche der *technischen Dynamik* und der *Marktentwicklung*. Das Risiko bestand weniger darin, sie zu lesen, als darin, die eigenen Innovationspotentiale in Begriffen der technischen Kompetenz, der Entwicklungskosten und des Marktzugangs einzuschätzen. Industrielle Modernisierung war ein durch die Akteure gut beobachtbarer Prozeß, eingebettet in die Rahmenbedingungen einer überwiegend nationalstaatlich regulierten Ökonomie, die wiederum verkoppelt war mit Rahmenbedingungen einer gesellschaftlichen Modernisierung, in der die Veränderungen von Präferenzstrukturen, Legitimationsanforderungen und kulturellen Einstellungsmustern keine allzu großen Rätsel aufgab. So jedenfalls erscheint die Vergangenheit der Modernisierung aus der Sicht der turbulent gewordenen Gegenwart.
Die postindustrielle Modernisierung, der gegenwärtig korporierte Akteure ausgesetzt sind, unterscheidet sich nicht dadurch, daß die Signale der Dynamik ausbleiben, sondern dadurch, daß sie überkomplex und vieldeutig erscheinen und nicht in einfache Entscheidungen dekomponierbar sind. Einer der wenigen durchgängigen Trends, die *Informatisierung* aller Entscheidungsebenen, führt zu einer Überlagerung von so vielen Informationen unbekannter Qualitäten und Halbwertzeiten, daß an die Stelle einer Übersetzbarkeit in eine organisationale Handlungsprogrammierung das Modernisierungsrauschen tritt. Wenn es aber gelingen sollte, die Megabytes in ein lesbares Arrangement zu bringen, erfährt man, was Luhmann in seinen "Beobachtungen der Moderne" (1992: 15) den "*Ruin*" der Merkmale von Modernität genannt hat. Modernisierung kann sich nur noch selten an der Auflösung festgefügter Traditionen orientieren, die im Weberschen Sinne als berechenbare Zweck-Mittel Rationalisierung stattfindet. Simultane Zweck-Mittel-Relationierungen unterliegen bereits modernisierten Strukturen, deren weitere Modernisierung kontingent ist. "*Es geht vielmehr um ein ständiges Erzeugen von Anderssein.*" (15)
Für die Benennung dieser *Modernisierungsmodernisierung* haben sich die Begriffe der "*postmodernen Modernisierung*" (Welsch 1987) oder der "*reflexiven Modernisierung*" (Beck, Giddens, Lash 1994) eingespielt, die drei Aspekte einfangen:

- die Selbstbezüglichkeit einer Veränderungsdynamik, die nicht mehr auf Traditionen, sondern auf sich selbst reagiert (Rekursivität),
- die Informatisierung aller Handlungsentscheidungen durch ständige Selbstbeobachtung (Selbstreferenz) und
- die durch ständige Informationsüberlastung erzeugte Risikobelastung aller Entscheidungen (Kontingenz).

Dieses Szenario mag als empirische Beschreibung für viele Unternehmen, Verwaltungen, Branchen oder ganze Industrien überzeichnet erscheinen. Es soll uns dazu dienen, das Dilemma der Akteure zu exponieren, die einerseits die sich selbst verstärkende Informationskomplexität der Veränderungen in den Märkten, technologischen Entwicklungslinien, internationalen Währungsverschiebungen, nationalen und internationalen Regulierungen und nicht zuletzt die Veränderungen von Standortvor- und nachteilen registrieren, andererseits daraus nicht genügend Information und Impulse beziehen, eigene Innovationsentscheidungen technisch, finanziell und organisatorisch voranzutreiben. Das theoretische Konzept der Modernisierung als Modernisierungsmodernisierung kontrastiert bemerkenswert mit den empirischen Beobachtungen und den durch sie angeheizten wirtschaftspolitischen Diskussionen darüber, daß in der bundesrepublikanischen Industriegesellschaft die Unternehmungen zu spät, zu behäbig und zu ideenlos mit eigenen Innovationen an den Veränderungen beteiligt sind. "*Over-engineering*", bürokratisch-phasierte Innovationsorganisation, Konzentration auf Prozeßinnovationen, Ausweichen auf Finanzmärkte, aber auch Akzeptanzprobleme und "*Angstkommunikation*" (Luhmann) gelten als Indikatoren dafür, daß die Züge in die Zukunft verpaßt werden. Dieser Gegensatz zwischen Modernisierungsdynamik der wirtschaftlichen Felder und Innovationslethargie der Akteure in diesen Feldern erklärt sich dadurch, daß Modernisierung als Veränderungsänderung von den Akteuren vor allem als turbulenter Prozeß wahrgenommen wird, den sie in ihren organisationalen Umwelten beobachten, der sie aber - wegen der Turbulenz - zu risikoaversen Reaktionen verleitet.

Modernisierung, so wollen wir die Terminologie hier für Analysezwecke festlegen, ist eine Kategorie des Beobachtens, der Registratur des Anderswerdens, dem Organisationen ausgesetzt sich sehen. Modernisierung ist in dieser Festlegung eine Feldgröße, die Bezeichnung einer makrostrukturellen Prozeßdynamik. Im Sinne einer solchen Terminologie werden etwa Unternehmenstypen oder Branchen oder Regionen von *Modernisierungswellen* erfaßt, die beispielsweise die Informatisierung der Organisation durch "Computer Integrated Manufacturing" (CIM), der Aufbau von Lean Production in Produktionsnetzwerken, die Ökologisierung der Stoff- und Energieflüsse (etwa in der Baubranche) oder die Intensivierung des Wissenstransfers zwischen Wissenschaft und Wirtschaft betreffen (etwa in Baden-Württemberg).

Innovationen dagegen müssen von korporierten Akteuren betrieben werden. Sie beruhen auf Entscheidungen darüber, Trends zu initiieren und sich beobachteten Trends zu einem früheren oder späteren Zeitpunkt anzuschließen oder anzupassen. Korporierte Akteure können also Modernisierungen beobachten, ohne Innovationen zu betreiben. Um sicher zu gehen, warten sie ab, bis es womöglich zu spät ist. Sie können andererseits Modernisierungspioniere sein, die auf die schwachen Anfangssignale eines Trends setzen, der vielleicht gar nichts wird. Innovationsentscheidungen sind also typischerweise im risikosoziologischen Sinne symmetrisch belastet durch die Risiken des Handelns und des Nichthandelns.[1]
Eine hohe Rate von *Modernisierungswellen* kann verhältnismäßig leicht Innovationsblockaden auslösen, wenn es zu wenig verläßliche Haltepunkte in der Turbulenz der Veränderungen gibt. Diese Blockadesituation läßt sich spieltheoretisch kennzeichnen. Traditionell geht man davon aus, daß die Wirtschaftsdynamik sowohl aus der Befriedigung von Nachfrageimpulsen (*pull*) wie durch das Hineinpressen neuer Techniken in Märkte (*push*) ausgelöst werden und es dann jeweils für Phasen zu Verstärkungen über positive Rückkoppelungen kommen kann. Was aber geschieht, wenn es zu einer wechselseitigen Blockade kommt? Solche Pattsituationen zwischen *push* und *pull* bestehen sowohl im privatwirtschaftlichen wie im öffentlich-rechtlichen Bereich. Privatwirtschaftlich ist die Situation gegeben, wenn etwa die Entwickler einer neuen Technologie (z.B. Werkzeugmaschinen oder Systemsoftware) nur in die Entwicklung investieren, sofern die Marktbeobachtung entsprechende Signale des Bedarfs setzt, andererseits aber die Verwender das Risiko einer Investitionsentscheidung scheuen, bevor sich die Zukunftschancen der neuen Technologie nicht abzeichnen. Dieses Patt kann nicht durch wechselseitige Beobachtung überwunden werden. Aber wie dann?

Wir gehen im folgenden der Vermutung nach, das diese Symmetrie zugunsten von Innovationsentscheidungen gebrochen werden kann durch den Aufbau risikoentlastender und unsicherheitsreduzierender Innovationsnetzwerke, d.h. vorläufig, durch den Aufbau eines sozialen Hersteller-Verwender-Kontextes, in dem der Verwendungskontext einer Technologie zusammen mit dieser entworfen wird. Innovationsnetzwerke tragen sowohl marktförmige wie organisationale Züge, sind aber keines von beiden. Bevor wir im nächsten Abschnitt eine genauere Beschreibung der Charakteristika, Funktionen und Leistungspotentiale der Innovationnetzwerke vornehmen, möchten wir die Aufmerksamkeit auf einige empirische Resultate unserer Innovationsfallstudien lenken.

---

1 Zum genannten Komplex des reflexiven Umgangs mit Risiken, siehe jetzt Japp 1996.

2. Die interaktive Konstruktion von Verwendungskontexten - empirische Beispiele[1]

Idealtypisch kann unterstellt werden, daß Produktinnovationen entweder für einen speziellen Verwendungskontext oder für multiple Verwendungskontexte (anonyme Märkte) erzeugt werden.[2] Bei den folgenden Beispielen halten wir uns an den Bereich des Maschinenbaus.[3] Hier werden Produktionstechniken, die für einen speziellen Verwendungskontext erzeugt werden, Sondermaschinen genannt. Es sind Unikate und gerade deshalb verlangen sie intensive Aushandlungen zwischen einem Technikhersteller und einem Nutzer. Ein enges Interaktionsgeflecht zwischen Herstellern und Anwendern ist erwartbar dort anzutreffen, wo es um solche maßgeschneiderte Lösungen geht. Diese werden sogar zum Teil beim Anwender - nach seinen Vorgaben - entwickelt, aufgebaut und modifiziert. Das verlangt vom Technikhersteller eine genaue Kenntnis des Verwendungskontextes, ein hohes technologisches Know how, um auf Anforderungsveränderungen spezifisch reagieren zu können, und eine Innovationsorganisation, die die notwendigen Interorganisationsbeziehungen flexibel gestalten kann. Solche Hersteller-Verwender-Beziehungen, die ein hohes Maß an Wechselseitigkeit beinhalten, legen interaktiv wichtige technische Parameter der Innovation fest. Diese Beziehungen sind häufig "vertrauensbasiert" und sie sind dennoch '*störungsanfällig*', etwa dann, wenn ein Partner die Basis wechselseitiger Interessen verläßt, z.B. durch einen Wechsel im Innovationsstil. Das werden wir in unserem zweiten Beispiel illustrieren.

Auf den ersten Blick anders stellt sich die Situation für die auf den Volumenmärkten operierenden Unternehmen dar. Produktionstechniken, die für multiple Verwendungskontexte erzeugt werden, heißen Serienmaschinen. Serienmaschinen sollen - wie Autos oder Kühlschränke - von Beginn an vollständig funktionsfähig sein und stabile Leistungen garantieren. Teilweise werden diese nach Prospekt geordert. Die bei Sondermaschinen üblichen und tolerierten *Kinderkrankheiten* werden hier selten akzeptiert. Die Hersteller von Serienmaschinen sind allgemein mit dem Problem konfrontiert, genaue Informationen über die Marktentwicklung und die Anwenderanforderungen, insbesondere über die zu innovierenden (Fertigungs-)Prozesse zu gewinnen, um die Entwicklungsaktivitäten adäquat planen und steuern zu können. Die

---

1 Für ausführliche Informationen zu den hier herangezogenen Fällen verweisen wir auf Asdonk, Herbold, Kowol (1995).

2 Beachtet werden sollte, daß einer solchen Typisierung durch Modultechniken und Baukastensysteme innerhalb der Produktinnovation gewisse Relativierungen entgegenstehen: einerseits finden sich zunehmend serielle Elemente in der Unikatproduktion und andererseits zielen Serienfertiger auf '*individualisierte*' Endprodukte.

3 Die Differenz zwischen speziellen und multiplen Verwendungskontexten findet sich unter jeweils abgewandelten Bedingungen auch in anderen Branchen - etwa bei der Herstellung chemischer Produkte, in der Software-Systementwicklung und im Bauwesen.

Entwicklung komplexer Technik verschärft das Informations- und Austauschproblem der betrieblichen Entscheidungsträger. Folglich stellen sich für einen Serienfertiger andere Anforderungen an die Innovationsaktivitäten:

- Wie gewinnen die auf anonymen Märkten operierenden Serienfertiger ihre technischen Parameter?
- Wie lösen sie das Problem intransparenter Märkte?
- Wie erreichen sie die technischen Verfügbarkeiten (stabile Prozesse) einer Maschine vor der Markteinführung?

Bereits an dieser Stelle wollen wir feststellen, daß Innovationsnetzwerke auch hier die entscheidende Rolle spielen. Denn diese leisten als *Märkte für Prototypen* (Kowol/Krohn 1995) die notwendige Unsicherheitsreduktion bei der Generierung technischer Parameter und der Abschätzung zukünftiger Marktentwicklung.

Wir präsentieren im folgenden zwei exemplarische Fälle, die vorführen, wie in solchen Innovationsnetzwerken die verschiedenen Unsicherheiten reduziert, gemeinsame Lernprozesse initiiert und durch Vertrauen riskante Entscheidungen ermöglicht werden. Es gehört allerdings zum unvermeidlichen Risiko (zweiter Ordnung) solcher wechselseitig verstärkter Risikominderungen, daß Vertrauen enttäuscht und Kompetenz vorgetäuscht werden kann und Lernprozesse ins Leere gehen können. Im ersten Fallbeispiel zeigen wir zunächst, wie die Erzeugung moderner Serienmaschinen durch die Inklusion eines repräsentativen Verwendungskontextes gelingt.

2.1 Innovationsnetzwerke im Serienmaschinenbau

Der Betrieb A ist mit ca. 400 Beschäftigten auf die Entwicklung und den Bau von CNC-Universaldrehmaschinen spezialisiert. Für die profitable Produktion dieser Standardmaschinen sind Losgrößen bis zu 5.000 Stück anvisiert, die es erlauben, den Preis zu einer strategischen Marketinggröße zu machen. Vorrangig sind deshalb nicht 'maßgeschneiderte' Lösungen, sondern das '*standardmäßige Angebot*' von hoher technischer Qualität und zu einem akzeptablen Preis. Hersteller A ist seinem Selbstverständnis nach ein '*global player*', d.h. er strebt eine technologische Führerschaft bei weltweiten Marktaktivitäten an. Die Entscheidungskriterien für eine Innovation sind dementsprechend:

- das erwartete Marktvolumen,
- die antizipierten Entwicklungskosten,
- die Produkte der Konkurrenz,
- und die Aufrechterhaltung der technologischen Führerschaft.

Unsere erste Beobachtung war, daß weder Marktanalysen und Konkurrenzbeobachtung noch eigene technologische Entwicklungsmöglichkeiten hinreichend für eine erfolgreiche Innovationstätigkeit sind. Marktanalysen führen zunächst nur zu unspezifischen Bedarfen (schneller, besser, flexibler usw.) und häufig auf die Leistungsdaten und Standards der Konkurrenz.[1] Die vorhandenen technologischen Entwicklungsmöglichkeiten bedürfen der Ergänzung durch anwendungsrelevante Informationen, nicht alle technologischen Probleme können antizipiert werden, nicht alle Verwendungskontexte sind bekannt. Hauseigene Testmöglichkeiten und Simulationen können nicht praktische Vorerfahrungen im alltäglichen Dauerbetrieb ersetzen. Anders gesagt: das Problem ist der Wissenstransfer von der Praxis in den Entwicklungs-, Konstruktions- und Herstellungsprozeß. Das führt zur Frage zurück: Wie gelingt es dem Serienfertiger, wachstumsträchtige Märkte und erfolgversprechende Produkte zu identifizieren?

Die Antwort lautet: Durch die **Konstruktion eines repräsentativen Verwendungskontextes,** der simulativ bestimmte *verallgemeinerbare* technische Probleme, z.B. hinsichtlich der Durchlaufzeiten, Leistungsanforderungen, Umrüstzeiten oder Genauigkeiten usw. aufweist. Die Konstruktion des repräsentativen Verwendungskontextes muß über die genannten technologischen Problemlagen hinaus aber auch bestimmte Annahmen hinsichtlich des erwartbaren Humankapitals und der organisationalen Routinen beinhalten. Jeder Versuch, über die *Konstruktion* eines Verwendungskontextes die Marktförmigkeit eines Produkts auf einem Mikromarkt zu entwickeln, ist natürlich dem Risiko des Scheiterns ausgesetzt. Er kann aus *inneren Gründen* scheitern, wenn das *Konstrukt* nicht genügend mit den angezielten Märkten übereinstimmt, oder aus *äußeren Gründen*, wenn die Turbulenz in den Märkten zu groß ist und/oder Konkurrenten eine ähnliche Innovation früher auf den Markt gebracht haben. Ob die *Konstruktion* eines Verwendungskontextes angemessen war, entscheidet sich somit immer erst ex post.

Im Beispiel des Serienfertigers A zeigt sich, daß dieser sehr genau die Marktaktivitäten der Konkurrenz beobachtet, sich über die fertigungstechnischen Anforderungen seiner Kunden informiert und eigene Aktivitäten unternimmt, mögliche Entwicklungsperspektiven frühzeitig zu erkennen (z.B. durch Kontakte zu außerbetrieblichen Forschungsinstituten). Diese Informationen führen zu einer ersten Bewertung, bevor dann Kontakte mit potentiellen Anwendern aufgebaut werden, um diese für ein neues Pilotprojekt zu gewinnen.

---

1 *"Markets are tangible cliques of producers observing each other. Pressure from the buyer side creates a mirror in which producers see themselves, not customers."* (White 1981: 543f.)

"*Wir beschreiben ganz grob dieses Feld und nehmen ganz bestimmte Kunden heraus, die sowohl kritisch sind als auch etwas von der Sache, von der Anwendung verstehen, z.T. mehr verstehen als wir. Wobei es äußerst schwierig ist, die richtigen Firmen herauszusuchen. Das geht soweit, daß wir uns dann mit den Fertigungsleitern aber auch mit den Meistern oder auch den Maschinenoperateuren unterhalten. Dann sammeln wir diese Daten und haben dazu die Wettbewerbsdaten und überlegen uns dann eine Strategie.*" (Hersteller A/Ingenieur)

Für die gewählte Strategie wird nun ein möglicher Pilotanwender angesprochen, dem zugetraut wird, einen Prototypen *austesten* zu können, weitere technische Parameter zu generieren und die Stabilität der Technik mitzuerzeugen.[1] Es waren vor allem diese fortlaufenden Rückkoppelungen über Kritik und Vorschläge des Pilotanwenders, die die benötigten Informationen für den Hersteller erbrachten, um die für den späteren anonymen Volumenmarkt notwendigen stabilen Prozesse der neuen Technik zu generieren. Der Hersteller A kann allgemein wesentliche technische Parameter für die Neuentwicklungen nur durch solche intensiven Kooperationsprozesse während der vorseriellen Phase im Rahmen einer *Pilotanwendung* eines Prototypen gewinnen:

"*Sie kriegen langfristige Schäden oder Schwachstellen ja nicht anders raus. Wir können hier unter solchen Bedingungen nicht produzieren. Wenn der Anwender dreischichtig Produktion fährt, dann erfährt der im halben Jahr erheblich mehr, als wir hier in zwei Jahren Testfeld.*" (Unternehmen A/Ingenieur)

Bislang konnte der Eindruck entstanden sein, es handele sich bei dem Beispiel dieses **Innovationslernens** um eine einseitige Beziehung vom Pilotanwender zum Hersteller. Das aber ist nicht der Fall. Aus der Sicht des Anwenders (hier Anwender A_1, der sich in unmittelbarer räumlicher Nähe zum Hersteller A findet) handelt es sich bei diesen Pilottests keineswegs nur um **passive Anwendungen** nach den Vorstellungen des Herstellers, sondern um ein aktives Wechselspiel von Erprobungen, Tests und Optimierungen für den Hersteller und für eigene Fertigungsaufgaben.

---

1 Während bislang die ersten Entwicklungsschritte eines Prototypen zumeist in einer Spezialabteilung des Herstellers A (*Blue box*) erfolgten, wird mit der Einführung von *simultaneous engineering* eine weitere Vorverlagerung von zwischenbetrieblicher Kooperation im Innovationsprozeß erreicht, die eine simultane Zweck-Mittel-Relationierung ermöglicht.

"Wir hatten das Interesse, die Merkmale dieser Maschine, die für uns zukünftig von sehr großer Wichtigkeit waren, genau zu testen, d.h. die Wiederholgenauigkeit, das Wärmeverhalten, die Stabilität, die Leistung der Maschine insgesamt und die Verfügbarkeit der Maschine. Diese Parameter dienen als Anzeichen, wie lange Schmieröle halten, wie lang das Hydrauliköl die richtige Temperatur hat und wann unter Produktionsbedingungen Störfälle eintreten. Wir haben das auch rausgefunden. Hersteller A hatte andere Interessen, er wollte diese Maschine eigentlich multifunktional testen, mit hydraulischem Reitstock, Linksdreh, Futterdreh, Spitzendreh etc. Das haben wir teilweise gemacht, um eben die Funktionen zu kontrollieren, die Werkzeugfreiheitsgrade zu messen. Das war ein Zugeständnis von uns, wir haben dann entsprechend ein Teilespektrum dazugenommen, das wir da eigentlich gar nicht darauf fertigen wollten." (A_1, Betriebsleiter: 7)

Die längerfristige Zusammenarbeit mit dem Technikhersteller hat also auch für den Anwender unmittelbare Vorteile. Die Standortnähe erlaubt eine schnelle Störfallbehebung, den Verzicht auf zusätzliches Instandhaltungspersonal und einen optimalen Service. Das zum Teil kostenlose Aufstellen von Prototypen zum Test beim Anwender reduziert darüber hinaus die notwendige Eigenkapitalbindung für laufende Investitionen.

Wir möchten nun einige allgemeine Aspekte solcher Netzwerkbeziehungen betonen: Die Entwicklung neuer Baureihen geschieht in der Serienfertigung immer in enger Kooperation mit repräsentativ ausgewählten (Pilot-) Anwendern. Die Anforderungen, die der Hersteller an den Partner stellt, sind u.a.:

- die technologische Versiertheit,
- eine möglichst breite Palette von Bearbeitungsaufgaben,
- ein möglichst breites Anwendungsspektrum für die Produktionstechnik und
- breit qualifizierte Facharbeiter.

Besonders wichtig sind in solchen Beziehungen wechselseitiges **Vertrauen** und **Know-how-Schutz**: Für den Technikhersteller ist es bedeutsam, daß die Testreihen, Daten und Konstruktionspläne zur Produktinnovation nicht zum Konkurrenten gelangen, der Anwender möchte, daß seine Innovationsaktivitäten geschützt werden. Dieser Know-how-Schutz ist auch maßgeblich dafür verantwortlich, daß die Automobilindustrie bislang eher konservativ investiert hat, d.h. nur in wenigen Fällen auf Produkte der japanischen

Konkurrenz zurückgegriffen hat. Wie ein Anwender berichtete, ist man deshalb besonders vorsichtig, da die Möglichkeit nicht ausgeschlossen werden kann, daß wichtige '*Blaupausen*' zur Konkurrenz gelangen.

Ein weiteres gewichtiges Element für den "*social exchange*" in den Innovationsnetzwerken ist die **Herausbildung einer gemeinsamen Sprache**, d.h. eines gemeinsamen '**technischen Jargons**', der koordinationserleichternd ist. Der Hersteller kennt die fertigungstechnischen und betriebinternen Qualitätsanforderungen sowie das vorhandene Qualifikationspotential des Anwenders und dieser wiederum kennt die vom Hersteller gelieferte Produktqualität. Mißverständnisse in der Diskussion technischer Probleme treten relativ selten auf, viele innovationsrelevante Daten können über technische Medien (z.B. Telefon) transferiert und das jeweilige organisationale Umfeld kann als bekannt vorausgesetzt werden. Der permanente Know-how-Transfer zwischen Hersteller und Anwender bezieht sich nicht nur auf Phasen der Pilotanwendung oder eines Beschaffungsfalles, sondern stellt einen fließenden Prozeß dar. Im oben genannten Beispiel existiert die Kooperation schon seit annähernd 15 Jahren. Unter Gesichtspunkten der immer prekären Vertrauenssicherung sind solche durch gemeinsame Geschichte institutionalisierten Vertrauensbasierungen von unschätzbarem Wert.[1] **Verträge** spielen in solchen Pilotanwendungen eine untergeordnete Rolle. Die Maschinen werden zum Teil kostenlos zur Verfügung gestellt oder nach den unterschiedlichen Testphasen erheblich günstiger angeboten.

Mit unserem nächsten Fallbeispiel wollen wir nun auf einen Punkt exemplarisch aufmerksam machen, der für alle vertrauensbasierten institutionellen Beziehungen fundamental ist: Wie werden 'Irritationen' innerhalb der Innovationsnetzwerke verarbeitet, für die im Normalfall über Vertragsklauseln Obligationsstrafen usw. bereitstehen? Investitionen in Kooperation sind immer in mehrfacher Hinsicht riskant. Anders gesagt: der erwarteten Risikominderung durch Kooperation steht das Risiko der Fehlinvestition in Vertrauen entgegen. Die spieltheoretische Annahme eines Wechsels von einer '*voice*'- zu einer '*exit*'-Option gegenüber der Netzwerkkooperation ist dann nicht ohne weiteres zu realisieren und riskante Investitionen in Kooperation können teuer werden, wenn Kredit (im Sinne von Vertrauen) verspielt wird.

---

1 Auch sie haben eine spieltheoretische Komponente. Jeder weiß von dem anderen, daß ein zufällig vorteilhafter Vertrauensbruch kaum heilbar ist und die langfristigen Kooperationsvorteile vernichtet.

2.2 Innovationsnetzwerke im Sondermaschinen- und Kleinserienbereich

Unikat- bzw. Kleinserienfertiger innovieren in der Regel nicht für einen anonymen Markt. Die Technikverwender besitzen zumeist genaue Vorstellungen über ihre Anforderungen und die Technikhersteller müssen den jeweiligen lokalen, kontextsensitiven Anforderungen genügen. Auch deshalb ergeben sich hier andere Voraussetzungen für die zwischenbetriebliche Kooperation als im Bereich der Serienfertigung. Diese beziehen sich auf die *präkontraktuelle Phase* [1], die Bedeutung der *experimentellen Implementation* und damit auf die Dauer des Innovationsprozesses. Andererseits wird sich zeigen, daß die Vernetzungsstrukturen, die sich zwischen den Technikherstellern und ihren -verwendern herausbilden, auch vergleichbare Charakteristika erzeugen. Denn während der Serienfertiger in Pilotprojekten die Dekontextualisierung der Technik betreibt und damit die Voraussetzungen für ein marktsegmentspezifisches oder marktweites Engagement herzustellen versucht, können die Innovationsprojekte im Sondermaschinenbau generell als Pilotprojekte charakterisiert werden.[2] Aus der Sicht der Techniksoziologie betrachtet, steht hier aber die Kontextualisierung im Zentrum der Innovationsaktivität.[3]

Der Betrieb B ist ein mittelständisches Unternehmen der Werkzeugmaschinenbauindustrie. Vorwiegend in Kleinserienfertigung bzw. Einzelfertigung nach Kundenwünschen produziert das Unternehmen Konsol- und Bettfräsmaschinen - mit unterschiedlichen Größenordnungen - für das In- und Ausland. Reine FuE gibt es - wie in den meisten Klein- und Mittelbetrieben des Werkzeugmaschinenbaus - im Unternehmen B nicht. In der Konstruktionsabteilung wird in der Regel nach bekannten Zielvorgaben konstruiert und entwickelt. Diese Zielvorgaben für die Konstruktionen bzw. Neuent-

---

1 In einzelnen Fallbeispielen wurden bis zu 1.000 Stunden Vorleistungen der Technikhersteller erbracht, ohne daß es endgültig sicher war, daß es zum Vertragsabschluß kommt. Technikanwender, die in kontextsensitive Maschinen investieren, lassen sich in der Regel drei bis fünf Angebote erstellen, die dann intensiv mit den Technikherstellern verhandelt werden. Der Technikverwender ist hier nicht gleich vor die Entscheidung für eine Lösung gestellt, sondern nutzt jeweilige Vorzüge eines Herstellers zur Definition von Randbedingungen für die anderen.

2 Das wissen auch die Technikverwender, die in den Experteninterviews auch von "*Bananenmaschinen*" sprachen und dies nicht etwa abwertend meinten, sondern damit zum Ausdruck brachten, daß die Technikimplementation eine aktive Phase des Innovationsprozesses darstellt, die Sondermaschine also im Verwendungskontext noch "*reift*", weil häufig noch wesentliche Modifikationen der Technik vorgenommen werden (können).

3 Auf der Seite der Technik wird dieser Unterscheidung auch dadurch Rechnung getragen, daß Serienmaschinen häufig mit mehr Redundanz ausgestattet sind, um in den jeweiligen Verwendungskontexten stabile Prozesse zu ermöglichen. Beispielsweise muß eine Serienmaschine, die weltweit angeboten werden soll, den jeweils abweichenden nationalen Bedingungen von vornherein entsprechen. Eine Sondermaschine muß demgegenüber "*nur*" für den speziellen Verwendungszweck konstruiert und gefertigt werden.

wicklungen ergeben sich allgemein aus der Wettbewerbssituation und im besonderen durch die spezifischen Kundenanforderungen. Umgesetzt werden diese Anforderungen in den Konstruktions- und Werkstattbereichen.
Im Bereich der Herstellung von Fräsköpfen - für die ein firmeneigener Standard besteht - besitzt das Unternehmen eine hohe technologische Kompetenz, die auch von den Anwendern herausgestellt wurde. Die Innovationsaktivitäten werden häufig von den Anwendern angestoßen, zum Teil erstellen die Kunden detaillierte Pflichtenhefte.[1] Dies ist aber nicht als eine reaktive Innovationsstrategie mißzuverstehen, denn in den Aushandlungsprozessen mit den Technikverwendern bringt der Hersteller auch eigene Vorstellungen ein, indem Vorschläge zur Technik, zur Fertigungsorganisation und zur Qualifizierung des Personals gemacht werden. Eine wichtige Unterscheidung zu den Serienfertigern bezieht sich hier auf lange Aushandlungsphasen vor dem eigentlichen Kontrakt. In dieser präkontraktuellen Phase werden sukzessive technische Parameter und ökonomische Bewertungskriterien aufeinander abgestimmt sowie technische Optionen verdichtet und festgelegt. Beachtenswert ist, daß die hier beteiligten Akteure die jeweilig ausgehandelten Ergebnisse in ihren eigenen Organisationen nochmals rückübersetzen müssen. Insbesondere die nichtexplizierten Bestandteile der Aushandlungsprozesse erfordern einen hohen kommunikativen Aufwand in der jeweiligen Bezugsorganisation.[2] So werden in dieser Phase auch schon potentielle Zulieferanten einbezogen, um verschiedene technologische Alternativen zu prüfen. Das betrifft aber auch Fragen zum In- und Outsourcing. Die präkontraktuelle Phase dient dementsprechend dem '*Weben*' und '*Schließen*' des Innovationsnetzwerkes.

Techniksoziologisch betrachtet geht die Herstellung von Sondermaschinen den umgekehrten Weg gegenüber der der Serienherstellung. Entscheidend ist hier die *Kontextualisierung* einer Technik für eine spezifische Verwendung. Das Know-how des Technikherstellers muß für einen bestimmten, lokalen Verwendungskontext mit besonderen Anforderungen fruchtbar gemacht werden. Ziel ist es, aus bereits verfügbarem Wissen, Lösungen für neue Problemanforderungen und Antizipationen von denkbaren Schwierigkeiten eine kontextspezifische Lösung zu generieren. Im Serienmaschinenbau geht es - wie das Beispiel gezeigt hat - darum, die *Dekontextualisierung* einer technischen Lösung mithilfe eines Anwenders zu erreichen, der möglichst viele Merkmale des typischen Verwendungskontextes vereinigt.

Das Unternehmen B kann auf erfolgreiche Kooperationen mit verschiedenen Anwendern zurückblicken. Einer dieser Anwender - ein Unternehmen der

---

1 "*... die liefern Pflichtenhefte, das können Bücher sein von an die 100 Seiten.*" (B, Geschäftsleitung: 1/19)

2 Wir kommen im nächsten Abschnitt darauf zurück.

Automobilindustrie -, der schon verschiedene Innovationsprojekte mit dem Technikhersteller gemeinsam bestritten hat und über eine durch persönliche Kontakte untermauerte erfolgreiche Vergangenheit mit dem Hersteller berichtete, hatte die Absicht, die Durchlaufzeiten einer Bettfräsmaschine drastisch zu reduzieren. Dazu sollte der Drehzahlbereich einer Bettfräsmaschine fast verdoppelt werden. Zwar entsprach diese Anforderung nicht den bislang üblichen inkrementalen Verbesserungen und Modifikationen vorhandener Technik, doch nachdem der Anwender mit mehreren Herstellern Gespräche geführt hatte, entschied er sich - u.a. aufgrund der erfolgreichen Kooperation in der Vergangenheit - für die Zusammenarbeit mit dem Hersteller I. Zwar spielten auch Kosten eine gewisse Rolle, doch ausschlaggebend war hier die (zugesagte) technische Leistungsfähigkeit der Maschinen.

> "*Der Kaufpreis war sicher nicht der Punkt und allein von den Prospektdaten wird bei uns nichts gekauft.*" (B_3, Technischer Einkäufer)

Das Management des Technikherstellers hatte sich persönlich für eine erfolgreiche Innovation verbürgt und zur Zielerreichung einen gerade diplomierten Ingenieur eingestellt. Genau dies erwies sich aber als äußerst nachteilig für den Innovationsverlauf: Dem inkrementalen, erfahrungsbasierten Innovationsstil des Herstellers B setzte der Ingenieur eine eher theoretisch-wissenschaftliche Entwicklungskonzeption entgegen, die zwar 'theoretisch' richtig war, aber in der Praxis nicht funktionierte. Zusammenfassend soll hier nur angedeutet werden, daß dies auch mit der innerbetrieblichen Innovationsorganisation, des Managements der Innovation im Zusammenhang stand, was auch als ein weiterer Hinweis darauf gelesen werden kann, daß die in Netzwerken korporierten Akteure (hier: Vertrieb und Konstruktion) auf die organisationsinterne Rückkopplung ihrer Aktivitäten zu achten haben. Unbeachtet blieb, daß gerade eine so weitreichende Innovation auf die notwendige Kooperation zwischen der Konstruktion, Fertigung und Montage angewiesen ist. So gab es seit der zweiten Inbetriebnahme beim Anwender immer wieder Störungen: Antriebsprobleme, Qualitätsprobleme und Probleme mit dem Fräskopf. Die zogen sich über eineinhalb Jahre hin, verschiedene Komponenten wurden überarbeitet, die Getriebeeinheit mußte vollständig ausgetauscht werden, ebenso ein Hydraulikaggregat, die vereinbarte Umdrehungsgeschwindigkeit konnte immer nur kurzfristig erreicht werden, nicht aber im betrieblichen Dauereinsatz.
Mittlerweile verfügten auch andere Technikhersteller über eine Bettfräsmaschine mit der geforderten Umdrehungszahl von 6.000 Umdrehungen pro Minute. Der Anwender hätte dementsprechend auf der vertraglich fixierten Leistung bestehen und sogar eine Konventionalstrafe erwirken können, doch die bislang zufriedenstellende Beziehung, die gemeinsame Sprache, die man entwickelt hatte und das wechselseitige persönliche Engagement in früheren

Innovationsprojekten verhinderten eine harte Vertragspolitik; gleichwohl wuchs die Unzufriedenheit des Anwenders.[1] Es zeigte sich nun immer deutlicher die Überforderung des Technikherstellers, die anfangs vereinbarten technologischen Lösungen umzusetzen. Mit einer Minimallösung nach eineinhalbjähriger Aushandlungszeit wurde das gemeinsame Projekt beendet. Trotz großen Engagements auf der Seite des Technikherstellers, die Probleme zu lösen, und trotz großen Entgegenkommens auf der Seite des Anwenders, dafür zunächst Verständnis und Zeit aufzubringen, ist ein Vertrauensverlust entstanden, der die Beziehung belastet. Das Versagen des Herstellers, den 'großen Sprung' in der Drehzahlentwicklung durch einen Wechsel des Innovationsstils vom erfahrungsbasierten, inkrementalen Innovieren zu einem theoretisch-wissenschaftlich angeleiteten Innovationsstil betriebsintern zu organisieren, wurde hier zur Belastungsprobe für die gewachsene Netzwerkbeziehung. Kredit, im Sinne von Vertrauen, wurde verbraucht und die Erkenntnis, daß Investitionen in Kooperationen riskant sein können, wurde auf beiden Seiten teuer bezahlt. Den Vorteilen einer gemeinsam geteilten Sprache, wechselseitigen Vertrauens und Rücksichtnahme stand nun gegenüber, daß beide Seiten ihre mit der Innovation angestrebten Ziele nicht erreicht haben, die '*exit*-option', aber aufgrund der gewachsenen Beziehungen nicht gewählt wurde. Die mit dem Innovationsvorhaben anvisierten Technologieziele des Herstellers wurden verfehlt, ebenso die fertigungstechnischen Prozeßziele des Anwenders. Da der Anwender aber über genügend Kapitalmittel verfügte, konnte er an seinen Prozeßzielen festhalten und die - nicht zufriedenstellenden - Erfahrungen im Sinne einer negativen Heuristik weiterverwenden. Der Technikhersteller hingegen geriet durch dieses Projekt im Zusammenhang mit allgemeiner Nachfrageabschwächung, aber auch mit Problemen im Innovationsmanagement an den Rand eines Konkurses.

Fassen wir zum Schluß dieses Abschnittes den Vergleich der Innovationsstrategien von Unikatproduzenten und Serienherstellern zusammen: Netzwerkartige Beziehungen zwischen dem Hersteller und Anwender ermöglichen wechselseitige Vorteile, die durch reine Marktbeziehungen nicht zu erzielen sind. Das können Kosten-, Know-how- und Wettbewerbsvorteile sein. Während der Serienhersteller die Möglichkeit einer seriellen Produktion des Prototyps für unterschiedliche Verwendungskontexte (*Dekontextualisierung*) erprobt, also an der Funktionsfähigkeit der Aggregate, Komponenten usw. im

---

1 Zu beachten ist aber auch, daß gerade im Sondermaschinenbau, wo jede Maschine eine Innovation darstellt, der Technikhersteller auf die Anpassungsprozesse der Technik im Verwendungskontext und die gemeinsamen Lern- und Aushandlungsprozesse mit dem Technikverwender angewiesen ist. Auftretende Probleme im Verwendungskontext einer Technik können sowohl auf die Technik, die Bearbeitungsaufgaben, die organisationale Einbettung der Technik und/oder die Qualifikation der Maschinenführer bezogen werden. Deshalb kommt es immer wieder zu einem - häufig mühseligen - Prozeß der kommunikativen '*Herstellung von Fakten*'.

Fertigungsprozeß interessiert ist, testet der Anwender die mit der neuen Technik verbundene Möglichkeit der fertigungstechnischen Prozeßoptimierung. Der Technikverwender ist vor allem an Informationen über die Gebrauchswerteigenschaften von neuen Produktionstechniken interessiert, die seinen spezifischen Anforderungen entsprechen. Anders gesagt: Der Hersteller testet und optimiert durch die *Pilotanwendung* sein Produkt, der Anwender optimiert mit Hilfe des Produkts hingegen seinen Prozeß. Diese Differenz erfordert ein Vorgehen, das gemeinsame Aushandlungsprozesse wahrscheinlich macht und die Möglichkeit von Synergien unterstützt.
Der Sondermaschinenhersteller ist aus Gründen der *Kontextualisierung* einer Technik auf netzwerkartige Beziehungen zum Anwender angewiesen. Hier geht es nicht um anonyme Märkte, sondern um spezifische lokale Lösungen. Der Hersteller wird dennoch an Verallgemeinerungen für ähnliche Fälle interessiert sein. Der Anwender ist daran interessiert, über die intensive Kooperation eine Lösung mitzugestalten, die über reine *Prospektangebote* nicht erreichbar wäre.

3. Innovationsnetzwerke - theoretische Merkmale

Im Anschluß an diese Beispiele sollen einige Strukturmerkmale von Innovationsnetzwerken diskutiert werden. Ganz allgemein geht es bei ihnen um die Organisierung institutioneller Vorleistungen, durch die die Entstehung von Verwendungskontexten für neue Technologien nicht dem evolutionären Zufall von Angebot und Nachfrage überlassen wird, sondern durch interorganisationale Kooperation zwischen Herstellern und Verwendern in gemeinsamen Innovationsstrategien entworfen und implementiert werden.[1] Wir haben dabei einzuschränken, daß das dargestellte empirische Feld des Werkzeugmaschinenbaus nur eins unter vielen technologiebasierten Innovationsbereichen ist. Auch wenn wir im folgenden einige Verallgemeinerungen anbieten, betonen wir gleichwohl, daß die spezifischen Akteurskonstellationen und Kooperationsformen von Innovationsnetzwerken durch eine größere Zahl von strukturellen Bedingungen bestimmt sind, die von Branche zu Branche, von Region zu Region variieren.

3.1 Die Sicht der Technikgeneseforschung

Die Innovationsforschung hat von zwei Seiten her die Schlüsselfunktion der Innovationsnetzwerke erschlossen: die *Technikgeneseforschung* mit Ursprüngen in der Wissenschafts-und Techniksoziologie und die auf die *Organisa-*

---

1 Es soll angemerkt werden, daß wir mit den Innovationsnetzwerken nur ein kleines und spezifisches Segment aus der allgemeineren Netzwerkdiskussion berühren. Vgl. Sydow 1993; Teubner 1992, Weyer, Kirchner, Schmidt 1996.

tionstheorie und evolutionäre Ökonomie zurückgehenden Untersuchungen zum technologischen Wandel. Im Zentrum der Fragestellungen zur Technikgeneseforschung steht das Interesse, das Graufeld zwischen technischer Invention und der Ausbreitung einer Technik zu erkunden. Sie setzt dem biologielastigen Grundschema von Variation und Selektion (vgl. Rammert 1993: 25) ein anderes Grundmodell entgegen: die soziale Konstruktion der Innovationsprozesse, die immer aus zwei Komponenten besteht: aus der Konstruktion neuer Artefakte und dem gleichzeitigen Aufbau neuer Verwendungskontexte. Daß Verwendungskontexte nicht immer vollständig neu aufgebaut werden müssen, sondern sich teils wegen eindeutiger Bedarfslagen "*von selbst*" ergeben, teils wegen eingespielter Märkte hinreichend vorstrukturiert sind, mag in Einzelfällen zutreffen. In dem Maße aber, in dem die Modernisierungsdynamik Innovationsprojekte in den dargestellten Dimensionen technologischer, kalkulatorischer und verwendungsspezifischer Unsicherheiten hochtreibt, muß auch die Herkunft neuer Verwendungskontexte für erklärungsbedürftig gehalten werden. Keiner hat dies besser ausgedrückt als White (1981) mit seiner Titelfrage: "*Where do markets come from?*". Die Antwort lautet: aus Innovationsnetzwerken.

Innovationsnetzwerke leisten den kooperativen Entwurf von "Nutzungsvisionen" für Artefakte und unterwerfen sie in rückgekoppelten Lernprozessen Eignungstests. Pilotanwendungen sind daher immer auch Pilotmärkte, die auf Ausweitung angelegt sind.[1] Erzeugung und Verwendung neuer Technologien sind daher nicht im Sinne des Versuch-Irrtum-Verfahrens von Variation und Selektion verknüpft, sondern durch einen zwischen Herstellern und Verwendern koordinierten Gestaltungsprozeß. Das Interesse der Technikgeneseforschung richtet sich daher besonders auf diese Prozesse der Rückkoppelung zwischen Technisierungsentwürfen und Technisierungspraxis, also auf einen Lernprozeß, der sich zwischen Herstellern und Verwendern und möglicherweise weiteren Akteuren (Betroffene, Verwaltung etc.) neuer Technologien abspielt. Der Entwurf neuer sozio-technischer Verwendungskontexte ist zwar durch Randbedingungen eingeschränkt, aber niemals determiniert, sondern ist entscheidungsoffen und verhandlungsfähig.[2] In die dadurch eröffneten Abstimmungsprozesse sind im Kern Hersteller und Anwender eingeschlossen. Sie umfassen aber potentiell weitere Akteure wie Zulieferer, Banken, Forschungseinrichtungen, Gutachterbüros und staatliche Regulierungsinstanzen. Jeder interorganisatorische Abstimmungsaufwand dient dem Abbau von Unsicherheiten. Die Anzahl der involvierten Akteure richtet sich entsprechend nach den von der Innovation berührten Unsicherheitsdimen-

---

1 Mit einem Konfliktpotential zwischen Hersteller (ausweitungsorientiert) und Anwender (an der Ausnutzung von Zeitgewinnen der privilegierten Verwendung interessiert).

2 Vgl. jetzt Smith, Marx 1994 sowie Rammert 1993.

sionen: Zeitrahmen, Finanzierungsmodalitäten, Wissensdefizite, Rechtslage, öffentliche Sensitivitäten.

3.2 Die Sicht der Organisationssoziologie

Die Organisationssoziologie hat, nachdem sie lange unter dem Primat der neoklassischen Marktökonomie stand, für die Frage nach der Organisierung von Innovation das Feld neu aufbereitet. Die genannten Unsicherheiten betreffen immer *Informationen*, die sich auf Informationsquellen beziehen, die nicht auf dem anonymen Markt anzutreffen sind, sondern nur durch spezifischen Zugang zu anderen Organisationen. Innovative Organisationen handeln immer in Umwelten, die ihrerseits aus Organisationen bestehen, die auf Informationen angewiesen sind: "*Organizations increasingly do not exist and compete as individual autonomous units but as members of larger systems.*" (Scott 1992: 160) Das zentrale Problem ist dabei nicht in erster Linie die Beseitigung von Wissensdefiziten, sondern die Erzeugung von Relevanzkriterien für den Entwicklungsaufwand und die Einsatzkonditionen. Durch Verwendungszusagen bei Pilotinstallationen und der gemeinsamen Behebung von Anlaufproblemen wird die Einführung gesichert und für mögliche weitere Anwender ein Anschauungsmodell geschaffen, sofern es sich nicht um eine komplette Einzelfalllösung handelt.
Auf dieser allgemeinen Ebene zeigen sich möglicherweise sogar gewisse Ähnlichkeiten zwischen privatwirtschaftlichen und öffentlichen Innovationen. Straßenbau, Bebauungspläne, Industrieansiedlung, Entsorgungseinrichtungen etc. sind nicht mehr in einer gesellschaftlichen Umwelt eines anonymen "Publikums" realisierbar, sondern eingebettet in ein Feld, das aus anderen organisierten Akteuren besteht: Bürgerinitiativen, lokale Zeitungen, überregionale Verbände, Industrieunternehmen etc. Scott und Meyer (1992) sprechen mit Blick auf die Industrie von dem "*societal sector*" als dem organisational strukturierten Kontext, in dem die Entwicklung neuer Güter und Dienste stattfindet. Mit umso mehr Recht wird man diesen Begriff dort verwenden können, wo er herkommt. Es gibt eine weitere Parallele: Die interorganisationalen Beziehungen haben auch im ökonomisch-industriellen Rahmen in der Regel eine räumliche Lokalisation. Die "*specialization*" von Innovationsprozessen, die mit Blick auf dynamische Wirtschaftsregionen empirisch nicht zu übersehen ist, ist bisher theoretisch wenig verstanden worden, weil das Gemisch aus institutionalisierten, aber nicht hierarchisch organisierten Kooperationsbeziehungen und hoher Konkurrenz sich den eingespielten Begrifflichkeiten von Markt und Organisation entzieht.
Noch einen Schritt weiter gehen die sogenannten *neo-institutionalistischen* Autoren (DiMaggio/Powell 1991). Sie beziehen in ihre Kategorie des "*organizational field*" auch indirekt wirkende Organisationen wie Berufsverbände, Regulationsbehörden und Ausbildungsinstitutionen ein. Ein Grund für diese

weite Fassung des Begriffs ist, daß für technologischen Wandel nicht nur Kriterien der Effizienz, sondern auch der Zugang zu Prestige- und Statusressourcen und die Qualität geltender Werte und Normen eine Rolle spielen.

In ähnlicher Sichtweise hat ein weiterer theoretischer Ansatz der Innovationsforschung, die ökologische Organisationssoziologie, ihre Akteursbasis für Innovationsprozesse verbreitert. Sie hat ursprünglich Industrien als relativ homogene Populationen in einer ähnlichen Umwelt betrachtet. (Aldrich 1979) Aber inzwischen sind auch hier die Annahmen entscheidend verändert worden. "*What population ecologists have failed to address, however, is the role of technology in linking together multiple populations in larger complexes. ... into functionally integrated systems, or organizational communities.*" (Astley 1985: 225) Also auch hier derselbe Befund: Zum Verständnis des technologischen Wandels ist die Untersuchung der Interdependenzen zwischen verschiedenen Organisationen notwendig, die nur gemeinsam eine Struktur bilden.

Diese angebotenen Begrifflichkeiten des Neo-Institutionalismus und des ökologischen Ansatzes bedürfen mit Blick auf die empirische Untersuchung von Innovationsnetzwerken im privatwirtschaftlichen und öffentlichen Raum noch einer genaueren Diskussion, die hier nicht geführt werden soll. Festhalten wollen wir nur, daß die fortgeschrittene Innovationsforschung sich gezwungen sieht, in umfassender Weise *interorganisationale Beziehungen und institutionelle Verflechtungen* in die Analyse einzubeziehen. Das Dilemma des Immobilismus, das sich aus den Marktintransparenzen und den Einsatzunsicherheiten für neue Technologien gerade dann ergibt, wenn das Modernisierungstempo hoch ist, kann durch die lokalen Ordnungs- und Planungsinseln der Innovationsnetzwerke gelöst werden.

Netzwerke sind in ihrer institutionellen Struktur von Organisationen zu unterscheiden. Eine idealtypische (und traditionelle) Unterscheidung wird davon ausgehen, daß Organisationen über formale Mitgliedschaft und Entscheidungshierarchie bestehen, Netzwerke über freiwillige Mitgliedschaft und kooperative Entscheidungsheterarchie. Die Entwicklungen in der Organisationsstruktur der letzten Zeit weisen allerdings darauf hin, daß der Idealtypus der klassischen formalen Organisation sich immer mehr auflöst in Richtung auf lose gekoppelte, teilautonome Fertigungsgruppen und Profit Centers. Die Auflösung der Hierarchieebenen durch ein verschlanktes Management und die Re-Integration der lose gekoppelten Funktionsebenen geht dann einher mit einer Zunahme der internen Verhandlungs- und Abstimmungsprozesse. Man könnte dann von intraorganisationalen Netzwerken reden. Diese Vermischung der Differenzen zwischen Organisation und Netzwerk, zu der noch andere Mischformen wie etwa "*Clienting*"-Konzepte bei machtpolitisch asymmetrischen Beziehungen zwischen fokalen Organisationen und ihren Satelliten gehören, werfen nicht nur Probleme der Typologisierung auf (Teubner 1992), sondern weisen auch darauf hin, daß die soziologische Kennzeichnung der Sozialintegration der Phänomene der netzwerkartigen Kommunikations- und Kooperationsformen noch nicht gelöst ist. Versucht man, dafür ein gemeinsames Begriffsgerüst bereitzustellen, hat man entweder die Option, an die Kategorien von Markt und Organisation anzuknüpfen (Teubner 1992), oder einen anderen Grundbegriff der institutionellen Interaktion einzuführen, der selbständig neben Austausch- und Hierarchiebeziehungen steht. Nach dem Vorschlag von Powell (1990) hat sich als eine solche Schlüsselkategorie der Begriff der *vertrauensbasierten Beziehungen* ("trust relations") herausgebildet.

3.3 Vertrauensbasierung als Integrationsmodus

Der soziologische Begriff des "Vertrauens" hat als allgemeinen Anknüpfungspunkt die Aufbrechung des Handlungsparadoxes, das durch das basale soziale Phänomen der *doppelten Kontingenz* gegeben ist. Doppelkontingente Handlungssituationen sind solche, in denen das Risiko des Handelns von *Ego* nur übernommen wird, wenn er darauf vertrauen kann, daß auch *Alter* die erwartete Handlung ausführt (Wenn Du tust, was ich will, tue ich, was Du willst - aber wer beginnt?). "*Eine der wichtigsten Folgen doppelter Kontingenz ist die Entstehung von Vertrauen und Mißtrauen.*" (Luhmann 1984: 179) Voraussetzungen für den Symmetriebruch sind ein bestimmter Grad an Freiwilligkeit der Entscheidung und ein erwarteter Zusatzgewinn, falls das Vertrauen nicht enttäuscht wird. Bei der Option für Mißtrauen kann eine für beide günstige Kooperation nicht entstehen, ein besonderer Verlust allerdings auch nicht. Vertrauen ist also immer eine riskante Investition, die bei Wechselseitigkeit einen differentiellen Gewinn verspricht. Die spieltheoretischen Gewinn- und Verlustchancen sind natürlich nur für Nullsummenspiele präzise zu bestimmen, wobei sich bei zwei Akteuren der Algorithmus für die optimale Strategie als äußerst einfach ergeben hat: Investiere einmal Vertrauen, dann spiele konsequent wie der Gegner. (Vgl. Axelrod 1988) Bei anderen Spielen, zu denen alle sozio-technischen Innovationen zu rechnen sind, ist eine spieltheoretische Modellierung schwieriger, weil die Vorteile nicht monetarisierbar sind. Es kommt in erster Linie darauf an (wie in den meisten personalen Situationen ja übrigens auch), eine positive Rückkoppelung der Handlungssequenzen mit Blick auf Kooperationsvorteile zu erzielen. Diese Vorteile bestehen dort, wo Pattsituationen durch schwer abwägbare Risiken dadurch überwunden werden können, daß sich Handlungsallianzen bilden lassen. Luhmann hat diesen Zusammenhang zwischen Vertrauen und sozialer Strukturbildung in riskanten Situationen formuliert: "*Vor allem aber hat Vertrauen jenen zirkulären sich selbst voraussetzenden und bestätigenden Charakter, der allen Strukturen eigen ist, die aus doppelter Kontingenz entstehen. Es macht Systembildung möglich und gewinnt aus ihnen dann wieder die Kraft zu verstärkender, riskanterer Reproduktion.*" (1984: 181)

Wegen der Allgegenwart sozialer Kontingenz wird Vertrauen überall anzutreffen sein. So etwa besteht bei Markttransaktionen ein *institutionelles Vertrauen* darin, daß Verträge in der Regel eingehalten werden, da sie für beide Seiten Vorteile besitzen. Darüber hinaus existiert im Hintergrund ein *Systemvertrauen* (Luhmann), da die Vertragspartner auf die Verläßlichkeit des Rechtssystems für den Fall setzen, daß sich aus einem Vertragsverstoß eine Regreßforderung ergibt. Auch hierarchische Koordinationsformen setzen ein Mindestmaß an Vertrauen voraus. Im allgemeinen wird die soziale Koordination in Hierarchien zwar durch unterschiedliche Formen von Kontrolle gelöst (vgl. Edwards 1981), doch für komplexe Abstimmungsprozeduren zwischen Partialinteressen innerhalb von Organisationen galt schon immer, daß sie durch Anweisungsprinzipien allein nicht erreichbar sind.[1] Insbesondere organisationale *Ungewißheitszonen* (Crozier/Friedberg 1979) nötigen auch hierarchisch-bürokratische Organisationen zu einer intelligenten Kombination von Kontrolle und Autonomie, etwa bei der Lösung des "*Innovationsdilemmas*". (Vgl. Rammert 1988) Vertrauen basiert in solchen Fällen auf der Funktionalität von Status- und Karriereorientierungen, in der Sprache von Blau (1974) auf "*social exchange*" gegenüber einem "*economic exchange*". (Vgl. auch Heisig, Littek 1995)
Der uns hier interessierende Vertrauensbegriff zielt nun anders als die genannten Kategorisierungen eines institutionellen und systemischen Vertrauens oder des zur Schließung von *Ungewißheitszonen* in Organisationen gewährleisteten Funktionsvertrauens auf die prozedurale, rekursive Struktur des Aufbaus von Innovationsnetzwerken zwischen mehreren korporierten Akteuren, deren Ziel Kooperationsgewinn ist. Die Aspekte des Vertrauens beziehen sich dabei auf die *Verläßlichkeit* des Partners beim Informationstransfer sensitiver Daten und die Einschätzung seiner *Kompetenz* für das gemeinsame Projekt. Der Option auf Vertrauen in Diskretion und Können liegt keine radikale Ja-Nein Alternative zugrunde. Vielmehr sind Mechanismen des schrittweisen und kontrollierten Aufbaus von *Vertrauensspiralen* zu beobachten. In unserem Beispiel A (Serienmaschinenbau) war zu beobachten, daß der ersten Vertrauensinvestition eine genaue Beobachtung der potentiellen Partner vorhergeht. Es geht um Vorinformationen über die Kompetenz eines Pilotanwenders. Von großer Bedeutung ist der Rückgriff auf Erfahrungen bei zurückliegenden Kooperationen. Erfolgreiche Episoden vertrauensbasierter Kooperation zeichnen den Partner als verläßlich aus. Eine weitere wichtige Größe der Vertrauensbasierung sind schließlich die Signale personenzentrierter informeller Kom-

---

[1] Vgl. dazu auch das Konzept "*responsible autonomy*" bei Friedman (1977). Beispielsweise lassen sich innerbetriebliche Kooperationsprozesse - etwa zwischen Technikern und Facharbeitern - im Innovationsprozeß als vertrauensbasiert qualifizieren. Ohne ein Mindestmaß an Vertrauen würden die Kommunikations- und Kooperationsprozesse, die als Voraussetzung für die Bewältigung unsicherheitsbelasteter Innovationsprozesse angesehen werden, kaum funktionieren. (Vgl. Asdonk, Bredeweg, Kowol 1996)

munikation, über die wechselseitige Verpflichtungen aufgebaut werden ("*face work commitment*"). Bei günstigen Konditionen dieser Art kann sich eine selbstverstärkende Vertrauensspirale aufbauen. Wechselseitig wird dann beobachtet, welche Vorgaben als vertrauenswürdig akzeptiert werden (z.B. Preisgabe von Konstruktionsdaten, strategische Informationen, finanzielle Vorleistungen). Es bilden sich Verhaltensregeln im Netzwerk heraus, deren Beachtung wechselseitig beobachtet wird (z.B. Suche nach produktiven Lösungen bei Vertragsproblemen anstatt Rechtsklärungen). Schließlich kann es auch zu Erweiterungen der Vertrauensbeziehungen auf Dritte kommen (Stärkung des Netzwerkes durch Transitivität des Vertrauens).[1] Diese Dynamik der Vertrauensspirale ist die soziale Basis dafür, daß in einem kollektiven Lernprozeß die Technikgestaltung und der Aufbau eines Verwendungskontextes ineinander greifen.

3.4 Kooperative Lern- und Gestaltungsprozesse

Bevor wir auf diese selbstverstärkenden Lern- und Gestaltungsprozesse innerhalb der Innovationsnetzwerke eingehen, muß allerdings noch eine Einschränkung zum Verständnis der neueren Ansätze zur Erklärung von Innovationsprozessen gemacht werden: Die Entdeckung der "*organisationalen Felder*", "*ökologischer communities*" und "*Innovationsnetzwerke*" ist nicht äquivalent mit der Aufdeckung der *Ursachen* von Innovation. Die genannten komplexen Einheiten können ebensosehr zu einer evolutionären Dynamik wie zu einer konservativen Verfestigung beitragen. Interdependenzbeziehungen verstärken das eine wie das andere. Letzteres hat beispielsweise Grabher (1993: 24) am Beispiel der konservativen Strukturierung von Netzwerken im Ruhrgebiet vorgeführt. In solchen Fällen können Netzwerke zur innovationsfeindlichen temporären und lokalen Abkapselung führen und ein konservatives Refugium für Politik- und Wirtschaftsbereiche aufbauen. Sie dienen dann dazu, Irritationen der Modernisierung, anstatt sie in Innovationen umzusetzen, offensiv zu ignorieren - solange dies gutgeht. Heidenreich (1996) spricht hier von "*kognitive(n), institutionell stabilisierte(n) Lernbarrieren*". Im Kern geht es also nicht darum, *kausal* Innovation an Netzwerke zu binden, sondern in Netzwerken die Organisationsbedingung für die Innovationsdynamik zu sehen. Diese kann nicht von einzelnen organisationalen Akteuren kultiviert werden, ohne daß ihr organisationales Umfeld mehr oder weniger einbezogen wird. Aus diesem Grund sind häufig Regionen progressiv *oder* konservativ und bieten entsprechende Standortvorteile oder -nachteile. Der theoretische Hintergrund, vor dem dieser Tatbestand erklärt werden kann, ist nicht der einer klassischen Selektionstheorie durch selektive Filter oder negative Rückkoppelungen, son-

1 Vgl. hierzu Sydow 1993.

dern der einer Selbstorganisationstheorie der Strukturbildung durch positive, selbstverstärkende Rückkoppelungen. (Maruyama 1969)
Eine gewinnversprechende Operationalisierung solcher sich selbst verstärkender Rückkoppelungsprozesse verspricht der Begriff des *Lernens*. Im Anschluß an Arbeiten Rosenbergs (1975; 1982)[1] werden in der modernen Innovationsforschung *Pfadabhängigkeiten* technischer Entwicklungslinien auf *kumulative Lerneffekte* zurückgeführt. Zukünftige Erfolge bauen auf vergangenen auf, betriebliche Innovationsprozesse, branchenspezifische Technologietypen oder innovative Standorte basieren auf kumulativen Lerneffekten. Wichtig ist dabei, die verschiedenen Lernanteile und -modalitäten strukturell auseinanderzuhalten. In der typischen Hersteller-Verwender-Dyade der technischen Innovation unterscheidet Rosenberg (1982) *learning by doing* und *learning by using*.[2] Diesen Lernmodi entspricht das Herstellungs- und Anwendungswissen, um dessen Zusammenführung es in Innovationsnetzwerken immer geht. Allerdings sind für weiterreichende strategische Innovationsentscheidungen auch Lernstrategien notwendig, die über diese Lernmodi hinausreichen.
Denn die auf diesen Lerneffekten beruhenden technologischen Pfadabhängigkeiten oder *Trajektorien* sind als Folge positiver Rückkoppelungen (mit entsprechenden Beschleunigungseffekten) zugleich Ausfilterungen negativer Rückkoppelungen (mit entsprechenden Erfahrungsverlusten). Wenn die Gestaltung neuer Techniken durch soziale Schließungsprozesse vorangetrieben wird, drohen *lock in* Effekte.[3] Die Netzwerke setzen ihre Teilnehmer dem Risiko fehlgeleiteter Ressourcen aus (Verriegelungen), wenn zu lange Präferenzenwechsel am Markt oder technologisch attraktive Alternativen der

---

1 Rosenberg hat am historischen Beispiel der Entstehung der amerikanischen Werkzeugmaschinenbauindustrie gezeigt, wie die Innovationsdynamik durch wechselseitige Lernprozesse zwischen Unternehmungen, die sich allmählich auf verschiedene Segmente der Fertigung spezialisieren (sogenannte vertikale Desintegration), progressiv voranschreitet.

2 Die Innovationsökonomie hat gezeigt, daß die Produktion einzelner Güter im zeitlichen Verlauf erheblich kostengünstiger wird. Zurückgeführt wird dies auf "*learning by doing*"-Effekte, die wohl zuerst von Arrow (1962) als "*increasing skill in production*" beschrieben wurden. Rosenberg (1975) fügte hinzu, daß ähnliche Effekte auch von den Nutzern eines neuen Produkts ausgehen, die im Gebrauch zur Geltung kommen. Die unterschiedlichen Modi von "*learning by doing*" und "*learning by using*" blieben allerdings bislang unverstanden. In einer neuen Veröffentlichung zeigen von Hippel und Tyre (1995) anhand von zwei empirischen Beispielen, wie im Laufe eines Jahres bei implementierten neuen Maschinen ein besseres Verständnis der Funktionen und damit eine rationellere Produktion mit diesen Maschinen möglich wurde. 81% der Probleme wurden erst in der Nutzung deutlich und waren den Technikern unbekannt. 22 von 27 Problemen wurden zuerst vom Werkstattpersonal festgestellt. Dabei sind es häufig die variierenden Verwendungskontexte, die eine genaue Vorhersagbarkeit der Leistungsfähigkeit technischer Lösungen erschweren. Diese können letztlich nur durch das Werkstattpersonal - also durch "*learning by doing*" bzw. "*learning by using*" gelöst werden.

3 Vgl. beispielsweise die Arbeiten von David (1985) zur Genese und Pfadabhängigkeit der QWERTY-Tastatur, von Knie (1989; 1991) zum "*konstruktiven Konservativismus*" und die diversen Untersuchungen aus dem Umfeld der *Evolutionären Ökonomie* (Nelson, Winter 1982; Dosi 1988; Anderson, Tushmann 1990).

Konkurrenten ignoriert werden. Wollen sie solche Pfade verlassen (Entriegelung), entstehen sogenannte *switching costs*, die umso höher werden, je länger ein Netzwerk seine eigene Tradition ökonomisch verteidigen kann. *Learning by doing* und *learning by using* können in Anlehnung an einen Vorschlag von Wiesenthal (1995) als Modi des konventionellen Organisationslernens beschrieben werden, denen - aufgrund der herausgestellten *Pfadabhängigkeiten* - ein konservativer Zug anhaftet. (152) Das Lernen auf der Grundlage vergangenen Erfolgs kann täuschen, und ein *Verlernen* des "*wie bisher*" bietet die Chance, neue Trends zu initiieren oder zu den Frühadaptoren zu gehören. Solche Risiken organisational abzupuffern bedeutet, eine andere Lernstrategie zu forcieren: Zwar existieren schon einige organisationssoziologische Angebote für solche Lernstrategien - sie lauten beispielsweise "*unkonventionelles Lernen*" (Wiesenthal 1995), "*learning by learning*" (Stiglitz 1987) oder "*reflexives Lernen*" (Argyris/Schön 1978) -, doch mit Bezug auf Dodgson (1993) verweist Wiesenthal (1995) auf die bislang mangelnden empirischen Belege für solche Lernstrategien und vermutet, daß das kognitive Leistungsvermögen von Organisationen in diesen Fällen überfordert sein könnte.[1]

Wir wollen zum Abschluß die Vermutung aufstellen, daß Innovationsnetzwerke wegen ihrer spezifischen interorganisationalen Struktur, die selbst keine Organisation ist, auch das Problem der Entwicklung innovativer Lernstrategien möglicherweise effektiver bewältigen können, als autonom handelnde Organisationen.
Idealtypisch agieren (konventionell) lernende Organisationen in Umwelten, die wiederum aus lernenden Organisationen bestehen. (Vgl. Abschnitt 3.2) Innovationsnetzwerke - so hatten wir behauptet - verknüpfen im kooperativen Vollzug die Nutzungsvisionen der Technikhersteller mit den fertigungstechnischen Produktionsanforderungen der Technikverwender durch Eignungstests und Pilotanwendungen. In diesen rückgekoppelten Prozessen zwischen Technisierungsdesign und -praxis werden, sofern es sich nicht um die kontextsensitiven Sondermaschinen handelt, Referenzmodelle für die weiteren Marktaktivitäten (multiple Verwendungskontexte) miterzeugt. Mit diesen Verknüpfungsleistungen werden nicht nur die verschiedenen Lernmodi der Einzelorganisationen integriert, sondern es entstehen auch Lernstrategien, in denen die Zukunftsoptionen für das gemeinsame komplexe Feld von

---

1 Seinen eigenen Vorschlag des *unkonventionellen Lernens* relativiert er als eine nichtintentionale Strategie: "*Allerdings erscheinen die Mechanismen des unkonventionellen Lernens für Organisationsanalysen nur von geringem Erklärungswert. Sie rekurrieren auf Faktoren und Vorgänge ohne systematischen Bezug zu genuinen Organisationsphänomenen: Nichtmitglieder, Illoyalität, Anomie und diffuse Grenzen zur Umwelt. Diese Faktoren entziehen sich der Kontrolle durch die Organisation und kommen deshalb nicht als Elemente intentionaler Lernstrategien in Frage.*" (Wiesenthal 1995: 153)

Hersteller, Anwendern und Zulieferern ständig sondiert wird. Die Arbeitsweise der Innovationsnetzwerke ist in diesem Zusammenhang auch eine *Technik* des Lernens, die selbst zum Lerngegenstand werden kann. Sie ermöglicht den innovierenden Unternehmen den *Marktspiegel* (White 1981) zu durchbrechen und das eingangs angesprochene Push-Pull-Patt durch riskante Investition in Kooperation aufzuheben. Gerade durch die Verknüpfungsleistungen der lernenden Organisationen in Innovationsnetzwerken entstehen diejenigen *learning entities*, die in der Lage sind "*to reflect on and inquire into previous episodes of organizational learning, or failure to learn.*" (Argyris/Schön 1978: 27) Die Perspektivenvielfalt, über die Netzwerke mit heterogenen Akteuren verfügen, bietet dann günstige Bedingungen dafür, gegenüber dem adaptiven Lernen weiterreichende innovative Lernmodalitäten zu kultivieren und die ständig wachsenden Mengen an Informationsbeschaffungen konstruktiv zu verwenden. Gerade durch die Spannung der doppelten Einbindung der Netzwerkakteure einerseits ins Netzwerk und andererseits in ihre Referenzorganisationen kann eine hohe Rate an Verarbeitung von zukunftsrelevanten Informationen erreicht werden. So ist es das Innovationsnetzwerk selbst, das über seine temporären Projekte hinaus seine eigene Innovationsdynamik stabilisieren kann.
Innovationsnetzwerke existieren in einer institutionellen "Doppelbindung". Sie sind selbständige Sozialsysteme, in denen über wechselseitige Interessen, diskursive Kommunikation, Entwicklung einer gemeinsamen Orientierung und der vertrauensbasierten Bereitstellung von Ressourcen ein rekursiver, d.h. schrittweise aufeinander aufbauender Austausch technologie- und marktbezogener Informationen gewährleistet wird. Solche Sozialsysteme entwickeln zwar eine eigene Operationsweise, aber sie bleiben funktional auf die Bezugsorganisationen bezogen, sind von ihnen ressourcenabhängig und müssen deren Bestandwahrung laufend mitthematisieren. (Kowol/Krohn 1995) Die Achillesferse für die Kooperationsgewinne durch innovatives Lernen in Innovationsnetzwerken bildet dementsprechend die Rückfütterung von Lernerfahrungen der Netzwerkakteure in ihre Bezugsorganisation. Denn nur durch diese können die relevanten Entscheidungen für (oder gegen) die Projekte fallen. Aber andererseits leistet das interorganisationale Sozialsystem "Innovationsnetzwerk" zu wenig, wenn es nur die Zustimmungen der beteiligten Organisationen antizipieren würde. Diese müssen vielmehr zunächst virtualisiert werden und tendenziell müssen die Netzwerkakteure davon ausgehen, daß sie durch die überlegenen Chancen kooperativen Lernens ihre Bezugsorganisationen auch von Netzwerkentscheidungen abhängig machen können.

Innovationsnetzwerke können also über einzelne Projektkooperationen hinaus auch die Dynamik einer lernenden Institution kultivieren, weil sie unterschiedliche Lernstrategien integrieren und relativ unabhängig von den aktuellen Entscheidungsprogrammen der Organisationen operieren können. Indirekt können gerade dadurch die über Akteure an Netzwerken beteiligten Organisationen die Tendenzen zum konservativen Lernen (dem *"lock-in"* der Pfadabhängigkeiten) durchbrechen. Zusammengefaßt:

- Organisationen müssen angesichts hoher Marktturbulenz, technologischer Optionsvielfalt und kalkulatorischen Unsicherheiten lernen, den Strukturaufbau von Netzwerken zu fördern;
- Innovationsnetzwerke sind dann mit der Erwartung konfrontiert, Strukturen hervorzubringen, in denen organisationales (konventionelles) Lernen mit dem Ziel koordiniert werden kann, simultan neue Verwendungskontexte und deren praktisches Funktionieren zu gestalten;
- den Netzwerkakteuren stellt sich als weitere Anforderung die Rückübersetzung der erzielten Kooperationsgewinne an ihre Bezugsorganisationen;
- diese wiederum benötigen ein Innovationsmanagement, das die Bereitschaft der Akteure aus den unterschiedlichen Funktionsbereichen unterstützt, Wissen aufzunehmen, auszutauschen und kontinuierlich neues Wissen aufzubauen, mithin auch *Verlernen* zu lernen.

Den tentativen Bemühungen der Unternehmen um eine Reorganisation der betrieblichen Innovationsprozesse stehen immer noch stark risikoaverse Organisationstraditionen entgegen. Diese behindern dann die Effizienz der zwischenbetrieblichen Innovationsnetzwerke. Eine lernoffene Unternehmenskultur mit dynamischen Rändern durch temporäre und funktionsbegrenzte Mitgliedschaften und autonome Entscheidungszentren würde die Bedingungen für den Aufbau von Innovationsnetzwerken und die Umsetzung ihrer Innovationsarbeit verbessern. In gewissem Sinne sind genau sie die Beispiele für jene Unternehmen mit "*multipler Identität*" (Wiesenthal 1995: 153), von denen eine Innovationsdynamik erwartet wird, die das Modernisierungstempo mithalten kann. Aber da es für den Umbau von Organisationen weder Patentrezepte noch vorprogrammierbare Bereitschaften im Management gibt, sind es wohl auch die Erfolge mit Innovationsnetzwerken, durch die die Vorteile vertrauensbasierter und ambiguitätstoleranter Kooperationsformen gelernt und eingeübt werden. Solche Vorteile existieren dort, wo die organisationalen Umwelten durch ihre Komplexität intransparent und ihre Entwicklung durch ihre Dynamik unvorhersagbar geworden ist.

Literatur:

Aldrich, H., E. (1979) Organization and Environments. Prentice Hall Englewood Cliffs

Anderson, P., Tushman, M., L. (1990) Technological Discontinuities and Dominant Design: A Cyclical Model of Technological Change, In: Administrative Science Quarterly, 35, S. 604-633

Argyris, C., Schön, D., A. (1978) Organizational Learning: A Theory of Action Perspective. Reading, Mass.: Addision-Wesley

Arrow, K. (1962) The economic implications of learning by doing, Review of Economic Studies, 29, S. 155-173

Asdonk, J., Herbold, R., Kowol, U. (1995) Innovationsfallstudien. Technikgenese zwischen Herstellern und Anwendern. Arbeiten aus dem Projekt "Technikentwicklung als rekursiver Prozeß, Bd. I und II, IWT-paper 8. Bielefeld

Asdonk, J., Herbold, R., Kowol, U. (1996) Akteurkonfigurationen der Technikgenese. Die Organisation der Innovation am Beispiel des Werkzeugmaschinenbaus, IWT-paper 11. Bielefeld

Astley, W., G. (1985) The Two Ecologies: Population and Community Perspectives on Organizational Evolution, in: Administrative Quarterly, 30, S. 224-241

Axelrod, R., Die Evolution der Kooperation. München

Beck, U., Giddens, A., Lash (1994) Reflexive Modernization. Cambridge.

Blau, P., M. (1974) On the Nature of Organizations. New York

Crozier, M., Friedberg, E. (1979) Macht in Organisationen. Königstein i. Ts.

David, P.(1985) Clio and the economics of QUERTY, In: American Economic Review, 75, S. 332-337

DiMaggio, P., J.; Powell, W., W., (Eds.) (1991) The New Institutionalism in Organizational Analysis. UP Chicago

Dodgson, G. (1993) Organizational Learning: A Review of Some Literatures. In: Organizational Studies, 14, S. 375-394

Dosi, G. (1988a) Sources, Proedures, and Microeconomic Effects of Innovation, in: Journal of Economic Literature, XXVI, S. 1120-1171

Edwards, R. (1981) Herrschaft im modernen Produktionsprozeß. Frankfurt/M, New York

Grabher, G. (1993) Rediscovering the social in the economic of interfirm relations. In: Grabher, G. (Ed.) The Embedded Firm: On the Socio-Economics of Industrial Network, London, Routledge, S. 1-31

Heidenreich, M. (1996) Zwischen Innovation und Institutionalisierung. Die soziale Strukturierung technischen Wissens. Ms. Stuttgart

Heisig, U., Littek, W. (1995) Wandel von Vertrauensbeziehungen im Arbeitsprozeß. In: Soziale Welt, Jg. 46, Heft 3, S. 282-304

Hippel, E. von, Tyre, M., J. (1995) How learning by doing is done: problem identification in novel process equipment. In: Research Policy, Vol. 24, Nr. 1, S. 1-12

Japp, K., P. (1996) Soziologische Risikotheorie. München

Knie, A. (1989) Das Konservative des technischen Fortschritts, Wissenschaftszentrum Berlin, discussion paper, FS II 89-101
Knie, A. (1991) Diesel - Karriere einer Technik. Genese und Formierungsprozesse im Motorenbau. Berlin
Kowol, U., Krohn, W. (1995) Innovationsnetzwerke. Ein Modell der Technikgenese. In: Rammert, W., Bechmann, G., Halfmann, J., (Hrsg.), Jahrbuch Technik und Gesellschaft 8. Frankfurt/M New York, S. 77-105
Luhmann, N. (1984) Soziale Systeme. Grundriß einer allgemeinen Theorie. Frankfurt
Luhmann, N. (1992) Beobachtungen der Moderne. Opladen
Maruyama, M. (1969) The Second Order Cybernetics: Deviation - Amplifying Mutual Causal Processes. In: Buckley, W., (Ed.), Modern Systems Research for the Behavioral Scientist, A Sourcebook. Chicago
Nelson, R., Winter, S. (1982) An evolutionary theory of economic change. Cambridge: Harvard UP
Powell, W., W. (1990) Neither Market nor hierarchy: Network forms of organization. In: Research in Organizational Behavior, Vol. 12, S. 295-336
Rammert, W. (1988) Das Innovationsdilemma. Technikentwicklung in Unternehmen. Opladen
Rammert, W. (1993) Technik aus soziologischer Perspektive: Forschungsstand, Theorieansätze, Fallbeispiele. Ein Überblick. Opladen
Rosenberg, N. (1975) Technischer Fortschritt in der Werkzeugmaschinenbauindustrie 1840-1910. In: Hausen, K., Rürup, R., (Hrsg.), Moderne Technikgeschichte. Köln, S. 216-242
Rosenberg, N. (1982) Inside the black box: Technology and Economics. Cambridge University Press
Scott, J. (1992) Network Analysis: A Handbook. London, England, and Newbury Park, CA: Sage Publications
Scott, W., R., Meyer, W. (1991) The Organization of Societal Sectors: Proposition and Early Evidence. In: Powell, W., W., DiMaggio, P., J., (Eds.), The New Institutionalism in Organizational Analysis. Chicago, London, S. 108-140
Smith, M., R.; Marx, L. (1994) Does Technology Drive History? The Dilemma of Technological Determinism. Cambridge, MA, MIT-Press
Stiglitz, J. (1987) Learning to Learn, Localized Learning and Technological Progress. In: Dasgupta, P., Stoneman, P., (Eds.), Economic Policy and Technology Performance. Cambridge: Cambridge University Press, S. 125-153
Sydow, J. (1993) Strategische Netzwerke: Evolution und Organisation. Wiesbaden

Teubner, G. (1992) Die vielköpfige Hydra: Netzwerke als kollektive Akteure höherer Ordnung. In: Krohn, W., Küppers, G., (Hrsg.), Emergenz: Die Entstehung von Ordnung, Organisation und Bedeutung. Frankfurt/M, S. 189-216

Welsch, W. (1987) Unsere postmoderne Moderne. Weinheim

Weyer, J., Kirchner, U., Schmidt, J. (1996): Technikgenese in partizipativen Prozessen, in: Rammert, W., (Hg.), Kreativität und Innovation in Wissenschaft und Technik. Jahrbuch Technik und Gesellschaft 9. Frankfurt a.M. (Im Erscheinen)

White, H., C. (1981) Where do markets come from? In: AJS, Volume 87, Number 3, S. 517-547

Wiesenthal, H. (1995) Konventionelles und unkonventionelles Lernen: Literaturreport und Ergänzungsvorschlag. In: ZfS, Jg. 24, Heft 2, S. 137-155

II. Zwischen Akteur und System - Institutionelle Bedingungen von Technikgenese und Innovation

Gerd Schienstock

Probleme der Koordinierung, Steuerung und Kontrolle einer globalen Ökonomie

1. Einleitung

Sozialwissenschaftler haben in der jüngeren Vergangenheit wiederholt darauf hingewiesen, daß Wirtschaft und Gesellschaft einem gravierenden Strukturwandel unterworfen sind. Tofflers Konzept der "dritten Welle" ist hierfür ein gutes Beispiel (1980). Dem Modell zufolge vollzog sich ein erster struktureller Umbruch mit der Ablösung der Agrar- durch die Industriegesellschaft; mit dem Übergang von der Industrie- zur Informationsgesellschaft stehen wir, so die Meinung des Autors, vor einem in seinen Konsequenzen vergleichbaren wirtschaftlichen und gesellschaftlichen Transformationsprozess. Andere Autoren, die ebenfalls das Ende der Industriegesellschaft und das Aufkommen einer neuen Wirtschafts- und Gesellschaftsstruktur konstatieren, sprechen bspw. von der Dienstleistungs- (Gershuny 1981) oder postindustriellen Gesellschaft (Bell 1974, Touraine 1972).
An dieser Stelle soll nicht die Richtigkeit solcher theoretischen Interpretationen gesellschaftlicher Entwicklung infragegestellt werden, wohl aber werden Zweifel angemeldet, ob mit den genannten theoretischen Deutungen der sich vollziehende wirtschaftliche und gesellschaftliche Wandel in seinem eigentlichen Kern getroffen worden ist. Der vorliegende Artikel geht von der Annahme aus, daß Prozesse der Globalisierung die wirtschaftlichen, politischen und gesellschaftlichen Strukturen entscheidend prägen werden. Damit wird das Fortwirken anderer gesellschaftlicher Entwicklungsmomente nicht angezweifelt, es wird jedoch davon ausgegangen, daß diese in gewisser Weise durch Prozesse der Globalisierung aufgesogen bzw. gesteuert werden.
Globalisierung ist zweifelsohne ein Phänomen, daß über die hier interessierende ökonomische Sphäre hinausgeht. Ganz allgemein charakterisiert Globalisierung die wachsende Interdependenz und Interpenetration menschlicher Beziehungen vor dem Hintergrund einer zunehmenden Integration sozio-ökonomischer Phänomene (Webster 1994: 141). Damit verbundene kulturelle, ökologische, juristische oder auch arbeitsmarktbezogene Aspekte können hier allerdings allenfalls am Rande gestreift werden; im Zentrum der folgenden Ausführungen steht der ökonomische Globalisierungsprozess. Damit verbindet sich die Frage nach den Möglichkeiten einer Koordinierung und Kontrolle globaler, nationale Grenzen überschreitender Wirtschaftsprozesse durch den Nationalstaat, dem bisher die Rolle einer Regulationsinstanz der Wirtschaft zufiel. Ist dieser unter den Bedingungen einer zunehmenden Globalisierung auch

weiterhin geeignet, die Aufgabe einer Steuerung der Wirtschaft erfolgreich wahrzunehmen, oder zeichnet sich mit dem Entstehen einer Weltwirtschaft seine Ablösung durch regionale und transnationale Instanzen ab, wie vielfach behauptet wird? Und wie effizient können politische Instanzen auf dieser Ebene in den globalen Wirtschaftsprozess steuernd und kontrollierend eingreifen?

2. Zur Definition des Begriffs Globalisierung

Der Begriff Globalisierung ist recht schillernd; in der Literatur erfolgt selten eine präzise Verwendung. Aus ökonomischer Sicht findet der Begriff Verwendung, um etwas über die Natur des Kapitalismus in seinem gegenwärtigen Stadium auszusagen. Als entscheidend wird in diesem Zusammenhang die Auflösung nationaler Märkte und ihre Integration in einen einzigen Weltmarkt angesehen: dies gilt in gleicher Weise für Produkt-, Finanz-, Wissens- und Arbeitsmärkte. Globalisierung in einem strengen Sinne definiert, geht über die Tatsache grenzüberschreitender Wirtschaftsaktivitäten in Form von Handel, Direktinvestitionen und Finanztransaktionen hinaus. Erst wenn die nationalen Ökonomien von Prozessen und Transaktionen bestimmt werden, die unmittelbar auf internationaler Ebene entstehen und ablaufen, können wir von wirtschaftlicher Globalisierung sprechen.
Streng genommen ist Globalisierung also dann nicht gegeben, wenn wirtschaftliche Prozesse in nationalen Zusammenhängen verankert bleiben. Hirst und Thompson sprechen von Globalisierung, wenn die Bevölkerung auch hoch industrialisierter Länder unkontrollierbaren globalen Kräften ausgesetzt ist (1992, 1996). Aus einer Unternehmens- oder Organisationsperspektive heraus meint Globalisierung die weltweite Ausdehnung zentraler Unternehmensfunktionen wie Produktion, Forschung und Entwicklung, Finanzierung, Beschaffung oder Marketing (Howells und Wood 1991). Unternehmen konkurrieren auf wirklich globaler Ebene erst dann miteinander, wenn sie alle Vorteile nutzen, die sich aus einem weltumspannenden Netzwerk von Produktions-, Dienstleistungs-, Forschungs- und Verwaltungseinheiten ergeben.
Als ein erster Indikator für die keineswegs allgemein akzeptierte Globalisierungsthese ist das starke Anwachsen transnationaler Konzerne anzusehen. Beispielsweise hatten 1950 nur drei der dreitausend größten transnationalen Unternehmen Niederlassungen in mehr als 20 Ländern; aber bereits 1975 wiesen mehr als 40 Unternehmen allein aus den USA eine solche internationale Präsenz auf (Dicken 1992). Wenn man den Reichtum von Nationen und global agierenden Unternehmen vergleicht, stellt man fest, daß die Unternehmen hier durchaus mit in vorderster Reihe stehen. Tatsächlich sind unter finanziellen Gesichtspunkten nur wenige Länder größer als die größten Unternehmen. General Motors (1992: 133 Millarden Dollar), IBM (1992: 65),

Shell (1992: 99) und General Electrics (1992: 62) sind tatsächlich wichtige Akteure in der Weltwirtschaft, deren wirtschaftliche Macht durchaus in die politische Sphäre hineinreicht. Es gibt einen 1 Milliarden Dollar Club von gerade 600 transnationalen Konzernen, die mehr als 20% der gesamten industriellen und agrarischen Produktion im Weltmarkt bereitstellen und die 74 größten unter ihnen haben daran einen Anteil von über 50% (Dicken 1992: 49).
Die Globalisierungsthese wird durch eine Reihe weiterer Entwicklungen gestützt: ein Anstieg des Handels sowie von Produktions- und F und E Aktivitäten der transnationalen Konzerne (TNK) außerhalb ihrer Heimatländer; eine stärkere internationale Zulieferung, ein Anwachsen der Fusionen und Übernahmen unter TNK und großen Unternehmen unterschiedlicher Nationalität; steigende internationale Direktinvestitionen, eine zunehmende Tendenz der TNK, untereinander strategische Allianzen, Partnerschaften und Kooperationsabkommen auf den Gebieten technischer Innovationen und Produktentwicklung zu schließen, eine Entwicklung zu globalen Marketingstrategien und schließlich eine zunehmende Integration der Finanzmärkte und der internationalen Börsen (Petrella 1989, Howells und Wood 1991).
Es gibt allerdings durchaus Zweifel, ob der Begriff Globalisierung eine angemessene Beschreibung des gegenwärtigen Verflechtungsgrades wirtschaftlicher Aktivitäten gibt. Kritiker der These einer sich entwickelnden globalen Ökonomie verweisen auf die Tatsache, daß der Prozess wirtschaftlicher Verflechtung nur auf die sog. Triade, bestehend aus Südostasien, Europa und Nordamerika, beschränkt ist. Der Anteil der sog. Schwellenländer an der weltweiten industriellen Produktion ist 1994 mit 9,5% noch vergleichsweise gering; er ist in den letzten 20 Jahren auch nur unwesentlich angestiegen (Gordon 1988, UNTAC 1994). Erst in jüngster Zeit zeichnet sich ein stärkerer Anstieg ab.
Geht man auf die Verflechtungen zwischen den drei Wirtschaftsblöcken näher ein, so zeigt sich, daß nur zwischen Europa und den USA ein relativ ausgewogenes Austauschverhältnis besteht; beide Ökonomien sind stark wechselseitig miteinander verflochten. Anders verhält es sich mit Japan; dieses Land hat in erheblichem Umfange im Ausland investiert, ausländische Direktinvestitionen in Japan sind allerdings noch recht selten (Ohmae 1995). Generell kann man festhalten, daß die wirtschaftlichen Verbindungen vor allem innerhalb der drei Wirtschaftsblöcke stark zunehmen, während im Vergleich dazu das Ausmaß des Handels und der Direktinvestitionen zwischen den Blöcken vergleichsweise gering ist.

Gehen wir auf die Unternehmensebene ein, so zeigt sich, daß die Globalisierungstendenz auf einzelne Branchen beschränkt ist. Es sind vor allem die Automobilindustrie und die Unterhaltungselektronik, in denen eine weltumspannende Organisation betrieblicher Funktionen stattfindet und globale Produktionsnetzwerke entstehen (Dicken 1992). In anderen Industriezweigen ist eine globale Organisation von Produktionsprozessen noch kaum

zu finden. Ähnlich sieht es im Dienstleistungssektor aus; hier haben vor allem Banken und Versicherungen Schritte unternommen, um sich zu "global players“ zu entwickeln.
Mit Blick auf das Innovationsverhalten von TNK lassen sich ebenfalls Zweifel an der Globalisierungsthese anmelden. Patel und Pavitt demonstrieren anhand von Patentstatistiken, daß deren Innovationsaktivitäten stark auf ihr jeweiliges Heimatland konzentriert sind (1994). "Technoglobalismus“ wird, wie Archibugi und Michie aus diesen Daten schließen, zwar erkennbar, basiert allerdings auf einer sicheren Heimatbasis (1995).

Diese Hinweise lassen es zweckmäßig erscheinen, den Begriff Globalisierung mit äußerster Vorsicht zu verwenden. Weder auf der Markt- noch auf der Unternehmensebene haben wir es bisher mit wirklich weltumspannenden Prozessen der Integration zu tun. Dennoch ist es nicht gerechtfertigt, wie Ruigrok und Van Tulder (1995) dies tun, von Globalisierung als einem Mythos zu sprechen (vgl. auch Howells and Wood 1991). Man kann durchaus Ansätze eines allmählichen Zusammenwachsens zumindest der zentralen nationalen Märkte erkennen. Zunehmend wird das Schicksal der Bevölkerung einzelner Industriestaaten von transnationalen Wirtschaftsprozessen und -ereignissen, wie etwa dem Konkurrenzkampf von TNK um die Führerschaft auf den verschiedenen Segmenten des Weltmarktes, bestimmt. Ebenso sind viele Unternehmen, aufgrund wachsender Auslandsinvestitionen, auf dem Wege, sich zu "global players“ zu entwickeln.

3. Theoretische Ansätze zum Verhältnis von Wirtschaft und Politik

Die hier dargestellten Phänomene und Entwicklungen, die den Prozess der Globalisierung allerdings nur ansatzweise beschreiben konnten, werfen die Frage auf, welche Möglichkeiten der politischen Steuerung, Koordinierung und Kontrolle des Wirtschaftsgeschehens unter den Bedingungen einer allmählichen Verschmelzung nationaler Märkte sowie globaler Markt- und Produktionspräsenz vieler Großunternehmen bestehen. Damit ist auch das Verhältnis von Nationalstaat und TNK oder von Wirtschaft und Politik thematisiert. Haben sich mit der globalen Orientierung von Unternehmen zwischen diesen und den einzelnen Nationalstaaten die Machtverhältnisse entscheidend zu Ungunsten letzterer verschoben? Haben die Nationalstaaten ihren Einfluß auf das Wirtschaftsgeschehen auf ihrem Territorium verloren? Sind die TNK zu den Hauptakteuren im Wirtschaftsgeschehen geworden, während die Nationalstaaten an den Rand gedrängt wurden, ihre Regulierungsmacht also weitgehend eingebüßt haben und mehr oder weniger einflußlos geworden sind? Ist die Entwicklung der Ökonomie, sind die zentralen wirtschaftlichen Strukturen und Prozesse allein das Ergebnis eines Machtkampfes zwischen den großen

Konzernen (Kennedy 1994, Michalet 1989, Flecker/Schienstock 1994)? Bevor diesen Fragen weiter nachgegangen werden kann, soll hier zunächst die theoretische Diskussion zum Verhältnis zwischen Kapital bzw. Ökonomie und Politik in aller Kürze behandelt werden. In diesem Zusammenhang lassen sich grob drei Positionen unterscheiden (Hamilton 1994): eine wirtschaftszentrierte, eine staatszentrierte und eine institutionenzentrierte.

Eine wirtschaftszentrierte Perspektive wird vor allem von marxistischen Theoretikern vertreten. Die Grundidee ist dabei, daß die jeweiligen Klassenbeziehungen den Charakter des Nationalstaates wie auch den Pfad ökonomischer Entwicklung bestimmen. Die Klasse, die das Wirtschaftsgeschehen kontrolliert, ist auch in der Lage, einen weitreichenden Einfluß auf die politischen Koordinations-, Steuerungs- und Kontrollprozesse zu nehmen und die Ausübung der ökonomischen Regulierungsfunktion durch den Staat entscheidend zu beeinflußen; für den Nationalstaat werden die der Logik des Kapitals unterworfenen Wirtschaftsprozesse damit kaum mehr kontrollierbar. Man kann diese Position deshalb kritisieren, weil sie zu einer Überökonomisierung der Politik führt.

Die Konkurrenz der Einzelkapitale zwingt diese, auf stets größerer Stufenleiter zu produzieren und ihren Markt beständig auszudehnen. Gleichzeitig mit dem Überschreiten nationaler Grenzen durch die Unternehmen läßt sich ein sich ständig ausweitender Weltmarkt für industriell erzeugte Waren konstatieren (Hirsch-Kreinsen 1994: 436). Theoretisch ist der Weltmarkt somit Ausdruck der wesenhaft grenzenlosen "kapitalistischen Produktion“ (Kurz 1992). Der Staat folgt mit der Aufhebung der den Fluß von Kapital, Waren und Arbeit behindernden nationalen Barrieren nur der Expansionslogik des Kapitals. Eine globale Ökonomie, d.h. insbesondere ein weltumspannender Markt, existieren und funktionieren nahezu unabhängig von jeder politischen Ordnung und Einflußnahme. Nationalstaaten sind damit zu Randfiguren im Wirtschaftsgeschehen geworden, die den Prozess der politischen Regulierung den Interessen des Kapitals unterordnen.

Staatszentrierte Theorien gehen von der Annahme aus, daß die Ökonomie entscheidend von den politischen Kräften geprägt wird. Dem Nationalstaat wird somit eindeutig Priorität gegenüber den wirtschaftlichen Akteuren eingeräumt. Innerhalb dieses Theoriestranges lassen sich zwei Varianten unterscheiden: die eine sieht den Staat als ein organisiertes Regime, die andere interpretiert ihn als organisierte politische Gemeinschaft (Hamilton 1994: 186). Die Variante des starken Staates versteht diesen als zentralen Gestalter der nationalen Ökonomie, der mit seinen regulierenden Eingriffen entscheidende Akzente der technisch-wirtschaftlichen Entwicklung setzt. Die sog. "market failure“ Theorie etwa rechtfertigt staatliche Eingriffe in den gesellschaftlichen Innovationsprozess mit dem Argument, daß der Markt in vielen Fällen nicht zu einer optimalen Allokation von ökonomischen Ressourcen in der Lage ist. Der Staat muß daher durch eine aktive Industrie- und Innovationspolitik die Wirtschaft auf neue Entwicklungspfade führen.

Die zweite staatszentrierte Theorievariante charakterisiert diesen als eine politische Gemeinschaft, in der die Ökonomie nur eine von mehreren Machtquellen repräsentiert. Die Regierung wird von den Bürgern eingesetzt und es ist ihre Aufgabe, die Voraussetzungen für wirtschaftliche Prosperität und soziale Wohlfahrt zu schaffen. Die Bürger müssen in der Lage sein, in freiem Austausch ihren wirtschaftlichen Interesssen nachgehen und diese wahrnehmen zu können. Allerdings setzt eine prosperierende nationale Wirtschaft auch einen demokratischen Staat voraus, der dem Gemeinwohl entgegenstehende, individuelle Interessen kontrolliert und in die Schranken verweist. Entscheidend ist für beide Theorievarianten, daß sie in dem Nationalstaat den dominanten Akteur sehen, der seine eigene Ökonomie hervorbringt, steuert und kontrolliert; man kann hier auch von einer Unterpolitisierung der Ökonomie sprechen. Die Weltwirtschaft setzt sich somit aus einer Vielzahl von nationalen, stark gegeneinander abgegrenzten Wirtschaften zusammen, die nur lose durch grenzüberschreitenden Handel miteinander in Verbindung stehen. Die Öffnung nationaler Märkte für Waren, Kapital und Arbeit setzt somit eine politische Entscheidung voraus. Dabei wird von der Annahme ausgegangen, daß eine solche Entwicklung auch im Interesse der Bürger erfolgt.

Eine dritte theoretische Position zum Verhältnis von Ökonomie und Politik knüpft an den Gedanken Max Webers an, daß der ökonomische Prozess in ein institutionelles Umfeld eingebettet ist (1964, vgl. auch Granovetter 1985). Dieser Gedanke ist neuerdings von der evolutionären Ökonomie aufgegriffen worden (Dosi 1982, Perez 1987). Entscheidend in diesem Zusammenhang ist die Unterscheidung von einem techno-ökonomischen Paradigma und einem dieses Paradigma in die Praxis umsetzenden Entwicklungspfad. Gegenwärtig, so die Annahme, scheint sich mit dem "Technoglobalismus" (Archibugi/ Michie 1995) ein neues techno-ökonomisches Paradigma durchzusetzen, dessen Entfaltung und Umsetzung in die betriebliche Praxis allerdings durch das überkommene institutionelle Umfeld, zu dem auch der Nationalstaat zu rechnen ist, behindert wird. Mit institutionellen Anpassungs- und Neuerungsprozessen im Produktionsmodell der Unternehmen wie auch im Politikbereich bildet sich allmählich ein Entwicklungspfad des neuen techno-ökonomischen Paradigmas heraus, dessen konkrete Ausgestaltung gegenwärtig noch nicht vorhersehbar ist. Institutionenbildung darf allerdings nicht in funktionalistischer Weise als reiner Anpassungsprozess an techno-ökonomische Erfordernisse interpretiert werden, Institutionen sind vielmehr Ergebnis gemeinsamer Such-, Lern- und Entscheidungsprozesse zentraler ökonomischer und politischer Akteure.

4. Weder nationalstaatliche Souveränität noch Unkontrollierbarkeit des Kapitals

Vor dem Hintergrund der vorangegangenen theoretischen Diskussion soll nunmehr auf die beiden zentralen Konzepte, die der These der Globalisierung zugrundeliegen, etwas genauer eingegangen werden: "vollständige Integration" und "Unkontrollierbarkeit". Wie bereits an anderer Stelle ausgeführt, kann von einer vollständig integrierten Weltwirtschaft nicht die Rede sein. Hier sollen noch einige Argumente hinzugefügt werden. Eine global integrierte Weltwirtschaft mit einem allumspannenden Weltmarkt würde sich dadurch auszeichnen, daß sich die Preise wie auch die Versorgung mit Gütern, Dienstleistungen, Kapital und Informationen weltweit angleichen würden, ganz einfach deshalb, weil politische, daß heißt letztlich künstlich gezogene Grenzen, die dem ungehinderten Fluß dieser Faktoren entgegenstehen, beseitigt wären. Allenfalls kulturelle und möglicherweise natürliche Hindernisse können in begrenztem Umfange qualitative und quantitative Unterschiede bei der Entwicklung dieser Faktoren bewirken. Unter solchen Bedingungen ist es keinem Staat möglich, etwa eine höhere Unternehmensbesteuerung in seinem Territorium durchzusetzen, da der Markt dies nicht akzeptieren würde. Ebenso wäre ein Nationalstaat bei einem funktionierenden globalen Markt nicht in der Lage, zum Wohl seiner Bürger in den ökonomischen Prozess durch Umweltabgaben, Mindestlohnverordnungen oder Preisregulierung einzugreifen. Wir alle wissen natürlich, daß ein solcher Prozess der wirtschaftlichen Angleichung, wenn überhaupt, nur wenig vorangekommen ist. Zwischen Nord und Süd besteht ein erhebliches Wohlfahrtsgefälle; es gibt Länder mit einer besonders hohen und einer weniger hohen Arbeitslosenquote, die Preise von Gütern und Dienstleistungen differieren weltweit ganz erheblich, wie auch die Versorgung mit Waren und Kapital in der Welt äußerst ungleich erfolgt. Ebenso gibt es einzelne Zentren in der Welt, in denen Wissen konzentriert ist, während andere Gebiete von den weltweiten Informationsströmen weitgehend abgeschnitten sind.

Derartige Disparitäten lassen sich ganz offensichtlich damit erklären, daß Produktionsfaktoren weniger mobil sind, als gemeinhin angenommen wird. Das gilt zum einen für das Kapital. So werden drei Viertel der Wertschöpfung transnationaler Unternehmen nach wie vor in ihrem Ursprungsland produziert (Cooke 1996). Es gibt auch weiterhin so gut wie keine "heimatlosen" Konzerne, auch wenn Großunternehmen in zunehmendem Maße versuchen, sich als Weltfirmen ohne besonderen Bezug zu einem bestimmten Land darzustellen. Eine Produktion, die hohe Investitionen erforderlich macht, läßt sich

nicht ohne weiteres von einem in ein anderes Land verlagern (Schienstock 1994b). Der Faktor Arbeit ist noch weit weniger mobil als das Kapital; selbst im gemeinsamen Europa haben noch keine Wanderbewegungen größeren Ausmaßes stattgefunden.
Die Tatsache, daß das Kapital stärker an einen bestimmten Ort gebunden ist, als allgemein angenommen wird, darf allerdings nicht zu dem Schluß führen, daß dies zu einem entscheidenden Nachteil in der Machtbalance mit dem Nationalstaat führt. Entscheidend ist, daß das Kapital gegenüber dem Staat über ein erhebliches Drohpotential verfügt, was Modernisierungs- und Neuinvestitionen anbetrifft. Mit dem Hinweis auf Standortnachteile im Falle von Neuinvestitionen kann das Kapital entscheidenden Einfluß auf das Regulierungsverhalten politischer Entscheidungsträger ausüben (Schienstock 1994b). Der Nationalstaat andererseits kann es sich, besonders angesichts hoher Arbeitlosigkeit, nicht leisten, die Interessen global agierender Konzerne bei der Regulierung der Ökonomie unberücksichtigt zu lassen und damit zu riskieren, daß Unternehmen zukünftig andere Standorte außerhalb seines Territoriums wählen. Unberücksichtigt bleibt bei der vorangegangenen Argumentation zudem die Tatsache des Übergangs von einer materiellen zu einer weitgehend wissensbasierten Produktion (Frenkel et. al. 1995). Bei letzterer ergeben sich dank moderner Informations- und Kommunikationstechnologie weit weniger Probleme eines Produktionstransfers von einem in ein anderes Land; die Mobilität des Kapitals nimmt damit stark zu, was sicherlich auch den Grad globaler Integration der Ökonomie weiterhin erhöhen wird.

Auch hinsichtlich des zweiten Aspekts der Globalisierungsthese, dem Gesichtspunkt der Unkontrollierbarkeit, ergeben sich Zweifel. Nationale Grenzen der Ökonomie sind keineswegs, wie dies eine marxistische Position behauptet, durch die Macht eines expansiven Kapitals beseitigt worden. Vielmehr haben sich nationale Regierungen bewußt dazu entschlossen, Handelsbeschränkungen zu lockern, Barrieren des freien Verkehrs von Kapital, Waren, Arbeit und Information einzureissen und die Kontrolle eines wirtschaftlichen Austausches zwischen Ländern abzubauen. Neue wirtschaftliche Freihandelszonen, wie der gemeinsame europäische Markt, NAFTA und ASEAN sowie das GATT oder auch die Weltbank und der Internationale Währungsfond, die zur Entwicklung einer globalen Wirtschaft beitragen, alles das sind Institutionen, die von den Nationalstaaten bewußt geschaffen worden sind.
Dies geschah, so argumentieren Hirst und Thompson, aus der Überzeugung heraus, daß freier Handel und der Abbau von Grenzen für die Entfaltung wirtschaftlicher Aktivitäten zu wirtschaftlicher Prosperität und sozialer Wohlfahrt führen werden und daß solche Strategien somit auch den Interessen der Bevölkerung in den einzelnen Nationalstaaten entgegenkommen (1994). Die Aufhebung nationaler Marktbeschränkungen und die Verschmelzung nationaler Märkte zu einer globalen Einheit als Voraussetzung für einen freien Verkehr

von Gütern, Dienstleistungen, Kapital, Arbeit sowie Information und Wissen wurde nicht von der Kapitallogik und von dem Gesetz der "economies of scale" erzwungen, hierbei handelt es sich um von Nationalstaaten freiwillig getroffene Vereinbarungen, die mit dem Ziel erfolgte, über eine Intensivierung ökonomischer Austauschprozesse wirtschaftliches Wachstum zu stimulieren und die soziale Wohlfahrt der eigenen Bürger anzuheben.

Wenn Nationalstaaten den Abbau von Wirtschaftsschranken bewußt herbeigeführt haben, warum sollten sie dann nicht auch in der Lage sein, den Prozeß der Globalisierung der Wirtschaft aufzuhalten und neue Schranken für den internationalen Waren-, Finanz- und Humankapitalaustausch zu errichten? Könnte das allmächtige Kapital, könnten die machtvollen transnationalen Konzerne die politischen Akteure einzelner Nationalstaaten daran hindern, im Interesse ihrer Bürger den grenzenlosen Wirtschaftsaustausch einzuschränken? Im Prinzip, so die Argumentation von Hirst und Thompson besteht diese Möglichkeit nicht (1994). Nationalstaaten können wirtschaftliche Prozesse regeln und kontrollieren; ebenso wie sie Wirtschaftsschranken einreissen können, können sie neue errichten. Sie können durch Steuern, Abgaben, Quoten und dergleichen mehr ihre Grenzen gegenüber fremden Einflüssen abschotten. Die Triadenökonomie gibt hierfür sicherlich anschauliche Beispiele.

Die vorangegangene Argumentation ist allerdings rein theoretisch, sie findet durch die realen Machtverhältnisse keine Unterstützung. Nicht nur das unkontrollierbare Kapital, sondern auch der unabhängig agierende Nationalstaat ist ein Mythos. Zumal in einer wirtschaftlichen Krisensituation kann der Staat kaum eine an sozialen Kriterien orientierte Industriepolitik gegen die Interessen der Wirtschaft verfolgen. Der "Sachzwang" Globalisierung bestimmt in starkem Maße das Handeln der politischen Akteure. Diese müssen ihr Land für die Wirtschaft attraktiv machen, um TNK an ihren Standort zu binden und um Neuinvestitionen zu sichern. Das kann auch mit tiefen Einschnitten bei den staatlichen Sozialleistungen verbunden sein. Die Vorstellung, daß der Staat in der Lage ist, sozio-ökonomische Entwicklungen in Eigenregie voranzutreiben, entspricht längst nicht mehr den realen Gegebenheiten. Das Konzept der Staatssouveränität wird durch die Globalisierung der Wirtschaft ohne Zweifel infragegestellt.

Beobachtbar ist vielmehr ein neues Rollenverständnis des Staates. Er versteht sich weniger als ein "Macher", der die industriellen und technischen Entwicklungspfade für die Zukunft festlegt, vielmehr begreift er sich eher als "Koordinator" und "Organisator", dessen Hauptaufgabe darin besteht, eine Wachstums- und Beschäftigungskoalition zu formen, in der Unternehmen, Wirtschaftsverbände, Gewerkschaften, Wissenschaft und andere gesellschaftliche Gruppen nach einem Zukunftsmodell und den Wegen dorthin suchen

(Schienstock 1994a)[1]. "Industriepolitik arbeitet nicht mehr hauptsächlich mit harten Eingriffsinstrumenten wie Recht und Geld, sondern mit konsensorientierten "weichen“ Regulierungsmitteln. Dementsprechend ist die zentrale staatliche Administration nicht mehr der alleinige oder auch nur primäre Regulierungsakteur. In den Vordergrund rücken quasipolitische Organisationen zwischen Staat und Markt. Die verschiedenen Politikbereiche werden in diesem neuen Regulierungsmodell über dialogorientierte Netzwerkstrukturen miteinander verzahnt“ (Krumbein 1991). Die Gründung neuer Institutionen, innerhalb derer die verschiedenen gesellschaftlichen Gruppen zu einem Konsens über den zukünftigen technischen und industriellen Entwicklungspfad finden und innerhalb derer sich reziproke, auf Vertrauen basierende Austauschbeziehungen herausbilden können, ist - auch im Selbstverständnis vieler politischer Akteure - das zentrale Aufgabenfeld einer modernen Technik- und Industriepolitik.

5. Die Ablösung des Nationalstaates durch den Regionalstaat?

Hier setzt nun die Kritik am Nationalstaat an. Dieser, so Ohmae, ist im Zeitalter globaler Märkte dysfunktional geworden (1990). Er erscheint als Einheit für die Koordinierung und Steuerung einer globalen Wirtschaft ungeeignet (Kennedy 1993: 131). Der Nationalstaat repräsentiert keine genuine Gemeinschaft ökonomischer Interessen, in ihm lassen sich keine ökonomischen Aktivitäten in sinnvoller Weise organisieren und er vernachlässigt reale Beziehungen und Synergien wirtschaftlicher Akteure (Cooke 1995). Diese Voraussetzungen sieht Ohmae andererseits durch den "Regionalstaat“ gegeben[2]. Unter den Bedingungen einer globalen Wirtschaft wächst nach Auffassung des Autors dem Regionalstaat eine zentrale Bedeutung zu.
Es stellt sich unmittelbar die Frage, warum der Regionalstaat in der Lage sein sollte, Institutionen zu schaffen, in denen sich Interessengemeinschaften herausbilden können, während Nationalstaaten dieser Aufgabe offenbar nicht gewachsen sein sollen. Eine mögliche Antwort hierauf läßt sich aus der Post-Fordismus Debatte gewinne. Der Post-Fordismus hat eine eigenartige Verbindung zwischen Globalisierung und Dezentralisierung entdeckt, die von Naisbett als "globales Paradox“ bezeichnet wird (1994). Während weltweit, so seine Argumentation, ein ökonomischer Integrationsprozess stattfindet, werden die Teile einer globalen Ökonomie zahlreicher und kleiner, zugleich allerdings erhalten sie auch ein größeres Gewicht. Die globale Wirtschaft wächst, wäh-

---

1 Mit diesem Rollenverständnis korrespondiert im übrigen der Übergang von einem linearen zu einem interaktiven Innovationskonzept.

2 Der Begriff der Region wird in der Literatur sehr unterschiedlich definiert. Hier wird eine sehr einfache Definition für ausreichend gehalten. Eine Region ist ein Territorium, das kleiner ist als der Nationalstaat, aber größer als eine einzelne Kommune.

rend zur selben Zeit die sie konstituierenden Teile kleiner werden. An die Stelle von großen, zentral gesteuerten Produktionsstätten treten kleine Einheiten mit jeweils nur wenigen hundert Mitarbeitern, die die ganze Welt überziehen. Dieser Dezentralisierungsprozess führt dazu, daß global agierende Unternehmen an viel mehr Orten in der Welt präsent sind, als sie dies früher waren, wenn auch mit weit kleineren Produktions-, Dienstleistungs- und Forschungseinrichtungen.
Welche Logik steckt hinter der Parallelität von Prozessen der Globalisierung und der Dezentralisierung? Warum büßt das direkte Umfeld von Unternehmen, trotz Globalisierungstendenzen, nichts an seiner spezifischen Wirkung für den Unternehmenserfolg ein? Große Unternehmenseinheiten mit ausgeprägten Hierarchien und bürokratischen Strukturen sind den neuen Marktbedingungen, die sich mit der Intensivierung der globalen Konkurrenz herausbilden, nicht mehr gewachsen; sie sind auf langfristige Planung auf der Basis sicherer Absatzerwartungen und stabiler und unbestrittener Märkte angelegt. Kleine Unternehmenseinheiten sind dagegen wesentlich flexibler, sie können viel besser auf eine zunehmende Marktdynamik und Marktunsicherheit, hervorgerufen durch einen sich verschärfenden Wettbewerb zwischen den "global players“, durch kürzere Produktionszyklen und durch sich wandelnde Konsumgewohnheiten reagieren. Durch die Entwicklung eines globalen intraorganisatorischen Netzwerks versuchen Großunternehmen deshalb die Flexibilität und Anpassungsfähigkeit kleiner Unternehmen zu erreichen.

Es läßt sich allerdings auch ein gegenläufiger Prozess erkennen. Es kommt, so Sabel, zu einer doppelten Annäherung: Auf der einen Seite lernen die Großunternehmen aus der Anschauung klein- und mittelbetrieblicher Netzwerke ihre Flexibilität durch Dezentralisierung zu erhöhen, auf der anderen Seite versuchen Klein- und Mittelbetriebe durch die gemeinsame Bearbeitung von Forschungs- und Entwicklungsaufgaben und durch eine Kooperation im Vertrieb die Durchschlagskraft von Großkonzernen zu erreichen, um mit diesen am globalen Markt konkurrieren zu können (Sabel 1989).
"Global players“ überlassen ihre Standortwahl, die in Verbindung mit den verstärkten Dezentralisierungsprozessen steht, keineswegs dem Zufall. Unter den Bedingungen eines sich verschärfenden Wettbewerbs müssen sie jeden sich bietenden Vorteil nutzen. Sie suchen deshalb überall auf der Welt nach Standorten, die günstige Rahmenbedingungen für Produktion, Dienstleistungen, Administration sowie Forschung und Entwicklung bieten. Bei der Entscheidung über Standorte orientieren sich Unternehmen am Prinzip der Produktionsspezialisierung; für einzelne Produktionsschritte des weltweit organisierten Produktionsprozesses suchen sie jeweils spezifische regionale Vorteile (Kern 1994). Diese können, je nach produktiven Teilprozessen, sehr unterschiedlich sein: Rohstoffe, qualifizierte Arbeitskräfte, technisches "know how“, günstige Transportbedingungen, aber auch sozialer Friede, eine aktive Industriepolitik

bzw. anspruchsvolle Konsumenten; für einzelne Teilprozesse können aber auch niedrige Löhne, ein fehlender Gewerkschaftseinfluß oder geringe Umweltauflagen als Vorteil angesehen werden. Wenn Unternehmen ihren Produktions-, Dienstleistungs-, Forschungs- und Verwaltungsprozess weltweit organisieren, suchen sie also nach Standorten, die spezifische Vorteile für einzelne Teilaufgaben bieten.
Rohstoffe verlieren in dem Maße als regionale Vorteile an Bedeutung, in dem Produktionsprozesse wissensbasiert werden; stattdessen gewinnen immaterielle Vorteile als regionale Attraktionspunkte an Bedeutung. Es sind vor allem die sog. "weichen Faktoren", die Regionen in zunehmendem Maße attraktiv werden lassen. Rohstoffe werden in ihrem Wert für Unternehmen durch effiziente, gut funktionierende Institutionen übertroffen. Ob das Aus- und Weiterbildungssystem qualifizierte Arbeitskräfte zur Verfügung stellt, ob Forschungseinrichtungen notwendiges "know how" für die Entwicklung von anspruchsvollen Produkten und effiziente Produktionsprozesse verfügbar machen, ob ein technischen Innovationen gegenüber aufgeschlosenes Klima herrscht, alle diese Faktoren können die Entscheidung von Unternehmen bei der Standortwahl beeinflußen. Das bedeutet aber, daß Standortvorteile einzelner Regionen nicht ein für alle mal gegeben sind, sondern geschaffen und reproduziert und notfalls auch überkommene Vorteile aufgegeben und neue geschaffen werden müssen.
Der globale Wettbewerb zwingt Regionen dazu, spezifische Wettbewerbsvorteile zu entwickeln und entsprechende unterstützende Institutionen zu schaffen. Davon profitieren nicht nur die dort angesiedelten Unternehmen. In zunehmendem Maße wird auch ausländisches Kapital angezogen, das ständig auf der Suche nach derartigen Wissenszentren ist. Die Entwicklung von Regionen mit eindeutigen Technik- und Industrieprofilen kann demnach als eine Art Gegenstück zu der weltweiten Organisation von Produktionsprozessen angesehen werden (Kern 1994). "Die Logik der Diversifizierung und Spezialisierung, die den unternehmensseitigen Antworten auf die Ausdifferenzierung der Märkte unterlegt ist, führt zur Formierung und schärferen Konturierung regionaler Ökonomien - zu räumlichen Bündeln von Firmen oder operativen Einheiten mit unterschiedlichen Spezialitäten, die in verschiedenartigen Kombinationen daran mitwirken, gemeinsame Märkte zu beliefern" (Kern und Sabel 1990). Durch die Formierung von Wachstums- und Beschäftigungskoalitionen können somit die Wettbewerbsfähigkeit von Unternehmen und Regionen gleichzeitig gestärkt und damit letztlich auch soziale Standards langfristig gesichert werden. Das Ziel solcher Koalitionen kann man als die Schaffung regionaler Produktionscluster (Porter 1991) charakterisieren.
Ein solches Industriecluster läßt sich beschreiben als eine an einen bestimmten Raum gebundene Konstellation von ähnlichen, voneinander abhängigen oder komplementären Unternehmen, die enge Geschäftsverbindungen haben und in einem intensiven Kommunikations- und Informationsaustausch stehen. Sie nutzen gemeinsam eine spezialisierte Infrastruktur, ihnen eröffnen sich ge-

meinsame Chancen und sie sind von den gleichen Gefahren bedroht. Cluster setzen Vertrauen als Basis für vertikale und horizontale Austauschprozesse voraus; qualifizierte Arbeitskräfte und technologisches "know how" sind Voraussetzung für eine Kooperation in den verschiedenen Phasen des Innovationsprozesses. Innerhalb vertikaler Beziehungen findet ein umfassender Technologietransfer statt und es werden Dienstleistungen verschiedendster Art, wie insbesondere Organisationsberatung, Training und Technikentwicklung erbracht. Solche Kooperationsformen sind besonders für Klein- und Mittelbetriebe von Bedeutung. Vertrauen ist nicht nur Basis für zwischenbetriebliche Austauschprozesse, sondern auch für die Kooperation zwischen den Unternehmen, der regionalen Regierung und anderen Wirtschaftsakteuren.
Trotz der durch die moderne Technik gegebenen Möglichkeit, über weite Strecken zu kooperieren, ist räumliche Nähe nach wie vor von äußerster Wichtigkeit im Wirtschaftsleben. Vielfach sind der Austausch von Waren oder ein Produktionsverbund mit hochsensiblen Aushandlungsprozessen verbunden, die sich nur schwer über weite Distanzen realisieren lassen. Kundenspezifische Zulieferung bspw. setzt einen intensiven Informationsaustausch zwischen Lieferanten und Kunden voraus. Erforderlich ist eine schnelle und absolute verläßliche Kommunikation, was häufig nur durch direkte persönliche Kontakte möglich ist. Distanz-sensible Kontakte schränken den geographischen Bereich ein, innerhalb dessen Warenaustausch und ein Produktionsverbund möglich sind. Als besonders sensibel gegenüber langen Distanzen gelten Unternehmen mit wenig standardisierten Produkten und häufigen Produktwechseln; es handelt sich in aller Regel um kleinere bzw. mittlere, personalintensive Unternehmen. Beziehungen die mit dieser Produktionsform verbunden sind, sind häufig hochspezialisiert und machen daher unmittelbare, persönliche Kontakte erforderlich. Deshalb kommt es unter diesen Bedingungen auch häufig zu regionaler Clusterbildung.

Zusammenfassend lassen sich die folgenden Vorteile regionaler Cluster hervorheben:
• die gleichzeitige Präsenz vieler unterschiedlicher Produzenten, die hochspezialisierte Produkte und Dienstleistungen anbieten und die zeitgerecht und flexibel auf den jeweiligen Bedarf reagieren können;
• Lernprozesse, die durch ständige Interaktionen zwischen den Produzenten, die gleichzeitig in transnationale Netzwerke eingebunden sind, möglich werden;
• die Entwicklung regionaler Arbeitskräftepools mit spezifischen Fähigkeiten, Kenntnissen, Wertorientierungen und Verhaltensweisen;
• die Herausbildung einer kulturellen und institutionellen Infrastruktur, die oft von außerordentlicher Bedeutung ist für die Funktionsfähigkeit und die Effektivität eines regionalen Industrieclusters;
• die Reduktion von Transfer- und Transportkosten (Amin, 1993, Scott 1996).

Die Ansicht, daß Regionen die natürlichen Räume für Wachstumskoalitionen sind, wird keineswegs allgemein geteilt. Ein zweiter Blick auf die Strategien transnationaler Unternehmen läßt Zweifel an dem von Naisbett behaupteten Paradox der Gleichzeitigkeit von Globalisierung und Dezentralisierung aufkommen. Zwar trifft es zu, daß Unternehmen ihre Produktionsprozesse in zunehmendem Maße global organisieren, dieser Trend läßt sich aber nicht ohne weiteres mit einer Entscheidungsdezentralisierung gleichsetzen. Vielfach sind regionale Zweigniederlassungen zeitlich und technisch sehr eng miteinander im globalen Produktionsprozess verzahnt, sodaß sie über keine Entscheidungsautonomie verfügen.
Zudem werden Zweigniederlassungen sehr genau und intensiv über ein ausgeklügeltes Kennzahlensystem und Berichtswesen, aber auch indirekt durch die Etablierung interner Marktstrukturen kontrolliert. Regionale Produktionseinheiten traditioneller Konzerne stehen miteinander in internem Wettbewerb um bevorzugte Positionen in der globalen Produktionskette (Forsgren 1989, Schienstock 1994b); ein Zurückfallen in diesem Konkurrenzkampf bedeutet den Verlust attraktiver Unternehmensfunktionen und produktiver Teilprozesse und deren Verlagerung in andere Subunternehmen; schließlich droht sogar die Schließung von einzelnen Produktionsstätten. Das wirtschaftliche und soziale Wohlergehen einer Region ist deshalb in immer stärkerem Maße von dem Ausgang interner Machtkämpfe in den transnationalen Konzernen abhängig; die Entwicklungsperspektiven einer Region sind bestimmt durch die Position, die dort angesiedelte Subeinheiten in der globalen Produktionskette einnehmen. Daß regionale Regierungen unter diesen Bedingungen eine autonome, auf die Bildung von Wachstums- und Beschäftigungskoalitionen angelegte Industrie- und Technologiepolitik betreiben können, ist somit nur schwer vorstellbar (Amin 1993: 291f).
Das Argument, daß ein weltweit offener Markt zu wirtschaftlicher Konvergenz führt, da er den einzelnen Regionen die Möglichkeit bietet, durch Spezialisierung und die Entwicklung besonderer Vorteile transnationale Unternehmen an sich zu binden, vernachlässigt die Tatsache, daß eine solche Spezialisierung immer an die Erfordernisse dieser Unternehmen gebunden ist. Der globale Produktionsprozess eröffnet aber nicht nur Chancen einer "high road" Entwicklung, ebenso sind auch Pfade einer "low road" Entwicklung darin eingebunden (Sengenberger und Pyke 1992). Transnationale Konzerne sehen vielfach auch billige Arbeitskräfte, weniger restriktive Umweltauflagen und schwache Gewerkschaften als Vorteile an, die eine Region zu bieten hat und die auszubeuten sich lohnt. Und diese Regionen können keineswegs damit rechnen, in einem eventuellen Bemühen um das Überwechseln auf einen schnellen Entwicklungspfad von den transnationalen Konzernen durch Abschluß einer Wachstums- und Beschäftigungskoalition unterstützt zu werden. Umgekehrt müssen "high road" Regionen damit rechnen abzusteigen, wenn ihre ursprünglichen Vorteile nicht mehr gebraucht werden und sich so-

mit in Nachteile verwandeln, handele es sich hierbei um ein besonderes "know how“ oder ganz speziell qualifizierte Arbeitskräfte. Sobald einzelne Teile eines Produktionsclusters in eine Krise geraten, besteht die Gefahr, daß auch andere Bereich davon betroffen werden. Früher einmal eingegangene Wachstumskoalitionen können dann von transnationalen Unternehmen schnell aufgekündigt werden.
Aufgrund der Tatsache, daß globale Produktionsprozesse nur in begrenztem Umfange "high road“ Optionen zur Verfügung stellen, gelingt es nur wenigen Regionen, sich zu zentralen Knotenpunkten innovativer Prozesse und zu wirtschaftlichen Entscheidungszentren in den globalen Unternehmensnetzwerken zu entwickeln und damit auch als Wachstumspools hervorzutreten. In den meisten Regionen bestehen dagegen nicht die Voraussetzungen für intensive materielle und informationelle Austauschprozesse; sie haben somit kaum Chancen, die engen Beziehungen zwischen den zentralen Wirtschaftsakteuren aufzubauen, die für Wachstumsprozesse auf der Basis industrieller Cluster erforderlich sind (Amin 1993).
Es ist ganz offensichtlich, daß die Einbeziehung in die globalen Netzwerke großer Unternehmen nicht ausreicht, um sich selbst stabilisierende regionale Entwicklungsprozesse in Gang zu setzen. Für viele weniger entwickelte Regionen, die ganz offensichtlich in der Falle einer "low road“ Entwicklung gefangen sind, scheinen geringe Wertschöpfung und schlecht qualifizierte Arbeitskräfte unabänderliches Schicksal zu sein. Tradition, überkommene Regulationspraktiken, das vorherrschende Wertsysteme und die bestehenden Institutionen in diesen Regionen verstärken oft noch ein solches Muster wirtschaftlicher Entwicklung. Deshalb sind die Chancen solcher benachteiligter Regionen, von einer "low road“ auf eine "high road“ Entwicklung umsteigen zu können, nur sehr gering. Es zeigt sich vielmehr, daß die wirtschaftlich schwächeren Regionen untereinander in Konkurrenz treten. In diesem Wettbewerb ergibt sich eine Art Null-Summen-Spiel; was die eine Region gewinnt, verliert die andere. Im Bemühen um Anschluß an die starken Regionen versuchen schwächere Regionen sich gegenseitig mit niedrigen Löhnen, geringen Umweltauflagen und großzügigen Subventionen auszustechen. Dieses Scenario bildet die Grundlage für die Diskussion um das Sozialdumping.

Vor dem Hintergrund der bisherigen Ausführungen ist es erforderlich, etwas näher auf das Konzept des Vertrauens einzugehen. Regionale Wachstumskoalitionen, so die weit verbreitete Behauptung, setzen Vertrauensbeziehungen zwischen den wirtschaftlichen und politischen Entscheidungsträgern voraus. Diese Argumentation ist jedoch rein funktionalistisch; sie nimmt als gegeben an, was sich erst herausbilden muß. Die Spieltheorie macht allerdings deutlich, das Kooperation und sich daraus entwickelnde Vertrauensbeziehungen nur eine Variante im Spiel um die Gestaltung der wirtschaftlichen Ordnung repräsentieren; die Akteure haben immer eine Alternative offen: sie können auch, sollte es ihren Interessen förderlich sein, auf Konflikt und die Anwendung von Macht setzen und damit Mißtrauen produzieren. In regionalen Wachstums- und Beschäftigungskoalitionen können transnationale Unternehmen von Kooperation und Vertrauen auf Konflikt und Mißtrauen umschalten, während regionale Regierungen, besonders angesichts hoher Arbeitslosigkeit, ein Kooperationsangebot der Wirtschaft und von transnationalen Konzernen kaum ausschlagen können. Wir können somit allenfalls von asymmetrischen Vertrauensbeziehungen sprechen, in denen transnationale Konzerne jederzeit mit deren Abbruch drohen können. Das bedeutet auch, daß in regionalen Wachstums- und Beschäftigungskoalitionen ein erhebliches Machtgefälle zwischen Wirtschaft und Politik besteht.

6. Eine Ausgleichsfunktion der Europäischen Kommission?

Um den harten Wettbewerb zwischen Regionen im weltweiten Konkurrenzkampf zu vermeiden und zugleich die globalen Marktkräfte zu kontrollieren, ist es erforderlich, eine "governance structure" zu etablieren, die sowohl über die regionalen wie auch die nationalen Grenzen hinausreicht. Kann die Europäische Kommission die Rolle einer transregionalen Beobachtungs-, Steuerungs- und Kontrollinstanz im globalen Wirtschaftsgeschehen wahrnehmen? Wenn überhaupt ginge das natürlich nur im europäischen Rahmen; Konkurrenzkämpfe zwischen den Mitgliedern der Triade sind damit weiterhin nicht unter Kontrolle gebracht. Zweifelsohne hat die Kommission wiederholt ihr Engagement für regionale Entwicklung und interregionalen Ausgleich bekundet. Bisher hat sich die Kommission dabei weitgehend auf ein finanzielles Transfersystem gestützt, um jenen Regionen Kompensationen zu gewähren, die durch die stärkere wirtschaftliche Integration Nachteile erleiden. Allerdings reichen die finanziellen Mittel der Kommission für eine wirkliche Kompensation der entstandenen Nachteile wirtschaftlich schwacher Regionen bei weitem nicht aus. Die Strukturfonds müssten um das 10fache aufgestockt werden, um als effektiver Mechanismus einer Umverteilung wirken zu können.

Abgesehen davon schafft eine rein finanzielle Umverteilung ihre eigenen Folgeprobleme in den benachteiligten Regionen. Eine solche Strategie mag zwar die Einkommen in den schwächeren Regionen anheben; aber dadurch lassen sich weder die notwendigen Produktivitätssteigerungen erzielen, noch läßt sich die wirtschaftliche Wettbewerbsfähigkeit steigern. Die neue Kaufkraft kommt, da konkurrenzfähige regionale Waren fehlen, anderen, wirtschaftlich starken Regionen zugute. Damit vertieft sich der Graben zwischen den starken und schwachen Regionen. Die schwachen Regionen werden auf Dauer von wirtschaftlichen Subventionen abhängig, anstatt in die Lage versetzt zu werden, selbstständig für bessere Wirtschafts- und Lebensstandards zu sorgen. Jeder ernsthafte Versuch, die Wettbewerbsfähigkeit rückständiger Regionen zu verbessern, setzt ein intensives Bemühen um den Aufbau eines regionalen Innovationssystems voraus. Damit sind verschiedene institutionelle Aspekte angesprochen: aufgebaut werden müssen effiziente Ausbildungs-, Finanz- und Technologietransfer- sowie Beratungsinstitutionen in den Bereichen Organisation, Management und Vertrieb; zudem müssen umfassende Infrastrukturmaßnahmen im Bereich Verkehr und Kommunikation ergriffen werden und es bedarf einer intensiven Politikberatung. Erst dann läßt sich die Spirale kumulativen Wachstums und der Entwicklung regionaler Wettbewerbsvorteile in Gang setzen und möglicherweise auch auf Dauer stellen.

Den Vorstellungen der Europäischen Kommission über ein zukünftiges Europa liegt ein nur schwer auflösbarer Widerspruch zwischen den beiden Zielen, einerseits die allgemeine Wettbewerbssituation zu stärken und andererseits einen interregionalen Ausgleich zu schaffen, zugrunde. Die Kommission ist sich bewußt, daß es zur Erhaltung der Wettbewerbsfähigkeit in der Triadenökonomie erforderlich ist, wirtschaftliche Konzentrationsprozesse und die globale Präsenz europäischer Konzerne zu fördern. Gegen die Wirtschaftmacht der weltweit agierenden Unternehmen in den USA und aus Japan sind die europäischen "global players“ in vielen Industriezweigen wegen fehlender Größe noch stark im Nachteil.

Aber eine solche Politik der Förderung globaler Konzerne und betrieblicher Zusammenschlüsse und Allianzen trägt das Risiko in sich, das Ziel der Kommission, regionale Entwicklungen zu fördern und interregionalen Ausgleich zu schaffen, zu untergraben. Die Kommission versucht dem mit einer stärkeren Förderung von Klein- und Mittelbetrieben entgegenzuwirken. Allerdings sind viele dieser Klein- und Mittelbetriebe selbst wenig autonom; sie sind in die Zuliefernetzwerke der transnationalen Unternehmen eingebunden und dementsprechend davon abhängig, daß ihre Kunden an den angestammten Standorten bleiben. Die stärkere internationale Mobilität von TNK gefährdet deshalb die kleinbetriebliche Zulieferindustrie in vielen Regionen. Mittlere Unternehmen sehen sich zudem in zunehmendem Maße selbst zu einer Internationalisierung gezwungen, sei es, daß sie ihren Kunden ins Ausland folgen müssen, sei es, daß sie durch eine Verbreiterung ihrer Kooperationsbeziehungen eine stärkere Unabhängigkeit von einzelnen Großkonzernen und deren regionalen Produktionsnetzwerken erreichen wollen. Wie hier eine Vermittlung zwischen beiden Zielsetzungen globale Wettbewerbsfähigkeit und interregionaler Ausgleich zu schaffen ist, bleibt weitgehend offen. Unter diesen Bedingungen kann die Europäische Kommission die Aufgabe, Wachstumskoalitionen vor allem auch in benachteiligten Regionen zu fördern, jedenfalls nur in sehr begrenztem Umfange wahrnehmen.

7. Zusammenfassung

Die vorangegangenen Ausführungen haben deutlich gemacht, daß eine klare Antwort auf die Frage, ob und wie sich eine globale Wirtschaft steuern, koordinieren und kontrollieren läßt, kaum möglich ist. Es läßt sich, so wurde festgestellt, weder die Auffassung von einem unkontrollierbaren Kapital noch die von einem autonom agierenden, souveränen Nationalstaat aufrecht erhalten. Wirtschaftliche und soziale Interessen lassen sich nur über die Bildung effizienter Institutionen des Interessensausgleichs und der Konsensbildung verwirklichen. Wachstums- und Beschäftigungskoalitionen lassen sich, das hat das Schicksal der von den Gewerkschaften angeregten nationalen Beschäftigungsinitiative in Deutschland gezeigt, kaum auf nationaler Ebene verwirklichen.
Allerdings läßt sich auch die optimistische Einschätzung, der Regionalstaat sei die natürliche Ebene für derartige Koalitionen, nicht halten. Denn die Einbindung in die globale Wertschöpfungskette transnationaler Konzerne gibt nur wenigen Regionen die Möglichkeit, sich zu Knotenpunkten von Innovationsprozessen und somit zu Wachstumspools zu entwickeln. Für die meisten entwicklungsschwachen Regionen ergibt sich oft nur die Perspektive, sich im Konkurrenzkampf mit anderen benachteiligten Regionen Vorteile zu verschaffen, ohne damit allerdings den Anschluß an die prosperierenden Regionen schaffen zu können. Das Kapital hat durchaus ein Interesse daran, "high road“ und "low road“ Optionen der Entwicklung bereitzustellen und benachteiligte Regionen auf den Pfad langsamer Entwicklung festzunageln. Ganz offensichtlich ist auch die Europäische Kommission nicht in der Lage, diese regionale Polarisierung entscheidend zu beeinflussen und den Prozess der interregionalen Angleichung wirksam voranzutreiben.
Die vorangegangenen Ausführungen konnten keine Lösungen für das aufgeworfene Problem aufzeigen; dieses war auch nicht beabsichtigt. Selbst die Darlegung der Argumente konnte nur skizzenhaft erfolgen. Es sollte hier nur auf ein zentrales wirtschaftliches, darüber hinaus aber auch gesellschaftliches Problem aufmerksam gemacht werden, das zweifelsohne intensiver Forschungsanstrengungen der verschiedenen wirtschafts- und sozialwissenschaftlichen Disziplinen wert ist.

Literatur:

Amin, A. (1993) The Globalization of Economy. An Erosion of Regional Networks? In: Grabher, G. (Hrsg.): The Embedded Firm. On the Socioeconomics of Industrial Networks. London, 278-295

Archibugi, D./ Michie, J. (1995) The Globalisation of Technology: a New Taxonomy, In: Cambridge Journal of Economics 19, 121-140

Bell, D. (1975) Die nachindustrielle Gesellschaft. Frankfurt/New York

Cooke, P. (1995) Reinventing the Region. Firms, Clusters and Networks. Friedrich -Ebert-Stiftung Bonn
Cooke, P. (1996) Regions in a Global Market: The Experiences of Wales and Baden-Württemberg. Paper für das Baden-Württemberg Kolloquium der Universität Tübingen: Endogene Potentiale der Regionen: Wales und Baden-Württemberg im Wandel, Blaubeuern
Dicken, P. (1992) Global Shift. The Internationalization of Economic Activity. London
Dosi, G. (1982) Technological Paradigms and Technological Trajectories. A Suggested Interpretation of the Determinants and Directions of Technical Change, in: Research Policy 11, 147-162
Flecker, J./ Schienstock, G. (1994) Globalisierung, Konzernstrukturen und Konvergenz der Arbeitsorganisation. In: Soziale Welt. Sonderband 9: Umbrüche gesellschaftlicher Arbeit, 625-642
Forsgren, M. (1989) Managing the Internationalization Process. The Swedish Case. London/New York
Frenkel, St./ Korczynski, M./ Donoghue, l./ Shire, K. (1995) Re-constituting Work: Trends Towards Knowledge Work and Info-normative Control. In: Work, Employment and Society 9, 773-796
Gershuny, J. (1981) Die Ökonomie der nachindustriellen Gesellschaft. Frankfurt/New York
Gordon, D. (1988) The Global Economy: New Edifice or Crumbling Foundations. In: New Left Review 168, 24-64
Granovetter, M. (1985) Economic Action and Social Structure. The Problem of Embeddedness. In: American Journal of Sociology 91, 481-510.
Hamilton, G.G. (1994) Civilization and the Organization of Economies In: Smelser, N.J./ Swedberg, R. (eds.) The Handbook of Economic Sociology, Princeton New York
Hirsch-Kreinsen, H. (1996) Internationalisierung der Produktion. Strategien, Organisationsformen und Folgen für Industriearbeit. In: WSI Mitteilungen 1, 11-18
Hirst, P./ Thompson, G. (1992) The Problem of "Globalization“: International Economic Relations, National Economic Management and the Formation of Trading Blocs. In: Economy and Society, 24
Hirst, P./ Thompson, G. (1996) Globalization in Question. London
Howells, J./ Wood M., (1991) The Globalization of Production and Technology. Monitor-Fast Programme, Vol 2 Newcastle
Kennedy, P. (1993) Preparing for the Twenty-First Century. London
Kern, H./ Sabel. C. (1990) Gewerkschaften in offenen Arbeitsmärkten. In: Soziale Welt 41, 140-166

Kern, H. (1994) Globalisierung und Regionalisierung in industrieller Restrukturierung. In: Krummbein, W. (Hg.): Ökonomische und Politische Netzwerke in der Region. Beiträge aus der internationalen Debatte, Münster 141-152

Krumbein, W. (1991) Industriepolitik. Die Chancen einer Integration von Wirtschafts- und Gesellschaftspolitik. In: Jürgens, U./ Krumbein, W. (Hrsg.): Industriepolitische Strategien. Bundesländer im Vergleich, Berlin

Kurz, R. (1992) One World und jüngster Nationalismus. Frankfurter Rundschau 4. Januar

Michalet, C.A. (1989) Global Competition and Its Implications from Firms. Paper presented at the International Seminar on Science Technology and Economic Growth, OECD Paris

Naisbitt, J. (1994) The Global Paradox: The Bigger the World Economy, the More Powerful its Smallest Players. New York

Ohmae, K. (1990) The Borderless World. New York

Ohmae, K. (1995) The End of the Nation State: The Rise of Regional Economies. New York

Patel, P. / Pavitt, K. (1994) The Nature and Economic Importance of National Innovation Systems, STI Review 14, 9-32

Perez, A. (1987) Micro-Electronincs, Long Waves and World Structural Change, in: World Development 13, 441-463

Petrella, R. (1989) Globalisation of technological Innovation, in: Technology and Strategic Management 1, 393-407

Porter, m. E. (1991) Nationale Wettbewerbsvorteile. Erfolgreich konkurrieren auf dem Weltmarkt, München

Ruigrok, W./ Van Tulden, R. (1995) The Logic of International Restructuring. London

Sabel, Ch. (1989): Flexible Specialisation and the Re-emergence of Regional Economies. In: Hirst, P./ Zeitlin, J. (eds.): Reversing Industrial Decline? Oxford

Schienstock, G. (1994a) Technology Policy in the Process of Change: Changing Paradigms in Research and Technology Policy? In: Aichholzer, G./ Schienstock, G. (eds.): Technology Policy: Towards an Integration of Social and Ecological Concerns. Berlin

Schienstock, G. (1994b) Globale Konzerne: Netzwerkstrukturen, Organisationsstrategien und Arbeitsbeziehungen. In: Arbeit 3, 254-269

Scott, A. (1993) Technopolis: High-Technology Industry and Regional Development in Southern California, Berkeley and Los Angeles

Scott, A. (1996) From Silicon Valley to Hollywood: Growth and Development of the Multimedia Industry in California. Paper für die Tagung der Afta: Region Innovation Systems. Designing for the Future in Stuttgart

Sengenberger/ Pyke (1992) Industrial Districts and Local Economic Regeneration: Research and Policy Issues. In: dies. (Hg.) Industrial Districts and Local Economic Regeneration. ILO Genf

Toffler, A. (1980) Die dritte Welle. München

Touraine, A. (1972) Die postindustrielle Gesellschaft. Frankfurt

UNTAC (1994) World Investment Report - Transnational Corporations, Employment and Workplace. Geneva

Weber, M. (1964) Wirtschaft und Gesellschaft. Tübingen

Webster, F. (1994) Theories of the Information Society. London and New York

Georg Licht / Wolfgang Schnell[1]

Externe Effekte, Finanzierungsrestriktionen und Forschungs- und Technologiepolitik

1. Einleitung

Ein wesentliches Ziel der Wirtschaftspolitik ist die Stärkung der innovativen Leistungsfähigkeit in den industrialisierten Ländern. Die Internationalisierung in der Wirtschaft, die Liberalisierung des internationalen Kapitalverkehrs, der wachsende internationale Know-how-Austausch und der Eintritt neuer Wettbewerber in den internationalen Markt hat zu einer angebotsorientierten Wirtschaftspolitik in der zweiten Hälfte der siebziger und in den achtziger Jahren geführt. Das ungenügende Wirtschaftswachstum, das sich nicht zuletzt in permanent hohen Arbeitslosenzahlen ausdrückt, wird beispielsweise von der EU-Kommission (vgl. EU-Kommission 1994 und 1995) als eine Folge der ungenügenden innovativen Anstrengungen der Wirtschaft gesehen. Auch die Bundesregierung sieht in der Stimulierung der Wachstumsmöglichkeiten und damit der Schaffung neuer Arbeitsplätze durch eine Stärkung der technologischen Leistungs- und Innovationsfähigkeit der deutschen Wirtschaft ein vorrangiges Ziel der Forschungs- und Technologiepolitik (vgl. BMBF 1996).

Parallel zur wachsenden Bedeutung der Forschungs- und Technologiepolitik wurden die wirtschaftstheoretischen Grundlagen der Forschungs- und Technologiepolitik weiterentwickelt. Aufbauend auf mannigfaltigen mikroökonomischen Analysen der FuE-Aktivitäten wurde mit der Entwicklung der neuen Wachstumstheorie und der strategischen Handelspolitik auch die makroökonomische Relevanz staatlichen Engagements diskutiert. Exzellente Überblicke über die theoretischen Ansätze der Forschungs- und Technologiepolitik finden sich bei Metcalfe (1995), Dosi (1988), Dosi, Pavitt und Soete (1990) und Klodt (1995). Im vorliegenden Beitrag wird auf diese aus unserer Sicht wesentlichen theoretischen Argumente für staatliche Eingriffe in den Marktprozess zur Verbesserung der privatwirtschaftlichen Allokation von Ressourcen für Innovationsaktivitäten eingegangen und die in jüngerer Zeit vorgelegte empirische Evidenz zusammengefaßt. Darüber hinaus sollen einige Fakten über die Verbreitung von Förderprogrammen in den Unternehmen erarbeitet und in den Kontext der theoretischen Argumentation gestellt werden.

[1] Wir danken Marc Dehoust und Stefan Kuck für ihre wertvolle Hilfe beim Erstellen der Grafiken und Tabellen. Einige der Ergebnisse in diesem Artikel sind Forschungsergebnisse, die im Rahmen eines Auftrags des BMBF erzielt wurden. Die hier dargestellten Ergebnisse und Interpretationen liegen in der alleinigen Verantwortung der Autoren.

Die Arbeit ist wie folgt aufgebaut: Im Abschnitt 2 präsentieren wir die aus ökonomischer Sicht zentralen Argumente einer staatlichen Förderung von Forschungs- und Entwicklungsaktivitäten der Unternehmen und die vorliegende Evidenz. Ausführlich wird dabei auf die Rolle von positiven Externalitäten in der Produktion und Diffusion von technischem Wissen eingegangen. Anschließend werden die theoretischen Grundlagen für ein Marktversagen im Kreditmarkt dargelegt. Im Abschnitt 3 wird auf die Struktur der FuE-Förderung in der Bundesrepublik eingegangen. Neben dem Umfang der FuE-Förderung in der Wirtschaft wird insbesondere die Verbreitung von FuE-Förderung in den Unternehmen untersucht. Multivariate Analysen der Verbreitung sollen erste Einblicke darüber geben, inwieweit die existierende Struktur der Förderung mit den genannten theoretischen Analysen kompatibel ist. Die Analyse beschränkt sich dabei auf die alten Länder. Die Arbeit schließt mit einer kritischen Zusammenfassung der Ergebnisse und einem Ausblick auf zukünftige Forschungsfelder.

2. Ökonomische Begründungen für eine FuE-Förderpolitik und empirische Evidenz

Die ökonomische Legitimation für staatliche Interventionen in den FuE-Prozeß basiert auf der Tatsache, daß aus gesamtwirtschaftlicher Sicht, zu wenig' in FuE-Anstrengungen investiert wird.
Diese Unterinvestitionen in die FuE-Aktivitäten sind dabei unmittelbar mit den Eigenheiten des FuE-Prozesses bzw. der Natur von FuE-Aktivitäten verbunden. Die Diskrepanz zwischen privaten und sozialen Erträgen der FuE-Tätigkeit läßt sich auf unterschiedliche Ursachen zurückführen. Marktversagen kann dabei nicht nur unmittelbar bei der Entscheidung der einzelnen Unternehmen über die Höhe der FuE-Investitionen, sondern auch im Kapitalmarkt auftreten. Ökonomische Argumente für eine staatliche Innovationsförderung leiten sich ab aus der Eigenschaft des technischen Wissens als öffentliches Gut, aus positiven externen Effekten in der Produktion von Innovationen und aufgrund von sogenannten Netzwerkexternalitäten (siehe auch Stoneman 1987, Metcalfe 1995, Harhoff und König 1993, Katz und Shapiro 1994, Klodt 1995). Risikoscheue Unternehmen und Marktversagen im Kapitalmarkt bedingt u.a. durch asymmetrische Informationen über die Erfolgsaussichten und die Realisierungschancen von FuE-Projekten sind weitere wichtige Argumente für ein staatliches Eingreifen in die privatwirtschaftliche Ressourcenallokation.

2.1. Positive Externalitäten von Forschung und Entwicklung

Eine der Eigenschaften des technischen Wissens ist die Nichtrivalität im Konsum. Es besitzt damit die Charakteristika eines *öffentlichen Gutes*. Da der Anbieter nur begrenzt Akteure vom Konsum ausschließen kann, z.B. durch Geheimhaltung, und i.d.R. keine Preisdiskriminierung bei den Konsumenten, entsprechend ihrem Grenznutzen für das Gut, durchsetzen kann, wird das gesamtwirtschaftliche Optimum bei der Produktion des technischen Wissens nicht erreicht. Ein Produzent technischen Wissens wird nicht die gesamtwirtschaftlich optimale Menge produzieren, da andere an seiner Produktion partizipieren können, ohne dafür zu zahlen. Da der Nutzen der Allgemeinverfügbarkeit am höchsten bei der Grundlagenforschung sein dürfte, ist im Gegensatz zur anwendungsorientierten Forschung eine staatliche Förderung mit dem Argument des 'öffentlichen Gutes' am ehesten im Bereich der Grundlagenforschung zu rechtfertigen. Die umfangreiche Förderung der FuE-Infrastruktur, z.B. der Helmholtz- oder der Max-Planck-Institute, findet darin ihre ökonomische Rechtfertigung.

Abbildung 1: Informationsquellen für Innovationen - Westdeutschland 1993

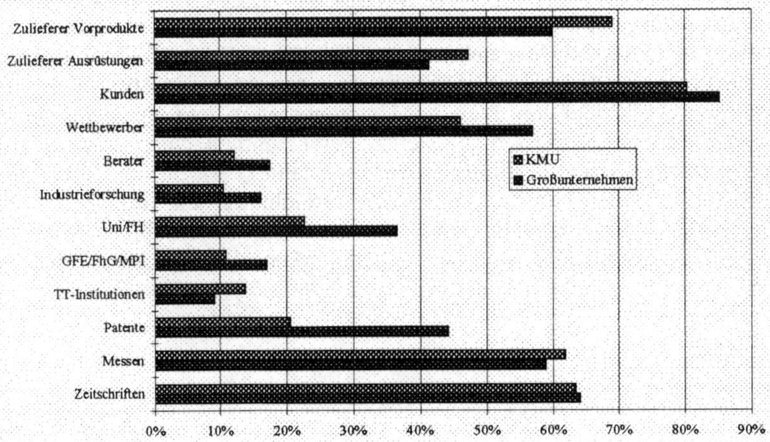

Quelle: ZEW (1993) Mannheimer Innovationspanel

Lesehilfe: Anteil der innovierenden Unternehmen, die die jeweilige Quelle als wichtig oder sehr wichtig bezeichnen:

Ein weiteres Argument für Innovationsförderung sind *Externalitäten* bei der Produktion von technischem Wissen (Leyden und Link 1992). Konkret: "der von einem Unternehmen akkumulierte und genutzte FuE-Kapitalstock kann gleichzeitig in bestimmtem (im Grenzfall: vollem) Umfang von anderen (im Grenzfall: allen) Unternehmen genutzt werden, ohne daß diese ‚indirekte' Faktornutzung durch einen Preis, der die tatsächliche Zahlungswilligkeit zum Ausdruck bringt, gesteuert werden kann" (Pfähler und Bönte 1994, S. 60). Der Zugriff auf diese Informationen kann durch verschiedene Kanäle erfolgen: Kunden- und Zuliefererbeziehungen, die Untersuchung von Patenten, Reengineering der Produkte der Wettbewerber, Personalwechsel und der informelle Austausch zwischen Wissenschaftlern und Ingenieuren auf Messen und Kongressen (siehe Abbildung 1). Da die Produzenten des Wissens nicht den gesamten Ertrag internalisieren können, sind die privaten Investitionen für FuE-Aktivitäten gemessen am gesamtwirtschaftlichen Optimum zu gering.

Abbildung 2 veranschaulicht diese Argumentation. Angenommen wird dabei, daß die Produktion neuer Erkenntnisse steigenden Grenzkosten (GK) unterliegt. Weitere ‚Know-how-Einheiten' können nur mit höherem Ressourceneinsatz ‚entdeckt' werden. Gleichzeitig steigt der ökonomische Ertrag neuer technischer Erkenntnisse mit steigendem Know-how-Gehalt weniger schnell an. Positive Externalitäten kommen in der Abbildung 2 dadurch zum Ausdruck, daß die Linie der privaten Grenzerträge (GE_P) von FuE unterhalb der Linie der sozialen Grenzerträge (GE_S) liegt. Ein Teil jeder erzeugten Einheit technischen Know-hows kommt ‚unentgeltlich' anderen Unternehmen zu. Gewinnmaximierende Unternehmen werden unter diesen Bedingungen die Wissensmenge a produzieren. Der private Grenzertrag entspricht hier den Grenzkosten der Produktion. Wäre das Unternehmen in der Lage, den gesamten Ertrag des technischen Wissens für sich zu vereinnahmen, würde es entlang des gesamtwirtschaftlichen Optimums operieren (Punkt b). Dieses gesamtwirtschaftliche Optimum kann beispielsweise erreicht werden, in dem der Staat eine FuE-Subvention in Höhe von bc gewährt. Das Unternehmen produziert dann zu Grenzkosten GK', und individuelles Maximierungskalkül führt dann zu einem Gleichgewicht in Punkt c.

Abbildung 2: Externe Erträge und Unterinvestition in FuE

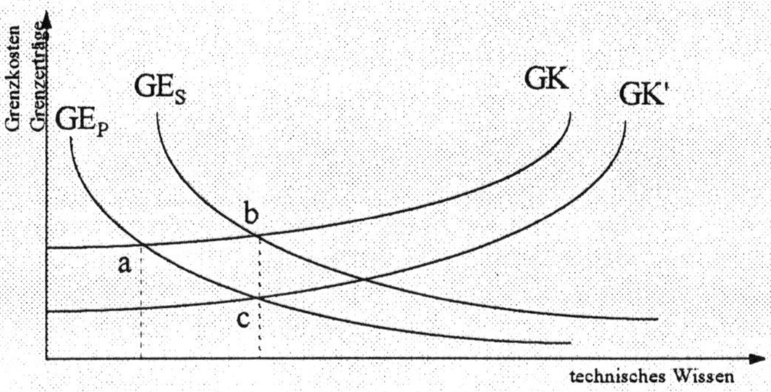

Quelle: Klodt (1995)

Ökonomische Studien der letzten Jahre unterstützten dieses grundlegende Argument für staatliche Eingriffe mit empirischer Evidenz. Schätzungen der Diskrepanz zwischen privatem und sozialem Grenzertrag variieren in Abhängigkeit vom benutzen Modell, den Daten und der gewählten ökonometrischen Prozedur. Nach Durchsicht der empirischen Literatur kommt Griliches (1994, S. 43) zu dem Schluß "there have been a number of reasonably well done studies all pointing in the same direction: ... social rates of return remain significantly above private rates".

Andererseits kann die Aussicht auf den ‚Empfang‘ von Know-how-Spillovers die FuE-Aktivitäten auch stimulieren. Cohen und Levinthal (1989) vertreten die Ansicht, daß FuE-Aufwendungen auch deshalb getätigt werden, um die FuE-Aktivitäten der Konkurrenz zu beobachten, um so möglicherweise von den FuE-Ergebnissen der Konkurrenten zu profitieren. Positive externe Effekte von FuE müssen daher nicht immer zu geringeren FuE-Aufwendungen führen, so daß der empirische Nachweis häufig schwierig ist.

Harhoff (1995) hat, basierend auf den Daten der FuE-Erhebungen des Stifterverbandes, die Elastizitäten der FuE-Aufwendungen im Hinblick auf den vorhandenen Spilloverpool, der allen Unternehmen einer Branche zur Verfügung steht, geschätzt. Die individuellen FuE-Aufwendungen werden dabei als Funktion von Umsatz, physischem Kapital, des Spilloverpools (= Summe des FuE-Kapitals der anderen Unternehmen) und einer Reihe von Kontrollvariablen angesetzt. Für die High-Tech-Branchen ermittelt er eine Spillover-Elastizität der individuellen FuE-Aufwendungen von 7 bis 11

Prozent, für die restlichen Sektoren von 2 bis 5 Prozent.[1] Eine ähnliche Sonderrolle des High-Tech-Sektors ergibt sich nach Harhoffs Berechnungen im Hinblick auf die Produktivitätswirkung eigener FuE-Aufwendungen und der FuE-Aufwendungen anderer Unternehmen. Durchschnittlich führt im High-Tech-Sektor eine einprozentige Erhöhung der eigenen FuE zu einer 0,12-prozentigen Erhöhung der Produktivität. Bei den sonstigen Sektoren ändert sich die Produktivität nur um ca. 0,03 Prozent. Im Hinblick auf die Auswirkung fremder FuE-Aufwendungen, d.h. des üblichen Indikators für Spillovers, auf die eigene Produktivität gilt ähnliches: Eine einprozentige Vergrößerung des Spilloverpools ist im High-Tech-Sektor mit einer 0,13-prozentigen Steigerung der Produktivität verbunden. Außerhalb des High-tech-Sektors zeigen sich keine positiven Spillovereffekte im Hinblick auf die Umsatzproduktivität. Festgehalten werden sollte auch, daß die empirische Evidenz daraufhin deutet, daß Unternehmen mit einer höheren Absorptionsfähigkeit für technisches Wissen - abgebildet über die Höhe der eigenen FuE-Aufwendungen - eher in der Lage sind, Spillovereffekte zu nutzen.

Allerdings sind die verfügbaren empirischen Arbeiten über Spillovereffekte nicht hinreichend präzise und robust, um den für jeden Sektor ‚optimalen' Subventionsgrad zu ermitteln. Die vorliegende empirische Evidenz kann lediglich als Hinweis darauf gedeutet werden, daß es gute Gründe gibt, FuE-politische Maßnahmen stärker auf High-tech-Industrien zu konzentrieren als auf weniger technologieintensive Bereiche. Es sei aber auch daran erinnert, daß der Nachweis von Spillovereffekten lediglich eine notwendige Bedingung für staatliche Interventionen darstellt. Der empirische Nachweis, daß staatliche FuE-Förderung auch tatsächlich zu einer Beseitigung der aus Spillovereffekten resultierenden Unterinvestitionen in FuE führt, konnte bislang noch nicht erbracht werden.

2.2. Finanzierungsrestriktionen und Forschungs- und Entwicklungsaktivitäten

Ein sehr häufiges Argument für Innovationsförderung, insbesondere von kleinen und mittleren Unternehmen (KMU), ist die Existenz eines nicht perfekten Kapitalmarktes für Investitionen in FuE, der zu einer suboptimalen Allokation der Ressourcen für Innovationsaktivitäten führt. Aus gesamtwirtschaftlicher Sicht ist die Durchführung eines Innovationsprojektes dann sinnvoll, wenn die zu erwartende Rendite des eingesetzten Kapitals, einschließlich einer Risikoprämie, mindestens dem Marktzins entspricht.

---

1 Die Unterschiede in den geschätzten Elastizitäten ergeben sich dabei aus den Unterschieden in der gewählten Spezifikation des ökonometrischen Modells und Unterschieden in der Definition des Spilloverpools.

Die Kreditvergabe für Innovationsprojekte scheitert häufig am Vorhandensein asymmetrischer Informationen, dem Auftreten von adversen Anreizmechanismen sowie mangelnden Überwachungsmöglichkeiten seitens der Kapitalgeber. Kapitalanbieter und Kapitalnachfrager verfügen in der Regel weder über die gleichen Informationen noch über die gleichen Fähigkeiten, diese Informationen zu bewerten. Dies trifft insbesondere auf Vorhaben zur Neuentwicklung von Produkten für noch unerschlossene Märkte oder generell komplexe FuE-Projekte zu.
Das Problem der adversen Selektion entsteht dadurch, daß mit zunehmendem Kreditzinssatz der Anreiz des Kreditnehmers steigt, eher riskante Projekte durchzuführen. Im Mißerfolgsfall kann der Kreditnehmer den Kredit nicht bedienen, während im Erfolgsfall ein riskanteres Projekt auch einen höheren Ertrag mit sich bringt. Eine weitere Schwierigkeit besteht darin, daß der Kreditgeber nur unzureichend überprüfen kann, wie der Kreditnehmer die Mittel einsetzt. Um die Rückzahlung sicherzustellen, achten die Kreditgeber auf einen hohen Eigenkapitalbestand und andere Sicherheiten sowie auf das Konkursrisiko des (gesamten) Unternehmens während der Kreditlaufzeit. Gerade kleine und mittlere Unternehmen stehen jedoch häufig vor dem Problem, daß Kredite für Innovationsvorhaben nicht vollständig abgesichert werden können. Aufgrund unzureichender Sicherheiten werden die Kreditgeber häufig nicht nur eine höhere Risikoprämie fordern, sondern den Kredit beschränken oder gänzlich verweigern (vgl. Stiglitz und Weiss, 1981).
Während bei Investitionsprojekten zumindest noch die Verkaufserlöse der Sachanlagen als Sicherheit eingebracht werden können, entfällt bei Innovationsprojekten der Großteil der Innovationsaufwendungen auf den Aufbau von Know-how oder firmenspezifische Investitionsgüter mit geringem Wiederverkaufswert, so daß sie nicht zur Sicherung von Krediten herangezogen werden können.
Kredite werden in aller Regel aber nicht für spezifische Innovationsprojekte gewährt, sondern für das Unternehmen als ganzes. Kleine Unternehmen verfügen über geringere Möglichkeiten ihr gesamtes FuE-Risiko zu diversifizieren, da sie - im Gegensatz zu Großunternehmen - nur ein oder eine geringe Anzahl von FuE-Projekten gleichzeitig betreiben. Die geringeren Risikodiversifizierungsmöglichkeiten führen daher an sich genommen schon zu einem höheren Gesamtrisiko kleiner Unternehmen.
Finanzierungsrestriktionen sollten aus diesem und den oben angeführten Gründen eher jüngere Unternehmen sowie kleine und mittlere Unternehmen häufiger betreffen. Ältere Unternehmen, die bereits bei den Kreditgebern eine Reputation als ,gute' Schuldner aufgebaut haben, sollten weniger häufig mit Kreditrestriktionen zu kämpfen haben wie junge Unternehmen, über deren Verhalten sich Kreditgeber bislang noch kein Bild machen konnten, und daher die Gefahr von Moral-Hazard geringer eingeschätzt wird. Im Kontext mit der FuT-Politik ist dabei von besonderem Interesse, daß Finanzierungs-

restriktionen eher bei 'riskanten' FuE-Projekten als bei ,normalen' Investitionsprojekten auftreten sollten.

Abbildung 3: Bedeutung der Innovationshemmnisse nach Unternehmensgröße 1994

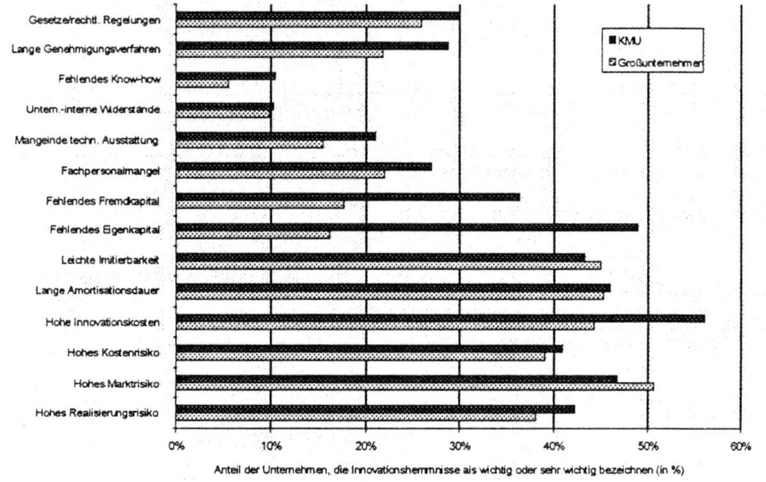

Quelle: ZEW(1996): Mannheimer Innovationspanel

Finanzierungsrestriktionen werden nicht nur einen Einfluß auf den Umfang der von den Unternehmen durchgeführten Innovationsprojekte haben, sondern auch die Wahl der Projekte beeinflussen. Möglicherweise werden von kleineren Unternehmen auch aus diesem Grund häufiger weniger riskante Projekte mit überschaubarem Risiko gewählt, d.h. eher marktnahe Innovationsprojekte als nur längerfristig rentable FuE-Projekte.

Empirische Anhaltspunkte für die Relevanz von Finanzierungsrestriktionen in der Innovationsentscheidung können sowohl im Hinblick auf die Höhe der von den Unternehmen aufgewendeten Innovations- bzw. FuE-Aufwendungen als auch auf die Wahrscheinlichkeit mit der Unternehmen Innovationsaktivitäten durchführen gewonnen werden. Erste empirische Anhaltspunkte lassen sich aus der Selbsteinschätzung von Innovationshemmnissen durch die Unternehmen gewinnen. In den Innovationserhebungen des ZEW werden die Unternehmen regelmäßig nach der Bedeutung einer vorgegebenen Liste von Innovationshemmnissen gefragt. Wie aus der Abbildung 3 abgelesen werden kann, zeigen sich insbesondere im Hinblick auf die Einschätzung des verfügbaren Eigen- und Fremdkapitals Unterschiede bei kleinen und mittleren im Vergleich zu großen Unternehmen. Kleine und mittlere Unternehmen geben signifikant

häufiger an, daß fehlendes Eigen- und Fremdkapital für sie ein wesentliches Innovationshemmnis darstellt.
Die subjektive Selbsteinstufung von Unternehmen wird häufig als ein unzureichender Beleg für den Einfluß von Finanzierungsbeschränkungen auf Innovationsaktivitäten angesehen. Die Relevanz von Finanzierungsrestriktionen läßt sich überzeugender mit einer objektiven, von "außen" stammenden Einschätzung der Liquiditätslage nachweisen. Eine solche externe Einschätzung steht für die Unternehmen des Mannheimer Innovationspanels auf Basis von öffentlich verfügbaren Kreditauskunfteidaten zur Verfügung. In Harhoff, Licht et al. (1996) konnte gezeigt werden, daß FuE- und Innovationsaktivitäten weniger häufig von Unternehmen durchgeführt werden, die eine schlechtere Liquiditätseinstufung aufweisen. Anhand von loglinearen Wahrscheinlichkeitsmodellen wurde für die Unternehmen aus den alten Bundesländern ermittelt, ob und in welcher Höhe ein Effekt der Kreditwürdigkeitsbeurteilung auf verschiedene Formen der Innovationsaktivität nachweisbar ist. Die Ergebnisse finden sich in Tabelle 1. Die Zahlen der Tabelle geben dabei an, um wieviel Prozent sich die Wahrscheinlichkeit für das Auftreten der vier untersuchten Eigenschaften bei einem finanzierungsrestringierten Unternehmen verändert. Wie die Ergebnisse belegen, gehörten Unternehmen mit einem ausreichenden finanziellen Spielraum häufiger zu den Gruppen, die Innovationsaktivitäten in den verschiedenen Erscheinungsformen und Intensitäten aufwiesen. Tabelle 1 belegt, daß die Wahrscheinlichkeit für das Vorhandensein der aufgeführten Innovationsaktivitäten insbesondere bei kleinen und mittleren Unternehmen sinkt, wenn Finanzierungsbeschränkungen bestehen.

Tabelle 1: Finanzierungsrestriktionen und Innovationsaktivitäten 1993

	Unternehmensgruppe		
Art der Innovations-aktivität	**Alle Unternehmen**	**Unternehmen mit weniger als 500 Beschäftigten**	**Unternehmen mit mehrals 500 Beschäftigten**
Innovations-aktivitäten	**- 8%**	**- 10%**	**- 7%**
FuE-Aktivitäten	**-10%**	**-11%**	**-9%**
Kontinuier-liche FuE	**-10%**	**-11%**	**-10%**
Fue-Abteilung	**-11%**	**-11%**	**-9%**

Lesebeispiel: Unternehmen mit Finanzierungsrestriktionen wiesen eine 10 Prozent niedrigere Wahrscheinlichkeit für FuE-Aktivitäten auf.
Quelle: Harhoff, Licht et al. 1995

Weitere empirische Evidenz für den Einfluß von Finanzierungsspielräumen auf Innovations- und FuE-Aktivitäten läßt sich mit Hilfe von Bilanzdaten geben. Harhoff (1996) weist mit einem Paneldatensatz von ca. 250 deutschen publizitätspflichtigen Gesellschaften nach, daß Liquiditätseffekte - abgebildet über den Cash-flow - Einfluß auf die Höhe der FuE-Aufwendungen der Unternehmen besitzen. Ähnliche Evidenz wurde in jüngerer Zeit auch für andere Industrieländer vorgelegt (vgl. z.B. Himmelberg und Petersen 1994, Hall 1992).
Obwohl sich die vorliegenden Studien zum Einfluß von Finanzierungsrestriktionen noch im Hinblick auf die Größenordnung der ermittelnden Auswirkungen sehr stark unterscheiden, was nicht zuletzt auf die verwendeten Methoden und Datensätze zurückzuführen sein dürfte, läßt sich insgesamt feststellen, daß hinreichend empirische Evidenz für das Vorhandensein von Finanzierungsrestriktionen vorliegt.
Markteingriffe des Staates können daher prinzipiell geeignet sein, die aus dem Marktprozeß resultierende Ressourcenallokation zu verbessern. Der öffentlichen Hand stehen dabei sehr unterschiedliche Instrumente zur Verfügung. Beispielsweise kann der Staat die Finanzierungsrestriktionen von KMU durch eigene Kreditvergabe oder durch die Gewährung von Sicherheiten bei Kreditausfällen (Bürgschaften) für innovative Projekte beheben. Allerdings sorgen die Bedingungen asymmetrischer Informationen, denen die öffentliche Hand

ebenfalls unterliegen dürfte, auch bei einer Kreditvergabe oder Haftungsübernahme durch den Staat für die oben angesprochenen adversen Anreize. Insofern stellt der empirische Nachweis der Existenz von Finanzierungsrestriktion lediglich eine notwendige nicht aber eine hinreichende Bedingung für staatliche Eingriffe in den Marktprozeß dar, da a priori nicht klar ist, wieso der Staat über bessere Informationen oder bessere Instrumente zur Überwachung oder Beurteilung von Krediten verfügen sollte als private Kreditanbieter.

3. Forschungs- und Entwicklungsförderung in Deutschland

Die im letzten Abschnitt angesprochenen Probleme können durch einzelne Interventionen kaum zu lösen sein. Zur Wahrung gesamtwirtschaftlicher Interessen bezüglich der Innovationsaktivität kann die Regierung auf eine Vielzahl von Instrumenten zurückgreifen, die alle oben genannten Probleme tangieren. Das Spektrum reicht dabei von der Gestaltung der rechtlichen und institutionellen Rahmenbedingungen und der Wettbewerbsordnung über die Gewährung von FuE-Subventionen bis hin zu bildungs- und ausbildungspolitischen Maßnahmen. Beispielsweise trägt das System der Schutzrechte (Patente, Gebrauchsmusterschutz, Markenrecht, u.ä.) dazu bei, die Aneignungsbedingungen für die Erträge aus Innovationen zu verbessern. Die Wettbewerbsordnung ermöglicht u.a. die Bildung von strategischen Allianzen für FuE-Aktivitäten und beeinflußt damit den Innovationsprozeß. Auch im Hinblick auf Subventionen für FuE existiert ein breites Maßnahmenspektrum von direkten und indirekt-spezifischen Förderprogrammen. Diese betreffen die Grundlagenforschung bis hin zu Förderprogrammen für einzelne Technologien, und indirekte Instrumente, wie z.B. FuE-Personalkostenzuschüsse.
Die wichtigsten Bereiche der Technologiepolitik in Deutschland sind spezielle Fachprogramme für Luft- und Raumfahrt, Informationstechnologie, Umwelt und Klima, Energie, Gesundheit, neue Materialien und Transporttechnologien. Zusätzlich existieren spezielle Programme zur Förderung von Technologietransfer, FuE-Kooperation und der Diffusion technischen Wissens. Ein weiterer Schwerpunkt ist die Stärkung der Innovationsaktivitäten von kleinen und mittleren Unternehmen (KMU). Innerhalb dieser Strukturen gibt es weitere Programme, die nur Unternehmen in den Neuen Bundesländern zugänglich sind.
Angeboten werden diese Programme vom Bundeswirtschaftsministerium (BMWi), das hauptsächlich für marktnahe Forschung zuständig ist, sowie vom Bundesministerium für Bildung, Forschung, Wissenschaft und Technik (BMBF), welches Programme zur Förderung von Grundlagenforschung und zur Stärkung des FuE-Potentials der Industrie anbietet. Diese Trennung ist allerdings unscharf, insbesondere bezüglich der Programme für Ostdeutschland.

Weitere Programme für KMU in Ostdeutschland bietet auch die Kreditanstalt für Wiederaufbau (KfW) an. Den größten Anteil an der FuE-Förderung nehmen spezielle Projektförderungen ein. 1995 waren dies 7,6 Mrd. DM. Ein kleiner Anteil von 0,7 Mrd. DM der FuE-Förderung wird in Form von indirekten Maßnahmen, wie Zuwendungen für FuE-Personalaufstockungen in Ostdeutschland, vergeben. Weitere FuE - Förderprogramme werden von den Bundesländern und der EU angeboten. Ein ausführlicher Überblick über EU - Programme und deren Effekte findet sich bei Reger und Kuhlmann (1995).
Im Grundansatz gilt das System der FuT-Förderung in Deutschland als diffusionsorientiert, d.h. stärker abgestellt auf die Verbreitung neuer Erkenntnisse als auf die Förderung spezifischer technologischer Entwicklungen mit spezifischen Anwendungsgebieten (vgl. Mowery 1995). Andererseits lassen sich deutliche Schwerpunkte der Förderung gerade auch im Hinblick auf die Verteilung der FuE-Förderung nach Wirtschaftszweigen ausmachen (vgl. Tabelle 2). Dies wird u.a. daran deutlich, daß sich die Masse der FuE-Förderung des Bundes nur auf einige Wirtschaftszweige konzentriert. Fast die Hälfte der FuE-Förderung des Bundes entfällt nur auf einen Wirtschaftszweig: die Luft- und Raumfahrzeugtechnik. Größere Anteile entfallen darüber hinaus auf die Elektrotechnik und den Maschinenbau.

Tabelle 2: Ausgaben der FuE-Förderung des Bundes für ausgewählte Wirtschaftszweige des Verarbeitenden Gewerbes in Deutschland 1993[1]

Wirtschaftszweige	**Anteil an gesamter Förderung**[2]	**Anteil der Förderung an den gesamten FuE-Aufwendungen**[3]	**Anteil der Förderung am Umsatz**[4]
Chemie, Mineralölverarbeitung	5,66%	1,79%	0,09%
Kunststoffe, Gummi	0,62%	2,76%	0,07%
Glas, Keramik, Steine und Erden	0,58%	3,73%	0,07%
Metallerzeugung und Bearbeitung	2,04%	7,07%	0,09%
Maschinenbau	10,02%	6,22%	0,21%
Luft- und Raumfahrttechnik	44,04%	34,07%	11,23%
Elektrotechnik	22,66%	5,04%	0,33%
Holz-, Papier- und Druckgewerbe	1,00%	12,98%	0,16%
Leder-, Textil- und Bekleidungsgewerbe	1,48%	17,29%	0,36%
Ernährungsgewerbe	0,72%	7,27%	0,04%
Verarbeitendes Gewerbe insg.	**100%**	**6,28%**	**0,09%**

Quelle: Berechnungen basieren auf Zahlen des BMBF (1996), S. 548f, 561f
1 Alle Ausgaben der Bundesförderung inklusive der Auftragsforschung. 2 Die Anteile der Forschungsausgaben summieren sich nicht auf 100 %, da nicht alle Industrien aufgeführt sind. 3 Die gesamten FuE-Aktivitäten beinhalten interen und externe FuE-Aufwendungen. 4 Umsatz der FuE-durchführenden Unternehmen.

Bezieht man die staatliche FuE-Förderung auf die gesamten FuE-Aufwendungen bzw. auf den Umsatz der einzelnen Industriezweige, wird die Orientierung der FuE-Förderung des Bundes in Richtung auf die Luft- und

Raumfahrttechnik noch deutlicher. Etwa ein Drittel der FuE-Aufwendungen dieses Wirtschaftszweiges wird von staatlicher Seite finanziert. Dieser Finanzierungsanteil des Staates entspricht etwa 11% des Umsatzes dieses Industriezweiges.
Überraschend zeigt sich aber auch ein hoher staatlicher Finanzierungsanteil in einigen ausgesprochenen ‚low-tech'-Industrien wie dem Textil- und Bekleidungsgewerbe oder der Holz- und Papierindustrie. Die FuE-Förderung erreicht in diesen Industrien Größenordnungen, die auf ein erhebliches Einflußpotential der Förderung auf die FuE-Aktivitäten der Wirtschaft schließen lassen.[1]

Zusammenfassend läßt sich festhalten, daß - wie in anderen Ländern auch - sich die staatliche FuE-Förderung stark auf die Industriezweige konzentriert, die moderne Techniken entwickeln. Dieser Fokus ist mit dem neoklassischen Argument und den oben dargelegten empirischen Untersuchungen, daß Externalitäten hauptsächlich in diesem Sektor auftreten, konsistent.

3.1. Teilnahme an FuE-Förderprogrammen

Die oben angeführten Analysen lassen sich mit Hilfe der Daten des Mannheimer Innovationspanels (vgl. dazu Anhang 1) weiter vertiefen[2]. Diese Daten haben darüber hinaus den Vorteil, daß neben der FuE-Förderung des Bundes auch Fördermaßnahmen der Länder und der Europäischen Union berücksichtigt werden können. Andererseits läßt sich die Höhe der erhaltenen FuE-Förderung in schriftlichen Unternehmenserhebungen kaum zuverlässig ermitteln. Wir beschränken uns hier daher auf die reine Teilnahme an Förderprogrammen.

Im ersten Schritt soll die Verbreitung von FuE-Tätigkeiten bzw. die Teilnahme an Förderprogrammen innerhalb der Wirtschaftszweige des Verarbeitenden Gewerbes beschrieben werden. Um die Grundzüge der FuE-Förderung

---

1 Die Relevanz der FuE-Förderung wird hier noch unterschätzt, da zusätzlich zu Bundesförderprogrammen auch noch umfangreiche Programme der Bundesländer und der EU existieren.

2 Als Arbeitsinstrument für die empirischen Untersuchungen verwenden wir den Begriff Technologiepolitik in der Definition von Mowery (1995). Er beinhaltet nur die Politikmaßnahmen, die spezifisch darauf abzielen, die Entscheidung der Unternehmen zu beeinflussen, neue Technologien zu entwickeln, sich anzueignen oder zu vermarkten (Mowery 1995, S. 514). Diese Definition ist zwar nicht perfekt, da sie bestimmte relevante Instrumente der Regierung (wie die Förderung von Universitäten, Großforschungseinrichtungen oder Forschungsstiftungen) außen vor läßt, eignet sich aber als Arbeitsinstrument für empirische Analysen. Dabei sollte allerdings berücksichtigt werden, daß die so abgegrenzte Technologiepolitik den häufig zentralen Einfluß anderer wirtschaftspolitischer Instrumente (z.B. Steuergesetze, Bildungspolitik, Genehmigungsverfahren) auf die Innovationsaktivitäten privater Unternehmen ex definitione ausklammert (siehe z.B. Saxonhouse 1986, Pavitt und Patel 1988).

besser erkennen zu können, wurden die Wirtschaftszweige entsprechend der gängigen Zuordnung (vgl. dazu Nerlinger und Berger 1995) in Wirtschaftszweige mit Spitzentechnologie, höherwertiger Technik und Standardtechnik eingeteilt. In Abbildung 4 ist die Verteilung der FuE-durchführenden Unternehmen des Verarbeitenden Gewerbes auf die aggregierten Wirtschaftszweige angegeben. In den weiteren ‚Balkengruppen' der Graphik werden darüber hinaus die Verteilung der Teilnehmer an FuE-Förderprogrammen insgesamt sowie getrennt nach der Förderebene dargestellt.

Deutlich wird, daß an Förderprogrammen des Bundes und der Europäischen Union insbesondere Unternehmen aus Wirtschaftszweigen mit Spitzentechnologie und höherwertiger Technik teilnehmen, während die FuE-Programme der Länder ein anderes Verbreitungsmuster aufweisen und sich vergleichsweise stärker auch an Unternehmen aus Wirtschaftszweigen der höherwertigen Technik und insbesondere auch der Standardtechnik richten.

Abbildung 4: Verteilung der Unternehmen, die an Förderprogrammen teilnehmen, auf Wirtschaftszweige die vornehmlich Güter der Spitzentechnologie, höherwertigen Technologie oder Standardtechnologie erzeugen

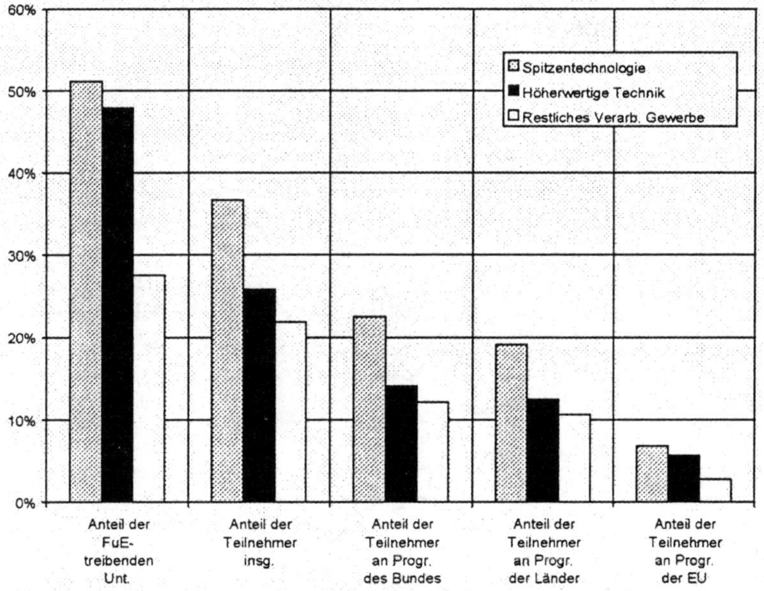

Quelle: ZEW(1996): Mannheimer Innovationspanel

Die Stimulation der Innovationsaktivität kleiner und mittlerer Unternehmen ist einer der wichtigsten Punkte innerhalb der Technologiepolitik der EU, der Bundesregierung und der Bundesländer. Spezielle Programme für KMU existieren in allen Bereichen. Auf der anderen Seite aber beklagen sich manche KMU über ihre beschränkten Möglichkeiten, an FuE-Förderprogrammen teilzunehmen.

Innerhalb Deutschlands ist relativ wenig über die Größenverteilung der Teilnehmer an Förderprogrammen bekannt. Unsere Daten erlauben hier einen ersten Einblick. Abbildung 5 zeigt deutlich, daß der mit Abstand größte Teil der Teilnehmer KMU sind. Das Ergebnis bleibt weiter bestehen, wenn wir KMU nicht nur über die Größe, sondern auch über die Besitzverhältnisse definieren, d.h. wenn wir die KMU ausschließen, die zu großen Unternehmen gehören. Andererseits wird aus Abbildung 5 auch deutlich, daß Unternehmen mit weniger als 50 Beschäftigten einen kleineren Anteil innerhalb der Verteilung der Teilnehmer an Förderprogrammen haben, als es ihrem Anteil an der Verteilung der FuE-durchführenden Unternehmen entspricht. Diese unterproportionale Partizipation der kleinen Unternehmen ist dabei bei Förderprogrammen der Länder noch am geringsten ausgeprägt.

Abbildung 5: Verteilung der Unternehmensgröße der FuE-durchführenden Unternehmen und die Teilnahme an FuE-Förderprogrammen

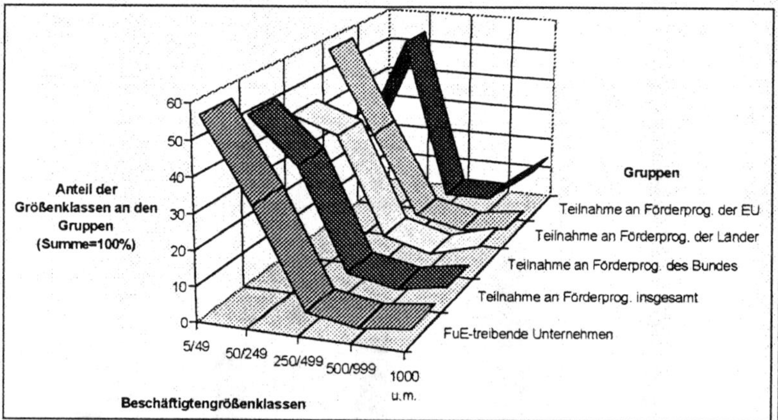

Quelle: Mannheimer Innovationspanel

Insgesamt zeigt sich, daß die Verbreitung von FuE-Förderprogrammen des Bundes, der Bundesländer und der Europäischen Gemeinschaft mit steigender Unternehmensgröße zunimmt. Der Anstieg ist dabei in den alten Ländern erheblich stärker als in den neuen Ländern, in denen bedingt durch das umfangreichere Angebot die Unternehmen aller Größenklassen erheblich stärker an FuE-Förderprogrammen partizipieren. Andererseits muß aber auch festgehalten werden, daß, gemessen an den gesamten Innovationsaufwendungen, nur 13 Prozent der Innovationsaufwendungen von KMU aufgebracht werden, während nach Angaben des BMBF die KMU über 24 Prozent der Fördermittel erhalten.

3.2. Ausgewählte Charakteristika der Teilnehmer und Nichtteilnehmer an FuE-Förderprogrammen

Neben der Unternehmensgröße existieren noch andere Eigenschaften von Teilnehmern und Nichtteilnehmern an FuE-Förderprogrammen, die einen ersten Einblick auf die Effekte der Förderung bezüglich der Allokation der FuE-Resourcen erlauben. Abbildung 6 zeigt typische Eigenschaften von Teilnehmern vs. Nichtteilnehmern[1]. Da die Ziele und die Struktur der FuE-Förderung in West- und Ostdeutschland unterschiedlich sind, beschränken wir uns in den Ergebnissen auf die alten Länder. Zuerst vergleichen wir die Indikatoren für den Erfolg von Innovatoren. Diese Indikatoren sind: der Anteil der Unternehmen, die eine Marktneuheit entwickelt haben, der Anteil der Unternehmen, die für ihr Unternehmen ein neues Produkt entwickelt haben und der Anteil der Unternehmen, die durch eine Prozeßinnovation ihre Kosten gesenkt haben. Auf den ersten Blick scheinen die Teilnehmer an FuE-Förderprogrammen in diesen Punkten als die Erfolgreicheren.

Abbildung 6: Charakteristik der Teilnehmer und Nichtteilnehmer an FuE-Förderprogrammen in Westdeutschland

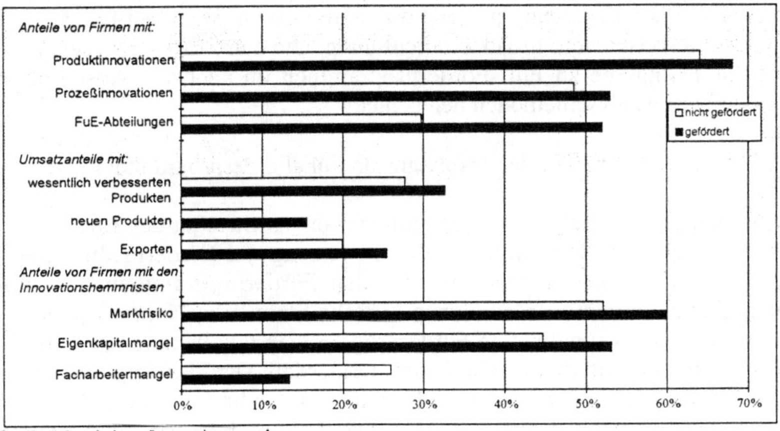

Quelle: Mannheimer Innovationspanel

---

1 Dabei ist zu bedenken, daß wir unsere Aufmerksamkeit auf FuE-durchführende Unternehmen beschränken.

Aber wir sollten nicht daraus schließen, daß die Förderung für den größeren Erfolg verantwortlich ist, denn die Teilnehmer an FuE-Förderprogrammen haben mit größerer Wahrscheinlichkeit eine eigene FuE-Abteilung und daher eine höhere FuE-Intensität (=FuE-Aufwendungen dividiert durch Umsatz). Damit könnte das Ergebnis zumindest partiell auf eine Selbstselektion der FuE-durchführenden Unternehmen in der Menge der Teilnehmer zurückgeführt werden. Unternehmen mit einer in der Unternehmensorganisation fest integrierten FuE-Abteilung haben eher Kontakt zu Behörden, Ministerien und Instituten und sind so besser über die Teilnahmemöglichkeiten an FuE-Förderprogrammen informiert.
Die Überwindung der größenspezifischen Hemmnisse bei der Durchführung von Innovationsprojekten von KMU ist das Hauptargument für das Angebot spezieller FuE-Förderprogramme für KMU. Besonders betroffen sind die KMU sowohl von den Kapitalmarktrestriktionen als auch von der Schwierigkeit, hoch qualifiziertes Personal zu bekommen (vgl. Abbildung 3), da KMU i.d.R. geringere Gehälter zahlen und geringere Aufstiegsmöglichkeiten bieten können und daher weniger attraktive Arbeitgeber für hochqualifizierte Spezialisten sind.
Unsere Ergebnisse zeigen, daß für die Teilnehmer an FuE-Förderprogrammen die Innovationshemmnisse ‚Kapitalmangel' und ‚Marktrisiko' höher eingeschätzt werden als von Nichtteilnehmern, während Arbeitsmarktrestriktionen eine geringere Rolle spielen. Die Interpretation ist allerdings nicht ganz eindeutig. Auf der einen Seite kann Förderung gerade die Unternehmen mit hohen Risiken erreichen, auf der anderen Seite kann die Teilnahme an Förderprogrammen dazu führen, daß Unternehmen sich für riskantere Projekte entscheiden. Die Förderung ist zudem auf High-Tech-Branchen fokusiert, die von Natur aus riskantere Projekte durchführen. Um diese Effekte zu separieren, wird die Teilnahme an FuE-Förderprogrammen im nächsten Abschnitt mit multivariaten Analysemethoden beleuchtet.

3.3. Multivariate Analyse der Teilnahme an FuE-Förderprogrammen

Die Verteilung der Teilnehmer wird primär von der Struktur des Angebotes an Fördermaßnahmen bestimmt. Für die Bewertung der Fördermaßnahmen ist darüber hinaus von Interesse, ob mit den Förderprogrammen diejenigen Unternehmen erreicht werden, die spezifische Innovationshemmnisse aufweisen, bzw. ob die Teilnahme an Förderprogrammen von weiteren spezifischen Eigenheiten der Unternehmen abhängt. Leider läßt sich das Angebot für einzelne Firmen nicht beobachten. Geht man von der breiten interindustriellen und größenspezifischen Variation des Angebots an Fördermaßnahmen, wie oben beschrieben, aus, kann der angebotsseitige Effekt durch entsprechende Dummyvariablen für Industriezweige und Größenklassen statistisch ausgeschaltet werden. Um die angesprochenen Einflüsse von Innovationshemmnissen u.a. herauszuarbeiten, kann ein lineares Standard-Probit-Modell verwendet werden[1]. Zur Abbildung der Möglichkeiten einer Firma an Informationen über Förderprogramme zu gelangen, verwenden wir Dummys für die Existenz einer FuE-Abteilung und für das Humankapital im Top-Management. Zusätzlich wird noch berücksichtigt, ob die angesprochenen Hemmnisse in die von der Förderung intendierte Richtung weisen.

1 Das Vorgehen folgt König und Licht 1996. Dort finden sich auch weitergehende Erläuterungen und Analysen. Zur Teilnahme an Förderprogrammen vgl. auch Licht, Schnell und Stahl (1996).

Tabelle 3: Probit Modell der Teilnahme an FuE-Förderprogrammen - Alte Länder

Variab-len	Insgesamt	Bund	Länder	EU
FuE-Abteilung	0.086** *(0.103)*	0.042 *(0.113)*	0.040 *(0.119)*	0.047** *(0.169)*
Innovationshemmnisse:				
Marktrisiko	0.044 *(0.089)*	0.017 *(0.096)*	0.017 *(0.103)*	0.004 *(0.134)*
Imitationsrisiko	-0.072* *(0.092)*	-0.067** *(0.101)*	-0.015 *(0.107)*	-0.018 *(0.144)*
Mangel an Kapital	0.042 *(0.101)*	0.025 *(0.113)*	0.053* *(0.112)*	0.022 *(0.156)*
Fehlende Facharbeiter	-0.082* *(0.111)*	-0.062 *(0.124)*	-0.039 *(0.131)*	-0.041* *(0.169)*
Höchster Abschluß im Topmanagement:				
Universitätsabschluß	0.058 *(0.112)*	0.035 *(0.124)*	0.006 *(0.130)*	0.021 *(0.196)*
Dr. oder Prof.	0.172** *(0.120)*	0.114** *(0.130)*	0.042 *(0.142)*	0.087** *(0.199)*
Größenklasseneinflüsse	χ^2 (4)= 34.18	χ^2 (4)= 37.80	χ^2 (4)= 10.36	χ^2 (4)= 51.64
Industrieeffekte	χ^2 (13)= 25.48	χ^2 (13)= 21.13	χ^2 (13)= 17.26	χ^2 (11)= 16.93
Anzahl der Beobachtungen	1028	1028	1028	871
Log Likelihood	-547.001	-444.632	-387.179	-228.916
Pseudo R2	0.1296	0.1434	0.0662	0.243

Quelle: König und Licht (1996)

Bem.: Koeffizienten sind geschätzt als marginale Effekte. Standardabweichung in Klammern unter den Koeffizienten. * signifikant zum Niveau 0.05; ** signifikant zum Niveau 0.01. Die geringe Zahl von Beobachtung in der Regression für die EU-Förderprogramme beruhen auf der Tatsache, daß in einer Industrie kein beobachtetes Unternehmen an einer Fördermaßnahme teilnahm. Diese Industrie wurde entsprechend nicht im Model berücksichtigt.

Die Ergebnisse der Schätzung der Teilnahmewahrscheinlichkeit sind in Tabelle 3 aufgeführt. Nicht überraschend ist der stark positive Effekt des vorhandenen Humankapitals auf die Teilnahmewahrscheinlichkeit. Für Westdeutschland steigt die Teilnahmewahrscheinlichkeit um 17 Prozent, wenn ein Mitglied des Top-Management einen Doktortitel inne hat. Des Weiteren ist die Teilnahmewahrscheinlichkeit durch die Existenz von hoch qualifiziertem Personal und durch die Existenz einer FuE-Abteilung im Unternehmen begünstigt. Diese Effekte variieren allerdings mit der Art des Anbieters des FuE-Förderprogrammes. Deswegen sind die Ergebnisse für die einzelnen Förderprogrammanbieter - Bund, Länder und EU - getrennt aufgeführt. Der Einfluß der Humankapitalvariable auf die Teilnahmewahrscheinlichkeit ist am stärksten bei der EU und dem Bund, während der Einfluß des Hemmnisses Kapitalknappheit am ehesten bei Teilnehmern der Länderförderprogramme eine Rolle spielt. Die Struktur der Industrie- und Größenklassendummy, welche aus Platzgründen nicht in die Tabelle aufgenommen wurden, zeigen, daß die Förderprogramme der EU und des Bundes häufig denselben Kreis von Unternehmen ansprechen.

4. Zusammenfassung und Schlußfolgerungen

Im ersten Teil dieses Beitrags wurde eine kurze Einführung in zwei wesentliche Begründungen für staatliche FuE-Fördermaßnahmen gegeben. Externalitäten im Konsum und in der Produktion von technischem Wissen sind theoretische Standardargumente für FuE-Politikmaßnahmen, deren Relevanz in jüngerer Zeit auch in empirischen Studien belegt wurde. Inwieweit Spillovereffekte allerdings zu einer Unterinvestition in FuE-Aktivitäten der Unternehmen führt, kann von den bisherigen empirischen Arbeiten kaum belegt werden. Ähnlich verhält es sich mit dem zweiten Argument für eine staatliche Förderung: Die Existenz von Kreditrestriktionen, die die Investitions- und Innovationstätigkeit negativ beeinflussen, wurde theoretisch herausgearbeitet und empirische Ergebnisse sprechen für deren Relevanz. Allerdings läßt sich nicht eindeutig zeigen, ob staatliche Förderung tatsächlich diese Restriktionen zu reduzieren vermag, ohne seinerseits negative volkswirtschaftliche Begleiteffekte auszulösen.

Im zweiten Abschnitt konnte gezeigt werden, daß die Struktur der FuE-Förderung in der Bundesrepublik Deutschland auf den ersten Blick durchaus mit den oben genannten theoretischen Begründungen kompatibel ist. Die Förderung konzentriert sich auf Unternehmen aus den sogenannten High-tech-Industrien, denen gemeinhin hohe Spillovereffekte nachgesagt werden. Es werden auch überproportional Unternehmen erreicht, die sich selbst als kreditrationiert einschätzen. Des Weiteren sind - im Großen und Ganzen - geförderte Unternehmen innovativer und weisen einen höheren Innovationserfolg aus.

Diese auf den ersten Blick positiven Ergebnisse für die Gesamtstruktur der FuE-Förderung sollte in der weiteren Forschung allerdings strikt hinterfragt werden. Es ist nämlich nicht belegt, ob der überproportionale Innovationserfolg der geförderten Unternehmen kausal auf die Förderung zurückgeführt werden kann, oder ob sich die am Markt erfolgreichen Unternehmen auch eher durch Erfolge in der Beantragung von Fördermitteln auszeichnen. Hier können mikroökonomische Längsschnittbeobachtungen weiterhelfen. Auch bleibt unklar, inwieweit Fördermittel das Gesamtbudget der Unternehmen für FuE tatsächlich verändern können. Bislang existiert hier kaum empirische Evidenz. Dies gilt ebenso für die Frage, ob staatlich finanzierte FuE-Anstrengungen die gleiche Produktivität bzw. die gleiche Effektivität ausweisen, wie privat finanzierte FuE-Aktivitäten. Auch hier besteht weiterer Forschungsbedarf. Der empirische Nachweis von positiven Externalitäten und der Existenz von Marktversagen im Kreditmarkt stellt zwar eine notwendige aber noch keine hinreichende Bedingung für eine auf diese Argumente sich stützende FuE-Politik dar.

Literaturverzeichnis

BMBF (1996) Bundesbericht Forschung 1996. Bonn

Cohen, W., M./Levinthal, D. A. (1989) Innovation and Learning: The Two Faces of R&D - Implications for the Analysis of R&D Investment. In: Economic Journal 99, S. 569-96

Dosi, G. (1988) Sources, procedures and microeconomic effects of innovations. In: Journal of Economic Literature 36, S. 1126-71

Dosi, G., Pavitt, K. and Soete, L. (1990) The Economics of Technological Change and International Trade. London:Harvester Wheatsheaf

Europäische Union (1995) Grünbuch zur Innovation. Brüssel und Luxemburg

Europäische Union (1994) Wachstum, Wettbewerbsfähigkeit, Beschäftigung. Herausforderungen der Gegenwart und Wege ins 21. Jahrhundert - Weißbuch. Bulletin der Europäischen Gemeinschaft, Beilage 6

Felder, J. et al. (1996) Appropriability, Opportunity, Firm Size and Innovation Activities. In: Kleinknecht, A., R&D and Innovation. Evidence from New Indicators. London: Macmillan Press (in print).

Griliches Z. (1994) The Search for R&D Spillovers. In: Scandinavian Journal of Economics (Supplement) 94, S. 29-47

Hall, B. H. (1992) Investment and Research and Development at the Firm Level: Does the Source of Financing Matter. NBER Discussion Paper No. 4096, Cambrigde, MA

Harhoff D. und König, H.. (1993) Neuere Ansätze der Industrieökonomik-Konsequenzen für eine Industrie- und Technologiepolitik. In: F. Meyer-Krahmer (Hrsg.), Innovationsökonomie und Technologiepolitik. Heidelberg, S. 47-67

Harhoff, D., Licht, G., et al. (1996) Innovationsaktivitäten kleiner und mittlerer Unternehmen. Ergebnisse des Mannheimer Innovationspanels.Schriftenreihe des ZEW, Bd. 8. Baden-Baden: Nomos-Verlag

Harhoff, D. (1995) Innovation in German Manufacturing Enterprises. Empirical Studies on Productivity, Externalities, Corporate Finance, and Tax Policy. Habilitationsschrift an der Universität Mannheim. Mannheim

Harhoff, D. (1996) Finanzierungsrestriktionen in Forschung und Entwicklung. Eine Panelanalyse für deutsche Unternehmen 1987-1994. Mannheim: Mimeo

Himmelberg, C. P./Petersen, B. C. (1994) R&D and Internal Finance: A Panel Study of Small Firms in High-Tech Industries. In: Review of Economics and Statistics 76, S. 38-51

Katz B. und Shapiro, C.. (1986) Technology Adoption in the Presence of Network Externalitites. In: Journal of Political Economy 94, S. 822-841

Klodt, H. (1995) Grundlagen der Forschungs- und Technologiepolitik. Verlag Vahlen

König, H. und Licht, G. (1996) Participation in technology policy programs in Germany. ZEW, Mannheim: Mimeo

Leyden, D. P. und Link, A. N. (1992) Government's Role in Innovation. Dordrecht/Boston/London: Kluwer Academic Publishers

Licht, G., Schnell, W. und Stahl, H. (1996) Ergebnisse der Innovationserhebung 1995. ZEW-Dokumentation. Mannheim

Metcalfe, S. (1995) The Economic Foundations of Technology Policy. In: Stoneman , Paul (ed.) Handbook of The Economics of Innovation and Technological Change. Oxford: Blackwell, S. 409-512

Mowery, D. (1995) The Practice of Technology Policy. In: Stoneman , P. (ed.) Handbook of The Economics of Innovation and Technological Change. Oxford: Blackwell

Nerlinger; E. und Berger, G. (1995) Technologieorientierte Industrien und Unternehmen: Alternative Definitionen. ZEW-Discussion Paper 95-20. Mannheim

Pavitt, K. L. und Patel, P. (1988) The international distribution and determinants of technological activities. In: Oxford Review of Economic Policy 4, S. 35-55

Pfähler, W. und Bönte, W. (1994) F&E-Spillover und staatliche F&E-Politik. In: Kruse, J. und Mayer, O.G. (Hrsg.) Aktuelle Probleme der Wettbewerbs- und Wirtschaftspolitik, Veröffentlichungen des HWWA, Hamburg

Reger, G. und Kuhlmann, S. (1995) Europäische Technologiepolitik in Deutschland, Schriftenreihe des Fraunhofer - Instituts für Systemtechnik und Innovationsforschung (ISI). Heidelberg: Physika Verlag

Saxonhouse, G. R. (1986) Why Japan is winning. In: Issues in Science and Technology 3, S. 50-62

Stiglitz, J. E. und Weiss A. (1981) Credit Rationing in Markets with Imperfect Information. In: American Economic Review, Vol. 71, S. 393-410

Stoneman, P. (1987) The Economic Analysis of Technology Policy. Oxford: Oxford University Press

Anhang : Das Mannheimer Innovationspanel

Die Daten stammen aus der dritten Erhebung 1995 des Mannheimer Innovationspanel, dessen Daten gemeinsam vom 'Zentrum für Europäische Wirtschaftsforschung' (ZEW) und dem 'Institut für angewandte Sozialforschung' (infas) im Auftrag des Bundesministeriums für Bildung, Wissenschaft, Forschung, und Technologie (BMBF) erhoben werden (vgl. dazu ausführlich Harhoff und Licht 1994). Der Fragebogen folgt in weiten Teilen den Richtlinien des Oslo-Manuals der OECD. Die dritte Erhebung beinhaltet Fragen, ob die Unternehmen an Förderprogrammen teilgenommen haben, und wenn ja, an welchen (EU, Bundes- oder Landesprogramme). Des Weiteren befaßt sich der Fragebogen mit unterschiedlichen Abschnitten des Innovationsprozesses. Dabei sollen sowohl Input-, als auch Outputindikatoren, Innovationshemmnisse als auch allgemeine Marktbedingungen ermittelt werden.
Ca. 3080 Unternehmen haben vollständig auf die Fragen geantwortet. Das entspricht einer Rücklaufquote von ca. 30%. Die Erhebung umfaßte sowohl nicht innovative als auch innovative und FuE-durchführende Unternehmen. Ein innovatives Unternehmen ist als ein Unternehmen definiert, das zwischen 1992 und 1994 neue Produkte oder Prozesse eingeführt hat oder in dieser Zeit Aktivitäten unternommen hat, welche zu solch einer Innovation führen sollten.
Um das Problem der Verzerrungen durch Selbstselektion der innovativen Unternehmen innerhalb der Erhebung zu untersuchen und zu korrigieren, wurden über eine telefonische Befragung der Unternehmen, die nicht geantwortet haben, mittels eines Probitmodells die individuellen Teilnahmewahrscheinlichkeiten geschätzt und die Hochrechnungsfaktoren entsprechend angepaßt (für eine ausführliche Darstellung dieses Verfahrens vgl. Harhoff, Licht et al. 1996).
In dieser Arbeit beschränken wir unsere Aufmerksamkeit nur auf die Unternehmen, die 1994 FuE durchgeführt haben. Die Entscheidung der Unternehmen, FuE durchzuführen, wurde detailliert von Felder et al. (1996) analysiert. Hier genügt es anzumerken, daß über die Hälfte der Unternehmen im verarbeitenden Gewerbe Innovationsaktivitäten betreiben und von diesen ca. 70 Prozent FuE durchführen. Das verwendete Sample umfaßt damit ca. 1400 Unternehmen aus Ost- und Westdeutschland.

Hermann Schnabl

Innovation und sektorale Wachstumsdynamik

l. Einleitung

Die Vokabeln *Innovation(en)* oder *Innovativität* gehören heute zum Standardwortschatz von Politikerreden wenn es um den Standort Deutschland oder die wachsende Arbeitslosigkeit geht. Der Zusammenhang von Innovation und Beschäftigung ist Gegenstand hitziger Debatten und trotz der positiven Resultate im Rahmen der vor einigen Jahren vom BMFT in Auftrag gegebenen META-Studie scheint es immer noch umstritten, ob Innovationen die Beschäftigung eher steigern oder durch ihre Freisetzungseffekte diese eher gefährden. Ganz offenkundig ist dieser Zusammenhang hochkomplex, sonst wären die Antworten auf diese Frage in der Wissenschaft wie auch für die Politik nicht so kontrovers.

Auch dieser Beitrag wird diese Frage nicht endgültig klären können, aber er versucht, mithilfe eines vom Verfasser entwickelten Instruments der Strukturanalyse, der sog. MFA, auf der Basis der vorliegenden Input-Output-Tabellen für die Bundesrepublik die Entwicklung der deutschen Wirtschaftsstruktur zu analysieren und aufgrund der damit erhaltenen Ergebnisse Rückschlüsse auf die oben formulierte Frage zu ziehen. In diesem Sinne wird in der folgenden Darstellung untersucht, ob in der sektoralen Entwicklung der bundesdeutschen Wirtschaft irgendwelche "typischen Muster" zu entdecken sind, die dann mit dem bekannten Innovationsverhalten der betreffenden Sektoren in Beziehung gesetzt werden können.

Um Leserinnen und Leser nicht allzusehr mit technischen Details zu langweilen, wurde die Methodik dieser Analyse in den Anhang verlegt, so daß an dieser Stelle lediglich das Grundsätzliche dieses Ansatzes und dies auch nur insoweit angesprochen werden soll, wie es für das Verständnis der Vorgehensweise vonnöten erscheint. Eine Einführung sowie vertiefte Darstellungen der Methodik finden sich in Schnabl (1991, 1992 und 1994).

Die Ermittlung einer Produktionsstruktur setzt automatisch voraus, daß man bedeutende und weniger bedeutende Verknüpfungen unterscheidet und das unüberschaubare Gewirr (totale Interdependenz!) existierender wirtschaftlicher Verbindungen zwischen Firmen bzw. den bereits etwas besser gegliederten Sektoren, in ein überschaubares, systematisch geordnetes Bild bringt. Eine gewisse Vorarbeit hierzu findet man bereits in einer Input-Output-Tabelle

(IOT) eines gegebenen Wirtschaftsgebiets, doch zeigt auch diese noch eine geradezu unüberschaubare Vielfalt von Beziehungen (für die BRD ca. 3300 Lieferströme zwischen "lediglich" 58 Sektoren), die es mit geeigneten Methoden auf eine übersichtliche und gleichzeitig *charakteristische* Struktur zu reduzieren gilt.

Die sog. MFA (Abkürzung der Bezeichnung *Mi*nimal *F*low *A*nalyse, vgl. Schnabl 1991, 1992, 1994) wurde aus einer früheren Form der sog. Qualitativen Input-Output Analyse (QIOA. Vgl. Schnabl, Holub 1979, Holub, Schnabl, Tappeiner 1985) weiterentwickelt. Die hierbei verwendete Grundidee ist eine analoge Anwendung des Konzepts elektrischer Netzwerke auf ein ökonomisches Verflechtungssystem, wie es in einer gegebenen IOT abgebildet wird.

Elektrische Netzwerke (z.B. in einer simplen Haushaltswaschmaschine), funktionieren so, daß die in ihnen fließenden Ströme sich nach den Kirchhoff'schen Gesetzen addieren, wenn sie durch *parallel* geschalteten Widerstände fließen, während sich bei *hintereinander* geschaltete Widerständen der Strom nach Maßgabe des Ohm'schen Gesetzes reduziert. In Analogie hierzu können wir aus einer IOT die darin enthaltene "charakteristische" Verflechtungsinformation ableiten, die danach definiert ist, daß in *allen abgebildeten* Lieferbeziehungen ein *Mindeststrom* definierter Größe fließt. Wobei parallele Ströme summiert werden, serielle Ströme mit ihren aktuellen Werten eingehen. Ein derartiges Verfahren wird deshalb eine Minimal-Flow-Analyse (MFA) genannt.

Das Endergebnis der Ermittlung dieser *charakteristischen Struktur* läßt sich in etwa vergleichen mit einer Landkarte, die alle Straßen des Bundesgebietes beinhaltet, über die ein Schwertransport mit definierter Überbreite fahren könnte. Analog zu der Tatsache, daß auf dieser Landkarte eben nur Orte verzeichnet wären, die durch eine entsprechend breite Straße (z.B eine Autobahn oder Bundesstraße 1. Ordnung) verbunden wären, erfaßt die MFA eben auch nur intersektorale Lieferströme, die diese Mindestbreite aufweisen. Eine wichtige Eigenschaft der MFA darüberhinaus ist, daß dieser Mindeststrom im wesentlichen sich aus gewissen Charakteristiken der Tabelle ergibt, also quasi endogen ist.

Die mit Hilfe der MFA ermittelte Struktur wird in Ellipsen dargestellt (vgl. Abb. 1 a-d) wobei Lieferrichtungen durch Pfeile angezeigt werden, solange Ströme unilateral sind und durch fette Linien ohne Pfeile, wenn eine sog. bilaterale Verknüpfung zwischen zwei Sektoren besteht. Gestrichelte Linien (fett oder einfach) zeigen Verknüpfungszusammenhänge "auf dem Rande" der endogenen Filterung in einer Art Grauzone, da der rein digitale Effekt einer Schwelle diese Information unterbinden würde. Gestrichelte Linien können damit im intertemporalen Vergleich sowohl anzeigen, daß eine Sektorbeziehung im Entstehen begriffen ist, wie auch, daß sie daran ist - angesichts der endogenen Schwelle der Einbeziehung - unterzugehen. Dies ergibt sich eben aus dem Vergleich derselben Sektorbeziehung in Bezug auf die zeitlich folgende (vorausgehende) Struktur.

Der 2. und 3. Abschnitt widmen sich der Darstellung der Ergebnisse, während der 4. versucht, in einer - noch hypothetischen - Interpretation der Ergebnisse, ihrer "Verursachung" unter Berücksichtigung unterschiedlicher Innovationsformen nachzugehen.

2. Die Darstellung der Produktionsstrukturen

Die Innovationsanstrengungen verschiedener Sektoren beeinflussen i.d.R. sowohl deren Produktionswachstum wie auch die Produktivität. Diese Veränderungen müssen sich demnach auch in einer Veränderung der Produktionsstruktur niederschlagen, wie sie z.B. mit Hilfe der MFA darstellbar ist. Abb. 1 zeigt die mit dem oben dargelegten Instrumentarium ermittelte Verknüpfungsstruktur, die durch gleichzeitige Berücksichtigung der Lieferrichtung und der Stärke der Einbindung in die Gesamtstruktur entsteht. Zur Ermittlung der Lage eines Sektors wird der sog. Zentralitätskoeffizient z verwendet (vgl. Anhang 2), der als Quotient der Input- und Output-Ströme, gemessen durch die Randsummen der residualen H_{res}-Matrix und normiert auf das Intervall [0,2], zu verstehen ist. Ein Zentralitätskoeffizient von ca. 1 bedeutet danach etwa soviel Input- wie Output-Anbindung und würde in etwa die *Mitte* der *Struktur* kennzeichnen. In der Praxis werden Koeffizienten zwischen 0,7 und 1,3 herangezogen und in der Graphik durch *fett umrandete* Sektoren als relativ zentral gekennzeichnet (z.B. Sektor *Nhm* in Abb. la).
Als logische Konsequenz hieraus lassen sich die nicht zentralen Sektoren in Quell-Sektoren (im linken Bereich und zwar sowohl im oberen wie auch im unteren Teil der Ellipse) und Mündungs-Sektoren (im rechten Ellipsenteil) unterscheiden und im intertemporalen Vergleich dann auch jeweils in bezug auf ihre Gruppenzugehörigkeit verfolgen.
Gestrichtelte Verbindungslinien zeigen, wie schon erwähnt, Verknüpfungen, die "auf dem Rand" der Darstellung liegen (in der vorliegenden Analyse gerade 1 Filterschwelle unter der gewählten endogenen Schwelle), d.h. gerade noch angezeigt werden.

3. Der Strukturwandel der deutschen Wirtschaft von 1978-1990

3.1 Wachstumsdipole

Für eine gründlichere Analyse würde sich ein systematisches Vorgehen nach Zugehörigkeit eines Sektors zu einer der drei Gruppen *Quelle, Zentrum, Mündung* empfehlen. Dies erlaubte auch, etwaige systematische Wanderungsbewegungen zwischen den Gruppen zu identifizieren und zu hinterfragen. Eine derart tiefgehende Analyse ist jedoch gar nicht erforderlich. Für den Zweck der vorliegenden Analyse genügt es, primär die Entwicklung der fetten Verbindungen zu verfolgen.
Eine fett dargestellte Verbindung zwischen zwei Sektoren kennzeichnet eine "bilaterale Verknüpfung", deren beide Teilströme *über* dem endogenen Grenzwert liegen. Verglichen mit anderen Sektorenverbindungen haben wir es dann mit einer vergleichsweise starken Sektorenbindung zu tun, die deshalb als ein *Wachstums-Dipol* interpretiert werden kann. Angenommen Sektor A und Sektor B befänden sich in einer derartigen bilateralen Beziehung und Sektor A steigere seine Nachfrage nach Produkten des Sektors B, z. B. weil er selbst eine Erhöhung der auf ihn gerichteten Endnachfrage erfuhr, so wird Sektor B einen Teil dieser Erhöhung seinerseits wieder an Sektor A zurückreichen, weil er selbst nun wieder einen größeren Teil seiner Vorleistungen von Sektor A bezieht usf. Im Endergebnis regen sich also Sektor A und Sektor B gegenseitig zu weiter anhaltendem Wachstum an, auch wenn von Runde zu Runde die Zusatznachfrage geringer wird und schließlich gegen Null konvergiert. Die gegenseitige, vergleichsweise hohe Abhängigkeit der beiden Sektoren läßt sie zu einem Wachstumsmotor der Wirtschaft werden, dessen Ausstrahlung desto größer ist, je mehr andere Sektoren durch ihre Verbindung mit den beiden Sektoren auch indirekt partizipieren.

Ein erster grober Überblick über den Ausschnitt der bilateralen (fett gezeichneten) Verknüpfungen von 1978 bis 1990 (vgl. Abb. 1 a-d im Anhang) zeigt, daß die Strukturentwicklung im wesentlichen einen monotonen Verlauf nimmt.

3.2 Besondere Konstellationen

Eine in mehreren Graphen zu sehende Formation ist der *bilaterale Stern*. Die Abb. 1 a-d zeigen zwei derartige *Muster*, deren intertemporale Substitution genau verfolgt werden kann. Im Jahre 1978 dominiert der Stern *Nhm-(Ldw,Ghd,Vrk,Gst)* mit dem Sektor *Nhm* (Nahrungsmittel) im Zentrum sowie den Sektoren Landwirtschaft, Großhandel, Verkehr und Gaststätten als "Strahlen". Die Achse *Ldw-Nhm-Gst* könnte man dabei als die *nahrungsbezogene Wirbelsäule* des Wirtschaftsgeschehens interpretieren. Die Sektoren *Ghd*

(Großhandel) und *Vrk* (Verkehr) spielen dabei die Rolle wichtiger Zulieferer. Ab 1982 ist die Verbindung *Nhm-Gst* nicht mehr bilateral, 1986 nur noch die Verbindung *Nhm-Ldw* die einzig verbliebene bilaterale Verknüpfung: Der (bilaterale) Stern ist verblaßt. Diese Entwicklung könnte man zunächst als eine Konsequenz des ENGEL'schen Gesetzes interpretieren, das bei steigendem Realeinkommen einen sinkenden Anteil der Nahrungsausgaben postuliert, was einen entsprechenden Bedeutungsverlust der davon betroffenen Sektoren zur Folge haben muß.
Gleichzeitig sieht man einen anderen bilateralen *Stern aufgehen,* nämlich *Vrm-(Chm,Bau,AuB,Sta)*, der ab 1982 in voller Helligkeit strahlt. Die Verbindungen des Sektors *Vrm* (Wohnungsvermietung) mit *Bau* und *AuB* (Ausbauleistungen) dürfte dabei ebenso naheliegend sein, wie die "Belieferung" des Sektors *Sta* (Staat) mit Vermietungsleistungen. Es nimmt nicht Wunder, daß im Zuge *steigenden Realeinkommens* über die zunehmende relative Verknappung des Bodens bzw. des damit verbundenen Wohn- und Büroraums die Wohnungsvermietung an Gewicht gewinnt, was man als vorläufige Erklärung akzeptieren mag.
Von großem Interesse ist dabei auch, daß parallel zum Erstarken des *Vermietungs*-Sterns eine gemeinsame Wanderung der diesen Stern bildenden Sektoren aus einer relativ endnachfrageorientierten Position in *Richtung Zentrum* erfolgt, während der "untergehende Stern" *Nhm-(Ldw, Ghd, Vrk, Gst)* als ganzes "zerfällt", d.h. teilweise in entgegengesetzte Richtungen auseinanderstrebt , gemessen an den jeweiligen sektoralen Zentralitätskoeffizienten. Dies zeigt eine Überprüfung der Veränderungen der Zentralitätskoeffizienten im Zeitablauf (Vgl. Anhang 2).

4. Evolutorische Aspekte

Die vorausgehende Beschreibung hat gezeigt, daß offensichtlich Kräfte bzw. Ursachen am Werk sind, die strukturelle Landschaft sektoraler Produktionsverflechtung zu verändern. Unter evolutorischen Gesichtspunkten wäre es mithin interessant, diese Kräfte zu identifizieren. Daß dies im gegenwärtigen Stadium der Analyse noch mehr oder weniger hypothetisch geschieht, bedarf kaum der Erwähnung. Da die MFA nach der *Rangordnung* der Stromvolumina vorgeht und nur noch die bedeutendsten in der Darstellung beläßt, ist es verständlich, daß die Bedeutung des Sektors Nahrungsmittel (*Nhm*) als Zentrum dieses Bereichs langsam aber kontinuierlich schwindet.

Da das Stromvolumen aus Produktsummen von Preisen und Mengen besteht, kann eine Volumenreduktion grundsätzlich durch

- einen Rückgang der Preise (in Relationen zu allen übrigen Preisen)
- einen Rückgang der Mengen (in Relation zu anderen Mengen) oder

- einen gleichzeitigen Rückgang von Preisen und Mengen bedingt sein.

Im folgenden wird versucht, diese Zusammenhänge systematisch zu untersuchen und eine plausible Erklärung der beobachteten Entwicklung zu entwickeln.

4.1 Preise und Produktivitätssteigerungen

Die MFA verwendet zwar die *nominalen* Absolutwerte, doch wird der Prozeß letztlich von der Entwicklung der "realen" Preise und ihrer Relationen bestimmt. Realpreise - z.B. gemessen in Arbeitsstunden, die nötig sind, um ein Gut zu kaufen - sinken (bzw. können sinken) infolge fortgesetzter *Produktivitätssteigerungen* eines Sektors, die üblicherweise wieder auf die entsprechenden *Innovationsaktivitäten* zurückzuführen sind.
Dies beschreibt jedoch nur eine Seite des Zusammenhangs. Ein Absenken der Realpreise impliziert üblicherweise die Existenz eines funktionierenden Wettbewerbs, wobei dieser notwendig, aber nicht hinreichend für die entsprechenden Preiseffekte ist. Zur Schaffung eines Preissenkungspotentials muß das betreffende Marktgut auch Innovationen des Produktionsprozesses *zulassen.* Bei den meisten Produkten ist dies der Fall, bei anderen, wie z.B. dem berühmten Beispiel des Haarschnitts bei Fourastié (Schneider/Fourastié 1989), der Theateraufführung oder der Krankenpflege, ist Rationalisierung nicht oder nur sehr viel schwieriger möglich. Hinsichtlich der in der Analyse im Zentrum stehenden Sektoren *Nhm* und *Vrm* läßt sich feststellen, daß der Nahrungsmittelsektor vergleichsweise hohe F&E-Aufwendungen hat, ebenso wie sein wichtigster Zuliefersektor, die Landwirtschaft. Eine Statistik der Preise für Nahrungsmittel oder landwirtschaftliche Produkte zeigt denn auch über die 30 Jahre von 1958 bis 1988 einen ziemlich starken Verfall. So kosteten z.B. Speisekartoffeln 1988 noch ca. 58%, Mischbrot ca. 45%, Vollmilch ca. 35%, Schweinekotelett ca. 26%, Eier ca. 20%, Bier ca. 19% und Markenbutter schließlich nur noch ca. 17% dessen, was sie 1958 gekostet haben - gerechnet in Arbeitsminuten - während Mieten immer noch 70% des durchschnittlichen Zeitaufwandes von 1958 benötigen (Quelle IWD, 1990). Der reine Vermietungsvorgang könnte durch Computereinsatz zwar sicher noch in der Produktivität gesteigert werden, aber andere Sektoren, wie insbesondere die Bauwirtschaft, haben keine derartigen Produktivitätssteigerung aufzuweisen, hier wird heute immer noch vor Ort und im wesentlichen mit menschlicher Arbeitskraft gebaut, wie schon vor 50 und 100 Jahren. Damit soll nicht gesagt werden, daß das Bauen nicht noch stärker rationaliserbar sei - als Gegenbeispiel könnte der kürzlich in Japan vorgestellte Bauroboter dienen - doch ist dies faktisch nicht in dem Umfang geschehen, wie es angesichts der Produktivitätsentwicklung der *anderen Sektoren* hätte geschehen müssen. Niedrigere Produktivitätssteigerungen eines Sektors gegenüber anderen dürften i.d.R. zu

geringeren Realpreissenkungen, ihrer Stagnation oder gar zu Realpreis*steigerungen* führen.

4.2 Die Elastizität der Nachfrage

Wie das Umsatzvolumen eines Sektors auf Preissenkungen reagiert, hängt davon ab, wie die Mengennachfrage der nachgelagerten Sektoren reagiert, was durch die beteiligten Preiselastizitäten gemessen wird. Diese Elastizitäten werden zunächst durch die Elastizitäten der nachfragenden Betriebe bzw. Sektoren, letztlich aber von den entsprechenden Elastizitäten der Endnachfrage bestimmt. Nach PIGOU ergibt sich der Betrag der Preiselastizität eines Gutes in kurzer Frist in gleicher Höhe wie die entsprechende Einkommenselastizität (vgl. für eine mögliche Erklärung hierzu Schnabl 1979). D.h., daß nach dieser Annahme $\varepsilon_{X,E} = |\varepsilon_{X,p}| = \varepsilon$, weswegen wir im folgenden nur noch von der Nachfrageelastizität e sprechen.
Die Nachfrageelastizitäten für die Güter der betreffenden Sektoren dürften sich für *Nahrungsmittel* deutlich unter 1 bewegen (ENGEL'sches Gesetz). Für *Wohnungen* gilt das SCHWABE'sche Gesetz, das ebenfalls eine Elastizität *unter* 1 postuliert. Allerdings haben jüngere Untersuchungen ergeben, daß sich die Elastizität für Wohnen durchaus auch oberhalb 1 bewegen kann. In Europa wohnen wir eben nicht mehr in "Hütten", sondern bevorzugen eher die "Paläste".

4.3 Das Wachstumspotential einzelner Sektoren

Als Bestimmungsgründe für ein stärkeres Wachstum (bzw. relatives "Schrumpfen", wie bei Sektor *Nhm* beobachtet) ergeben sich somit die beiden oben herausgestellten Determinanten "Produktivitätsfortschritt" (als Funktion der Innovationsaktivitäten) einerseits und "Nachfrageelastizität" andererseits und zwar in Kombination. Daß diese beiden Faktoren einen wesentlichen Einfluß auf das hier beschriebene Geschehen zu haben scheinen, ergibt sich nicht nur als plausible Erklärung der hier dargestellten MFA-Ergebnisse, es ist auch von anderen Forschern in einem anderen Zusammenhang angesprochen bzw. als wesentlicher Bestimmungsgrund der Beschäftigung identifiziert worden (Vgl. z.B. Baumol 1967, Schneider/Fourastié 1989, Appelbaum/Schettkat 1993, 1994).

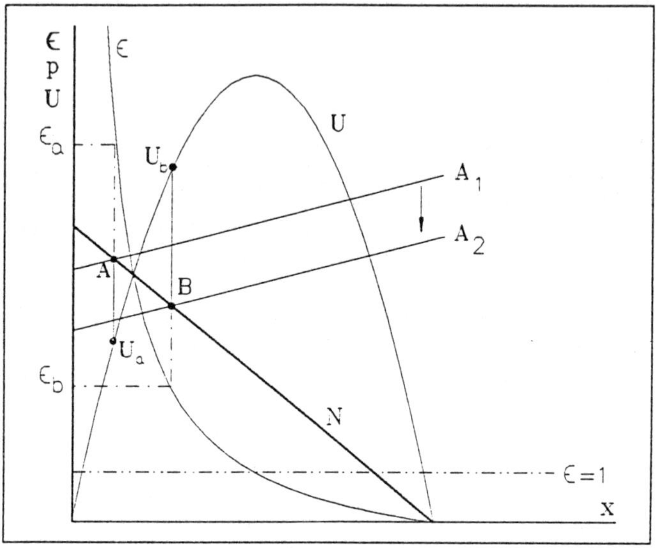

Abb. 2: Effekte einer Produktivitätssteigerung

Unterstellen wir, wie dies in der Input-Output-Analyse typisch ist, daß ein Sektor nur jeweils *ein* Gut produziert, so können wir die Nachfrage nach diesem Gut im gängigen Preis-Mengen-Diagramm als fallende Nachfragekurve einzeichnen. Der "Gleichgewichtspreis" ergibt sich dann im Schnittpunkt von Angebots- und Nachfragekurve (Punkt *A* in Abb. 2), wobei wir die Angebotskurve als einfache steigende Gerade A_1 unterstellen.

Steigert der betrachtete Sektor seine F&E-Aufwendungen, so kann daraus entweder eine *Qualitätssteigerung* resultieren, die die Nachfragekurve tendenziell nach außen verschieben dürfte oder - wie in Abb. 2 unterstellt - eine *Kostensenkung*, die die Angebotskurve von A_1 nach A_2 verlagert. Ist hierbei - wie dies für frisch in den Markt gekommene innovative Produkte meist der Fall ist - die Preiselastizität der Nachfrage wegen des PIGOU-Arguments $\varepsilon_{x,E} = |\, \varepsilon_{x,p} \,| > 1$, so nimmt der Gesamtumsatz *trotz* Preissenkung zu, d.h. von U_a auf U_b wie die Umsatzkurve U in Abb. 2 zeigt. Hierbei nimmt die Nachfrageelastizität von ε_a auf ε_b ab, wie die lotrechte Projektion von A bzw. B auf die ε-Kurve belegt.

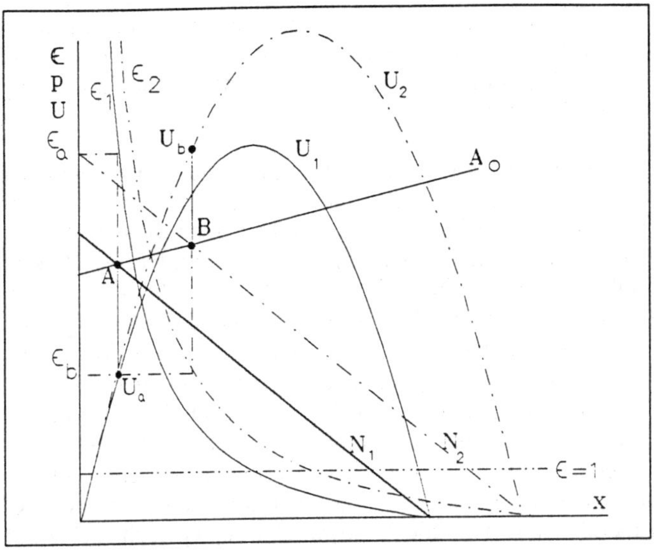

Abb. 3: Effekte einer allgemeinen Nachfragesteigerung

Dieser Fall dürfte für den Sektor Nahrungsmittel zutreffen, wie die oben zitierte Statistik fallender Real-Preise bei anhaltenden Bemühungen um Produktivitätsfortschritte einerseits und die durch $\varepsilon < 1$ gekennzeichnete Nachfragesituation andererseits zeigen.

Während Abb. 2 die ceteris-paribus Effekte sinkender Realpreise (d.h. steigender Produktivität als implizite Folge von Innovationsbemühungen) bei *konstanter Nachfrage* zeigt, skizziert Abb. 3 demgegenüber den alternativen Fall *konstanter Preise* bei Ausweitung der Nachfrage in Form einer *Rechtsverschiebung* der sektorspezifischen Nachfragekurve von N_1 nach N_2, was eine Verlagerung des Marktgleichgewichts von Punkt A nach Punkt B zur Folge hat. Dem entspricht einerseits wieder die (deutliche) Senkung der Elastizität von ε_a auf ε_b und andererseits eine kräftige Zunahme des Sektorumsatzes von U_a nach U_b, die noch größer ausfällt als in Abb. 2, weil durch die Verschiebung der Nachfragekurve nun auch die neue Umsatzkurve U_2 gilt. Die in Abb. 3 unterstellte Rechtsverschiebung kann ihrerseits sowohl im Zuge einer allgemeinen Nachfrageehöhung als Folge allgemeinen Einkommenswachstums zustandekommen, wie auch als Ergebnis der Bemühungen des betrachteten Sektors, die Qualität seiner Produkte zu steigern, also infolge von

Produktinnovationen. Faßt man die Kosten- und damit Preissenkungstendenz des in Abb. 2 gezeigten Zusammenhangs als Folge von *Prozeß*innovationen auf, die in Abb. 3 geschilderten Effekte als Folge von *Produkt*innovationen, so können wir festhalten, daß beide Innovationsarten letztlich eine Absenkung der Nachfrageelastizität e bewirken.

Heben wir nun die obigen ceteris-paribus-Bedingungen auf, so können wir auch als Folge einer simultanen Wirkung von Prozeß- und/oder Produktinnovationen Sekundär- und Tertiäreffekt des obigen Szenarios in Abb. 4 analysieren. Handelt es sich in der Betrachtung um einen progressiven Sektor mit einer Kombination von "hohem" Produktivitätsfortschritt (= Preissenkungspotential) und relativ "hoher" Nachfrageelastizität (ε_a) so wird er mit der Verschiebung seiner Angebotskurve von A_1 nach A_2 (z.B. als Folge einer kostensenkenden Prozeßinnovation) zunächst einen *überproportional* wachsenden Output (von U_a nach U_b auf der U_1-Kurve, analog zu Punkt A und Punkt B) und auch *zusätzliche* Einkommen bei seinen Beschäftigten bewirken. Dadurch verschiebt sich - und zwar umso stärker, je mehr Sektoren sich in der Wirtschaft gleichzeitig in dieser Phase befinden, d.h. je innovativer die Wirtschaft im Durchschnitt ist - die Nachfragekurve N_1 nach rechts auf N_2, so daß ein neues Gleichgewicht bei C entsteht. Dem entspricht gleichzeitig ein weiteres Umsatzwachstum von U_b auf U_c, schon nahe dem Gipfel der Umsatzkurve U_2. Für die Position auf der ε-Kurve bedeutet dies trotz leichter Rechtsverschiebung dieser Kurve eine Verlagerung hin zum kritischen Punkt $\varepsilon = 1$.

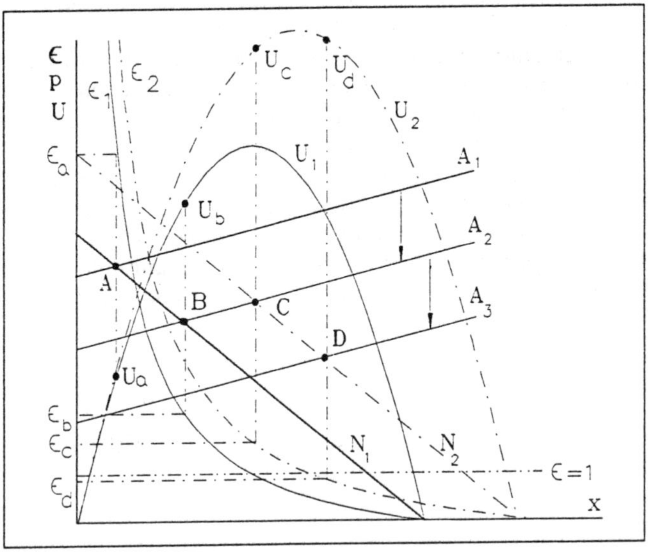

Abb. 4: Simultaneffekte von Produktivitäts- und Nachfragesteigerungen

Infolge der Umsatzsteigerung qua U_2 kann dieser Prozeß fortgesetzt werden solange dies noch nicht zu einem $\varepsilon < 1$ geführt hat. Ab diesem Punkt (Verschiebung nach A_3 und neues Gleichgewicht bei D, zu dem ein $\varepsilon < 1$ gehört) dreht sich der Prozeß in seiner Dynamik um. Appelbaum/Schettkat sprechen in diesem Zusammenhang von einem *positiven Rückkopplungsprozeß,* der in der Aufschwungphase überproportionale Steigerungsraten bezüglich Wachstum, aber auch Beschäftigung mit sich bringt. Dem entspricht in Abb. 3 das Wandern von U_a nach U_b bis hin zu U_c. Die Kehrseite dieses Prozesses ist dann der ebenfalls überproportional "abstürzende" Ast der Parabel, der mit beschleunigtem Umsatzrückgang und Arbeitsplatzabbau einhergeht. Dieser Prozeß soll nach Appelbaum/Schettkat bis in die siebziger Jahre eine, alle Sektoren umfassende, Aufschwungphase alimentiert haben. Heute sei dieser Prozeß jedoch beendet, was einen (bisher nicht verstandenen und darum vielfach als Mirakel betrachteten) Rückgang der Beschäftigung beinhalte, der durch eine Reduzierung der Arbeitszeit allenfalls verwaltet, aber nicht grundlegend bekämpft werden könne (Appelbaum/ Schettkat 1994).

Da nach der Theorie der Engelkurven die Einkommenselastizitäten (und damit auch e) mit wachsendem Einkommen allgemein sinken, wird dieser Prozeß auch dann in Gang gesetzt, wenn der betrachtete Sektor seine Produktivität (d.h. Angebotskurve) konstant hält, aber die Reduktion von ε durch die einkommenssteigernden Aktivitäten *anderer* Sektoren verursacht wird. Andererseits folgt die Produktivitätssteigerung eines einzelnen Sektors auch nicht nur aus den F&E-Aufwendungen des betreffenden Sektors, sondern aus den sektoreigenen wie auch bezogenen sektorfremden Innovationsbemühungen, die sich - von außen eher unbemerkt - via zugekaufter Vorprodukte und Investitionsgüter produktivitätssteigernd im betrachteten Sektor niederschlagen. Auf beiden Seiten haben wir also nicht nur Wirkungen, die auf die Aktivitäten des betrachteten Sektors zurückgehen, sondern auch aus der Einbindung des Sektors in die Gesamtstruktur stammen, die die MFA gerade zum Gegenstand der Darstellung macht.

4.4 Evolutorische Perspektive

Das Wachstumspotential eines Sektors läßt sich am besten mit Hilfe der bekannten AMOROSO-ROBINSON-Formel beschreiben:

$$U' = p\,(1 - 1/\varepsilon)$$

Hierin stellt U' den sog. Grenzumsatz, p den Preis des Sektorgutes und ε den *Betrag* der Preiselastizität der Nachfrage dar. Ein positives Wachstumspotential ergibt sich bei $U' > 0$ was $\varepsilon > 1$ voraussetzt. Hingegen zeigt $U' < 0$, was mit einem $\varepsilon < 1$ zusammentrifft, die *Schrumpfungstendenz* des Sektors an, der er sich nur mit *Produktinnovationen* entgegenstemmen kann, die den Produktzyklus erneut starten und wieder bei einem höheren ε beginnen lassen. Der nach dieser Analyse unvermeidlichen Tendenz zur Stagnation bzw. der Marktverdrängung - der Kehrseite des "positiven Rückkopplungsprozesses" nach Appelbaum/Schettkat - kann der Sektor also nur entgehen, wenn er einen neuen Produktlebenszyklus startet, d.h. *innoviert.*
Setzen wir das Wachstumspotential eines Sektors gleich U', so können wir leicht umgeformt auch schreiben:

$$WP = U' = p\,\frac{\varepsilon - 1}{\varepsilon}$$

Der Größenvergleich von e mit dem kritischen Wert 1 zeigt dabei die *Richtung* der Entwicklung an (Wachstums- bzw. Schrumpfungstendenz). Die gleichsinnige Variation von WP und Preis resultiert darin, daß ein relativ *hoher* Preis noch hohes ausschöpfbares *Potential* verheißt, da der Prozeß erst begonnen hat.

5. Schlußbemerkungen

Die vorangehenden Analysen zeigten sowohl in Hinblick auf die typischen Produkteigenschaften wie auch damit verknüpfte Entwicklungsdynamik eine durchaus plausible Wachstumsdynamik einzelner Sektoren. "Aufgehen" bzw. "Verblassen" eines *bilateralen Sterns* signalisieren, daß sich das *verknüpfungs-relevante* Umsatzvolumen der beteiligten Sektoren als Zusammenspiel von Veränderungen der Produktivität wie auch der Nachfrageelastizität markant und plausibel verändert. Dieser Wandel kann einerseits stärker auf Spezifika der technologischen Verflechtung zurückgehen, andererseits aber auch nachfragebedingt sein (z.B. Abnahme von e infolge des Wirkens des ENGEL'schen Gesetzes). Da die Elastizitäten im Sinne eines verallgemeinerten ENGEL' schen Gesetzes grundsätzlich sinken, läßt sich hieraus eine Art Grundregel der *Strukturevolution* ableiten:
Sektoren, deren Produkte mehr und mehr "veralten" (im Sinne der Position in bezug auf die Produktlebenszyklen der Mehrheit ihrer Produkte) werden ökonomisch immer unbedeutender. Der einzige Ausweg aus diesem Dilemma ist ***INNOVATION!***

Literatur:

Appelbaum, E./ Schettkat, R.(1993) Employment Development. In Industrialized Economics: Explaining Common and Diverging Trends. WZB Discussion Paper FS 193-313

Appelbaum, E./ Schettkat, R.(1994) Das Ende der Vollbeschäftigung? Zur Wirtschaftsentwicklung in Industrieländern. In: Wirtschaftsdienst 1994/IV, S. 193-202

Baumol, W. (1967) Macroeconomics of Unbalanced Growth: The Anatomy of Urban Crisis. In: American Economic Review 57: S.415-426

Holub,H.W./ Schnabl, H./ Tappeiner, G. (1985) Qualitative Input-Output-Analysis with Variable Filter. In: Zeitschr.f.d.ges. Staatsw., 141 S.282-300

IWD (1990) Informationsdienst des Instituts der deutschen Wirtschaft 20/1990

Schnabl, H. (1979) Verhaltenstheorie und Konsumentscheidung. Tübingen: Mohr

Schnabl, H. (1991) Die Minimal-Flow-Analyse - Ein neues Verfahren der Strukturselektion. In: H. Schnabl (Hrg.) Input-Output-Techniken - Neuere Verfahren der Erstellung und Analyse. Stuttgart: Kohlhammer

Schnabl, H. (1992) Analysis of Economic Structures Based on Connection layers - a New Technique for Qualitative Input-Output-Analysis. In: Jahrb. Nat. Stat. Vol 209/5-6, S. 385-405

Schnabl, H. (1994) The Evolution of Production Structures - Analysed by a Multilayer Procedure. In: Journ. of Econ. Systems Research, 6/1: S.1-68

Schnabl, H., Holub, H.W. (1979) Qualitative und quantitative Aspekte der Input-Output Analyse. In: Zeitschr. f.d.ges. Staatsw. 135, S. 657-678

Schneider, J., Fourasté, J. (1989) Warum die Preise fallen. Frankfurt/M.: Campus Verlag

Anhang 1

Das Analyseinstrument MFA

Bei der MFA (von *M*inimal *F*low *A*nalyse) handelt es sich um eine Variante der sog. Qualitativen Input-Output-Analyse, die versucht, gewisse Nachteile älterer Verfahren zu umgehen, indem sie stärker als diese die Qantitäten der analysierten Ströme zwischen den Sektoren ins Visier nimmt. Die bei allen qualitativen Analyseverfahren zu fällende Entscheidung, ob ein Strom in einer Struktur abzubilden ist, oder nicht, erfolgt danach, ob der betrachtete direkte (oder indirekte) Lieferstrom *S* die Bedingung

$$S > \mathit{Filter}$$

erfüllt. Würde man für diese Frage nur die Tabellenwerte der Transaktionsmatrix **T** (diese entspricht dem 1. Quadranten einer IOT) heranziehen, so könnte man keine *indirekten* Lieferströme mehr ermitteln, die jedoch durchaus von Bedeutung sind. Die Lösung dieses Problems erreicht man gemäß den Gleichungen (1) - (9).

Zunächst formuliert man die Transaktionsmatrix mithilfe der Matrix **A** der Input-Koeffizienten, so um, wie in Gl. (1) zu sehen:

$$\mathbf{T}=\mathbf{A}<\mathbf{x}> \qquad (1)$$

worin $<\mathbf{x}>$ die Diagonalmatrix zum Vektor der Bruttoproduktionswerte **x** bezeichnet, der sich in der üblichen Weise nach dem offenen statischen Mengenmodell der Input-Output-Analyse ergibt:

$$\mathbf{x} = \mathbf{C}\ \mathbf{y} \qquad (2)$$

Da sich die Leontiefinverse $\mathbf{C} = (\mathbf{I}\text{-}\mathbf{A})^{-1}$ - unter Gültigkeit der üblichen Existenzbedingungen - als Eulersche Reihe schreiben läßt:

$$\mathbf{C} = \mathbf{I} + \mathbf{A} + \mathbf{A}^2 + \mathbf{A}^3 + \ldots \qquad (3)$$

können wir die Transaktionsmatrix **T** auch gemäß (3) in analoge "Schichten" zerlegen. Die ersten vier, derart abgeleiteten Tabellen-Schichten ergeben sich nach G1. (4)- (7):

$$\mathbf{T}_0 = \mathbf{A} <\mathbf{y}> \quad (4)$$

$$\mathbf{T}_1 = \mathbf{A} <\mathbf{A}\ \mathbf{y}> \quad (5)$$

$$\mathbf{T}_2 = \mathbf{A} <\mathbf{A}^2\ \mathbf{y}> \quad (6)$$

$$\mathbf{T}_3 = \mathbf{A} <\mathbf{A}^3 \mathbf{y}> \quad (7)$$

usw.

Es ist klar, daß diese Tabellen-Layer $\mathbf{T}_i$ die Verflechtungs-Ströme auf den jeweiligen Vorstufen in der Produktion in absoluten Zahlen angeben. Wie tief diese Vorstufen untersucht werden müssen, ergibt sich daraus, daß die Beziehung

$$t^n_{ij} \geq \text{Filter} \qquad \text{für } n = 0,1,2,.. \quad (8)$$

noch für mehr als einen Zellenwert der betreffenden Matrix $\mathbf{T}_n$ gilt.

Im nächsten, die Anwendung der Graphentheorie vorbereitenden Schritt, werden durch Anwendung der Schwellenwertregel nach Gl. (8) aus den quantitativen "Layer"-Tabellen $\mathbf{T}_0$, $\mathbf{T}_1$, $\mathbf{T}_2$, $\mathbf{T}_3$,... durch Binärisierung (d.h. $\mathbf{W}_n(ij) = 1$ falls $t^n_{ij} \geq$ Filter, sonst $\mathbf{W}_n(ij) = 0$) die layer-analogen Wegelängenmatrizen $\mathbf{W}_0$, $\mathbf{W}_1$, $\mathbf{W}_2$, $\mathbf{W}_3$,... gewonnen, die anschließend zur Ermittlung auch der *indirekten* Verflechtungen durch fortgesetzte boolesche Multiplikation zu einer Produktmatrix $\mathbf{W}^n$ nach Gl. (8) verknüpft werden,

$$\mathbf{W}^n = \Pi_i\ \mathbf{W}_i \qquad \text{für } i = 0,1,2,...,n \quad (9)$$

wobei *n* die letzte Layer-Ebene darstellt, für die $\mathbf{W}_n\ \pi\ \mathbf{O}$ gilt, $\mathbf{W}_{n+1}$ also infolge des Fehlens noch vorhandener Verknüpfungen verschwinden würde.

Dies ist ein gängiges, zur Ermittlung von Verknüpfungen in gerichteten Graphen verwendetes, graphentheoretisches Verfahren. Im Gegensatz zur traditionellen qalitativen Input-Output-Analyse (QIOA), die nur eine zur Ausgangsmatrix **T** analoge und darum konstante Wegelängenmatrix **W** kennt (Vgl. Schnabl, Holub 1979), und darum auf den durch die "Hintereinanderschaltung" der Vorstufen sich ergebenden sukzessiven Ausdünnungsprozeß keine Rücksicht nimmt, wird hier auf *jeder* Vorstufe die Einhaltung der Minimalstrombedingung überprüft und die Aufzeichnung jener Verknüpfung beendet, wenn die Minimalstrombedingung nach Gl. (8) nicht mehr erfüllt ist.

Analog zum Verfahren der QIOA werden dann die Produktmatrizen $\mathbf{W}^n$ nach den Regeln der *boole*'-schen Addition (1 + #1 = 1) zur sog. *Dependenzmatrix* **D** verdichtet. (Vgl. Schnabl/Holub 1979, Schnabl 1991). Ein Matrixelement $d_{ij} = 1$ signalisiert, daß zwischen Sektor *i* und *j* (direkt oder indirekt) ein Lieferstrom existiert, der mindestens den Wert des vorgegebenen Filters besitzt. Die *Dependenzmatrix* **D** ist wieder Voraussetzung dafür, um - analog zur Vorgehensweise der herkömmlichen QIOA - die sog. *Konnexitätsmatrix* **H** zu ermitteln, deren Definition durch Gl. (10) gegeben ist:

$$h_{ij} = d_{ij} + d_{ji} \qquad (10)$$

Die Elemente der sog. Konnexitätsmatrix **H** können grundsätzlich die Werte 0, 1 oder 2 annehmen. Hierbei bedeutet :

$h_{ij} = 0$:	Isolation von Sektor i und j
$h_{ij} = 1$:	*Unidirektionaler* Zusammenhang, d.h. Sektor i beliefert Sektor j (direkt und/oder indirekt) mit einem Strom $\geq$ Filter
$h_{ij} = 2$:	*Bilateraler* Zusammenhang, d.h. Sektor i und j beliefern sich gegenseitig (direkt und/oder indirekt) mit einem Strom $\geq$ Filter

Die MFA-typische "kontinuierliche Reichweitenüberprüfung" birgt über den Vorteil einer stärkeren Berücksichtigung quantitativer Verhältnisse hinaus auch die Möglichkeit einer tendenziellen "Endogenisierung" der Filterschwelle. Zwar kommt man auch bei der MFA nicht daran vorbei, einen variablen Filter anzuwenden (analog zur Vorgehensweise in Holub/Schnabl/Tappeiner 1985), um sich dadurch einen Gesamtüberblick bezüglich der "Zerlegungsresistenz" zu verschaffen und daraus eine durchschnittliche, die gesamte Matrix charakterisierende Struktur zu ermitteln. In der hier zugrundeliegenden Berechnungen wurden 50 Filterebenen verwendet (von *Filter* = 0 d.h. *kein* Filter bis zu einem Filterwert, bei dem die letzte bilaterale Verknüpfung verschwindet). Die hieraus resultierenden 50, sich voneinander unterscheidenden Konnexitätsmatrizen werden anschließend zur Matrix $\mathbf{H}_{cum}$ aufaddiert, durch Reduktion um einen einheitlichen Sockel in Höhe der Anzahl der Scan-Stufen (= 50) zur Matrix $\mathbf{H}_{res}$ umgerechnet und schließlich unter Verwendung der endogenen Filterschwelle in eine *charakteristische* oder relevante Struktur uminterpretiert.

Die endogene Bestimmung der "richtigen" Filterschwelle ergibt sich aus zwei der MFA eigenen, einander entgegengerichteten Strukturierungsaspekten:

- eine *hohe* Filterschwelle ergibt eine gute Strukturierungsleistung in der "Anfangsphase" der Ermittlung der vorliegenden Verknüpfungen. Auf der Ebene von $\mathbf{T}_0$ bzw. $\mathbf{W}_0$ erhält man damit zwar eine gute Strukturdifferenzierung, erkauft sich dies aber mit einer sehr kurzen "Reichweite", die eine "flache" Struktur erzeugt, weil indirekte Ströme aufgrund der hohen Filterschwelle weitgehend herausfallen.

- eine *niedrige* Filterschwelle ermöglicht eine gute "Reichweite", leistet aber nur einen geringen Beitrag zur Differenzierung der Struktur, da fast jeder Sektor mit allen anderen verknüpft erscheint.

Damit ergibt sich eine Einengung der "richtigen" Filterschwelle auf ein Band, das nach oben durch den *Verlust von Reichhaltigkeit* und nach unten durch mangelnde *Differenzierung* begrenzt wird. Bei den aktuellen Berechnungen wurde u.a. z.B. das Shannon'sche Entropiemaß verwendet, um eine maximale "Reichhaltigkeit" der Struktur zu operationalisieren. Ein weiteres Maß ergab sich durch diejenige Filterschwelle, bei der die Ähnlichkeit zwischen der **H**-Matrix bei der betreffenden Schwelle und der sich beim selben Filter ergebenden Durchschnittsstruktur am größten wird. Die Verwendung des Durchschnitts beider Maße lieferte sehr robuste Ergebnisse über verschiedene Tabellenformate hinweg.

Anhang 2 **Zentralitätskoeffizienten**

Tabelle:			78_58	82_58	86_58	90_58
1	Ldw	Landwirtschaft	0.653	0.780	0.456	0.000
2	Fis	Fischerei				
3	Elk	Elektrizität	1.000	0.818	0.416	
4	Gas	Gas				
5	Was	Wasser				
6	Khl	Kohlebergbau	0.000			
7	BgB	Bergbauprodukte				
8	Oel	Rohöl				
9	Chm	Chemieprodukte	0.705	0.772	0.788	0.980
10	Mol	Mineralölprodukte	0.048	0.018		
11	KnS	Kunststoffe	1.222	1.250	1.152	0.923
12	Gum	Gummi	0.000	0.000		
13	Stn	Steine, Erden	0.000			
14	FKr	Feinkeramik				
15	Gls	Glas				
16	Eis	Eisen, Stahl	0.000	0.000		
17	NEm	Nichteisen-Metalle	0.000	0.000	0.000	
18	Giß	Gießereien				
19	Zih	Ziehereien	0.529	0.181		
20	SLM	Stahl/Leichtmetallbau				
21	MaB	Maschinenbau	1.505	1.710	1.594	1.472
22	Bur	Büromaschinen, ADV				
23	StF	Straßenfahrzeuge	1.831	1.841	1.818	2.000
24	WaF	Wasserfahrzeuge				
25	LRF	Luft- und Raumfahrt				
26	ElT	Elektrotechnik	1.316	1.400	1.469	1.365
27	FnM	Feinmechanik				
28	EBM	Eisen, Blech, Metalle	0.000	0.000	0.000	
29	Mus	Musikinstrumente				
30	Hlz	Holz				
31	HlW	Holzwaren				
32	Pap	Papier, Pappe				
33	PpW	Papierwaren				
34	Dru	Druckereien				
35	Led	Lederwaren				
36	Tex	Textilien				
37	Bkl	Bekleidung				
38	Nhm	Nahrungsmittel	1.047	1.218	1.435	1.476
39	Gtr	Getränke	0.800	0.000	0.000	
40	Tbk	Tabakwaren				
41	Bau	Bauleistungen	1.238	1.224	1.136	1.200
42	AuB	Ausbauleistungen	1.041	1.338	1.091	1.011
43	Ghd	Großhandel	0.892	0.844	0.779	0.850
44	Ehd	Einzelhandel				
45	EiB	Eisenbahnen				
46	Shf	Schiffahrt				
47	Pst	Postdienstleistungen				
48	Vrk	Verkehrsdienstleistg.	1.075	0.919	0.550	0.000
49	Bnk	Bankdienstleistg.				
50	Vrs	Versicherungen	2.000	1.739	1.697	2.000
51	Vrm	Vermietungen	1.361	1.010	1.002	0.822
52	Gst	Gaststätten	1.197	1.514	1.822	2.000
53	Wis	Wissenschaft, Verlage		0.434	0.162	
54	Gsh	Gesundheitsdienstleistg.				
55	mDl	sonst. marktb. Dienstl.	0.000	0.000	0.000	0.000
56	Sta	Staat	1.621	1.612	1.554	1.159
57	SzV	Sozialversicherung				
58	PoE	Priv.Org. o. Erwerbsch.	0.000	0.000	0.000	

1a)

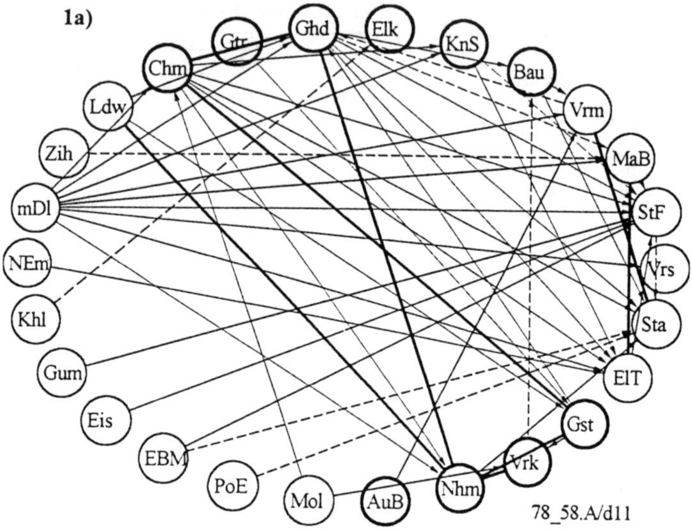

78_58.A/d11

1b)

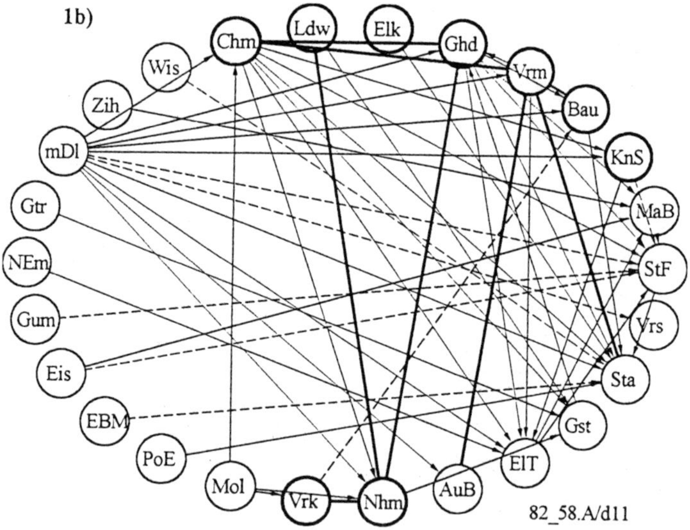

82_58.A/d11

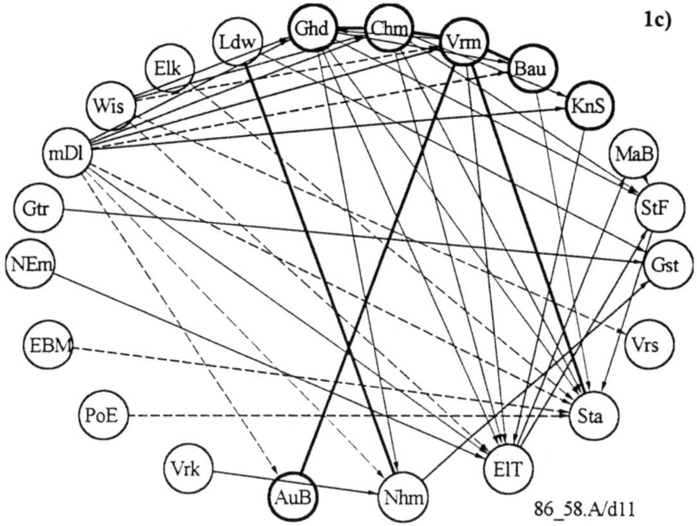

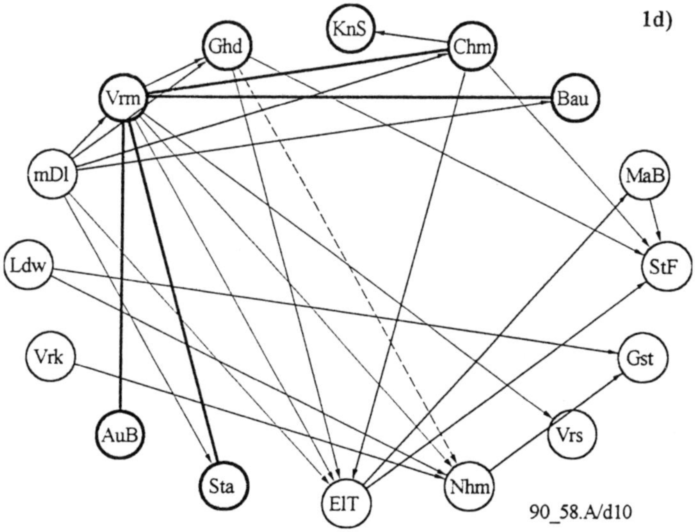

Abb. 1 a-d: Strukturentwicklung in der BR Deutschland 1978 - 1990

Helge Majer

Nationale und regionale Innovationssysteme

*Wissenschaftsstadt Ulm**

A. Die neue Sicht

1. Innovationssysteme

Wir sehen heute Innovationen und Regionen in vollständig anderen Zusammenhängen als vor 15 Jahren. Ich vermute, daß der Paradigmenwechsel wesentlich zu tun hat mit dem Verlust des Steuerungsglaubens in den Sozialwissenschaften. Die "Neue Physik" hat das Denken in linearen Ursache-Wirkungs-Beziehungen unter der Annahme reversibler Zeit stark erschüttert. Dies hat jedem Versuch, Systeme von außen zu steuern, enge Grenzen auferlegt. Wir ziehen es heute vor, in unseren Analysen von Netzwerken und selbstorganisatorischer Steuerung zu sprechen, und wir gehen davon aus, daß die Beziehungen zwischen den Variablen nicht-linear sind, und die Zeit irreversibel ist.

Im Folgenden will ich einige wichtige Aspekte dieser neuen Sicht skizzieren:

- Der Innovationsbegriff: In Robert Nelsons Buch von 1968 ("The rate and direction of inventive activities") wird Innovation noch verstanden als eine (im wesentlichen linear gedachte) Abfolge von Invention, Innovation und Diffusion. Ganz anders fast 20 Jahre später Robert Nelson und Sidney Winter ("Theory of evolutionary economics"). Hier entsteht technischer Wandel aus evolutorischen Prozessen, deren Begriffe und Methoden unübersehbar der Biologie entlehnt sind[1].
- Wir differenzieren "den" technischen Fortschritt sektoral. Wir geben den "technischen Fortschritt" nicht mehr mit einer einzigen nationalen Niveaugröße an, sondern wir sehen die industriellen Fortschrittsraten eingebettet in ein Gesamtsystem. Ich behaupte, daß der technische Wandel branchen- oder produktgruppenspezifisch ist, und dennoch muß die Erklärung der branchenbezogenen Fortschrittsraten eingebettet sein in das nationale Innovationssystem. Mit dem Forschungskegel ist ein heuristisches Instrument geschaffen, die "Forschungslandschaft" auf den Ebenen der Grundlagenforschung, angewandten Forschung und der experimentellen

* Für wertvolle Hinweise zu einer früheren Fassung dieses Aufsatzes danke ich Herrn Dr. Alexander Schmihing (Hauptgeschäftsführere der IHK Ulm)

1 Vgl. Helge Majer, Eine Evolutionstheorie des technischen Wandels, in: Jahrbücher für Nationalökonomie und Statistik, Bd.199, 1984, S.464-469.

Entwicklung abzubilden und die "technologische Vorleistungsverflechtung" zwischen den Branchen in horizontalen und vertikalen Entwicklungsketten aufzuzeigen[1]. Die theoretische Struktur des Forschungskegels liefert Begründungen für die "Forschungsinfrastruktur" eines Landes, die Positionierung der Institutionen der Forschung und Entwicklung und Ansatzpunkte für den ungehinderten Technologietransfer[2].

- Wir untersuchen die Zeit-Pfade technologischer Entwicklungen[3]. Dosi hat 1982 den Begriff der "technological trajectories" geprägt, und inzwischen wissen wir eine Menge über das Beharrungsvermögen von technologischen "Regimes", die den besseren Kombinationen nicht weichen wollen ("lock-ins")[4].
- In den letzten Jahren ist der kooperative Charakter der Entstehung von Neuerungen in den Vordergrund gerückt und damit auch der regionale Aspekt. Im Mittelpunkt steht die Analyse von Netzwerken und Lernprozessen[5].

2. Regionen

Die Globalisierung der Weltmärkte hat wesentlich dazu beigetragen, die Region mit ihren wirtschaftlichen und technologischen Entwicklungspotentialen wiederzuentdecken. Ich will dies an zwei Strängen zeigen:

- Gernot Grabher stellt heraus, daß die Stabilität einer Region darin besteht, ihre Anpassungsflexibilität zu sichern[6]. Dies werde am besten geleistet, wenn redundante Netzwerke bestünden. Krisensichere Strukturen sind nicht durch technisch-ökonomische Effizienz ("lean"), sondern durch Redundanz, lose Kopplung und "slack" gekennzeichnet.

---

1 Vgl. Helge Majer, Industrieforschung in der Bundesrepublik Deutschland, Tübingen 1978 sowie derselbe, in: Wirtschaftsdienst, Forschungsaufwand und Technologieverflechtung der Industrie. In: Wirtschaftsdienst 58. Jg., Mai 1978, S. 242-247. Der Forschungskegel wurde von Frieder Meyer-Krahmer zu einem Innovationskegel weiterentwickelt (vgl. Frieder Meyer-Krahmer, Der Einfluß staatlicher Technologiepolitik auf industrielle Innovationen, Berlin 1988, S. 31-41).

2 Vgl. Helge Majer, Institutionen der Forschungs- und Technologiepolitik, in: Bohling/Masberg, Lexikon Wirtschaftspolitik. Die Institutionen, München, 1986, S.114-123.

3 Es geht hier nicht um die Zeitabhängigkeit von technischem Fortschritt, wie sie von Robert Solow und anderen unterstellt wurde.

4 Vgl. G. Dosi, Technological Paradigmas and Technological Trajectories: A Suggested Interpretation of the Determinantes and Directions of Technical Change, in: Research Policy , Vol. 11, No. 3 (1982) sowie G. Dosi, Chr. Freeman, R.Nelson, G. Silverberg, L. Soete (Hrsg.), Technical Change and Economic Theory, London 1988

5 Vgl. Bengt-Ake Lundvall (Hrsg.), National Systems of Innovation. Towards a Theory of Innovation and Interactive Learning, London 1992 sowie Gernot Grabher, The embedded firm. On the socio-economics of interfirm connectedness, Berlin 1993

6 Vgl. Grabher, a.a.O. sowie derselbe, Lob der Verschwendung. Redundanz in der Regionalentwicklung: Ein sozio-ökonomisches Plädoyer, Berlin 1994, z.B. S. 16 und S. 27

- Anthony Giddens zeigt, wie Regionalität und Globalisierung zusammen gedacht werden können. Die Aufhebung von Zeit und Raum gelingt durch Informationssysteme, "Entbettungsmechanismen" und die "Aneignung von selbstreflexivem Wissen"[1]. Mit den modernen Telekommunikationssystemen wird inzwischen fast jeder Ort der Erde erreicht. Entbettung ist möglich durch das Vertrauen in symbolische Zeichen (z.B. Geld) und Expertensysteme (z.B. Flugverkehr); sie gestattet es, an mehreren Orten gleichzeitig zu sein. Die Region erhält die Funktion des Ortes, an dem wieder neue Kraft geschöpft werden kann ("Rückbettung"). Die folkloristische und autarkieenge Sicht der Region wird damit überwunden; Heimat kann wieder gesagt werden[2]. Wissen ist international frei verfügbar und kann dazu verwendet werden, "selbstreflektiv" nach Lösungen (regionaler) Probleme zu suchen.

Es liegt nahe, die beiden Analysestränge, Innovation und Region, zusammenzuführen, zumal die Methoden (Netzwerkanalyse) ähnlich oder gleich sind. Doch erst zaghaft wendet sich die Technologiepolitik den Regionen zu. Die Aufbruchstimmung der Gründung von Technologiezentren und "science parks" ist vorbei; die Erwartungen waren zu hoch gesteckt und die theoretische Fundierung ließ zu wünschen übrig. Ein etwas komplexerer Ansatz liegt den Technologie-Städten zugrunde. In der Bundesrepublik Deutschland stellt die sogenannte Wissenschaftsstadt Ulm ein interessantes regionales Technologieexperiment dar[3]. Hierauf will ich im folgenden näher eingehen.

B. Die Wissenschaftsstadt Ulm als regionales Innovationsmodell

1. Der Ansatz

Können wir davon ausgehen, daß die "Wissenschaftsstadt Ulm" mit Hilfe des Modells eines Bürokratisch-Industriellen Komplexes (BIK) beschrieben werden kann? Daß der Gedanke nahe liegt, zeigt eine Serie von fünf Artikeln in der Zeitschrift "Science", beginnend mit der Aprilausgabe 1982, über den "Academic-Industrial Complex" in den USA. Ich werde zunächst dieses Modell darstellen, um dann die Strukturgleichheit mit einem Wissenschafts-Industriellen Komplex (WIK) zu zeigen.

1 Vgl. Anthony Giddens, Konsequenzen der Moderne, Frankfurt a.M. 1995, insbes. S. 72ff.
2 Vgl. Helge Majer, Nachhaltige Entwicklung in der Region Ulm, in: Toblacher Gespräche 1995, Heimat - Ökologischer Wohlstand in der Region , Toblach 1995, S.36-38.
3 Vgl. Helge Majer, Regionale Innovationsprozesse und die Zukunft der Industriegesellschaft, in: Jahrbuch für Arbeit und Technik 1996 (im Druck).

Bei diesem Bürokratisch-Industriellen Komplex-Modell handelt es sich um eine Art *Netzwerkansatz*. Ich folge damit einer Betrachtung, die sich in den Veröffentlichungen über die "Wissenschaftsstadt Ulm" findet. Doch entweder wurde dieser Netzwerkbegriff nur verwendet, ohne näher ausgeführt zu sein oder er bleibt in schwer verständlicher Terminologie verhaftet, wie etwa bei Schmid et al[1]. Ich werde versuchen, die Erkenntnisse aus beiden Ansätzen, dem BIK- und dem Netzwerkansatz, zu integrieren.
Bei Bürokratisch-Industriellen Komplexen handelt es sich um eine Vernetzung von gesellschaftlichen Gruppen oder Organisationen aus dem privaten, aus dem halbstaatlichen und aus dem staatlichen Bereich, die ein Gut mit sehr hoher Wertschätzung produzieren. Der mögliche Verlust dieses Gutes wird von allen beteiligten Akteuren als sehr hoch eingeschätzt. Die Zielsetzungen der Akteure gehen konform. Außerdem bestehen vielfältige andere Verknüpfungen (Beziehungen) zwischen den Akteuren. Das damit entstehende Wachstumskartell "beutet" aber einen oder mehrere wichtige Akteure aus. Diese Ausbeutung wird durch mangelnde Transparenz möglich[2]. Schema 1 zeigt die Akteure Bürokratisch-Industrieller Komplexe; ihre Verflechtung ist schematisch angedeutet.

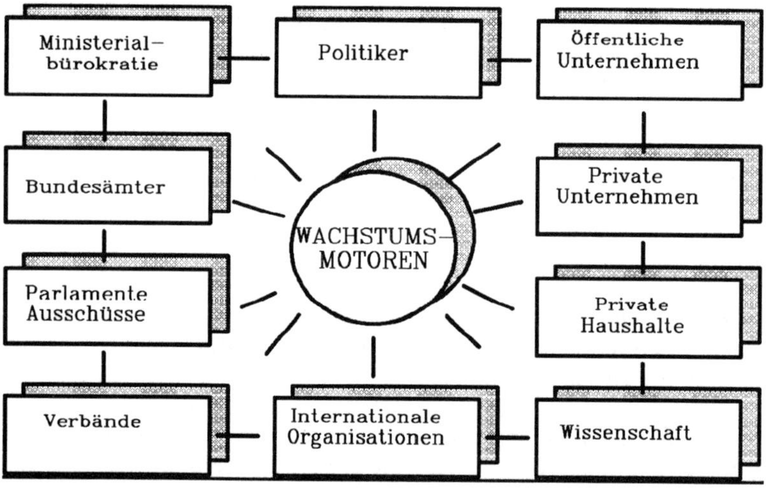

Schema 1: Akteure eines Bürokratisch-industriellen Komplexes.

1 Vgl. *Schmid*, Josef, *Tiemann*, Heinrich, *Kohler*, Harald, Wissenschaftsstadt Ulm. Wegweiser zukunftsorientierter Technologie- und Innovationspolitik, in: DGB, Informationen zur Technologiepolitik und zur Humanisierung der Arbeit, Nr. 15/Juni 1991.

2 Vgl. Helge Majer, Wirtschaftswachstum. Paradigmenwechsel vom quantitativen zum qualitativen Wachstum, 2. Aufl., München-Wien 1994, S. 244ff.

Ich folge bei dieser Darstellung nicht dem systemtheoretischen Ansatz, wie er aus der Soziologie bekannt ist,[1] wo ein System in Subsysteme unterteilt wird, sondern ich gehe von *Akteuren* aus. Ein wichtiger Grund für dieses Vorgehen liegt darin, daß die *Zielkonformität von Akteuren und die Beziehungen zwischen ihnen* in meiner Analyse eine wichtige Rolle spielt, und diese kann am besten abgebildet werden, wenn handelnde Akteure das Modell strukturieren.

2. Gleichgerichtete Ziele als notwendige Bedingung

Die entscheidende *Hypothese* dieses Modells lautet, daß die Akteure des Komplexes über ihre Ziele und über ein Netzwerk von Beziehungen, das näher spezifiziert werden muß, miteinander verflochten sind. Für die große Mehrzahl der Akteure gehen die - meist individuellen - Ziele konform. Nur wenige Gruppen müssen eine Verletzung wesentlicher Ziele erleiden; sie partizipieren jedoch weiter am Komplex, weil sie die Verletzungen ihrer eigenen Ziele nicht bemerken und weil sie über weitere Beziehungen miteinander verflochten sind. Es gilt nun, im folgenden diese Strukturmerkmale herauszuarbeiten.

In Übersicht 1 sind, in noch sehr allgemeiner Form, die Akteure, die Ziele und die theoretischen Zielbegründungen dargestellt.

---

1 Vgl. den Überblick bei *Willke*, H., Systemtheorie, Stuttgart-New York 1982.

Akteure	Dominierende Ziele	Theoretische Grundlagen
Politiker	Wiederwahl	Politikwissenschaft (Downs)
Parlament, Ausschüsse	Wiederwahl	dto.
Ministerialbürokratie	Budgetmaximierung, relativen Besitzstand wahren	Bürokratietheorie (Niskanen)
Bundesämter	dto.	dto.
Öffentliche Unternehmen	Budgetausgleich, öffentliche Ziele verfolgen	Finanzwissenschaft (Blankart)
Wissenschaft	Erkenntnisfortschritt	Forschungsforschung (Weingart, Kreibich)
Verbände	Interessenvertretung, wirtschaftliche und politische Macht, Reputation	Verbändetheorie (Olson)
Private Haushalte	Individuelle Nutzenmaximierung	Haushaltstheorie
Private Unternehmen	Individuelle Gewinnmaximierung	Unternehmenstheorie

Übersicht 1: Akteure, Ziele und theoretische Zielbegründungen.

Ich will diese Übersicht kurz kommentieren. Die Ziele der Akteure können mit sechs verschiedenen Theorieansätzen begründet werden, die den Stand der sozialwissenschaftlichen Forschung darstellen. Dem Nationalökonomen - wie mir - am nächsten, stehen Haushalts- und Unternehmenstheorie. Sie beide haben die längste Tradition und können auf *Adam Smith (1776)* zurückverfolgt werden. Danach streben die privaten Haushalte nach individueller Nutzen- und die Unternehmen nach Gewinnmaximierung. Die damit verbundene Forschungsrichtung des *methodologischen Individualismus* erfährt seit einigen Jahren eine

Renaissance; ein extremer Vertreter dieser Schule, *Gary S. Becker,* hat im Oktober 1992 den Nobelpreis erhalten.
Doch der öffentliche Sektor besitzt auch in kapitalistischen Volkswirtschaften ein sehr starkes Gewicht. In der Bundesrepublik, die international gesehen mit ihrem Wirtschaftssystem im Mittelfeld liegt, steuert der Staat zirka die Hälfte des Bruttosozialprodukts bei. Wie können die Zielsetzungen dieses öffentlichen Sektors beschrieben werden? Hierfür werden im wesentlichen zwei Theorien herangezogen: die Demokratismustheorie von *Downs* und die Bürokratismustheorie von *Niskanen* und anderen. Erstere besagt, daß Politiker im wesentlichen die Zielsetzung verfolgen, solche Handlungen durchzuführen, die dazu beitragen, daß ihre Popularität gesteigert und ihre Wiederwahl gesichert wird. Letztere besagt, daß Bürokratien wie Öffentliche Anstalten, Ämter, Ministerien im wesentlichen darauf abzielen, die eigene Behörde, und damit sich selbst als Individuum, zu stärken und ihr Budget zu maximieren. Das Ziel der Budgetmaximierung enthält die individuellen Zielsetzungen der Behördenleiter[1].

Und wie lauten die Ziele von Wissenschaft und Verbänden? Erstere sind durch die Konventionen einer *scientific commu*nity beschrieben, die sich weitgehend selbstorganisatorisch durch Regeln, geschriebene und ungeschriebene, entwickelt. (Eine dieser Regeln lautet: "publish or perish". Entweder man veröffentlicht, oder man hat keine Chance, einen der begehrten Professorenposten zu erlangen. Das selbstorganisatorische Ergebnis heißt dann, daß die Quantität der Publikationen steigt, die Qualität aber wohl abnimmt). Die Theorie der Verbände ist wesentlich durch zwei Veröffentlichungen von *Mancur Olson* weitergebracht worden. Diese Theorie zeigt, warum sich trotz individualistischer Verhaltensweise Verbandsmitgliedschaft lohnt.

3. Beziehungen als hinreichende Bedingung

Die Informations- und Kooperationsbeziehungen können auf dieser allgemeinen Ebene nicht abgebildet werden; sie hängen vom betrachteten Bürokratisch-Industriellen Komplex ab. Sie werden bestimmt von den Aktivitäten und vom Ressourceneinsatz der Akteure. Einige allgemein-formale Bemerkungen sind jedoch möglich.

Ich gehe davon aus, daß die einzelnen Akteure über Ressourcen (Geld, Güter, Wissen oder Informationen, Leistungen), über eine Ressourcenbasis, verfügen können, um mit Hilfe von Aktivitäten ihre Ziele zu verfolgen. Wie entstehen daraus Beziehungen zwischen den Akteuren? Ich unterscheide zwei Fälle:

---

1 Sehr plastisch wird dies dadurch beschrieben, daß die Behördenleiter danach streben, die Zahl ihrer Aktenträger zu erhöhen.

- Bilaterale Ströme liegen dann vor, wenn ein Akteur A seine Ressourcen verwendet und durch diese Aktivität einen Akteur B oder mehrere Akteure direkt beeinflußt.
- Multilaterale Ströme treten als Beziehungsketten (analog zu den aus der Betriebswirtschaftslehre bekannten Wertschöpfungsketten) auf und binden mehrere Akteure zeitlich nacheinander ein. Der Akteur A transferiert Ressourcen (z.B. finanzielle Mittel) an den Akteur B, dieser entfaltet auf dieser Grundlage Aktivitäten (z.B. Forschung), die an einen Akteur C fließen, der daraus z.B. neue Produkte entwickelt, die dann als Güterstrom zu den Akteuren D fließen.

Der zweite Fall wird der häufigere sein. Die Beziehungsketten weisen unterschiedliche Intensitäten auf (stark, mittel, schwach), die sich mit den Strömen (in DM, Mengeneinheiten, Häufigkeiten) messen lassen. Akteure, die nicht in diese Transferketten eingebunden sind, gehören nicht zum Bürokratisch-Industriellen Komplex.

Wie kommt ein bestimmter Bürokratisch-Industrieller Komplex zustande? (1) Die *notwendige* Bedingung besteht darin, daß sich die Ziele der einzelnen Akteure zu einem kollektiven Gesamtziel bündeln, oder (mit anderen Worten), daß die Ziele der einzelnen Akteure konform gehen. In der Regel wird beides zutreffen: Die institutionelle Verwirklichung eines kollektiven Ziels bewirkt, daß auch die individuellen Ziele der beteiligten Akteure verwirklicht werden. Oder: die eindeutige (politische) Äußerung Vieler nach einem individuellen Bedürfnis führt dazu, daß die Gesellschaft (die öffentliche Hand) ein kollektives Ziel daraus formuliert[1].
Wer sind die spezifischen Akteure eines spezifischen Bürokratisch-Industriellen Komplexes? Was bestimmt die "Mitgliedschaft"? Die gleichgerichteten Ziele alleine reichen nicht aus. Die implizite Zielkonformität (in Anlehnung an T.C. Schellings impliziter Kooperation) muß in irgendeiner Weise bewußt werden. Dies führt (2) zur *hinreichenden* Bedingung: Die Akteure müssen miteinander verflochten sein, sie müssen in Beziehung zueinander stehen. Für diese Frage können wir auf die Literatur über Netzwerke zurückgreifen. Ich

1 Beim *Auto-Industriellen Komplex* z.B. steht als kollektives Ziel im Vordergrund, daß die Mobilität der Menschen gewährleistet (und erhöht ?) werden soll. Dies erfolgt dadurch, daß das individuelle Ziel "freie Fahrt für freie Bürger" verwirklicht wird, indem die öffentliche Hand den privaten Individualverkehr fördert. Dadurch werden auch die individuellen Ziele der anderen Akteure gefördert. Beim *Gesundheits-Industriellen Komplex* geht es darum ,daß die öffentliche Hand das kollektive Ziel einer hohen Qualität an Gesundheitsversorgung für alle anstrebt. Die institutionelle Verwirklichung dieses Ziels bringt es mit sich, daß die individuellen Ziele der Akteure ebenfalls erfüllt werden. Beim *Militärisch-Industriellen Komplex* steht das kollektive Ziel im Vordergrund, die Sicherheit vor gewaltsamen Überfällen zu gewährleisten. Bei der Verwirklichung dieses kollektiven Ziels werden auch die individuellen Ziele der Akteure gefördert (vgl. hierzu Majer, 1992, S. 249 ff.).

will darauf etwas ausführlicher eingehen, weil damit die theoretische Struktur des Modells präzisiert werden kann.
Zunächst zur *Definition* von Netzwerken: Im Falle Bürokratisch-Industrieller Komplexe überschneiden sich soziale und industrielle Netzwerke. In beiden Fällen geht es um "sets of connected exchange relations"[1]. "The industrial network consists of the actors and the relations among them (wie beim sozialen Netzwerk), but it also consists of certain activities/resources and the dependencies between them." Und weiter: "Each actor controls certain activities and resources directly, but because the dependencies to some extent mean control, the actor has an indirect control over the counterparts activities and resources"[2]. Damit sind schon einige wichtige *Merkmale* von Netzwerken angedeutet:[3]

- *Gegenseitigkeit* ("reciprocity"), dies bedeutet die implizite (langfristige) Erwartung der Akteure, daß eine Aktivität (irgendwann) erwidert wird.
- *Interdependenz* gibt Netzwerken Stabilität, indem in einem langsamen Prozess sich Vertrauen entwickelt über gemeinsame Sprache (auch Fachsprache), Vertragsregeln, standardisierte Abläufe und Routinen, technische Philosophien, Umgang mit organisatorischen Problemen, explizite Regeln, die sich durch (Hirschmanns "voice" statt "exit") Beziehungen herausbilden.
- *Lose Verbindung* ("loose coupling") sorgt für Stabilität des Netzwerks durch den Gebrauch von gemeinsamen Codes und Informationskanälen, stellt Redundanz her und kann somit Krisen und Risiken abpuffern; interaktives Lernen wird gefördert.
- *Macht* ist in seiner unsymmetrischen Form ein "functional element of networks" [4]

Wie läßt sich der Zusammenhalt von Netzwerken begründen? Innerhalb der o.g. Merkmalsstruktur vollziehen die Akteure *Aktivitäten* (geistiger, körperlicher, technischer, sozialer, finanzieller, rechtlicher Art) und verwenden dabei *Ressourcen*, die ihnen zur Verfügung stehen. Die Verbindung von Aktivitäten und Ressourcennutzung resultiert darin, daß eine bestimmte *Aktivitätsstruktur* zu einer spezifischen *Ressourcenstruktur* führt[5].

Die *Beziehungen* zwischen den Akteuren entwickeln sich in der Zeit. Aus den Beziehungen entstehen "more or less implicit rules, which are related to the exchange in the same way as language is related to communication. The rules

1 Hakansson/Johanson, 1993, S. 35.
2 Ebenda, S. 36.
3 Vgl. Grabher, 1993, S. 8ff.
4 Grabher, 1993, S. 11.
5 Vgl. Hakansson/Johanson, 1993, S. 37.

are formed, reinforced, and modified through exchange at the same time as they constitute the framework for subsequent exchange" Und: "A basic assumption of the industrial network model is that those rules imply a mutual orientation of the actors to one another. They view one another as specific counterparts, they have some knowledge about one another; they have some trust in one another; and they are aware of and may even share one another's interests. Thus, the relations link the actors in a dynamic way" (ebenda, S. 39). Mit diesen Zitaten wird sehr anschaulich der Zusammenhalt in einem Netzwerk dargestellt. Eine andere Frage ist, wie sich das Netzwerk weiterentwickelt; lassen sich Motoren feststellen?

Hakansson und Johanson stellen drei Faktoren heraus, die für die *dynamische Weiterentwicklung* von Netzwerken verantwortlich sind: *Lernprozesse* (durch die gemeinsamen Beziehungen), Veränderungen der *Ressourcen* und Veränderungen der *Ziele* der Akteure[1]. Am wichtigsten ist aber vielleicht die *Verteilung von Macht* im Netzwerk und der Versuch einzelner Akteure, Macht auszuüben, "power struggling"[2].

Ein Netzwerk kann auch als ein *Lenkungssystem* ("governance") interpretiert werden,[3] das neben anderen Lenkungssystemen existiert. Diese Lenkungssysteme lassen sich aus einer matrixartigen Gegenüberstellung von internen und externen Antriebskräften ableiten. Die *internen* Antriebskräfte liegen in der Veränderung der Ziele der Akteure und in Normen[4], die die Akteure in der Verfolgung ihrer Ziele formuliert haben. Normen können aber auch durch eine externe Autorität vorgegeben werden. Die *externen* Antriebskräfte können auf spezifischen oder auf allgemeinen Beziehungen beruhen[5]. Aus den Elementen Ziele-Normen-spezifische-allgemeine Beziehungen (als Impulsgeber) formulieren Hakansson und Johanson eine Klassifikation von Lenkungsstrukturen ("governance structures"); daraus werden Lenkungssysteme deutlich, die Netzwerken benachbart sind. Für die Erklärung der Beziehungen und Antriebskräfte Bürokratisch-Industrieller Komplexe ist diese breitere Sicht sehr fruchtbar, denn in der Realität (von BIKs) dürften die reinen Formen von Lenkungsstrukturen nicht vorkommen. Die Klassifikation ist in Übersicht 2 wiedergegeben[6].

---

1 Ebenda, S. 38
2 Ebenda, S. 42 und 49
3 Ebenda, S. 44
4 Unter Normen verstehen wir feste Abläufe, Handlungswege, Regeln, Umgangsformen, etc.
5 Ebenda, S. 44f
6 Ebenda, S. 45

Übersicht 2:

		interne Antriebskräfte	
		Interessen	Normen
externe Antriebskräfte	Spezifische Beziehungen	Netzwerk	Hierarchie
	Allgemeine Beziehungen	Markt	Kultur, Beruf

Bürokratisch-Industrielle Komplexe können mit diesen Lenkungsebenen gekennzeichnet werden[1]. Dabei dürften bestimmte Dominanzstrukturen vorliegen, die für bestimmte Netzwerke (abhängig von den Bedingungen und Zielen) effizient sind oder nicht. Zum Beispiel: "When technological change and multiple technological dimensions are important, the network type is effective. If there is no possibility to exploit specific activity interdependencies, market governance is probably more efficient than other types of governance. Correspondingly, if the changes in the field or subfield are small, then norm-based governance can be expected to be more competitive. In a situation with strong specific activity interdependencies coexisting in a certain stable way, hierarchical governance can be expected to be competitive. The culture or profession can be assumed to be competitive when there are no specific activity interdependencies and the situation requires stability - that is, as long as the norms are relevant for handling up coming situations"[2].
Damit ist modellhaft präzisiert, was in der Literatur über Netzwerke am häufigsten an Beziehungen unterschieden wird: Interessen, Konflikte, Loyalität und Transfer von Ressourcen[3]. Setzen wir Interessen mit angestrebten Zielen gleich, dann haben wir die erste Art von Beziehungen mit unserer notwendigen Bedingung schon berücksichtigt. Konflikte und Loyalität sind (auch) mit der Ausübung von Macht verbunden. Der Transfer von Ressourcen kann strukturiert werden durch Geld-, Güter-, Leistungs- und Informationsströme. Die Intensität der Beziehungen hängt von den institutionellen Bedingungen ab. Z.B. führt ein Forschungsprojekt die beteiligten Personen (Wissenschaftler) zu

1 Die Unterscheidung der Lenkungsstrukturen wird später wichtig, wenn wir die Möglichkeiten erörtern, wie die "Wissenschaftsstadt Ulm" auf einen anderen Entwicklungspfad gebracht werden kann.
2 Ebenda, S. 47
3 Vgl. *Anheier*, Helmut, K., *Romo*, Frank, P., Modelle strukturellen Scheiterns in Policy-Netzwerken, in: Journal für Sozialforschung, 32.Jg. (1992), S. 33-60.

einem sehr intensiven Leistungs- und Informationsaustausch einer spezifischen Qualität; die zufällige Mitgliedschaft in einem Tennisclub der Hochschule bedeutet eine Beziehung anderer Intensität und Qualität.

4. Ergebnisse

Die Ergebnisse Bürokratisch-Industrieller Komplexe hängen von der sozioökonomischen und politischen *Konfiguration* ab. Diese Konfiguration ist beschrieben durch die Akteure, ihre Zielsetzungen, Aktivitäten, Ressourcen, durch das Lernverhalten der Akteure und ihre Machtverteilung, und durch ihre Lenkungsstrukturen. Die Aussagen auf dieser theoretischen Ebene sind noch sehr allgemein, sie sollen nun am Fall des Wissenschafts-Industriellen Komplexes spezifiziert werden.
Ein Bürokratisch-Industrieller Komplex kommt zustande, wenn für die teilnehmenden Akteure zwei Bedingungen erfüllt sind. Die notwendige Bedingung lautet, daß die Ziele der Akteure konform sein müssen (implizite Zielkonformität), die hinreichende stellt auf die Beziehungsstruktur der Akteure ab. Die Beziehungen kommen zustande, indem die Akteure aufgrund ihrer Ressourcen (Ressourcenbasis in Form von Geld, Gütern, Leistungen, Wissen und Information) Aktivitäten zur Erreichung ihrer Ziele verfolgen. Die Verflechtung durch diese Beziehungen kann abgebildet werden mit Hilfe von Geld-, Güter-, Leistungs- und Informationsströmen unterschiedlicher Intensität.

Das dominierende Lenkungssystem in Bürokratisch-Industriellen Komplexen sind Netzwerke. Doch spielen auch die Lenkungssysteme Hierarchie, Markt und Berufskultur eine wichtige Rolle. Diese Lenkungsstrukturen werden durch verschiedenartige Determinanten angetrieben. Netzwerke verändern sich durch Lernprozesse, Veränderungen von Zielen und Ressourcen und durch Machtverschiebungen innerhalb des Netzwerks. Die Lenkung von Netzwerken ist von "außen" kaum möglich. Für Veränderungen (von "innen") müssen Kernakteure gewonnen werden.

Die *Ziele/Normen* und die Intensität der Beziehungen zwischen den Akteuren bestimmen im wesentlichen die Lenkungsstruktur (Netzwerk, Hierarchie, Markt, Kultur, Beruf)[1]. Von einem *Netzwerk* kann immer dann ausgegangen werden, wenn gleichberechtigte Akteure miteinander in Beziehung treten, die gleiche oder ähnliche (selbstbestimmte) Ziele verfolgen und in spezifischen Beziehungen miteinander stehen. Da die Akteure des Wissenschafts-Industriellen Komplexes keine Individuen, sondern Organisationen, Bürokratien,

---

1 Die Lenkungsstrukturen geben an, wie die Akteure ihre Aktivitäten und Ressourceneinsätze organisieren. Lenkungsstrukturen sind also Organisationsformen.

Firmengruppen etc. sind, treffen hier häufig *hierarchische Lenkungs-strukturen* zu. Zwischen den Hierarchieebenen bestehen wiederum Netzwerke. Die Lenkungsstruktur der *Kultur* und der *Berufe* bestimmt die Forschung in hohem Maße. Innerhalb der Akteure herrscht eine bestimmte Unternehmens-, Instituts-, Ressort*kultur*; die *"scientific community"* ist durch ein starkes Berufsethos gekennzeichnet; dies gilt auch für einzelne Disziplinen (Mediziner, Ingenieure, Verwaltungsfachleute, Ministeriale, weniger die Sozialwissenschaftler). *Marktbeziehungen* bestehen unter den privaten Unternehmen. Ein Wissenschafts-Industrieller Komplex ist demnach gekennzeichnet durch ein vielfältiges System von *Konkurrenz- und Kooperationsbeziehungen.*

C. Die Realität der "Wissenschaftsstadt Ulm"

1. Die teilnehmenden Akteure und ihre Ziele

Ich füge in das Schema 1 die Akteure der "Wissenschaftsstadt" ein.[1]

1 Vgl. die ausführliche Übersicht in Helge Majer, Strategien der Forschungspolitik - Die „Wissenschaftsstadt Ulm„, Universität Stuttgart, Institut für Sozialforschung, 1994, unveröffentlichtes Manuskript. In dieser Übersicht findet sich (1) eine ausführliche inhaltliche Beschreibung der einzelnen Akteure der "Wissenschaftsstadt Ulm", wird (2) eine Skizze der quantitativen Bedeutung gegeben, sind (3) herausstechende Aktivitäten im Zusammenhang mit der Wissenschaftsstadt herausgearbeitet und (4) die Ziele der einzelnen Akteure beschrieben.

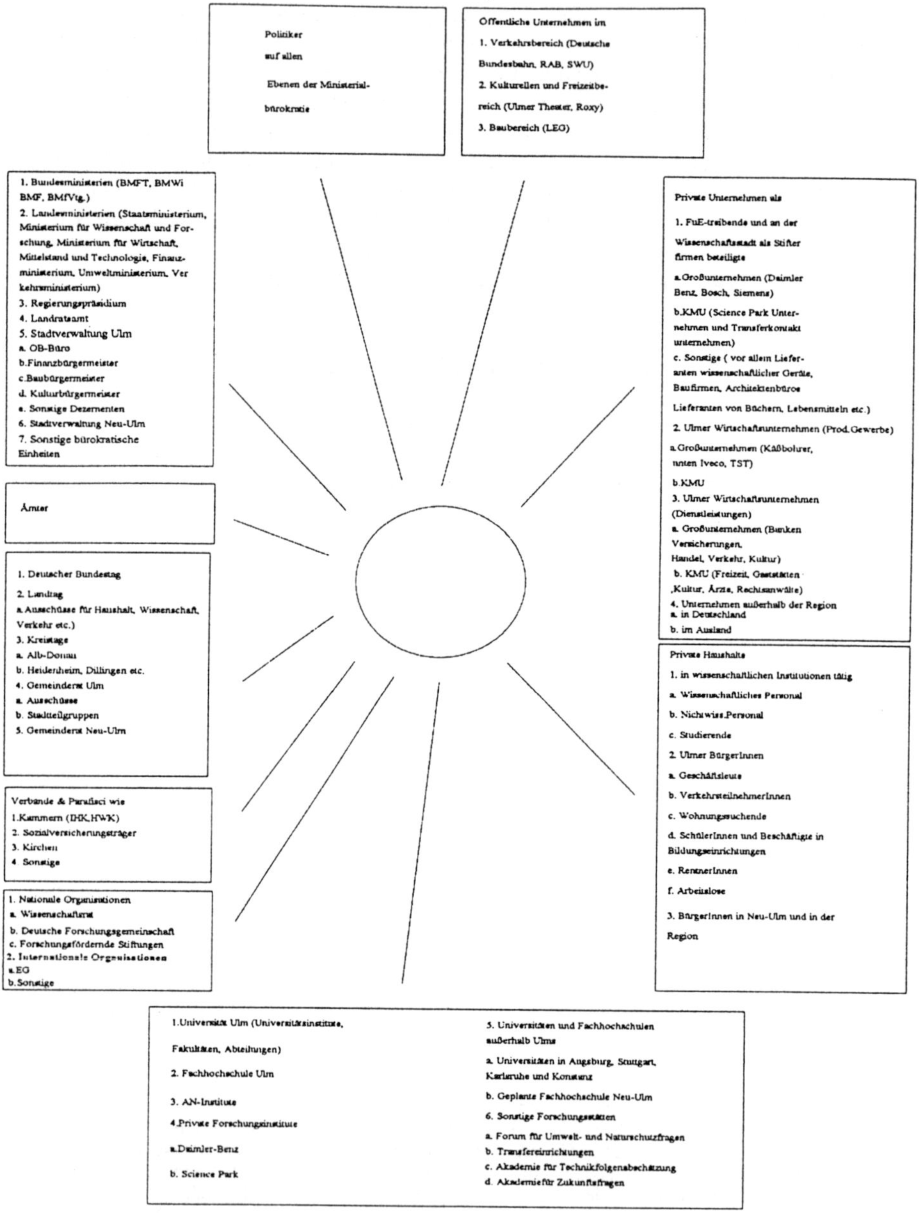

Schema 2: Akteure des WIK Ulm

Das Modell Bürokratisch-Industrieller Komplexe geht davon aus, daß über gleichartige, gleichgerichtete Zielsetzungen der einzelnen Akteure und über Beziehungen zwischen den Akteuren ein *Netzwerk* [1] zustandekommt, das dann zu einem *Wachstumskartell* führt. Um diese Frage zu prüfen, habe ich in einer detaillierten Tabelle Akteure und Ziele gegenübergestellt und auf ihre Vereinbarkeit geprüft[2]. Es zeigt sich, daß die weit überwiegende Mehrheit der Akteure ihre Ziele mit der Wissenschaftsstadt verbessern kann. Eindeutig negative Auswirkungen auf die Ziele von Akteuren lassen sich nicht ausmachen; es bleiben allerdings einige Anmerkungen in Bezug auf die Hochschulen andernorts, die Gewerkschaften und die privaten Haushalte:

- Die Hochschulen andernorts sollten sich nicht durch kurzfristig orientiertes Konkurrenzdenken langfristige Chancen verbauen; sie müssen von den überregionalen Spillovers überzeugt werden.
- Die Gewerkschaften stehen der Konzeption in ihrer jetzigen Ausprägung immer noch skeptisch gegenüber, obgleich die ursprünglich vorgesehene Dominanz von Daimler-Benz nicht mehr gegeben ist. Einerseits möchten die Gewerkschaften ihren Einfluß auf die Konzeption und Entwicklung der "Wissenschaftsstadt" sichern und ausbauen; sie sehen sich dabei als Sachverwalter der Gesellschaft. Andererseits soll die Wissenschaftsstadt nicht von der Industrie dominiert werden. Die Sicherung des Einflusses (des DGB) ist mühsam[3]. Dies läßt sich an der unterschiedlichen Interpretation von Institutssatzungen zeigen. Die Lenkungskommission schreibt z.B. zum AN-Institut FAW: "Modellhaftes Beispiel für neue, innovative Kooperationsformen zwischen Wissenschaft und Wirtschaft ist das Forschungsinstitut für anwendungsorientierte Wissensverarbeitung (FAW), bei dem sich mehrere Firmen zusammen mit dem Land Baden-Württemberg in einer vorwettbewerblichen Phase zu einer bislang kaum für möglich gehaltenen intensiven Forschungskooperation zusammengefunden haben. Eine Besonderheit in der Organisationsstruktur des FAW besteht z.B. darin, daß die kooperierenden Firmen bereit sind, 60% des nicht durch andere Einnahmen gedeckten Fehlbedarfs des Instituts zu finanzieren, jedoch nur über ein Drittel der Stimmen im Kuratorium verfügen"[4]. Ganz anders klingt dies von gewerkschaftlicher Wissenschaftlerseite: "Das bereits arbeitende Forschungsinstitut für anwendungsorientierte Wissensverarbeitung (FAW), das sich mit dem Einsatz neuer Computergenerationen zur Rationalisierung der Produktion beschäftigt, zeigt, wie diese Kooperation

---

1 Vgl. z.B. Schmid et al., 1991, S. 42 ff.

2 Vgl. Helge Majer, Strategien der Forschungspolitik Forschungspolitik - Die „Wissenschaftsstadt Ulm„, Universität Stuttgart, Institut für Sozialforschung, 1994, unveröffentlichtes Manuskript, a.a.O., S. 17f.

3 Dies zeigt z.B. die Diskussion um die Besetzung des Vorstands der baden-württembergischen Akademie für Technikfolgenabschätzung.

4 Lenkungskommission, 1989, S. 21.

(zwischen Universität und Wirtschaft, H.M.) funktioniert: mit 40 v.H. des Stiftungskapitals ist das Land Baden-Württemberg an dem Institut beteiligt, den Rest haben die Konzerne Hewlett-Packard, IBM, Mannesmann-Kienzle, Nixdorf, Siemens und Daimler-Benz aufgebracht, die auch die Forschungsschwerpunkte bestimmen und exklusiven Zugriff auf ihre Ergebnisse haben. Die Universität dagegen hat, obwohl sie Kapazitäten und Wissenschaftler zu Verfügung stellt, faktisch keinen Einfluß auf das, was an diesen AN-Instituten geschieht"[1]. Wie ich bei der Bewertung ausführlicher darstellen werde, schätzen die Gewerkschaften die Chancen der "Wissenschaftsstadt" eher zurückhaltend bis skeptisch ein (z.B.:"Technologiestädte sind ungeeignet als Entwicklungsstrategie für zurückgebliebene Regionen.", Junne et al., 1990, S. 82). Die Argumentation verläuft dabei

(1) vor dem Hintergrund unmittelbarer Gewerkschaftsinteressen, wenn z.B. befürchtet wird, daß der Organisationsgrad der Gewerkschaft in einer Wissenschaftsstadt abzunehmen droht (vgl. Junne et al., 1990, S. 76), oder wenn gesagt wird, daß in netzartigen Komplexen, wie es eine Wissenschaftsstadt darstellt, die Durchsetzung gewerkschaftlicher Ziele schwieriger wird.

(2) Aber es wird auch für gesellschaftliche Interessen argumentiert: " Die enge Zusammenarbeit zwischen Unternehmen und Universitäten hat sehr ambivalente Auswirkungen auf die beteiligten Hochschulen. Die akademische Selbstverwaltung wird teilweise ausgehöhlt, die Gewichte zwischen den Studienrichtungen und zwischen Lehre und Forschung verschieben sich. Die Offenheit wissenschaftlicher Diskussion nimmt ab"[2].

- Eine weitere Gruppe von Akteuren, deren Ziele nicht eindeutig konform mit dem Ausbau der Wissenschaftsstadt gehen, sind die privaten Haushalte in Ulm und in der Region. Die Mehrheit schweigt wohl, und viele Bürgerinnen und Bürger haben wohl kaum eine Vorstellung davon, welche Auswirkungen eine "Wissenschaftsstadt" auf sie hat oder haben könnte, und wie ihr individuelles Leben dadurch beeinflußt wird. Im übrigen werden die meisten ihre Interessen bei den Kommunalpolitikerinnen und -politikern gut aufgehoben sehen. Doch es artikulieren sich mit den Gewerkschaften und mit einer Bürgerinitiative "Wissenschaft in der Region" (WIR) kritische Stimmen, die nicht leichtgenommen werden sollten. Die Initiative stellt z.B. in einer *Ulmer Denkschrift* fest: "Die Wissenschaftsstadt Ulm hat bislang in weiten Teilen die Chance für ein neues Denken in problemorientierten Ansätzen versäumt"[3]. Es wird eine humane Technik gefordert, eine neue Kultur der Verantwortung, die den Menschen in der Region helfen soll, ihre *Probleme* zu lösen[4]. Ich werde

1 Dolata, 1990, S. 49f.
2 Schmid et al., 1991, S. 83, im Orig. fettgedruckt
3 Ulmer Denkschrift, 1992, S. 5
4 ebenda, S. 7 ff

später auf diesen Ansatz zurückkommen, weil er wichtige Aspekte meines Bewertungskriteriums *Lebensqualität* enthält.

Der "Wissenschaftsstadt" dürfte jedoch für ihren *jetzigen Pfad* quantitativen Wachstums von diesen Seiten her *kurzfristig* keine Gefahr drohen. Es scheint allerdings, als würde die Stadt Ulm (genauer: die Bevölkerung) "ausgebeutet"[1]. Langfristig ist dies ein ernst zu nehmender Sprengsatz für die "Wissenschaftsstadt Ulm", insbesondere für eine Phase knapper öffentlicher Mittel, die Verteilungskonflikte aufbrechen läßt. Hier muß dann die Frage nach dem Nutzen und den Kosten des "Projekts" für alle Akteure gestellt werden.
Den Destabilisierungstendenzen aus Ressourcenentzug oder -umverteilung stehen andere Faktoren entgegen, die die bestehenden Verhältnisse stützen. Zur Zeit scheint die Machtverteilung im Netzwerk der "Wissenschaftsstadt Ulm" noch eindeutig. Im übrigen lassen sich Netzwerke und Kulturen/Berufe nur von *innen* verändern[2]. Dies dürfte auch für die "Wissenschaftsstadt Ulm" zutreffen, zumal die weitgehende Zielkonformität noch durch zusätzliche Faktoren verstärkt wird, auf die ich nun eingehen will.

2. Beziehungen zwischen den Akteuren

Die Idee der Lenkungskommission für das Forschungszentrum Ulm folgt eindeutig der Netzwerkkonzeption: "Die unmittelbare fachliche und räumliche Nachbarschaft von wissenschaftlichen und industriellen Forschungseinrichtungen ist von der Landesregierung gewollt; in ihr liegt der eigentlich innovative Kern des Forschungszentrums Ulm"[3]. Aus dieser Nähe sollen sich Kooperations- und Informationsbeziehungen ergeben, die die Forschung zusammenschweißen und weitertreiben. Dies sind die erhofften *Synergieeffekte.*
Die räumliche Nähe zwischen Forschung (und Lehre) und Stadt ist nicht gegeben. Die Forschungs- und Lehrinstitute liegen weit oben auf dem Eselsberg, Kliniken und Fachhochschule auf anderen Bergen. Dennoch liegen über institutionelle Bedingungen Beziehungen vielfältiger Art vor. Diese Beziehungen werden gestaltet durch die Aktivitäten der Akteure, die hierfür ihre Ressourcen einsetzen:

---

1 Zur Erinnerung: Trotz einer weitgehenden Zielkonformität der Akteure Bürokratisch-industrieller Komplexe wird (werden) immer ein (mehrere) Akteur (Akteure) ausgebeutet, ohne daß er (sie) es bemerken.

2 Das Beispiel des Technologiezentrums in Konstanz zeigt, wie erfolglos Bemühungen für eine Veränderung sind, wenn sie von *außen* kommen: Die sehr engagiert verfolgte Privatinitiative eines Unternehmensberaters, der versuchte, den Entwicklungsgang des Technologiezentrums zu beeinflussen, scheiterte, weil ihm die Machtstrukturen, Verflechtungen und Interessen des Komplexes (Technologiezentrum) sowie der *Kerngruppe* nicht bekannt waren, oder weil er sie zu ignorieren suchte (vgl. Boos/ Kostka/ Scharpf, 1988, S. 325).

3 Lenkungskommission, 1989, S. 6.

- *Gesetzliche Regelungen,* wie zum Beispiel die (haushaltsrechtlichen) Beschlüsse des baden-württembergischen Landtags zum Auf- und Ausbau des Forschungszentrums Ulm, das Universitätsgesetz, kommunalrechtliche Bestimmungen, etc. Durch diese gesetzlichen Regelungen entstehen spezifische Beziehungen zwischen Akteuren des Wissenschafts-Industriellen Komplexes.
- *Verträge* zwischen Institutionen und Personen (auch öffentlichen Rechts). Die Kooperationsvereinbarung der Ulmer Universität und Fachhochschule regelt über eine paritätisch besetzte Kommission die Koordination der Lehre in Medizin- und Feinwerktechnik[1]. Als Organisationsform für die AN-Institute wurden Stiftungen gewählt. Die Stiftungsverträge gewährleisten eine enge institutionelle und personelle Kooperation zwischen Wissenschaft (besser: öffentlich finanzierter Wissenschaft) und Wirtschaft.
- Über *gemeinsame Forschungsprojekte* wird (meist über die Finanzierungsträger) eine enge Kooperation vorliegen. Zwischen den Ingenieurwissenschaftlerinnen und -wissenschaftlern, den Forschungsinstituten von Daimler-Benz und den Firmen des Science Parks sollen gemeinsame Forschungsprojekte geplant sein[2]. Die Informatiker kooperieren mit den Medizinern und dem FAW. Mit ISDN besteht ein Verbundprojekt im ländlichen Bereich über die effizientere Nutzung des Telefons durch Kopplung mit Rechnern, an dem 17 Partner teilnehmen (Ulmer Industriebetriebe, Kässbohrer, Voith und sein Konkurrent Sulzer&Escher&Wyss, Telecom, verschiedene IHKs etc.)
- Eine ganze Reihe von Positionen werden in *Personalunion* wahrgenommen. Einige (eher zufällig ausgewählte) Beispiele: Der wissenschaftliche Direktor des Forums für Umwelt- und Naturschutzfragen ist Leiter der Universitätsabteilung für analytische Chemie und Umweltchemie; der Technologiebeauftragte der Landesregierung steht gleichzeitig der Steinbeis-Stiftung vor; der Leiter des FAW ist gleichzeitig Ordinarius in der Fakultät Informatik; der Vorstand des AN-Instituts für Diabetestechnologie ist gleichzeitig Ordinarius an der Fakultät für Klinische Medizin (Innere Medizin).
- Die *Mitgliedschaft* einzelner Personen in bestimmten *Gremien* stellt einen wichtigen integrativen Faktor dar: Man kann ohne Übertreibung sagen, daß etwa ein bis zwei Dutzend Persönlichkeiten (Kernakteure) über die Mitgliedschaft in mehreren Gremien (Arbeitskreisen, Kommissionen, Foren, Gesellschaften und Vereinen) regelmäßigen Kontakt miteinander haben.
- Die *Transfereinrichtungen* sorgen für effiziente Verzahnung, z.B. das schon erwähnte regionale Wissenschaftszentrum der Fachhochschule Ulm, das

1 Vgl. Lenkungskommission, 1989, S. 19.
2 Vgl. SWP v. 27.6.92, S. 21.

Transferzentrum der Universität, die vielfältigen Aktivitäten der Steinbeis-Stiftung an anderen Stellen. Die beiden Industriesemester der Studierenden der Fachhochschule Ulm knüpfen ebenfalls Verbindungen zur Wirtschaft.

- Aus der skizzierten gemeinsamen Arbeit für ein faszinierendes Projekt, die "Wissenschaftsstadt", ergeben sich *freundschaftliche Beziehungen* wichtiger Promotoren.
- Durch *Kongresse und Symposien* sowie Kolloquien entsteht ein wichtiger Erfahrungsaustausch; man lernt sich kennen und pflegt Kontakt.
- Der *identische Aufbau von Forschungsbereichen, -schwerpunkten und Instituten,* wie dies z.B. für die Daimler-Benz-Forschung und die Universität immer noch gilt, synchronisiert Forschungsaktivitäten und stellt ein Kooperationspotential dar.
- Die *Wissenschaftlergemeinde (scientific community")* ist voneinander abhängig, weil sie wesentlich von Informationen und Ergebnissen anderer existiert. Dieser Zwang zur Zusammenarbeit wird aber auch - bei allem Individualismus von Forscherpersönlichkeiten - ergänzt durch das Bewußtsein, zu einer geistigen Elite zu gehören, die den Erkenntnisfortschritt weiterbringt. Eine wichtige Vision, wie die "Wissenschaftsstadt", bringt noch andere hinzu; so soll ein "Spätzle-Essen" im Engel in Lehr, einem Vorort Ulms, zwischen Wissenschaftlern und dem Ministerpräsidenten (Lothar Späth) der Auslöser für die Wissenschaftsstadt gewesen sein[1].
- Zu den weiteren Faktoren wie *Vergabe von Ehrensenatoren- und Ehrendoktorentiteln sowie Medaillen (der Universität Ulm)* und vielem anderem mehr zählt auch *eine Architektur*, die für eine *"atelierhafte Atmosphäre der Wissenschaftswelt" sorgt und die "Wege (und Gänge) als Erlebnisräume und Kommunikationsachsen"* begreift[2].

3. Faktoren der Entwicklung

Als Zwischenfazit können wir festhalten, daß über die gleichgerichteten Ziele der Akteure und ihr Beziehungssystem die notwendige und hinreichende Bedingung aufgezeigt wurde, daß mit der "Wissenschaftsstadt Ulm" ein Wissenschafts-Industrieller Komplex vorliegt. Nun wollen wir uns den Antriebskräften zuwenden. Ich hatte Lernprozesse, Veränderungen von Zielen und Ressourcen und asymmetrische Machtverteilung als Antriebskräfte von Netzwerken dargestellt. Wie können diese Faktoren für einen Wissenschafts-Industriellen Komplex konkretisiert werden?

Lernprozesse werden häufig als *Synergieeffekte* des Zusammenwirkens oder Zusammenlebens bezeichnet. Im Sinne der Netzwerktheorie treten diese

1 Vgl. SWP v. 27.6.92, S. 21.
2 Vgl. SWP v. 27.9.91.

Lernprozesse langfristig auf, wenn die Lernbeziehungen (Austauschbeziehungen von Wissen und Erfahrung) gegenseitig sind. Einseitige "Ausbeutung", Geheimhaltungsbestrebungen, Veröffentlichungsverbote etc. beenden oder blockieren diesen Prozeß. Dabei findet das Lernen auf sehr verschiedenen Ebenen statt: natürlich innerhalb der Bildungs- und Forschungseinrichtungen, doch auch im sozialen, technischen, persönlichen, juristischen Umgang der Akteure miteinander, werden Möglichkeiten gesucht, erkundet, getestet, um etwas anders zu tun. Björn Johnson unterscheidet zwischen (1) learning by doing, (2) learning by using, (3) learning by interacting, und in Bezug auf institutionales Lernen (4) learning by producing, (5) learning by searching, (6) learning by exploring[1]. Die Lernprozesse sind eingebettet in einen Satz von Institutionen (in den Bereichen Wirtschaft, Organisation, Geographie und Kultur) und werden von diesem wesentlich beeinflußt[2]. Diese Lernprozesse sind für die Erklärung der Dynamik der "Wissenschaftsstadt Ulm" außerordentlich wichtig,[3] doch ihre Bedingungen und Hemmnisse sind noch nicht ausreichend untersucht.

Veränderungen von Zielen treten eher selten auf. Allenfalls bei den Aktivitäten ergeben sich über Such- und Lernprozesse Veränderungen, die das Netzwerk verändern. Veränderungen in den Ressourcen üben sehr starke Impulse aus[4]. Wahlen in der Stadt oder in den Hochschulen bringen neue Personen in die Verantwortung (Oberbürgermeister, Parteienkoalitionen, Universitätsrektor, etc.) und bewirken Machtverschiebungen.

4. Zwischenergebnis und Konsequenzen

Als Zwischenergebnis läßt sich feststellen: Die "Wissenschaftsstadt Ulm" läßt sich mit Hilfe eines Bürokratisch-Industriellen Komplexmodells sehr gut beschreiben; die wesentlichen Elemente und Verknüpfungen der Wissenschafts-

1 Vgl. B. Johnson, Institutional Learning, in: B.-A. Lundvall (Hrsg.), National Systems of Innovation. Towards a Theory of Innovation and Interactive Learning, London 1992, S. 31f.

2 Vgl. B.-A. Lundvall, User-Producer Relationsships, National Systems of Innovation and Internalisation, in: B.-A. Lundvall (Hrsg.), Natioanl Systems of Innovation and Internalisation, a.a.O., S. 55f. sowie im selben Band: E.S. Anderson, Approaching National Systems of Innovation from the Production and Linkage Structure und L. Gelsing, Innovation and the Development of Industrial Networks.

3 Vgl. auch Th. Quiehl, Wissenschaftsstädte, Ein neues Instrument zur Innovationsförderung?, Diss., Stuttgart 1994.

4 Die Zusage des Finanzministers des Landes Baden-Württemberg, den Ausbau der Universität und Fachhochschule weiter finanziell zu fördern, ist entscheidend für die Entwicklung der Hochschulen; ein Streichen oder Kürzen der Mittel würde starke negative Impulse auslösen, wie dies z.B. durch die Rücknahme des Forschungsengagements von Daimler-Benz oder die Gefährdung des Klinikausbaus durch das Sparprogramm 1996 der Landesregierung geschehen ist. Ein Ressourcenentzug fände jedoch auch statt, wenn die Stadt Ulm das Ulmer Theater schließen würde.

stadt können abgebildet werden. Aus der Ziel- und Verflechtungsanalyse hat sich außerdem eine hohe Stabilität des Kerns der Wissenschaftsstadt ergeben; "nur" Gewerkschaften, Die Grünen, eine Bürgerinitiative (WIR) und wohl eine Reihe von Bürgerinnen und Bürgern stehen der "Wissenschaftsstadt" skeptisch gegenüber. Wie stark das Konkurrenzdenken bei anderen Universitäten, wie z.B. Stuttgart, Karlsruhe, Konstanz oder Augsburg ist, kann nur vermutet werden; bei der jetzigen Konstellation der "Wissenschaftsstadt" wird auswärtiger Neid eher gefördert. Vollkommene Ablehnung dürfte allerdings selten sein.
Andererseits spricht vieles für die Vermutung, daß die Konzeption noch offene Strukturen besitzt, daß also noch ein *Veränderungspotential* vorhanden ist. Institutionen und Verhaltensweisen der Beteiligten sind noch nicht in Routine erstarrt. Daher ist die Richtung der wissenschaftlichen Zielsetzungen der Wissenschaftsstadt noch nicht endgültig festgelegt, wenn auch die traditionellen Forschungsziele dominieren. Traditionelle Ausrichtung bedeutet, daß die Steigerung ökonomisch-technischer Effizienz im Vordergrund steht; Ziele wie Umwelt-, Sozial- und Internationalverträglichkeit treten stark in den Hintergrund. Zur Zeit und in naher Zukunft folgt sie wohl eher dem "kapitalistisch-wissenschaftlichen" Paradigma (Kreibich).

Dieses bedeutet, daß

- Freiheit der Forschung den einzelnen Forschern die Möglichkeit der Wahl von Forschungsprojekten und Forschungszielen läßt, soweit sie (die Forscher) an der Universität arbeiten,
- diese Freiheit sich bei individuellem Karrieredenken aber als Pseudofreiheit entpuppen kann, da sich die Forschungsarbeiten dann i.d.R. an den "peers" und den (impliziten) Bedingungen der "*scientific community*" orientieren (Berufs*kultur*). Je größer die *Zahl* der Veröffentlichungen, je mehr Drittmittel von forschungsfinanzierenden Institutionen (DFG, VW-Stiftung) oder Industrie eingeworben werden, desto größer die Reputation der Forscher. Damit können Abhängigkeiten entstehen; die Wahrscheinlichkeit unabhängiger Forschung "im Dienste der Menschen" sinkt.
- die Freiheit der Forschung an außeruniversitären Instituten (und nicht nur an diesen) dadurch eingeschränkt wird, daß diese sich an den Zielsetzungen der Geldgeber (und Kuratoren) ausrichten muß, und die Geldgeber sind i.d.R. daran interessiert, die Effizienz der Wirtschaft zu steigern. Weil eine explizite Zielsetzung der "Wissenschaftsstadt" darin liegt, die *Anwendung* der Forschungsergebnisse zu gewährleisten, heißt dies i.d.R. eine Anwendung zur Steigerung des Umsatzes von Wirtschaftsunternehmen (quantitatives Wachstum).
- nicht von vornherein *Forschung für eine höhere Lebensqualität* verfolgt wird.

5. Risiken einer Orientierung nach innen

Wichtige Schubkraft für die "Wissenschaftsstadt" entsteht durch die Orientierung nach innen und die zielgerichtete Aktivität der "Kerngruppe", die Universität zu stärken. Die kurze Geschichte der "Wissenschaftsstadt" zeigt, daß der Schub von innen, von der Universität, von der 1986er Denkschrift des Ulmer Senats etwa, herkam. Mit einem "Schalenbild" läßt sich anschaulich zeigen, daß die wichtigsten Impulse von innen, von der Universität her, vom Eselsberg, nach außen laufen. Ebenso deutlich wird aber auch, daß Rückwirkungen stattfinden müssen, die die Dynamik gewährleisten; das System muß "schwingen". Beides ist für das Gelingen der "Wissenschaftsstadt" wichtig, nämlich daß sie sich nach innen richtet, *und* daß sie sich nach außen richtet. Theodor M. Fliedner hat dies mit seiner Forderung einer *Wissenschaftsregion Schwaben* richtig beschrieben. Einerseits müssen also Fachbereiche, Forschungsschwerpunkte, Studienfächer, Zielsetzungen der Akteure aufeinander abgestimmt sein, so wie dies auch tatsächlich der Fall ist, andererseits darf sich keinesfalls eine "Innenschau" auf dem Eselsberg entwickeln.

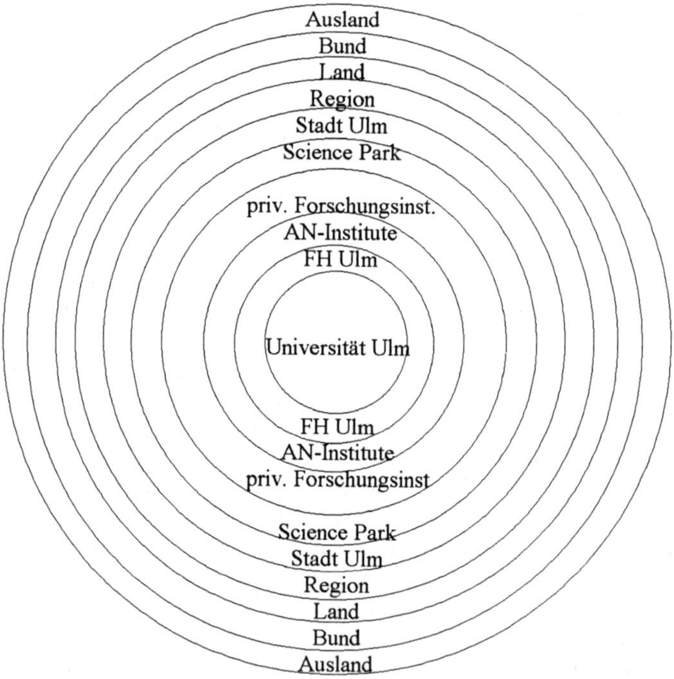

Schema 3: Schalenbild

Ob es dazu kommt, hängt wesentlich davon ab, wie stark die Veröffentlichung von Forschungsergebnissen der mit der Wirtschaft vertraglich gebundenen Institute (z.B. der AN-Institute und des Daimler-Benz-Instituts) eingeschränkt ist. Denn dies ist das Dilemma: einerseits ist die auf dem Eselsberg forschende Wissenschaftlergemeinde an möglichst freier Veröffentlichungspraxis interessiert, eine Restriktion würde dem *Transferziel* der Landesregierung auch entschieden zuwiderlaufen. Andererseits sind die beteiligten Industrieunternehmen daran interessiert, die Ergebnisse der Forschung für eigene Zwecke auszunutzen. Bei diesem Dilemma hilft nur die Einsicht, daß der *offene wissenschaftliche Dialog* immer noch das wichtigste Stimulans für wissenschaftlichen Fortschritt ist.

Um die Außenorientierung über bloße Mitgliedschaften und nationale und internationale Partnerschaften (vgl. z.B. das Personal- und Veranstaltungsverzeichnis der Universität Ulm vom WS 1992/93, S. 195 ff) in aller Welt auszudehnen , wäre es wichtig

- sich um die Ansiedlung von Instituten der Max-Planck-Gesellschaft und der Fraunhofer-Gesellschaft zu bemühen, auch Großforschungseinrichtungen mit ihrem Schwerpunkt Angewandter Forschung und Entwicklung sollten einbezogen werden,
- eine offene Zusammenarbeit mit anderen Universitäten, insbesondere mit Augsburg, aber auch mit Stuttgart (wie im Falle des Zentrums für Sonnenenergie- und Wasserstofforschung (ZSW); warum nicht mit der TA-Akademie in Stuttgart?) anzustreben,
- den Science Park konsequent zu fördern und auf die Schwelle dauerhafter Existenz hinaufzuheben; der Science Park öffnet die "Wissenschaftsstadt" wie ein Fenster nach außen und besitzt damit eine zentrale Funktion.

Kurz gesagt bedeutet dies eine Erweiterung der Forschung hin zu den Sozial- und Geisteswissenschaften und zur Technikfolgenabschätzung. Diese wissenschaftliche Öffnung sollte ergänzt werden durch eine gesellschaftliche. Um dem drohenden *Elfenbeinturmeffekt* zu entgehen (der erfahrungsgemäß nach einer Phase der Erstarrung in einen Elfenbeintod mündet), sollte sich die Universität und das *Forschungszentrum* zur Stadt und Region hin öffnen. Dies ist eine Aufgabe, wie sie dem Aufbau des Forschungszentrums durchaus ebenbürtig ist; die Lenkungskommission der Landesregierung spricht bezeichnenderweise nie von der "Wissenschaftsstadt", sondern immer vom "Forschungszentrum Ulm". Die Lenkungskommission hat entweder die Fliednersche Vision der Wissenschafts*stadt* nicht verstanden oder nicht aufnehmen wollen.

Dies ist ein Experiment für sich: die *sozio-ökonomischen Bedingungen* so zu setzen, daß sich die Wissenschaftsstadt Zielsetzungen annimmt, die auf die modernen Herausforderungen antworten: *Effizienz, aber auch Umwelt-, Sozialverträglichkeit und internationale Verträglichkeit.*

6. Lenkungsbedarf

Die beschriebenen Neuorientierungen sollten durch den Landtag Baden-Württemberg konzipiert und durch wissenschaftspolitische Maßnahmen umgesetzt werden. Allerdings taugen hierfür die traditionellen Mittel der Forschungspolitik nicht. Im herkömmlichen Verständnis von Technologiepolitik werden lineare Zusammenhänge zwischen Ursache und Wirkung unterstellt, ganz im Sinne des mechanistischen Weltbildes von *Isaak Newton.* Im hier diskutierten Zusammenhang der Forschungs- und Technologiepolitik (FuT-Politik) würde diese Sichtweite bedeuten, daß die Landesregierung Baden-Württemberg ihre wirtschafts- und forschungspolitischen Ziele formuliert, ohne die Ziel-, Aktivitäts- und Ressourcenstruktur und die Machtverhältnisse der Akteure zu beachten. Bei Zielverletzungen, etwa dem Ausbleiben regionaler Beschäftigungseffekte, würde die Landesregierung "geeignete Maßnahmen" ergreifen. Dies wäre z.B. die zusätzliche Bereitstellung von Infrastruktur in Form von Straßenbau, die Einrichtung neuer Stellen im Hochschulbereich, die Zahlung von Zuschüssen für Gebäudemieten im Science Park, kurz: finanzielle, sachliche und personelle Mittel (also Infrastruktur).
Dieser traditionelle (hierarchisch-regulative) Politik-Ansatz würde wahrscheinlich mittel- und langfristig nur unvollkommen funktionieren, weil er nicht berücksichtigt, daß es sich bei der "Wissenschaftsstadt" um einen BIK handelt. Bürokratisch-Industrielle Komplexe müssen als nicht-lineare Systeme gesehen werden, die durch Rückkopplungen, Irreversibilitäten u. ä. gekennzeichnet sind. Die Komplexität solcher Systeme (Vielzahl von Akteuren und Zielsetzungen, unterschiedliche Lenkungssysteme) und die Tatsache der Vernetzung der einzelnen Akteure macht es nur näherungsweise möglich, wenn nicht gar unmöglich, Ursachen und Wirkungen zu bestimmen. Solche Systeme müssen von innen gesteuert werden. Ein innengesteuerter Politik-Ansatz enthält die folgenden Elemente:

- Die Forschungspolitik beachtet die eigene Dynamik der Akteure (Ziele, Aktivitäten und Ressourcen).
- Das Anreizsystem (institutionelle Regelungen) ist so gestaltet, daß das individuelle und kollektive Verhalten der Akteure des Wissenschafts-Industriellen Komplexes den gewünschten Zielsetzungen entspricht. Diese gewünschten Zielsetzungen sollten langfristig ausgerichtet sein und das bedeutet, daß außer dem Ziel der Wirtschaftlichkeit (ökonomisch-technische Effizienzsteigerung) auch die drei Verträglichkeitsziele (Umwelt-, Sozial- und Internationalverträglichkeit) angestrebt werden sollen.

- Die Steuerungsstrategie setzt *innerhalb* des Wissenschafts-Industriellen Komplexes an und versucht, die Verhaltensweisen zu verändern.
- Da die Wirkungsrichtungen der "Eingriffe" nicht eindeutig sind, handelt es sich bei den Maßnahmen um ein iteratives Verfahren (trial and error)[1].
- Ein wichtiger Teil von Maßnahmen betrifft die Aktivierung des kommunikativen Potentials, Schaffen von Gesprächsrunden und externe Beeinflussung dieser Runden durch Information.

Ich sehe dabei aber nur Lenkungsmöglichkeiten mit einer *Strategie*, die durch *ordnungspolitische Maßnahmen* die selbstorganisatorischen Bedingungen der "Wissenschaftsstadt" setzt. Die Schwierigkeit besteht darin, daß sich das *Forschungszentrum* inzwischen verselbständigt und die *Stadt* (und wohl auch die Region) hinter sich zu lassen droht. Für einen Lenkungserfolg muß aber die Wissenschaftsstadt über Akteure beeinflußt werden, die im Zentrum sitzen. Dies kann z.Zt. weder die Stadt Ulm allein leisten, noch können dies die Gruppen bewirken (wie z.B. die Gewerkschaften oder Bürgerinitiativen), die die Ansicht vertreten, die "Wissenschaftsstadt" solle sich der Probleme annehmen, die die Gesellschaft umtreiben. *Lenkungsimpulse müssen von einem Kernakteur oder (besser) von mehreren Kernakteuren ausgehen, die mitten im Netzwerk sitzen.*

Die Landesregierung von Baden-Württemberg wäre daher gut beraten, wenn sie ihre Forschungsstrategie für die Ulmer Region überdenken würde. Mit der Konzentration des Landes auf einen Ausbau des "Forschungszentrums Ulm" sind zwei wichtige Probleme verbunden: (1) Mit dem Forschungszentrum liegt ein Wissenschafts-Industrieller Komplex vor. Die Ziele der Landesregierung können nur erreicht werden, wenn diese mit denen der wichtigsten Akteure des Wissenschafts-Industriellen Komplexes konform gehen. Dieser Komplex ist ein kompliziertes Gebilde mit vielfältigen Verflechtungen (Beziehungsketten) und unterschiedlichen Lenkungsstrukturen. Forschungspolitische Maßnahmen müssen diese Lenkungsstrukturen beachten, eine Lenkung von "außen" ist kaum möglich. (2) Der Aufbau eines "Forschungszentrums Ulm" ist suboptimal, wenn nicht die Stadt in die aktive Politik einbezogen wird. Will das Land aber eine "Wissenschaftsstadt Ulm" aufbauen, dann muß sie ihre forschungspolitischen Maßnahmen ändern, insbesondere muß sie verhindern, daß sich die Stadt Ulm übernimmt oder von den Zielverletzungen, die das Forschungszentrum verursacht, nachhaltig geschädigt wird.

---

1 In der neueren Nachhaltigkeitsliteratur spricht man von „weicher Kontextsteuerung„ oder einem „diskursiv-partizipativen Ansatz„ (vgl. hierzu Helge Majer, Institutionentheoretische Aspekte nachhaltiger Entwicklung, Vortrag gehalten am 6.7.96 vor dem Ausschuß für Evolutorische Ökonomik des Vereins für Socialpolitik in Osnabrück, unveröffentlichtes Manuskript 1996).

In der kurzen Frist, für die nächsten 1-2 Jahre, dürfte der jetzige Entwicklungspfad der "Wissenschaftsstadt Ulm" ungefährdet sein. Die kurzfristigen wirtschaftlichen Zielsetzungen (Steigerung der technisch-ökonomischen Effizienz) können wohl weiterhin verfolgt werden.

Doch mittelfristig werden zunehmend Zielverletzungen auftreten, die von den "Ausgebeuteten" des Wissenschafts-Industriellen Komplexes, der Stadt mit ihrer Bevölkerung, zunehmend wahrgenommen werden. Auf der Suche nach dem "Schuldigen" wird das Forschungszentrum in den Mittelpunkt rücken. Die empfindliche Verletzung der Ziele Umwelt- und Sozialverträglichkeit wird deutlich werden.
Die zunehmende Finanzknappheit der öffentlichen Hände (auch der Stadt Ulm) wird diese Entwicklung beschleunigen.
Ausschließliche technisch-ökonomische Effizienzsteigerung stößt schon jetzt an Grenzen. Es wird den Akteuren der Stadtgesellschaft (Private Haushalte, Wirtschaft, Stadtverwaltung und öffentliche Einrichtungen) nicht gelingen, Umwelt- und Sozialverträglichkeit zu ignorieren. Es wird entscheidend sein, die anderen Bereiche der Lebensqualität von Stadt und Region zu beachten: nicht nur Einkommen und Arbeitsplätze, auch Umwelt, Wohnen und Verkehr etc. Eine fühlbare Verschlechterung der Lebensqualität wird sich in ökologischem und sozialem Sprengstoff niederschlagen. Mittelfristig stellt dies eine große Gefahr für die "Wissenschaftsstadt Ulm" dar. Der breite Blick auf Kompensationsmöglichkeiten trägt dazu bei, Krisen abzupuffern.

D. Abschätzung einiger Wirkungen der Wissenschaftsstadt Ulm

1. Vorbemerkung

Die Wirkungen der "Wissenschaftsstadt Ulm" auf die Lebensqualität hängen ab von den Zielen, Aktivitäten und vom Ressourceneinsatz der einzelnen Akteure des Wissenschafts-Industriellen Komplexes auf die einzelnen Lebensqualitätskomponenten. Ich unterstelle implizit eine Verflechtungsmatrix, in der die Geld-, Güter-, Leistungs- und Informationsströme zwischen den Akteuren abgebildet werden können. Der Matrix liegt eine Input-Output-Betrachtung zugrunde: Die internen Aktivitäten des einzelnen Akteurs führen zu materiellen und immateriellen Bezügen von "außen", wie z.B. Bauten, Gehaltszahlungen, Forschungsprojektmitteln, Honoraren, Pflegesätzen, Unterhaltskosten, Beschaffungen für Kantine, Büros, Labors, etc. Diese Inputs werden nach Maßgabe der Ziele des Akteurs in Outputs umgewandelt und führen zu materiellen und/oder nicht-materiellen "Lieferungen" nach außen, wie z. B. Wissen, Forschungsergebnisse, gesunde Patientinnen und Patienten, Meinungs-

äußerungen, Beratungsleistungen, etc. Rückwirkungen sowie Synergieeffekte können nicht abgebildet werden.
Es ist sinnvoll, zwischen solchen Wirkungen zu unterscheiden, die durch die bloße Existenz der "Wissenschaftsstadt" hervorgerufen werden (die Tatsache z.B., daß die Universität Menschen beschäftigt), und solchen, die durch aktive, zielgerichtete Handlungen der Akteure ausgelöst werden (z.B. Forschungsschwerpunkte, Institute, Studiengänge). Die zweite Kategorie von Wirkungen läßt sich in der Regel steuern.

Eine wichtige Voraussetzung für die Wirkungsanalyse sind die Annahmen darüber, wie Organisation und Verhalten der Unternehmen und Haushalte eingeschätzt werden können. Wenn z.B. die Unternehmen in einer Region nicht flexibel sind (wie etwa TST), dann kann auch das beste Forschungspotential einer "Wissenschaftsstadt" keinen Beitrag leisten.

2. Wirkungen auf Einkommen und Beschäftigung

Einige Wirkungen auf Einkommen, Beschäftigung und Versorgung lassen sich angeben:

- Auf Initiative der Landesregierung faßt der Landtag finanzwirksame Beschlüsse, die den Ausbau des Forschungszentrums in Ulm betreffen (Bau von Kliniken, Universitätsgebäuden etc.). Die traditionelle Multiplikatortheorie prognostiziert, daß dadurch einmalige Erhöhungen von Einkommen und Beschäftigung resultieren, die abhängen von den Auslastungsgraden der beauftragten Firmen (vor allem der Bauindustrie i.w.S.). Die Höhe dieser Effekte wird vor allem durch das Ausgabe- und Sparverhalten der Beteiligten bestimmt. Dauerhafte Effekte resultieren durch die Folgekosten des Unterhalts dieser Anlagen und Gebäude.
- Auf Initiative der Landesregierung richtet der Landtag dauerhafte Stellen ein und finanziert die zusätzlichen Lehr- und Forschungskapazitäten mit laufenden Zuwendungen aus dem Landeshaushalt. Die Multiplikatortheorie prognostiziert dauerhafte Steigerungen von Einkommen und Beschäftigung. Die Höhe hängt ab vom Ausgabe- und Sparverhalten der betroffenen privaten Haushalte (Beschäftigte in den Forschungsstätten der Universität und Fachhochschule), des Einzelhandels, der liefernden Unternehmen in Ulm und in anderen Regionen.
- Diese Einkommens- und Beschäftigungseffekte sichern und schaffen Arbeitsplätze. Für die Stadt Ulm ergeben sich Steigerungen der Gewerbesteuer, sie erhöhen die Anteile der Kommune und des Landes an der Einkommens- und Lohnsteuer sowie an der Mehrwertsteuer. Verschiedene Verbrauchssteuern, die der Kommune zustehen, erhöhen die Einnahmen der Stadt Ulm.

- Die Einrichtung und der Unterhalt von AN-Instituten, die von den stiftenden Institutionen (Land, Stadt, private Großunternehmen) geleistet werden, erhöhen dauerhaft Einkommen und Beschäftigung.
- Entscheidungen der Firmen, die private Forschungsinstitute im Forschungszentrum betreiben (Daimler Benz und AEG) und die im Science Park angesiedelt sind, schaffen Einkommen und Beschäftigung in diesen Institutionen.
- Die Stadt Ulm weist Baugebiete für private und gewerbliche Nutzung aus und schafft die infrastrukturellen Voraussetzungen für Wohnungsbau und Gewerbeansiedlung. Durch Erwerb von Wohnungseigentum und gewerbliche Investitionen wird Einkommen und Beschäftigung (vor allem im Baugewerbe) geschaffen. Hiervon profitiert auch das Bank- und Versicherungsgewerbe.
- Forschungsergebnisse von Universität und Fachhochschule fließen durch Beratungstätigkeit in die Unternehmen der Wirtschaft. Sie sichern dadurch die Existenz und das Wachstum dieser Unternehmen (Umsatzsteigerungen durch neue Produkte und neue (kostensparende) Anwendungen in der Produktion. Sie schaffen zusätzliches Einkommen und zusätzliche Beschäftigung.

Bei diesen Wirkungssträngen treten sowohl direkte als auch indirekte Effekte auf Einkommen und Beschäftigung auf. Die direkten Effekte entstehen in den von finanziellen Zuwendungen profitierenden Institutionen selbst. Die indirekten Effekte hängen ab von Ausgabe- und Sparverhalten der beteiligten Akteure. Diese Ergebnisse sind bekannt und sie können mit Hilfe einer (aufwendigen) Input-Output-Analyse abgeschätzt (z.T. auch berechnet) werden. Die Vorleistungsverflechtung entscheidet darüber, ob es sich um Nah- oder Fernwirkungen handelt. Ferner: Führen die neuen Produkte zu Umsatzwachstum im Konsumgüterbereich und bei Investitionsgütern (zusätzliche Verkäufe), oder führen sie zur Freisetzung von Arbeitskräften durch Rationalisierung? Sind diese Produkte auch umweltsparend. Sind sie sozialverträglich?
Die Stadt Ulm ist daran interessiert zu wissen, welche dieser Effekte auf die privaten Haushalte und die Unternehmen in Ulm wirken. Sie sind ohne Frage erheblich. Immerhin wurden Investitionen in Höhe von ca. 1 Mrd. DM getätigt.
Die Landesregierung ist daran interessiert zu wissen, welche zusätzlichen Einkommen und Arbeitsplätze in Ulm geschaffen wurden, also, ob alternative Förderung (in andere Forschungsstätten, in anderen Regionen) zu mehr oder weniger Einkommen oder Beschäftigung geführt hätte. Ist die Förderungsmark für die Wissenschaftsstadt Ulm besser angelegt als anderweitig? Die Antwort auf diese Frage hängt davon ab, wie sich die Wissenschaftsstadt entwickelt. Gelingt es dem Netzwerk, zusätzliche Effekte (Synergieeffekte) zu generieren,

die über die von der traditionellen Multiplikatortheorie beschriebenen Wirkungen hinausgehen? Diese hängen wesentlich davon ab, wie die Zielsetzungen, Aktivitäten (Ressourcenverwendung) und Beziehungen der Akteure der Wissenschaftsstadt gestaltet sind. Die Forschungskapazitäten des Forschungszentrums können zukunftsweisend (gleich umwelt- und sozialverträglich) eingesetzt werden, oder sie können traditionellen Pfaden folgen. Trägt das Forschungszentrum dazu bei, den ökologischen und sozialen Umbau der Marktwirtschaft zu fördern?

3. Wirkungen auf Bildung und Gesundheit

Bei den Wirkungen auf Bildung, Ausbildung und Gesundheit muß nicht ausführlich begründet werden, daß die starke Massierung von Ausbildungsstätten in der Universität und der Fachhochschule Ulm, später auch in Neu-Ulm, zu wichtigen und eindeutigen Impulsen auf Bildung und Ausbildung in der Region führt. Ebenso selbstverständlich sind die positiven Wirkungen vermehrter Bildung und Ausbildung auf die individuelle Lebensqualität und die Produktivität in der Wirtschaft (durch das sog. Humankapital). Unbestritten dürfte auch sein, daß die Qualität der Bildungsinhalte ein wichtiges Element darstellt, und die Versuchung ist groß, sich auf den nie endenden Streit über Struktur und Gewichtung dieser Bildungsinhalte einzulassen. Ich begnüge mich mit dem Hinweis, daß die Universität Ulm als ein Modell angetreten ist, neue Formen der Vermittlung (Innovationen) von Wissen an die Studierenden anzuwenden; von dieser Zielsetzung scheint allerdings wenig übriggeblieben zu sein.
Es muß auch nicht ausführlich diskutiert werden, daß die starke Massierung von Kliniken und deren enger Verbund *in Ulm und um Ulm herum* zu wichtigen und eindeutigen Vorzügen in der Gesundheitsversorgung der Bevölkerung führt. Die Einschätzung der Lenkungskommission teile ich, daß die Verbindung von Forschungsarbeiten in der Medizin und anderen Disziplinen "unter einem Dach" und die enge Zusammenarbeit mit Unternehmen der Wirtschaft durch AN-Institute und Fachhochschule Innovationen im medizinisch-technischen Bereich stimulieren wird.
Die Entwicklung der medizinischen Behandlung im ambulanten und klinischen Bereich zeigt aber andererseits, daß die psychisch-soziale Situation der Patientinnen und Patienten oft, vielleicht gar in der Regel, vernachlässigt wird. An der Universität befassen sich wohl einige Abteilungen mit diesen Fragen, und der Ausbau des Bereichs Technikfolgenabschätzung (hier: Gesundheitsökonomik) weist darauf hin, daß die Voraussetzungen für eine humane Humanmedizin nicht vernachlässigt werden. Doch der tägliche "Medizinbetrieb" in Praxen und Kliniken zeigt sich anders. Hier bietet sich eine engere Kooperation mit den sozialwissenschaftlichen Instituten der Universität Augsburg an (vgl. dazu den Fliedner-Plan).

4. Wirkungen auf Umwelt, Energieverbrauch, Wohnen und Verkehr

Die positiven Wirkungen auf Einkommen und Beschäftigung sind negativ korreliert mit Umwelt, Energieverbrauch, Wohnen und Verkehr.

- Das quantitative Wachstum von Einkommen und Produktion zieht einen erhöhten Energieverbrauch nach sich. Es ist noch nicht zu erkennen, daß das Forschungszentrum zu energiesparendem Verhalten und energiesparenden Technologien wesentlich beiträgt. Positive Entwicklungen können allerdings ausgemacht werden.
- Das Zentrum für Sonnen- und Wasserstofforschung entwickelt Energieformen, die zur Abkehr konventioneller Energieträger führen. Die Region Ulm profitiert hiervon allerdings z.Zt. wenig.
- Das Daimler-Benz-Forschungsinstitut befaßt sich intensiv mit der Entwicklung energiesparender Antriebsysteme.
- Einzelne Unternehmen des Science Parks betreiben die Entwicklung neuer Verfahren.
- Die Entwicklungs- und Beratungstätigkeit der Fachhochschule hat einen weit beachteten Schwerpunkt in Solarenergie und Photovoltaik.
- Zunehmender Energieverbrauch im Zuge quantitativen Wachstums zerstört die Umwelt.
- Die Müllprobleme der Stadt Ulm wurden mit konventionellen Verfahren angegangen (MVA). Allerdings sind auch gewaltige Einsparungen durch Müllvermeidung und -sortierung erreicht worden (Reduzierung des Müllaufkommens der Stadt um ca. 40 %). Dieser Erfolg ist allerdings nicht auf die Beiträge des Forschungszentrums zurückzuführen. Sie resultieren durch externe Schocks (Stopp des Müll-Exports nach Frankreich).
- Die Erweiterungsbauten der Forschungsstätten und der Ausweis von Baugebiet auf dem Eselsberg haben ein wichtiges Naherholungsgebiet der Ulmer unwiederbringlich zerstört.
- Wesentliche Müllverursacher (z.B. die Kliniken) haben ihr Verhalten und ihre Technik nicht geändert.
- Der Zuzug vieler privater Haushalte, die ihre Beschäftigung der Dynamik der Wissenschaftsstadt verdanken, hat mit zu großer Wohnungsnachfrage beigetragen.
- Der Ausbau des Forschungszentrums hat dazu beigetragen, daß der private Individualverkehr in Ulm zugenommen hat. Die Stadt Ulm bemüht sich seit zwei Jahren, zusammen mit Neu-Ulm um eine Lösung des Verkehrsproblems (z.B. Ausbau eines Strassenbahnnetzes).

Das Forschungszentrum sollte dazu beitragen, durch gezielte Forschungsaktivitäten diese Probleme zu mildern oder zu beseitigen.

5. Wirkungen auf politische Partizipation und Freizeit

Zu beachten sind auch Wirkungen auf politische Partizipation und Freizeit. Die Stadt Ulm hat durch den Ausbau des Forschungszentrums einen weit überdurchschnittlichen Zuwachs an hochqualifizierten privaten Haushalten mit hohem Bildungsniveau erhalten. Wie wirkt sich dies auf die politische Kultur der Stadt aus? Hat der Anteil dieser Gruppe in den demokratischen Entscheidungsgremien der Stadt zugenommen? Haben die Vereine, wissenschaftlichen Arbeitskreise, die Vortragenden bei weiterbildenden Veranstaltungen, die diese Gruppe verantwortlich wahrnimmt zugenommen? Nehmen die Mitglieder dieser Gruppe "nur" Parkraum in Anspruch oder tragen sie auch zur rationalen Entscheidungsfindung in der Stadtpolitik bei?
Eine Analyse der Pressemitteilungen einschl. der Universitätszeitung, der vh-Veranstaltungen etc. zeigt, daß der Beitrag in keiner Weise dem Potential entspricht. Forscher und Forscherinnen forschen und publizieren, für politische Betätigung bleibt keine oder wenig Zeit. Andererseits werden Freizeiteinrichtungen (vor allem von den nichtberufstätigen Familienmitgliedern) stark genutzt (Schwimmbäder, Theater, Kinos, Sporteinrichtungen etc.). Die finanziellen Vorleistungen der Kommune für diese Einrichtungen werden als selbstverständlich angesehen.

Als Fazit können wir festhalten: Die Wirkungen der Wissenschaftsstadt sind höchst unsymmetrisch. Einkommen und Beschäftigung steigen auf Kosten von Umweltzerstörung und höherem Energie- und Umweltverbrauch. Das Forschungszentrum scheint im Moment nur in begrenztem Umfang bereit zu sein, für die Konsequenzen seiner externen Effekte einzustehen und Lösungsbeiträge zu ihrer Internalisierung zu entwickeln. Langfristig wird die "Wissenschaftsstadt Ulm" ihren Zukunftspfad am besten sichern können, wenn sie sich zu einer echten Wissenschaftsstadt, einer Verbindung von Forschungszentrum, Wirtschaft und Stadt entwickelt, und dies unter der Zielsetzung des neuen Zielvierecks Wirtschaftlichkeit, Umwelt-, Sozial- und Internationalverträglichkeit.

E. Schlußfolgerungen und Ausblick

1. Die "Wissenschaftsstadt Ulm" stellt ein einmaliges technologiepolitisches Experiment dar, das wohl am Vorbild der *Technolpolis* ausgerichtet ist, trotzdem aber vollständig eigene Charakterzüge und Chancen aufweist. Die Forschungsforschung hat dieses Projekt bisher noch nicht ausführlich analysiert (mit Ausnahme von zwei DGB-Berichten).
2. Durch eine fast als dramatisch zu bezeichnende Entwicklungsdynamik ist seit 1987 auf dem Eselsberg in Ulm ein *Forschungszentrum* ent-

standen, mit dem versucht wird, öffentliche und private Forschungsaktivitäten zu vereinen. Insgesamt soll über eine Milliarde DM investiert werden (und zwar ohne die dazugehörenden Personalstellen). Dieses Forschungszentrum ist im *Kern* vollendet, es fehlen allerdings noch wichtige Elemente. Von einer *Wissenschaftsstadt Ulm* kann heute noch nicht gesprochen werden.

3. Nach einer dynamischen Entwicklung erscheint es sinnvoll innezuhalten, Zwischenbilanz über die erreichten Fortschritte zu ziehen und darauf aufbauend zu analysieren, welche weiteren Entwicklungen erwartet werden können. Dies erscheint umso dringlicher, als auch heute noch für das Forschungszentrum nur vage Zielsetzungen wie "wissenschaftlichen Erkenntnisstand durch Synergieeffekte weiterbringen", "regionale Wirtschaftsstruktur stärken", "Arbeitsplätze schaffen", "Universität unter einem Dach" formuliert sind. Das Projekt sollte an dem Ziel gemessen werden, wie durch eine "Wissenschaftsstadt Ulm" die *Lebensqualität* der Menschen innerhalb und außerhalb der Region Ulm verbessert werden kann.
4. Der Stand und das Entwicklungspotential einer "Wissenschaftsstadt Ulm" sollte auf der Grundlage eines Modells oder Systemzusammenhangs beschrieben und analysiert werden, sollen *ad hoc* Aussagen überwunden werden. Eine eingehende Betrachtung zeigt, daß sich die "Wissenschaftsstadt Ulm" in Anlehnung an das bürokratisch-industrielle Komplexmodell als ein *Wissenschafts-Industrieller Komplex* beschreiben läßt, der weit über die Konzeption eines *academic industrial complex* hinausgeht.
5. Bürokratisch-industrielle Komplexe stellen *Netzwerke* dar, die durch *Gegenseitigkeit* (gegenseitige Erwartungen), *Interdependenz* der Akteure, *"loose coupling"* und *unsymmetrische Machtverteilung* gekennzeichnet sind. Sie erhalten ihre *Dynamik* durch *Lernprozesse* aus dem Beziehungssystem der Akteure, durch *Veränderungen der verfügbaren Ressourcen* und der *Ziele* der Akteure. Der konkrete Entwicklungspfad dieser Komplexe ist unbestimmt und kann nur angegeben werden, wenn die o.g. Strukturmerkmale eingehend analysiert werden. Die Lenkungsstrukturen sind auf verschiedenen Ebenen beschrieben; es handelt sich um *Netzwerke, Märkte, Hierarchien und spezifische Kulturen* (z.B. Expertenkultur bei Medizinern oder Ingenieuren). Die Ergebnisse bürokratisch-industrieller Komplexe hängen von der spezifischen Konfiguration dieser Lenkungsstrukturen ab.
6. Akteure der Wissenschaftsstadt sind Universitäten, Fachhochschule Ulm, AN-Institute, private Forschungsinstitute (Daimler-Benz, AEG), Science Park, Gewerkschaften, andere Verbände, Kirchen, IHK, HWK, Landtag, Kreistag, Gemeinderäte in Ulm und Neu-Ulm, Landesministerien, Stadtverwaltungen in Ulm und Neu-Ulm und deren

Bürokratien, Bahn, Post, SWU und andere öffentliche Unternehmen, kleine und große private Unternehmen, private Haushalte. Diese Akteure sind in unterschiedlichem Maße mit der Wissenschaftsstadt Ulm befaßt. Herausragend ist natürlich der *Kern*, das Forschungszentrum auf dem Eselsberg. Wichtige Funktionen haben oder hatten jedoch auch z.B. das Ministerium für Wissenschaft und Technologie, das Staatsministerium in Stuttgart und das Finanzministerium, aber auch z.B. die Steinbeis-Stiftung oder die LEG, aber auch der Ulmer Oberbürgermeister und einzelne Dezernate, aber auch forschungsintensive Unternehmen in der Region und einzelne Gruppen unter den privaten Haushalten.

7. Wichtige Akteure sind unvollständig (z.B. Science Park, Kliniken, zentral gelegene Universitätsbibliothek). Trotz der Vielzahl von Akteuren fehlen wichtige (z.B. geisteswissenschaftliche Fakultät, Institute der Max Planck Gesellschaft oder der Frauenhofergesellschaft, Institute der Technikfolgenabschätzung).
8. Eine erste Analyse der Ziele dieser einzelnen Akteure bringt das Ergebnis, daß die überwältigende Anzahl der Akteure ihre (vielfältigen) Zielsetzungen verwirklichen kann, wenn die "Wissenschaftsstadt Ulm" realisiert wird. Einige Akteure oder Akteursgruppen fallen aber aus dem Rahmen. (1) Die Gewerkschaften hinterfragen kritisch die Zusammenarbeit zwischen öffentlich finanzierter und privater Forschung. Sie befürchten, daß die Hochschulforschung in den Dienst der Wirtschaft gestellt wird. Außerdem wird bezweifelt, ob die resultierenden Forschungsergebnisse die Lebensqualität der Menschen in und außerhalb der Region verbessert. (2) Diese Zweifel werden geteilt von der Partei der Grünen und von einer Bürgerinitiative (in der gewerkschaftsnahe und "grüne" Politikerinnen und Politiker versammelt sind, "Wissenschaft in der Region"); diese Zweifel wurden in einer "Ulmer Denkschrift" zusammengetragen.
9. Da die genannten (kritischen) Akteure nicht zur *Kerngruppe* der "Wissenschaftsstadt" gehören, ist ihr Einfluß auf den wissenschaftlichen Entwicklungspfad der "Wissenschaftsstadt" sehr begrenzt. Es ist ein entscheidendes Kennzeichen von Netzwerken (selbstorganisatorischen Systemen), daß sie nur von innen, und zwar von der *Kerngruppe* her, verändert werden können.
10. Eine Analyse der Verflechtungen zeigt, daß die Stadt Ulm (Bevölkerung, Wirtschaft, Verwaltung) als wichtiger Akteur der "Wissenschaftsstadt Ulm" gelten muß. Vieles spricht aber auch dafür, daß dieser Akteur von der "Wissenschaftsstadt" "ausgebeutet" wird. Dies sorgt für ökologischen und sozialen Sprengstoff, der den Entwicklungspfad der "Wissenschaftsstadt Ulm" mittelfristig als problematisch erscheinen läßt.

11. Zu prüfen war, ob der jetzt absehbare Entwicklungspfad der "Wissenschaftsstadt Ulm" überhaupt verändert werden soll. Um dies zu beurteilen, muß die Entwicklung an Zielen gemessen werden. Eine Änderung des Entwicklungspfades wird notwendig, wenn die "Wissenschaftsstadt" wesentliche Zielsetzungen in wichtigen Lebensqualitätsbereichen verletzt. Ich postuliere, daß für die Erreichung von *Lebensqualität* vier Ziele erfüllt werden müssen: *Wirtschaftlichkeit* (und technisch-ökonomische Effizienz), *Umweltverträglichkeit, Sozialverträglichkeit und internationale Verträglichkeit.* Erfüllen die bisher zu beobachtenden Wirkungen diese Ziele?

12. In einigen *Lebensqualitätsbereichen* können wir sichere Wirkungen ausmachen: Durch die investierten Mittel der Landesregierung und die neu geschaffenen Personalstellen im wissenschaftlichen und nichtwissenschaftlichen Bereich sind Einkommen und Beschäftigung gestiegen. Das induzierte Einkommenswachstum hat die Konsum- und Investitionsnachfrage in der Region wachsen lassen (Versorgung). Ohne Frage erfüllt dieses (quantitative) Wachstum das Kriterium der Wirtschaftlichkeit (technisch-ökonomische Effizienz); inwieweit es auch umwelt- und sozialverträglich ist und die internationale Verträglichkeit erfüllt, ist fraglich. Immerhin macht die Rüstungsforschung (TST und DASA) einen nicht unerheblichen Teil aus.

13. Das Bildungspotential in der Region und die Gesundheitsversorgung haben sich wesentlich verbessert. Ich vermute, daß dadurch das Ziel der Wirtschaftlichkeit erfüllt wurde. Ob diese Bildung und diese Gesundheitsversorgung auch umwelt-, insbesondere aber sozialverträglich ist, müßte noch geprüft werden.

14. Es läßt sich zeigen, daß im jetzigen Stadium der "Wissenschaftsstadt" die *Lebensqualitätsbereiche* Wohnen, Verkehr, Sicherheit, Umwelt, Freizeit und politische Partizipation nicht verbessert, sondern eher verschlechtert wurden (z.B. Wohnen, Umwelt und Verkehr). Die "Wissenschaftsstadt" oder besser, das Forschungszentrum, haben hierzu vernachlässigbare Forschungsergebnisse zur Verfügung gestellt, um diese Ziele regional zu verbessern.

15. Hinter dieser Aussage steht die Forderung, daß das Forschungszentrum (oder die "scientific community") dazu beitragen soll, die *Lebensqualität* der Menschen in und außerhalb der Region zu verbessern. Die Zielsetzung der "scientific community" und damit der *Kerngruppe* des Wissenschaftlich-Industriellen Komplexes besteht aber vornehmlich darin, technisch-ökonomische Effizienz zu fördern. Umwelt- und Sozialverträglichkeit, noch ferner internationale Verträglichkeit, fallen dabei eher zufällig an. Das *Anreizsystem* des Forschungszentrums ist auf quantitatives und nicht qualitatives Wachstum ausgerichtet. Qualitatives Wachstum oder Entwicklung würden aber bedeuten, daß alle vier

Ziele (Wirtschaftlichkeit und die drei Verträglichkeitsziele) erfüllt werden.

16. Nun kann man sagen, daß diese Ziele kurzfristig nicht erfüllt werden können. Die "Wissenschaftsstadt" braucht auf ihrem Entwicklungspfad einige Zeit, um in diesen Pfad qualitativen Wachstums einzuschwenken. Dazu müssen aber die institutionellen Bedingungen, das Anreizsystem, die sozio-ökonomische und politische Konfiguration heute schon die Weichen stellen. Dies ist nicht der Fall. Das technologisch-industrielle Paradigma herrscht vor. Die Impulse für eine Veränderung gehen eher von der Stadt (Politik) als von der Wissenschaft und Wirtschaft aus.

17. Die Stadt(verwaltung) ist dabei eher *hierarchisch* strukturiert. In der Forschung herrscht ein gravierendes Defizit an sozial- und geisteswissenschaftlicher Forschungsaktivität vor. Allerdings bestehen hoffnungsvolle Ansätze: (1) Eine gesundheitsökonomische Disziplin wurde eingerichtet, (2) weitere Technikfolgenlehrstühle sollen geschaffen werden. (3) Das Humboldt-Zentrum ist klein, aber aktiv. (4) Es besteht ein Lehrstuhl für Naturheilverfahren. (5) Eine Kooperation mit der eher sozialwissenschaftlich ausgerichteten Universität Augsburg ist angestrebt. Diese Bestrebungen müssen forciert werden; es gibt dazu gewichtige Vorschläge, auch aus der *Kerngruppe* (insbes. vom früheren Rektor der Universität Theodor M. Fliedner). Dieses *Netzwerk*, das unter dem Ziel der "Freiheit von Forschung" (also nicht an den *Verträglichkeitszielen* orientiert) handelt, kann nur durch eine neue Berufskultur (Regeln, Konventionen) beeinflußt werden, und dies eben nur von *innen*. Die Wirtschaft ist dem Lenkungssystem des *Marktes* unterworfen (hier zeigen sich durch die ökologischen Grenzen neue Zielsetzungen). Die Ansatzpunkte für eine Lenkung sind also auf unterschiedlichen Ebenen zu suchen.

18. Als *Fazit* ist festzuhalten: Die "Wissenschaftsstadt Ulm" ist nach einer dynamischen Entwicklung immer noch unfertig, ihr *Veränderungspotential* ist groß. Doch sie befindet sich auf einem Pfad, der eher quantitatives Wachstum fördert, von *qualitativem Wachstum* oder *nachhaltiger Entwicklung* ist sie noch weit entfernt. Doch die Chancen, durch ein geeignetes Anreizsystem eine *Transformation* zu vollziehen, sind gegeben. Es ist unerläßlich, die Bedingungen für einen solchen Pfad aufzuzeigen. Dafür ist es noch nicht zu spät. Die Landesregierung hat die Chance, ihre Forschungsstrategie zu ändern und den veränderten Bedingungen anzupassen.

19. Der ehemalige Ministerpräsident Lothar Späth plädierte in seiner Rede zum 26. Bestehen der Universität Ulm für *Dynamik und Visionen.* Aber seine Vision erschöpft sich (trotz mitreißender Rhetorik) in den Sätzen: "Neu = neu" und "neu = besser". *Neu ist aber nur besser, wenn*

es sowohl wirtschaftlich, als auch umweltverträglich, als auch sozialverträglich, als auch international verträglich ist. Diese Verantwortung müssen wir mit Hans Jonas begreifen!

Literaturverzeichnis

Anheier, H. / Romo, K. / Frank, P. (1992) Modelle strukturellen Scheiterns in Policy-Netzwerken. In: Journal für Sozialforschung, 32.Jg., S. 33-60

Dosi, G. (1982) Technological Paradigmas and Technological Trajectories: A Suggested Interpretation of the Determinantes and Directions of Technical Change. In: Research Policy, Vol. 11, No. 3

Dosi, G. / Freeman, Chr. / Nelson, R. / Silverberg, G. / Soete, L.(Hrsg.; 1988) Technical Change and Economic Theory. London

Fliedner, T. (1988) Wissenschaftsstadt Ulm - neue Formen der Zusammenarbeit zwischen öffentlichen Einrichtungen und privaten Unternehmen. Referat anläßlich des Fachkongresses "Telematica 1988" in Stuttgart 9. und 10. Juni 1988, Stuttgart

Giddens, A. (1995) Konsequenzen der Moderne. Frankfurt a.M.

Grabher, G. (1993) The embedded firm. On the socio-economics of interfirm connectedness. Berlin

Grabher, G. (1994) Lob der Verschwendung. Redundanz in der Regionalentwicklung: Ein sozio-ökonomisches Plädoyer. Berlin

Hakansson, H. / Johanson, J. (1993) The Network as a governance structure: interfirm cooperation beyond markets and hierarchies. In: Grabher, G. (Hrsg.) The embedded firm, London-New York, S. 35-51

Johnson, B.(1992) Institutional Learning. In: Lundvall, B.-A.(Hrsg.) National Systems of Innovation. Towards a Theory of Innovation and Interactive Learning. London, S. 31ff.

Junne, G. / Kopmels, M. / Landmann, W. (1990) Technopolis 2000. Erfahrungen mit Technologiestädten in den USA, Japan, Großbritannien und Frankreich In: DGB Informationen zur Technologiepolitik und zur Humanisierung der Arbeit, Nr.11/ November

Lundvall, B.-A. (Hrsg.; 1992) National Systems of Innovation. Towards a Theory of Innovation and Interactive Learning, London

Lundvall, B.-A. (1992) User-Producer Relationships. In: B.-A. Lundvall (Hrsg.), National Systems of Innovation and Internalisation.Towards a Theory of Innovation and Interactive Learning. London, S. 55ff.

Majer, H.(1978) Industrieforschung in der Bundesrepublik Deutschland. Tübingen

Majer, H. (1984) Eine Evolutionstheorie des technischen Wandels. In: Jahrbücher für Nationalökonomie und Statistik, Bd.199, S.464-469

Majer, H. (1986) Institutionen der Forschungs- und Technologiepolitik. In: Bohling/Masberg, Lexikon Wirtschaftspolitik. Die Institutionen. München, S.114-123
Majer, H. (1994) Wirtschaftswachstum. Paradigmenwechsel vom quantitativen zum qualitativen Wachstum, 2. Aufl., München-Wien
Majer, H. (1994) Strategien der Forschungspolitik - Die "Wissenschaftsstadt Ulm". Universität Stuttgart, Institut für Sozialforschung (unveröffentlichtes Manuskript)
Majer, H. (1995) Nachhaltige Entwicklung in der Region Ulm. In: Toblacher Gespräche 1995, Heimat - Ökologischer Wohlstand in der Region. Toblach, S.36-38
Majer, H. (1996) Regionale Innovationsprozesse und die Zukunft der Industriegesellschaft. In: Jahrbuch für Arbeit und Technik (im Druck)
Majer, H. (1996) Institutionentheoretische Aspekte nachhaltiger Entwicklung. Vortrag gehalten am 6.7.96 vor dem Ausschuß für Evolutorische Ökonomik des Vereins für Sozialpolitik in Osnabrück. (unveröffentlichtes Manuskript)
o.V. (1992) Südwestpresse Ulm vom 27.6.92, S. 21
Quiehl, Th. (1994) Wissenschaftsstädte, Ein neues Instrument zur Innovationsförderung? Diss., Stuttgart
Schmid, J. / Tiemann, H. / Kohler, H. (1991) Wissenschaftsstadt Ulm. Wegweiser zukunftsorientierter Technologie- und Innovationspolitik. In: DGB, Informationen zur Technologiepolitik und zur Humanisierung der Arbeit, Nr. 15/Juni
Willke, H. (1982) Systemtheorie, Stuttgart-New York

Martin Heidenreich

Zwischen Innovation und Institutionalisierung

*Die soziale Strukturierung technischen Wissens**

1. Einleitung: Innovation und technisches Wissen

Angesichts eines weltweiten Standortwettbewerbs stellt sich die Frage, auf welche Weise in den westlichen Industrieländern noch die Voraussetzungen für eine hinreichende Anzahl qualifizierter und gut entlohnter Arbeitsplätze sichergestellt werden können. Da entwickelte Volkswirtschaften diesen Wettbewerb nur noch als Qualitäts-, Flexibilitäts- und Innovationswettbewerb gewinnen können, verweist dies auf die Frage nach den soziokulturellen Voraussetzungen einer innovativen Atmosphäre. Nur Institutionen und Beziehungsmuster, durch die betriebliche Produkt- und Prozeßinnovationen auf Dauer gestellt werden können, können weiterhin eine hinreichende Anzahl von Arbeitsplätzen, ein hohes Einkommensniveau und ein hohes Maß an wohlfahrtsstaatlicher Absicherung gewährleisten. Nur durch eine innovative Atmosphäre - und nicht durch staatliche Subventionen oder niedrige Arbeitskosten - lassen sich Unternehmen längerfristig an einen Standort binden.

Keinesfalls jedoch lassen sich innovationsförderliche Regulationsstrukturen auf ein hohes Qualifikationsniveau der Bevölkerung ("Humankapital") oder auf eine großzügige staatliche Forschungsförderung reduzieren. "Viel" Bildung oder "viel" Forschung - ungeachtet ihrer jeweils besonderen Beschaffenheit und Organisationsformen - sind eine notwendige, jedoch keine hinreichende Voraussetzung für neue, tatsächlich nachgefragte Produkte. Innovationen werden in einem komplexen Wechselspiel "zwischen" Wissenschaft, Wirtschaft und Politik hervorgebracht; das Innovationsproblem kann nicht auf ein Bildungsproblem reduziert werden. Entscheidend sind vielmehr die Kommunikations- und Kooperationsbeziehungen zwischen Wissenschaftlern und Entwicklern verschiedener Disziplinen, zwischen den verschiedenen betrieblichen Berufs- und Statusgruppen, zwischen verschiedenen staatlichen Institutionen. Kommunikationsprobleme zwischen Wissenschaft, Politik und industrieller Praxis können - trotz hoher Qualifikationen aller Beteiligten - jede Innovation zum Scheitern bringen. Auch wissenschaftliche Höchstleistungen sind keine hinreichende Voraussetzung für wirtschaftlich erfolgreiche Innovationen. Das oftmals unterstellte Kaskadenmodell - Grundlagenforschung

---

* Diese Arbeit ist als Gutachten für das Projekt "Humanressourcen" der Akademie für Technikfolgenabschätzung in Baden-Württemberg (G. Clar, J. Doré, S. Matalik, H. Mohr) entstanden. Für Anregungen danke ich J. Doré, K. Trettin und Th. Wehner.

-> anwendungsorientierte Forschung -> industrielle Entwicklung -> erfolgreiche Prozeß- und Produktinnovationen - übersieht vielmehr den grundlegenden Unterschied von wissenschaftlichem und technischem Wissen. Technisches Wissen ist an der Lösung anwendungsorientierter, nicht disziplinär eingegrenzter und oftmals nicht systematisch formulierbarer Probleme orientiert; der zentrale Stellenwert von Erfahrungswissen und die Bedeutung fachübergreifender Kommunikationsbeziehungen in einem außerwissenschaftlichen Kontext - in dem es weniger auf "Wahrheit" als auf schnell umsetzbare Ergebnisse ankommt - verweisen auf zentrale Unterschiede zu wissenschaftlichen Problemlösungsstrategien: "Where criteria for satisficing in science are defined within disciplines, technology must satisfy cross-disciplinary performance and sociopolitical contextual criteria ... As the network of interdependencies is more complex in technology than in science, technological progress involves a greater array of uncertainties than science." (Tushman/Rosenkopf 1992: 313).

Im Zentrum des Innovationsproblems stehen somit anwendungs- und praxisbezogene Wissensbestände; aufgrund der fachübergreifenden, anwendungsbezogenen, nur teilweise formalisier- und systematisierbaren Natur technischen Wissens werden Innovationen kaum (und vielleicht auch: in abnehmendem Maße) durch die direkte Umsetzung wissenschaftlicher Erkenntnisse in die Praxis hervorgebracht. Auch empirisch läßt sich nachweisen, daß Betriebe wissenschaftliche Kompetenzen kaum direkt nutzen. Anregungen für Produkt- und Prozeßinnovationen stammen vor allem von anderen Unternehmen (Kunden, Konkurrenten oder Abnehmer); der Wissenstransfer aus der Wissenschaft in die Praxis erfolgt vor allem durch die Rekrutierung wissenschaftlich ausgebildeten Personals und durch die Nutzung von Geräten, Maschinen, Anlagen und Verfahren, die unter Verwendung wissenschaftlicher Erkenntnisse entwickelt worden sind (Faulkner 1995; Heinemann u.a. 1995).

Neben einer vorrangig "wissenschaftlichen" Form der Wissensproduktion werden deshalb die für Innovationen erforderlichen Wissensbestände in erheblichem (und zunehmendem?) Maße auf eine andere, eher anwendungsbezogene Weise produziert (vgl. Übersicht 1). Zentrale Merkmale dieser neuen Form sind die Rücknahme der strikten Arbeitsteilung zwischen Forschung und Anwendung und eine stärkere Einbettung in die jeweiligen Anwendungs- und Nutzungskontexte (vgl. Gibbons u.a. 1994). Forschung und Entwicklung orientieren sich nicht mehr vorrangig an disziplinären Kriterien und Problemdefinitionen, sondern an der Lösung praktischer technischer Probleme.[1] Auch

1 Dies bezeichnen die Autoren als transdisziplinäre Form der Wissensproduktion: "A transdisciplinary mode (of knowledge production; M.H.) consists in a continuous linking and relinking, in specific clusterings and configurations of knowledge which is brought together on a temporary basis in specific contexts of application. Thus, it is strongly

geht es nicht mehr vorrangig oder ausschließlich um die Schaffung "neuer" Erkenntnisse, sondern um die Fähigkeit zur beständigen Neukombination und Anwendung prinzipiell vorhandener Wissensbestände:

Übersicht 1: Zwei Formen der Wissensproduktion

Probleme werden im akademischen Diskurs definiert und bearbeitet	Probleme werden im Anwendungs- und Nutzungskontext definiert und bearbeitet
disziplinäre (ggfs. auch interdisziplinäre) Formen der Problembearbeitung	transdisziplinäre Problembearbeitung
Homogene Wissensbasis (Wissen wird vor allem in wissenschaftlichen Institutionen erzeugt)	Heterogene Wissensbestände (Wissen wird in einer Vielzahl unterschiedlichster Institutionen erzeugt)
Orientierung an wissenschaftlichen Zielen	stärkere Berücksichtigung ethischer Erwägungen (gesellschaftliche Akzeptanz)
Leistungsbewertung und Qualitätskontrolle durch andere Wissenschaftler (professionelle Kontrolle)	Leistungsbewertung und Qualitätskontrolle durch Bewährung in Anwendungskontexten

Quelle: Gibbons u.a. (1994).

"For too long, commercialisation has been understood largely in terms of the application and exploitation of existing knowledge. In the new competing regime, commercial success requires the ability to generate knowledge using resources which are not stored in-house but distributed throughout a vast, and increasingly global, network. To be able to commercialise knowledge nowadays means that often firms have to play a part in its production. They have to develop new types of links with universities, government laboratories and other firms." (Gibbons u.a. 1994: 50f.)

---

oriented towards and driven by problem-solving. Its theoretical-methodological core, while cross-cutting through well-established disciplinary cores, is often locally driven and locally constituted, thus, any such core is highly sensitive to further local mutations depending on the context of application." (Gibbons u.a. 1994: 29)

Diese neue Formen der Wissensproduktion gehen einher mit der Entwicklung neuer, stärker vernetzter Organisationsformen von Innovationen:

- Unternehmen stellen sich auf kontinuierliche, "schlankere", und auch innerbetrieblich stärker vernetzte Innovationsprozesse ein (Clark/Fujimoto 1992). Entscheidend für die Geschwindigkeit und die Kosten von Innovationsprozessen ist dabei, ob engere Kooperationsformen von Fertigung und Entwicklung gefunden werden können.
- Unternehmen entwickeln neue Kooperationsformen mit ihren Konkurrenten, um die Risiken von Fehlentwicklungen zu verringern, um gemeinsame Standards zu vereinbaren und um die Kosten für aufwendige Entwicklungsprojekte zu teilen (vgl. etwa am Beispiel von SEMATECH, einem amerikanischen Konsortium zur Entwicklung neuer Halbleitergenerationen Willke/Krück/Thorn 1995).
- Unternehmen gehen neue Entwicklungspartnerschaften mit ihren Zulieferern ein (vgl. Sabel u.a. 1991).
- Hersteller und Abnehmer entwickeln intensivere Formen der Kooperation, um eine beständige, wechselseitige Abstimmung zwischen den jeweiligen Wünschen und Möglichkeiten sicherzustellen (Kowol/Krohn 1995).
- Es werden neue, teilweise schon entwicklungsbegleitende Formen der Technikfolgenabschätzung entwickelt (Konsensus-Konferenzen, Beteiligungs- und Mediationsverfahren etc.), um potentielle Konfliktursachen und Akzeptanzprobleme möglichst früh zu erkennen (Gibbons u.a. 1994: 67).
- Staat, Wissenschaft und Wirtschaft entwickeln neue Kooperationsformen - etwa in "High-Tech-Regionen" wie Silicon Valley oder in staatlich initiierten Wissenschaftsstädten (vgl. Castells/Hall 1994 am Beispiel zahlreicher Technopolen).

Ein Kennzeichen dieser neuen, stärker vernetzten Formen der Wissensproduktion ist, daß sie auf der Kombination unterschiedlicher, bisher getrennter Wissensbestände abzielen. Aus zwei Gründen rückt damit das implizite, vorwissenschaftliche, praxisbezogene Alltagswissen der beteiligten Beschäftigtengruppen in den Mittelpunkt der Aufmerksamkeit: Erstens finden Entwicklungsprozesse immer weniger in verselbständigten, "monodisziplinär" ausgerichteten Forschungseinrichtungen statt. Anstelle der Übersetzung eines Problems in der Sprache einer Wissensschaftsdisziplin und eine innerdisziplinäre Problembearbeitung geht es um die Lösung eines konkreten Problems - unter Beteiligung von Beschäftigten mit den unterschiedlichsten fachlichen Hintergründen. Damit wird die Verbindung zwischen den unterschiedlichen Selbstverständnissen, Sichtweisen und Wissensbeständen betrieblicher, wissenschaftlicher und politischer Akteure zur zentralen Herausforderung vernetzter Innovationsprozesse. Innovationen werden nicht mehr "nur" durch Barrieren zwischen verschiedenen Disziplinen behindert, sondern auch durch die kognitiven Barrieren zwischen verschiedenen "Alltagswelten". Keinesfalls kann davon ausgegangen werden, daß die Kommunikations- und Kooperationsbarrieren zwischen Wissenschaft und Praxis in jedem Fall geringer seien als die Barrieren zwischen "Praktikern" aus verschiedenen Beschäftigungsbereichen. Die Kooperationsprobleme zwischen mittelständischen und Großbetrieben, zwischen Automobil- und Computerherstellern, zwischen Dienstleistern und ihren industriellen Kunden, zwischen der mechanischen und der Elektrokonstruktion von Maschinenbaubetrieben (vgl. Kalkowski u.a. 1995), zwischen verschiedenen Entwicklern (Lullies u.a. 1993) erweisen sich als nicht weniger gewichtig als die "Transferprobleme" zwischen Universitäten und Unternehmen. Vermutet werden kann allerdings, daß mit der neuen Form der Wissensproduktion diese Transferprobleme in den Hintergrund rücken - zugunsten der Kooperations- und Kommunikationsprobleme im jeweiligen Anwendungskontext.

Zweitens gewinnen die kontextgebundenen, erfahrungsbasierten Dimensionen von Wissen mit der (in zeitlicher, räumlicher und sachlicher Hinsicht) größeren Nähe zum jeweiligen Anwendungskontext an Bedeutung: "In technological knowledge the tacit component may be larger than the codified one ..." (Gibbons u.a. 1994: 25).[1] Gerade mit der tendenziell weltweiten Verfügbarkeit systematisierten, verallgemeinerten "wissenschaftlichen Wissens" gewinnt das kontextspezifische Wissen um die "richtige" Anwendung des "richtigen" Wissens an Bedeutung.

---

1 Die Bedeutung solcher praktischen, erfahrungs- und anwendungsbezogenen Kompetenzen wurde in zahlreichen industriesoziologischen Studien herausgearbeitet (vgl. Malsch 1987). Es konnte gezeigt werden, daß standardisierte, objektivierte Abläufe und Verfahren ohne die gezielte Verknüpfung mit den alltäglichen Interpretations- und Handlungsmustern der Beschäftigten zu ständigen Fehlern, Maschinenausfällen, Materialversorgungsengpässen, Qualitätsproblemen führen (vgl. Wehner 1994 und - für den Bereich der Geburtshilfe - Böhme 1981). Auch bei der Einführung von Informations- und Kommunikationstechnologien erweist sich das Erfahrungswissen der Beschäftigten zum einen als Schranke, zum anderen als Voraussetzung für den Versuch, die anwendungsbezogenen, praktischen Kompetenzen von Beschäftigten stärker zu systematisieren und zu formalisieren (Heidenreich 1995a). Einerseits brechen sich bereichsübergreifende Informatisierungsstrategien an den bereichsspezifischen Aufgabenverständnissen, Denkweisen und Kooperationsmustern von Beschäftigten, andererseits sind Informatisierungsprozesse ohne die Berücksichtigung der Interessen, Sichtweisen und Kompetenzen der Beschäftigten zum Scheitern verurteilt. Wehner/Waibel (1996: 6) betonen, daß durch Erfahrungen nicht beabsichtigte Handlungsfolgen und nicht erwartete Ereignisse antizipiert werden können: "Denn im Berufsalltag geht es eben nicht nur um die korrekte Lösung kontextloser Probleme, sondern um die praktische Bewältigung von Arbeitsanforderungen und damit um intentionales Handeln in Situationen, die aufgrund ihrer hohen Komplexität und Dynamik zu jeder Zeit mehr oder weniger große Abwei-chungen zwischen einem ursprünglich geplanten und dem sich konkret realisierenden Geschehen aufweisen." Ermöglicht wird dies u.a. durch eine Routinisierung von Handlungssequenzen, durch eine begriffliche Verdichtung (und durch gemeinsame Bilder und als typisch empfundene Erlebnisse), durch die Einbettung von Wissen in seine sozialen Kontexte und durch die Verlagerung von Wissen in Gegenstände (und organisatorische Routinen).

Wenn die praktischen, erfahrungsgestützten, anwendungsbezogenen Kompetenzen von Beschäftigten somit eine wichtige Grundlage von Innovationsprozessen sind und wenn gleichzeitig die Barrieren zwischen verschiedenen "praktischen" Wissensbeständen zum zentralen Innovationshemmnis werden, dann stellt sich die Frage nach der sozialen Konstitution und Organisation technischen Wissens.

Dieser Frage soll im folgenden Abschnitt zunächst unter Rückgriff auf wissenssoziologische Ansätze nachgegangen werden. Herausgearbeitet wird, daß die individuellen Kenntnisse, Kompetenzen, Kooperations- und Beziehungsfähigkeiten gesellschaftlich erzeugt, strukturiert und reproduziert werden. Keinesfalls kann von der Universalität und Kontextunabhängigkeit von Wissen ausgegangen werden. Wissen ist in erheblichem Maße an seinen Verwendungskontext gebunden; das handlungspraktische Wissen, das im Zentrum neuerer sozialwissenschaftlicher Theorieangebote steht (vgl. den Habitus- und Praxisbegriff von P. Bourdieu, die "practical consciousness" von A. Giddens und den von H. Esser aufgegriffenen Begriff der "frames and habits"), ist nur ein anderer Name für die (gesellschaftlich konstituierten) kognitiven Schemata, die das praktische Verhalten von Akteuren regulieren.[1] Der Begriff des Lernens verweist auf die Tatsache, daß diese kognitiven Schemata während ihrer Anwendung ("instantiation") in einer konkreten Situation verändert werden können.

---

1 Scheler (1977: 16f.) definiert Wissen als "Sprengung der Grenzen des eigenen Seins": Wissen "ist das Verhältnis des Teilhabens eines Seienden am Sosein eines anderen Seienden, durch das in diesem Soseienden keinerlei Veränderungen mitgesetzt wird." Berger/Luckmann (1980: 1) definieren Wissen als Verhältnis zwischen Denken und Welt: "'Wissen' definieren wir als Gewißheit, daß Phänomene wirklich sind und bestimmbare Eigenschaften haben." Bloor (1976: 3) betont die Gesellschaftlichkeit von Wissen, indem er den Begriff des Wissens (knowledge) reserviert "for what is collectively endorsed, leaving the individual and idiosyncratic to count as mere belief." Luhmann (1990) bricht mit der Gewohnheit, Wissen als Relation zwischen menschlichen Subjekten und der Welt zu verstehen; stattdessen analysiert er Wissen als Eigenleistung des Gesellschaftssystems, nämlich als Erwartungen über zukünftige Kommunikationen - und zwar als Erwartungen, die im Enttäuschungsfall verändert werden können. Wissen setzt also die Bereitschaft voraus, aus Erfahrungen zu lernen. Stehr (1994: 208) betont in seinem Definitionsvorschlag - im Anschluß an das Giddens'sche Konzept der "knowledgeability" - den Handlungsaspekt: "Verläufig möchte ich Wissen als Fähigkeit zum sozialen Handeln (Handlungsvermögen) definieren, als die Möglichkeit, etwas in 'Gang zu setzen.'" Ein solcher Wissensbegriff weist deutliche Parallelen zum Wissensbegriff der amerikanischen Pragmatisten auf. Diese begreifen Wissen als Vorstellungen, "die für bloß mögliche Situationen sich als wahr erweisen können ... Wenn eine solche Wahrheit für eines unserer Erlebnisse bedeutsam wird, dann wird sie aus dem kalt gestellten Vorrat heraufgeholt, um in der Welt ihre Arbeit zu leisten ..." (James 1977: 127f.) Im Gegensatz zu der Stehr´schen Definition erscheint es mir sinnvoll, die Giddens´sche Unterscheidung zwischen "capability and knowledgeability" beizubehalten und die Verfügung über (gesellschaftlich konstituierte) Ressourcen - eine zentrale Voraussetzung von Handlungsvermögen - nicht unter den Wissensbegriff zu subsumieren. Zur Ersetzung des Wissens- bzw. Regelbegriffes durch den Begriff der kulturellen bzw. kognitiven Schemata vgl. Sewell (1992).

Zur Beantwortung der Frage, wie technisches Wissen konkret strukturiert ist, tragen diese wissenssoziologischen Analysen jedoch wenig bei. Hilfreich ist daher der Rückgriff auf neoinstitutionalistische Ansätze, um die Barrieren zwischen unterschiedlichen Wissensbeständen genauer zu beschreiben. Hierzu wird vor allem auf drei verschiedene Organisationsformen technischen Wissens eingegangen, auf Organisationen, organisatorische Felder (Branchen, Industriedistrikte, Zuliefer-Abnehmer-Beziehungen und andere interorganisatorische Netzwerke) und auf Professionen (vgl. Beck/Brater 1983; Freidson 1986). Herausgearbeitet werden die soziale und kognitive Schließung von Professionen, organisatorischen Feldern und Organisationen - eine zentrale Ursache für Lern- und Innovationsbarrieren.

Abschließend wird herausgearbeitet, wie durch Brückeninstitutionen und Innovationsnetzwerke "trotz allem" institutionelles und organisatorisches Lernen möglich ist (Abschnitt 4).

2. Praktisches Wissen zwischen Kreativität und Institutionalisierung

Eine unabdingbare Voraussetzung für die praktische, alltägliche Handlungsfähigkeit ist eine begriffliche Ordnung der alltäglichen Wirklichkeit. Auch in der Arbeitswelt sind solche "selbstverständlichen", kaum explizit hinterfragten Wirklichkeitsmodelle unabdingbar. Ein solches Alltagswissen ist in erheblichem Maße anwendungs-, kontext- und praxisbezogen: "Nützlichkeit, Brauchbarkeit, Viabilität sind die Gütekriterien erfahrungsgeleiteten Handelns" (Waibel/Wehner 1994: 17); dies unterscheidet es von wissenschaftlichem, stärker systematisiertem und expliziertem Wissen. Das für Innovationen erforderliche technische Wissen ist in erheblichem Maße auf solche praktischen Erfahrungen und Kenntnisse angewiesen. Deshalb soll im folgenden unter Rückgriff auf wissenssoziologische Ansätze die Frage nach der Art des alltäglichen, praktischen Wissens diskutiert werden. Ein besonderes Augenmerk gilt dabei der Frage nach dem zwiespältigen Verhältnis von Erfahrungswissen und Innovation: Zum einen können vergangene Erfahrungen neue Lernprozesse blockieren; zum anderen impliziert der Erfahrungsbegriff immer auch die Möglichkeit, bisherige Wissensbestände angesichts neuer Herausforderungen auf veränderte Weise zu nutzen. Erfahrungen legen keinesfalls die zukünftigen Denk- und Verhaltensweisen fest, sondern können prinzipiell jederzeit kreativ reinterpretiert werden.

Die wissenssoziologische Thematisierung praktischer, erfahrungsbasierter Kompetenzen - die ein zentraler Bestandteil technischen Wissens sind - kann bei dem von Scheler (1924) vorgeschlagenen Begriff der "relativ natürlichen Weltanschauung" ansetzen. Dieser Begriff zielt auf die alltäglichen, als selbstverständlich unterstellten Wissensbestände und Denk- und Erlebnisstile sozialer Gruppen.[1] Die besondere Gestalt, die diese relativ natürliche Weltanschauung im Abendland angenommen hat, ist Scheler zufolge durch die Tatsache geprägt, daß zwei soziale Schichten und ihre besonderen Weltanschauungen und Wissensformen zusammengefunden haben und dennoch ihre relative Autonomie wahren konnten: "je ein Stand freier kontemplativer Menschen, und je ein Stand von Menschen, der Arbeits- und Handwerkserfahrungen rational gesammelt hat" (Scheler 1924: 78). Dieses Zusammentreffen war die Grundlage für die Herausbildung und Weiterentwicklung eines spezifischen technischen Wissens. Technik wurde nicht auf die 'Anwendung' theoretischer, wissenschaftlicher Erkenntnisse reduziert (Scheler 1924: 80); vielmehr wurde im Abendland die Autonomie wissenschaftlichen und technischen Wissens respektiert. Dies war die Grundlage für die Entwicklung naturwissenschaftlich-technischer Kompetenzen: "Das formalmechanische Prinzip der Naturerklärung ... geht ohne Zweifel von solchen Menschen aus, die irgendwelche materiellen Dinge von Ort zu Ort bewegen müssen, und deren Bewegungs- und Arbeitserfolge immer neue Erfahrungen von der Natur der Körper und Kräfte vermitteln. Die ökonomischen Arbeits- und Verkehrsgemeinschaften ... sind überall die erste soziologische Ursprungsart der positiven Wissenschaft." (ebd.: 79)

Scheler hat diese Überlegungen, die auf die Verankerung technischen Wissens in den Erfahrungen bestimmter gesellschaftlicher Schichten hinweisen, nicht weitergeführt. Auch die Anregungen des amerikanischen Pragmatismus, der auf die Verankerung des Bewußtseins in den praktischen Herausforderungen des alltäglichen Lebens und Handelns hinweist (vgl. James 1977, Dewey 1958 und Trettin 1995), nahm er nicht auf. Er setzte diese philosophische Tradition vielmehr mit einem mehr oder weniger kruden Utilitarismus gleich (Oehler 1977; Joas 1992: 114-145). Hierbei verkannte er, daß der Pragmatismus die soziale Genese und der praktische Bezug von Wissen theoretisch begründete - in konsequenter Opposition zu transzendentalen, ahistorischen Verankerungen von Wahrheit, Erkenntnis und Wissen. Seit Peirce, James und Dewey (und den hieran anschließenden Arbeiten von Mead und Cooley) kann die Geltung von Wahrheitsansprüchen nur in ihrem gesellschaftlichen Kontext verstanden werden; Wissen muß als sozial konstruiert angesehen werden.

---

1 "Zur relativ natürlichen Weltanschauung eines Gruppensubjektes ... gehört alles, was generell in dieser Gruppe als fraglos 'gegeben gilt', und jeder Gegenstand und Inhalt des Meinens über die Strukturformen des ohne besondere spontane Akte 'Gegebenen', der allgemein für eines Beweises nicht bedürftig und fähig gehalten und empfunden wird. Aber eben das kann für verschiedene Gruppen, und für dieselben Gruppen in verschiedenen Entwicklungsstadien, Grundverschiedenes sein ... Gerade das ist eine der sichersten Einsichten, ... daß es eine und eine konstante natürliche Weltanschauung 'des' Menschen überhaupt nicht gibt, und daß die Verschiedenheit in die kategorialen Strukturen des Gegebenen selbst hineinreicht ... Auf den großen Massiven der relativ natürlichen Weltanschauungen bauen sich nun erst die Wissensarten der relativ künstlichen oder der 'Bildungs'weltanschauungsformen auf." (Scheler 1924: 48 und 50)

Das grundlegende Prinzip der pragmatischen Methode ist James (1977) zufolge die Identifizierung von Überzeugungen, Wissens- und Denkweisen anhand ihrer praktischen Wirkungen.[1] Keinesfalls kann die "Wirklichkeit" als unabhängige Prüfinstanz für die Wahrheit unserer Vorstellungen dienen, da die Wirklichkeit stumm ist; jede transzendentale Verankerung des Wahrheitsbegriffs wird abgelehnt. Wir haben keinen Zugang zu einer "objektiven", von unserem Denken unabhängigen Wirklichkeit; das, was wir als Tatsachen ansehen, wird immer (vor dem Hintergrund unserer bisherigen Erfahrungen und einer prinzipiell selektiven Wahrnehmung) sozial konstruiert. Das einzige Kriterium für die Wahrheit einer Vorstellung ist ihre Bewährung in der Praxis.[2] Auch Erfahrungen werden damit in der Wechselwirkung zwischen wahrnehmenden und handelnden Personen einerseits und der "Welt" andererseits konstituiert: "Wir dringen vorwärts in das Feld frischer Erfahrung mit Hilfe der Überzeugungen, die unsere Vorfahren und wir uns bereits gebildet haben. Von diesen Überzeugungen hängt es ab, was wir an dem Neuen bemerken. Was wir bemerken, bestimmt unser Handeln, und durch unser Handeln gelangen wir wieder zu neuen Erfahrungen, und so geht es weiter. Die unleugbare Tatsache, daß ein Strom von Empfindungen tatsächlich da ist, die steht wohl fest. Aber das, was von diesem Strome mit Wahrheit ausgesagt wird, das ist, wie es scheint, vom Anfang bis zum Ende unsere eigene Schöpfung." (James 1977: 162)
Anders als in der platonischen oder aristotelischen Tradition wird Erfahrung nicht als vorwissenschaftlicher, nicht verallgemeinerbarer Bestand von Regeln analysiert (und damit praktisch der Wissenscharakter von Erfahrungen geleugnet). Ebensowenig werden Erfahrungen allerdings - der empiristischen Tradition folgend - als einzige Grundlage für die kritische Überprüfung des Wahrheitsgehaltes einer Aussage gewertet, da der menschliche Geist keinesfalls ein objektives, neutrales Instrument zur voraussetzungsfreien Registrierung wissenschaftlicher Beobachtungen ist (Dewey 1960a: 70-87). Stattdessen wird in der pragmatischen Tradition die aktive und zukunftsorientierte Rolle von Erfahrungen betont: Erfahrungen werden nicht passiv von einer Person erduldet, sondern sie werden im permanenten Wechsel von Wahrnehmung und Handeln, von Beobachten und Kommunizieren hergestellt; sie sind ein anderes Wort für den Austausch zwischen einem Menschen und seiner natürlichen und

---

1 "Um also vollkommene Klarheit in unsere Gedanken über einen Gegenstand zu bringen, müssen wir nur erwägen, welche praktischen Wirkungen dieser Gegenstand in sich enthält, was für Wahrnehmungen wir zu erwarten und was für Reaktionen wir vorzubereiten haben. Unsere Vorstellung von diesen Wirkungen, mögen sie unmittelbare oder mittelbare sein, macht dann für uns die ganze Vorstellung des Gegenstandes aus, insofern diese Vorstellung überhaupt eine positive Bedeutung hat." (James 1977: 28)

2 "Gedanken, die ja selbst nur Teile der Erfahrung sind, (sind) genau in dem Umfang wahr ..., als sie uns behilflich sind, uns in zweckentsprechende Beziehungen zu andern Teilen unsrer Erfahrung zu setzen, diese Erfahrungen zusammenzufassen und ... es uns möglich machen, uns mit Hilfe begrifflicher Abkürzungen innerhalb unserer Erfahrungen zu bewegen." (James 1977: 36)

sozialen Umwelt. Auch sind sie mehr als der verinnerlichte Vorrat vergangener Situationen; sie sind die Grundlage für angemessene, bestandssichernde Denk- und Verhaltensweisen angesichts der aktuellen Herausforderungen in einer dynamischen Umwelt.[1] Erfahrungen im Sinne der pragmatischen Philosophie dürfen also nicht auf verinnerlichte oder institutionell geronnene Wahrnehmungs- und Verhaltensmuster reduziert werden; ihr Wert erweist sich erst in der aktiven, praktischen Entdeckung neuer "Tatsachen" und in der kreativen Entwicklung neuer Problemlösungsstrategien.

Berger/Luckmann (1980) ziehen aus diesen Überlegungen die Konsequenzen für eine Neuorientierung der Wissenssoziologie. Nicht wissenschaftliche Theorien, Weltanschauungen oder politische Ideologien, sondern alltägliche Sinnstiftungen und die in der Alltagswelt vorausgesetzten Wahrnehmungs- und Deutungsmuster - die uns in ihrer besonderen Ausprägung als technisches Wissen interessieren - stehen im Zentrum ihres Interesses.[2] Über James und Dewey hinausgehend,[3] interessieren sie sich aber auch für die Objektivierung und institutionelle "Verfestigung" subjektiver Erfahrungen und Deutungsmuster. Gesellschaftliche Ordnungs-, Interpretations- und Verhaltensmuster strukturieren die individuellen Erfahrungen vor - und werden durch individuelle Praktiken und Wirklichkeitsdefinitionen reproduziert:

"Wissen über die Gesellschaft ist demnach *Verwirklichung* im doppelten Sinne des Wortes: Erfassen der objektivierten gesellschaftlichen Wirklichkeit und das ständige Produzieren eben dieser Wirklichkeit in einem. So entsteht zum Beispiel durch Arbeitsteiligkeit ein Wissensbestand, der mit den Tätigkeiten im einzelnen zu tun hat. Als sprachliche Grundlage ist er unerläßlich allein für das institutionelle 'Programmieren' der wirtschaftlichen Tätigkeiten ... Bevor man richtig jagen kann, muß ein Rezeptwissen erworben werden. Dieses ist eine regulierende, kontrollierende Kraft, ein unerläßlicher Zusatz der Institutio-

---

1 "Imaginative recovery of the bygone is indispensable to successful invasion of the future ... to isolate the past, dwelling upon it for its own sake and giving it the eulogistic name of knowledge, is to substitute the reminiscence of old age for effective intelligence." (Dewey 1960b: 28)

2 "Die Wissenssoziologie muß sich mit allem beschäftigten, was in der Gesellschaft als 'Wissen' gilt ... Allerweltswissen, nicht 'Ideen' gebührt das Hauptinteresse der Wissenssoziologie, denn dieses 'Wissen' eben bildet die Bedeutungs- und Sinnstruktur, ohne die es keine menschliche Gesellschaft gibt." (Berger/Luckmann 1980: 16).

3 Auf die gesellschaftliche Konstruktion alltäglicher Lebenswelten hatte schon James (1977) hingewiesen. Dieser charakterisierte den "gesunden Menschenverstand" als "eine Anzahl außerordentlich erfolgreicher Hypothesen, die von einzelnen Menschen zu bestimmten Zeiten entdeckt und erfunden wurden, sich aber dann allmählich verbreiteten und nun allgemein gebraucht werden", um "in die verwirrende Fülle, in die sinnliche Mannigfaltigkeit unserer unmittelbaren Erfahrungen Ordnung und Einheit zu bringen" (ebd.: 112). Dies gilt sogar für unsere grundlegendsten Anschauungen: "Kosmischer Raum und kosmische Zeit sind eben keineswegs angeborene Anschauungen, wofür Kant sie erklärte, sind sind vielmehr ganz offenbar ebenso künstliche Konstruktionen wie irgend andere wissenschaftliche Gebilde." (James 1977: 111f.) Die institutionelle Verankerung konkreterer, weniger allgemeiner Erfahrungs- und Wahrnehmungsmuster stand für James jedoch nicht im Mittelpunkt seines Interesses.

nalisierung dieses Verhaltensgebietes. Wenn die Jagd sich als Institution herauskristallisiert hat und die Zeiten überdauert, wird der zu ihr gehörige Wissensbestand dann ihre objektive, empirisch nachvollziehbare Beschreibung." (Berger/Luckmann 1980: 71)

Es besteht also ein enger Zusammenhang von Wissen und Institutionen; stärker als T. Parsons betonen Berger/Luckmann die kognitiven - und nicht nur die normativen und evaluativen - Grundlagen von Typisierungs- und Institutionalisierungsprozessen. Nicht Normen, Kontrollen und Sanktionen, sondern die Typisierung, Habitualisierung und Verdinglichung subjektiven, sinnhaften Alltagswissens sind die Grundlage von Institutionalisierungsprozessen. Die Entstehung, Strukturierung und Fortentwicklung alltäglicher Wissensbestände erfolgt komplementär zur Institutionalisierung von Wahrnehmungs-, Verhaltens- und Beziehungsmustern.

Damit stellt sich die Frage, welche konkreten Institutionen und Organisationen die berufspraktischen Kompetenzen von Beschäftigten hervorbringen, reproduzieren und regulieren. Eine wissenssoziologische Aufarbeitung dieser Frage kann an den Arbeiten von K. Mannheim ansetzen. Dieser Autor verweist auf das "Verankertsein dieser geistigen Standorte und der verschiedenen 'Denkstile' in das dahinter stehende historisch-sozial determinierte Sein" (Mannheim 1970a: 375). Diese "Seinsverbundenheit" des Denkens konkretisiert Mannheim im Anschluß an die Marx'sche Tradition. Auch wenn sich Mannheim selbstverständlich gegen eine enge, deterministische Verknüpfung intellektueller und sozialer Positionen verwahrt ("das Sein bestimmt das Bewußtsein"), betont er die Wahlverwandtschaft von Denkstilen/Ideologien und sozialen Schichtungen bzw. Klassen. Die Verbindung zwischen intellektuellen und sozialen Positionen erfolgt Mannheim zufolge durch die Konkurrenz um die legitime Weltsicht, um die "öffentliche Auslegung des Seins": "... jedes, weltanschauliche, soziologische Wissen (ist) ... eingebettet und getragen vom Macht- und Geltungstrieb bestimmter konkreter Gruppen, die *ihre* Weltauslegung zur öffentlichen Weltauslegung machen wollen ... Konkurrenz, Sieg und daraus sich ergebende Selektion sind auch sonst weitgehend Prinzip und Bewegungsform des Denkens." (Mannheim 1970b: 573 und 592)

Die soziale Bedingtheit und die Dynamik von Denkstilen arbeitet Fleck (1980) - ein jüdisch-polnischer Arzt und Mikrobiologe, dessen bahnbrechende Arbeiten erst nach seinem Tod von Th. Kuhn wiederentdeckt wurden - konkreter als Mannheim heraus. Als "soziale Trägergruppen" von Wissen identifiziert er nicht Klassen, sondern Denkkollektive. Ihm geht es um die Wahlverwandtschaft zwischen (wissenschaftlichen) Denkstilen und Denkkollektiven.[1] Wissen kann nicht einzelnen Personen (etwa als "Human-

---

1 Fleck (1980: 54f.) definiert die beiden für ihn zentralen Begriffe wie folgt: "Definieren wir 'Denkkollektiv' als Gemeinschaft der Menschen, die im Gedankenaustausch oder in

kapital") zugerechnet werden; vielmehr strukturieren kollektive Wissensbestände - d.h. emergente, individuell nicht zurechenbare Phänomene - die Beziehungen zwischen dem erkennenden Individuum und der zu erkennenden Wirklichkeit: "Ein wohlorganisiertes Kollektiv ist Träger des Wissens, das die Kapazität eines Individuums weit übersteigt." (ebd.: 58)
Anders als Mannheim führt Fleck den Wandel von Denkstilen nicht nur auf exogene, den Denktraditionen äußerliche Veränderungen wie etwa soziale Umschichtungen und veränderte Kräfteverhältnisse zwischen verschiedenen Wissenschaftlergruppen zurück. Sondern er betont auch die Bedeutung wissenschaftsimmanenter Wandlungsprozesse, durch die bisherige Selbstverständlichkeiten etabliert, verfestigt und wieder in Zweifel gestellt werden. Wissenschaftlicher Wandel wird weder als "Erkenntnis" einer unabhängig vom Erkennenden existierenden Wahrheit noch als soziale, außerwissenschaftlich induzierte Veränderung gefaßt, sondern als wissenschaftsimmanente "Denkstilergänzung, Denkstilentwicklung oder Denkstilumwandlung" (ebd.: S. 122). Auch Beobachtungen sind an Denkstile und Denkgemeinschaften gebunden; die selbstgeschaffenen und wissenschaftlich legitimierten Gewißheiten eines wissenschaftlichen Denkstils können nicht durch wie "objektiv" auch immer vorgehende Methoden und Experimente in Frage gestellt werden.
Während Fleck (ebenso wie Kuhn 1993) die soziale Konstitution von Wissen innerhalb einer "scientific community" analysieren, geht der "Laborkonstruktivismus" (Knorr-Cetina 1992) einen Schritt weiter auf dem Weg zu einer empirisch fundierten "Mikrosoziologie des Wissens". Im Zentrum laborkonstruktivistischer Ansätze steht die detaillierte Analyse der Prozesse, in denen in Forschungslaboratorien naturwissenschaftliche "Tatsachen" sozial konstruiert werden. Dieser Ansatz besitze den Vorteil, "direkt an die Alltagserfahrungen und -ideologien der beobachteten Wissenschaftler anzuschließen; denn wer wollte bestreiten, daß das hehre Ziel der Wahrheitssuche im Forschungsalltag in der Regel weniger bewußte Handlungsorientierung bietet als der Kampf um Positionen und Ressourcen?" (Hasse/ Krücken/ Weingart 1994: 240) Bei einem solchen mikrokonstruktivistischen Theorieprogramm bleibt allerdings unklar, wie übergreifende Denk-, Wahrnehmungs- und Verhaltensmuster entstehen können und wie sie reproduziert werden ("institutionalistisches Defizit").
Festgehalten werden kann zum einen die Allgegenwart praktischen, alltagsweltlichen Wissens, zum anderen seine Prägung durch die zeitlichen, sachlichen, sozialen und räumlichen Kontexte, in denen Menschen leben und ihrer Welt einen Sinn geben. Diese Entstehungskontexte werden zunehmend enger

gedanklicher Wechselwirkung stehen, so besitzen wir in ihm den Träger geschichtlicher Entwicklung eines Denkgebietes, eines bestimmten Wissensbestandes und Kulturstandes, also eines besonderen Denkstiles." "Wir können also Denkstil als gerichtetes Wahrnehmen, mit entsprechendem gedanklichen und sachlichen Verarbeiten des Wahrgenommenen, definieren." (ebd.: 130)

gefaßt; von der gesamten Gesellschaft über die Klasse, das Denkkollektiv und die scientific community bis hin zum einzelnen Labor. Allerdings werden vorrangig Organisationsformen *wissenschaftlich* legitimierten Wissens untersucht; die Organisationsformen und Reproduktionsweisen technischen Wissens werden von wissenssoziologischen Ansätzen nur am Rande behandelt. Diese Strukturierungs- und Institutionalisierungsformen des praktischen, erfahrungs- und kontextgebundenen Wissens von Beschäftigten - die gesellschaftliche Prägung der "tacit dimensions of knowledge" (M. Poloanyi) - sollen daher im folgenden im Anschluß an neoinstitutionalistische Ansätze diskutiert werden.

3. Drei Organisationsformen technischen Wissens

Die kognitive Dimension von Institutionalisierungsprozessen steht im Zentrum neuerer institutionalistischer Ansätze. Während klassische Ansätze auf die Integration individueller Verhaltensmuster durch verbindliche Normen und Rollenerwartungen abstellten, betonen neoinstitutionalistische Ansätze, daß soziale Integration vor allem durch gemeinsame, symbolisch konstituierte Organisationswirklichkeiten erfolgt. Eine mikropolitische Perspektive, die organisatorische Strukturen als Ergebnis von Macht- und Austauschbeziehungen analysiert, wird ergänzt durch eine mikrokulturalistische Perspektive, die organisatorische Klassifikationsschemata, Mythen, Selbstverständlichkeiten und Aushandlungen über die Art der jeweiligen Wirklichkeitsdefinitionen in den Mittelpunkt stellt (vgl. Scott 1994; Weick 1995): "Not norms and values but taken-for granted scripts, rules, and classifications are the stuff of which institutions are made." (DiMaggio/Powell 1991a: 15) Solche organisatorische Routinen und als selbstverständlich unterstellte Wahrnehmungsmuster können als "institutionell geronnene" Formen von Wissen analysiert werden: "Firms use their governance structures and routines not only to coordinate und utilise person-bound knowledge, but also to store knowledge over time, independent of the individual ‚knowledge holders'" (Johnson 1992: 28).

Solche auch kognitiv verankerten Ordnungen sind im Bereich der Arbeitswelt auf unterschiedlichste Weisen institutionalisiert - etwa als Organisationen (Betriebe, Unternehmen, Konzerne, Verwaltungen), als Branchen, als regionale Industriedistrikte, als Zuliefer-Abnehmer-Beziehungen, als großtechnische Systeme, als Professionen, als nationale Arbeits- und Managementkulturen (vgl. Heidenreich 1995b) etc.. Gekennzeichnet sind solche *kognitiven Ordnungen* durch drei Merkmale:

a) durch eine *gemeinsame Identität* (etwa durch ein professionelles Selbstverständnis, eine regionale Identität, eine Organisationskultur). Eine solche gemeinsame Identität kann durch regelmäßige Interaktionen stabilisiert

werden. Die Kehrseite einer stabilen kognitiven Identität sind Kooperations-, Interaktions- und Kommunikationsbarrieren im Verhältnis zu außenstehenden Unternehmen, Institutionen und Arbeitnehmern.
b) durch relativ stabile *Regulationsstrukturen*, d.h. durch wechselseitig als legitim angesehene Verhaltenserwartungen (aufbau- und ablauforganisatorische Regeln; Regeln, die zwischen Konkurrenten das Verhältnis von Wettbewerb und Kooperation austarieren; Normen fachgerechten Arbeitens; arbeits- und tarifrechtliche Bestimmungen, Ausbildungsordnungen etc.).
c) durch *soziale Schließungsstrategien*. Die Kontrolle von Ungewißheitszonen wird von Beschäftigten oftmals genutzt, um Erwerbschancen zu monopolisieren: So versuchen Belegschaften durch Kündigungsschutzregeln und betriebliche Karriereleitern und Qualifizierungsmaßnahmen, sich der Konkurrenz betriebsexterner Arbeitnehmer zu entziehen und die eigenen Beschäftigungs- und Entlohnungsbedingungen zu verbessern. Auch Professionen bzw. Berufe sind durch solche Schließungsstrategien gekennzeichnet: Ohne einen Meisterbrief darf ein Tischler keinen eigenen Betrieb eröffnen; ohne eine medizinische Zusatzausbildung kann ein Psychologe nicht als Psychotherapeut arbeiten. Auch Zuliefer-Abnehmer-Netzwerke und regionale Industriedistrikte gewinnen ihre Stabilität nur durch den Ausschluß anderer Unternehmen. Eine solche Ausgrenzung "fremder" Arbeitnehmer und Unternehmen ist ein wichtiges Merkmal betrieblicher, regionaler, zwischenbetrieblicher und professioneller Ordnungen.

Ein Überblick über drei ausgewählte Organisationsformen technischen Wissens (Organisationen, organisatorische Felder, Professionen) soll im folgenden verdeutlichen, inwieweit diese Ordnungen organisatorisches und institutionelles Lernen - und damit auch Innovationen - unterbinden. Im folgenden Abschnitt wird dann die komplementäre Position vertreten und herausgearbeitet, daß kognitive Ordnungen nicht nur eine Barriere, sondern auch eine unabdingbare Voraussetzung für eine lernende Wirtschaft sind (vgl. allgemein zur beschränkenden und ermöglichenden Rolle von Strukturen auch Giddens 1979).

3.1 Organisationskulturen

Unternehmen sind eines der wichtigsten "Denkkollektive" im Bereich der Arbeitswelt; berufliche Identitäten und praktische Kompetenzen entwickeln sich für die meisten Beschäftigtengruppen auf Grundlage ihrer konkreten Arbeitserfahrungen in einer bestimmten Arbeitsorganisation. Wenn sich in einer Organisation eine gemeinsame kognitive Identität und gemeinsame Vorstellungs-, Verhaltens- und Beurteilungsmuster herausbilden, kann ein Unternehmen zu einer "Betriebsgemeinschaft" werden (vgl. Krell 1994). Diese kann institutionell stabilisiert werden durch betriebliche Rekrutierungs-,

Aufstiegs-, Qualifizierungs- und Interessenvertretungsmuster. Eine zentrale Grundlage betriebsgemeinschaftlicher Integrationsformen sind etwa innerbetriebliche Arbeitsmärkte, d.h. eine begrenzte Zahl niedrig eingestufter Einstiegsarbeitsplätze, innerbetriebliche, hierarchisch geordnete und bürokratisch organisierte Aufstiegskanäle, langfristige Beschäftigungsgarantien und ein hoher Stellenwert betriebsspezifischer Qualifikationen und Qualifizierungsformen (Lutz 1987). Solche betriebszentrierten Strukturierungsprinzipien technischen Wissens erleichtern die innerbetriebliche Rekombination technischen Wissens; die relative Homogenität betrieblicher Wissensbestände war beispielsweise eine wichtige Voraussetzung für die Nachkriegserfolge japanischer Unternehmen. Mit der betrieblichen Strukturierung technischen Wissens gehen allerdings erhebliche Kommunikations- und Kooperationsbarrieren zwischen verschiedenen "Betriebsgemeinschaften" bzw. "Denkkollektiven" einher; diese können sich als Diffusionsbarriere für neues technisches Wissen und als Barriere für über- und zwischenbetriebliche Kooperations- und Innovationsnetzwerke erweisen. Dies gilt auch für Japan, wo das Primat der Betriebsgemeinschaft mit einer weitgehenden betrieblichen Autonomie gegenüber schulischen und universitären Bewertungskriterien einhergeht; Einkommensunterschiede verweisen eher auf die Dauer der Betriebszugehörigkeit als die Art des Schulabschlusses. Dieses Primat innerbetrieblicher Karriereverläufe mag eine wichtige Ursache für die noch relativ schwache Stellung japanischer Unternehmen im Bereich forschungsintensiver Spitzentechnologien sein. Eine weitere, insbesondere in Japan zu beobachtende Konsequenz innerbetrieblicher Strukturierungsformen technischen Wissens sind erhebliche Differenzen zwischen Groß- und Kleinbetrieben (etwa unterschiedliche Rekrutierungs-, Entlohnungs- und Weiterbildungschancen) und eine weitgehende technologische Abhängigkeit kleinerer Unternehmen. Dies gefährdet die Innovationskraft der japanischen Zulieferer und bedroht damit ein System der zwischenbetrieblichen Arbeitsteilung, das als eines der stärksten Trümpfe der japanischen Wirtschaft gerühmt wird (Ernst/Wiesner 1994).
Anders als in Japan waren in Westdeutschland betriebszentrierte Formen der Arbeitsmarktsegmentation in der Nachkriegszeit stärker eingebettet in betriebsübergreifende Regulationsstrukturen (wohlfahrtsstaatliche, arbeitsrechtliche und tarifvertragliche Regelungen, überbetriebliche Formen der Berufsausbildung). Im Laufe der 80er Jahre vermehrten sich jedoch die Anzeichen für eine Erosion dieser einheitsstiftenden Institutionen. Damit verschiebt sich die Balance zwischen Verbetrieblichungs- und Vereinheitlichungstendenzen; der Betrieb wird aus übergreifenden Regulationsstrukturen herausgelöst. Hierauf verweisen die Krise des Flächentarifvertrages, die Verbetrieblichung der industriellen Beziehungen und der Attraktivitätsverlust des Berufsausbildungssystems. Wenn das Unternehmen auch in Deutschland zu der dominanten Vergesellschaftungs- und Integrationsform von Beschäftigten werden sollte, dann ist auch in Deutschland mit einer Bedeutungszunahme

zwischenbetrieblicher Kommunikations- und Kooperationsbarrieren zu rechnen.

3.2 Organisatorische Felder

Technisches Wissen wird jedoch nicht nur innerbetrieblich generiert, weitervermittelt und weiterentwickelt. Die betrieblichen Wissensbestände und Erfahrungen sind vielmehr in zahlreiche überbetriebliche Handlungsarenen und "Denkgemeinschaften" eingebettet; Branchen, industrielle Netzwerke, regionale oder nationale Arbeitskulturen prägen ebenfalls die Erfahrungen, Denk- und Verhaltensweisen von Beschäftigten. Auf solche über- und zwischenbetrieblichen Ordnungsmuster verweisen neoinstitutionalistische Ansätze mit dem Begriff der organisatorischen Felder. Dieser Begriff zielt auf die relativ homogenen (sich wechselseitig durchaus überlappenden) Wahrnehmungs-, Verhaltens- und Beziehungsmuster in der Umwelt von Organisationen:
"Organizational fields are made up of both cultural and behavioral elements. The former refers to the meaning systems and symbolic frameworks that define and give coherence to a set of behaviors, together with the constitutive rules that define the utilities and capabilities of actors and the normative rules that specify appropriate forms of conduct: the rules of the game ... Behavioral elements within fields refer to the activities and interactions carried out by social actors, both individual and collective. These actors select from, enact and reproduce cultural beliefs and meaning systems, but, at the same time, they also challenge and change them." (Scott 1994: 207f.)
Die überbetrieblichen Denk- und Erfahrungswelten, auf die der Begriff der organisatorischen Felder zielt, werden nicht nur durch persönliche Interaktions- und Austauschbeziehungen integriert (diese "systemische" Integration unterscheidet organisatorische Felder von zwischenbetrieblichen Netzwerken). Branchen, regionale Produktionssysteme oder großtechnische Systeme sind vielmehr durch institutionell verankerte Regulationsstrukturen gekennzeichnet. Diese können durch direkte Aushandlungs- und Austauschbeziehungen zwischen den beteiligten Organisationen, aber auch durch Gesetze, Verordnungen, überkommene Gewohnheiten und Bräuche, statistische Klassifikationen, gemeinsame Wirtschafts- und Berufsverbände oder durch einen gemeinsamen sprachlichen oder regionalen Hintergrund stabilisiert werden.
Ein Beispiel für ein organisatorisches Feld ist eine *Branche* (vgl. Kerst 1996). Deren Identität kann durch Arbeitgeber- und Arbeitnehmerverbände, durch branchenweite Tarifverträge und durch branchenbezogene Berufsausbildungen und Arbeitsmärkte stabilisiert werden. Ein weiteres Beispiel sind *regionale Industriedistrikte bzw. Produktionssysteme*, die durch die regionale Konzentration von Unternehmen einer Produktionskette und durch flankierende institutionelle und wirtschaftspolitische Rahmenbedingungen gekennzeichnet sind (vgl. Pyke/Sengenberger 1992). Eine eigene regionale Identität ist ebenso

Voraussetzung wie Ergebnis einer erfolgreichen, regional verankerten Produktionsbasis. Ein weiteres Beispiel für organisatorische Felder sind *großtechnische Systeme* (vgl. Hughes 1987), d.h. Organisationen, Berufsbilder, Gesetze, wissenschaftliche Einrichtungen und Ausbildungsstätten, die um die Entwicklung und Nutzung einer gemeinsamen Technologie zentriert sind. Oft organisieren sich die Wirtschaftsorganisationen eines großtechnischen Systems als Branche (z.B. die elektrotechnische Industrie, der Fahrzeugbau, die Telekommunikationsindustrie).

Die Einheit eines organisatorischen Feldes kann - ebenso wie die Einheit eines Unternehmens - strategisch, normativ und kognitiv begründet sein. Zunächst ist ein organisatorisches Feld eine Handlungsarena für die mehr oder weniger rationale Verfolgung von Eigeninteressen; es ist ein Rahmen für die Spiele und Strategien individueller und kollektiver Akteure. Zweitens können organisatorische Felder normativ integriert werden; hierdurch wird die Stabilität feldspezifischer Regulationsstrukturen deutlich erhöht. Drittens können organisatorische Felder durch gemeinsame Mythen, Überzeugungen, Wissensbestände und Problemdefinitionen gekennzeichnet sein. Die Stabilität einer Regulationsstruktur ist umso höher, je selbstverständlicher und "natürlicher" sie für die involvierten Akteure ist.

Organisatorische Felder sind durch kognitive Schließungsprozesse gekennzeichnet, d.h. sie strukturieren die Entstehung und Entwicklung technischen Wissens. Sie sind durch institutionell stabilisierte, relativ einheitliche Problemdefinitionen und Problemlösungsstrategien gekennzeichnet. Für technologische Entwicklungen wurden solche Lern- und Innovationsbarrieren von Dosi (1982) und Hughes (1987) beschrieben; am Beispiel altindustrieller Regionen arbeitet Grabher (1993) die Beharrungsmomente regionaler Produktionsstrukturen heraus. Dies führt zu regionalen Entwicklungspfaden ("Trajektorien") und den entsprechenden Lernbarrieren, die auch am Beispiel von Baden-Württemberg nachgewiesen werden können (Heidenreich/Krauss 1996). Großtechnische Systeme (Transport-, Energieerzeugungs-, Informations- und Kommunikationssysteme etc.) entwickeln ebenfalls ein erhebliches Beharrungsvermögen, da sich Berufsbilder, Professionen und wissenschaftliche Disziplinen (etwa: Elektriker, Elektroingenieure etc. im Falle der Elektrotechnik) auf der Grundlage einer erfolgreich durchgesetzten Technologie herausbilden. Auch Ausbildungseinrichtungen, Normierungsinstanzen, Arbeitgeber- und Arbeitnehmerverbände orientieren sich an diesen Technologien. Regionen verdanken ihren "Kern- bzw. Schlüsselbranchen" ihre wirtschaftliche Leistungsfähigkeit und setzen sich deshalb für den Schutz und die weitere Nutzung dieser Technologien ein.

Die kognitiven Ordnungen organisatorischer Felder werden somit auch durch überbetriebliche Institutionen stabilisiert - ein wichtiger Grund für das Beharrungsvermögen von regionalen, technischen und branchenbezogenen "Denkkollektiven". Die einmal gewählten Entwicklungspfade werden durch organisatorische, professionelle, regionale, nationale und verbandspolitische Interessen stabilisiert. Je stabiler solche Felder institutionalisiert sind, desto schwieriger sind auch "feld"-übergreifende Kommunikations- und Kooperationsbeziehungen: Das Alltagswissen der Akteure kann kaum durch andere Wissensbestände irritiert werden - auch wenn eine zentrale Voraussetzung für Innovationen die Neukombination von Wissensbeständen ist (vgl. Malsch 1994 am Beispiel sogenannter Kombi-Technologien wie der Mikrosystemtechnik, der Optoelektronik, der Bioinformatik oder der Multimediaindustrie.

3.3 Die berufliche Strukturierung technischen Wissens

Das klassische Beispiel für die soziale Strukturierung technischen Wissens und für die damit einhergehenden Lern- und Kooperationsbarrieren sind Berufe, d.h. "institutionalisierte(), dem einzelnen vorgegebene() Muster der Zusammensetzung und Abgrenzung spezialisierter Arbeitsfähigkeiten, die gewöhnlich mit einem eigenen Namen benannt werden ("Ingenieur", "Schlosser", "Friseur", "Lehrer") und den Ausbildungen als differenzierendes und strukturierendes Organisationsbild zugrundeliegen." (Brater/Beck 1983: 209).[1] Sie sind zum einen durch einen gemeinsamen, mehr oder weniger systematisierten Bestand von Fähigkeiten und Kenntnissen charakterisiert. Diese Kenntnisse können durch eine systematische Ausbildung vermittelt werden, während die Fähigkeiten durch praktische Erfahrungen in Ausbildung und Beruf erworben werden können. Zum anderen gelingt es Berufen, das eigene Tätigkeitsfeld gegenüber Berufsfremden abzusichern. Ein solcher Schließungsprozeß kann durch überlegene Kompetenzen und durch die sachlich begründbare Notwendigkeit einer speziellen Ausbildung legitimiert werden. Deshalb wird die Tätigkeit in einem bestimmten Berufsfeld an die Absolvierung einer speziellen Ausbildung gebunden. In diesem Fall sind Berufe nicht nur durch einen abgrenzbaren Kanon technischen Wissens gekennzeichnet, sondern auch durch eine formale Zertifizierung. In staatlich regulierten Ausbildungssystemen bedeutet dies in der Regel eine Systematisierung des technischen Wissens - als Voraussetzung für eine systematische Ausbildung und ein allgemein anerkanntes Abschlußzeugnis. Dies führt (in den USA und Frankreich stärker als in Großbritannien und Deutschland) zu einer Entkoppelung praktischer,

---

1 Die von Freidson (1976: 211) vorgeschlagene Definition stellt expliziter als Brater/Beck auch auf die "professional community" ab: "First, they (professions; M.H.) have an occupational community that extends beyond any particular workplace, a community sustained by a common credential, common interest in preserving shared privileges, common specialized training, a shared occupational identity ...". Anzumerken ist, daß im Englischen deutlich zwischen (oftmals akademisch qualifizierten) Professionen und rein berufsfachlich qualizierten "crafts" unterschieden wird - eine Unterscheidung, die im deutschen Berufsbegriff (auch aufgrund des anderen Ausbildungssystems) nicht enthalten ist.

anwendungsbezogener Fähigkeiten einerseits und theoretischer, leichter zertifizierbarer Kenntnisse andererseits. Dies bezeichnet Freidson (1986: XI) als das Paradox der Institutionalisierung:
"My basic thesis is that the actual substance of the knowledge that is ultimately involved in influencing human activities is different from the formal knowledge that is asserted by academics and other authorities ... Down at the level of everyday human experience, in schools, prisons, scientific laboratories, factories, government agencies, hospitals, and the like, formal knowledge is transformed and modified by the activities of those participating in its use. Thus the paradox that, while the institutionalization of knowledge is a prerequisite for the possibility of its connection to power, institutionalization itself requires the transformation of knowledge by those who employ it."
Die berufliche Schneidung technischen Wissens erleichtert also die Explizierung, Systematisierung und Formalisierung praktischer Kompetenzen, auch wenn dies für die praktische Bewältigung der Arbeitsaufgaben nicht notwendig (oder sogar hinderlich) ist (Freidson 1986: 216). Eine berufliche Organisation technischen Wissens geht daher oftmals - insbesondere bei verwissenschaftlichten oder verschulten Berufsbildern - mit erheblichen Kooperations- und Kommunikationsbarrieren zwischen verschiedenen Berufsgruppen einher (vgl. hierzu am Beispiel des französischen Ausbildungssystems Heidenreich 1995a).
Aber auch anwendungs- und praxisbezogene Berufsbilder sind keine Garantie für intensive, Fachgrenzen überschreitende Kommunikations- und Kooperationsprozesse. Ein grundlegendes Merkmal britischer Arbeitsorganisationen sind beispielsweise die vielfältigen horizontalen und vertikalen Segmentierungslinien zwischen Produktion, Wartung, Forschungs- und Entwicklungsbereichen und dem gehobenen Management, hinzu kommt eine strikte Trennung zwischen qualifizierten Fachkräften und ungelernten Arbeitern (Sorge (1991: 167). Die verschiedenen Tätigkeitsbereiche und Berufsbilder markieren oft die "Waffenstillstandslinien", auf die sich die beteiligten Akteure (Beschäftigte, Management, Gewerkschaften) einigen konnten: "The granting of skilled status to craft apprentices means ... the bestowing of a job territory and the subsequent defence of that territory by the craft unions against the claims of other trades or of unskilled workers." (Lane 1989: 155) Dies erschwerte die Modernisierung und Erweiterung der Berufsbilder.
In der Bundesrepublik gelang hingegen eine Modernisierung der Berufsausbildung; systematisierte, "verwissenschaftlichte" Kenntnisse und anwendungsbezogenes Erfahrungswissen konnten besser integriert werden. Den beruflich qualifizierten und praktisch erfahrenen Facharbeitern können daher breitere Entscheidungs- und Handlungsspielräume eingeräumt werden. Da Meister, kaufmännische und technische Angestellte, Ingenieure und andere Akademiker oftmals eine Berufsausbildung absolviert haben, können sie sich gegenüber ihren Mitarbeitern auch durch ihre berufsfachlichen Kompetenzen

legitimieren. Aufgrund dieser gemeinsamen fachlichen Grundlage kann die Verantwortung für den Produktionsprozeß in erheblichem Maße an teilautonome Facharbeiter-Meister-Gruppen delegiert werden. Erst in letzter Zeit wird - auch vor dem Hintergrund veränderter Unternehmensstrategien - auf die Grenzen auch dieses Modells aufmerksam gemacht (Kern/Sabel 1994). Prozeß- und berufsübergreifende Qualifikationen werden auch in Deutschland nur unzureichend gefördert, da zwar vertikale, nicht jedoch horizontale Kooperationsbeziehungen durch das Berufsausbildungssystem erleichtert werden.

Zusammenfassend: Die berufliche Strukturierung technischen Wissen geht mit der Entwicklung systematischer Ausbildungsgänge und mit der sozialen Schließung von Berufs- und Tätigkeitsfeldern einher. Diese Formalisierung, Systematisierung und "Verwissenschaftlichung" der erforderlichen Kenntnisse und Fähigkeiten führt zu erheblichen Spannungen zwischen den Ausbildungsinstitutionen und den Praxisfeldern eines Berufes - Spannungen, die im Sinne einer stärkeren Praxisorientierung (Deutschland, Großbritannien) oder einer stärkeren "Wissenschaftsorientierung" (Frankreich) aufgelöst werden. Diese Spannungen verweisen auf die kognitiven Schließungen und die Beharrungsmomente berufsfachlicher Strukturierungsformen technischen Wissens. Diese Beharrungsmomente werden auch institutionell stabilisiert: Durch wissenschaftliche Denkkollektive und die entsprechenden Paradigmen, durch Berufsordnungen und Berufsbilder, durch Berufs- und Fachverbände, durch beruflich strukturierte Arbeitsmärkte und Kompetenzschneidungen.

Übersicht 2: Die Institutionalisierung technischen Wissens

	Organisationen	Organisatorische Felder	Professionen, Berufe
Gemeinsame Identitäten	Betriebsgemeinschaften; corporate identities	Regional- oder Branchenidentitäten	Berufsbilder
Vereinheitlichende Regulationsstrukturen	Aufbau- und ablauforganisatorische Regelungen	bei Branchen: Tarifpartner, Berufsausbildungen, Absatzmarkt; bei Regionen: regionale Institutionen, Wirtschaftspolitik, Unternehmensnetzwerke; bei großtechnischen Systemen: Unternehmens- und Institutionennetzwerke	Ausbildungseinrichtungen; Berufsverbände
Soziale und kognitive Schließungsprozesse	innerbetriebliche Arbeitsmärkte	regionale oder branchenbezogene Kooperationsnetzwerke	berufsfachliche Arbeitsmärkte und Ausbildungen

Abschließend: Anwendungsbezogene und erfahrungsbasierte Fähigkeiten und Kenntnisse werden im Bereich der Arbeitswelt u.a. durch drei unterschiedliche kognitive Ordnungen strukturiert; Durch Unternehmen, organisatorische Felder und Berufe (vgl. Übersicht 2). Diese Strukturierungsformen technischen Wissens werden auf unterschiedliche Weise institutionell stabilisiert; damit werden die Möglichkeiten einer beständigen Neuinterpretation der Welt eingeschränkt. In wissenssoziologischen Ansätzen werden solche institutionell verankerten Regulationsstrukturen - und damit auch das Beharrungsvermögen etablierter Denkstile - unterbewertet. Daher wurde im vorangegangenen Abschnitt zu zeigen versucht, daß ohne die Berücksichtigung dieser kognitiven, institutionell verankerten Ordnungen die Beharrungsmomente technischen Wissens (und damit auch die Innovations-, Kooperations- und Kommunikationsbarrieren im Bereich der Arbeitswelt) nur unzureichend erfaßt werden können.

4. Technisches Wissen und Innovation

Bisher wurden die soziale Strukturierung technischen Wissens und die institutionelle Sedimentierung technischer Wissensbestände vorwiegend als Lern- und Innovationsbarrieren thematisiert. Mit genauso guten Gründen kann jedoch auch eine entgegengesetzte Position vertreten werden: Institutionelle Ordnungen verringern Unsicherheiten; dies ist eine wichtige Voraussetzung für die gezielte Rationalisierung und Weiterentwicklung kollektiver Wissensbestände. Durch kognitive Schließungsprozesse können "Denkgemeinschaften" stabilisiert werden, die für die Fortentwicklung und die Weitergabe praktischer Erfahrungen und für den schnellen Austausch relevanter Informationen unabdingbar sind. So sind Leitbilder (der Kristallisationspunkt von "Denkgemeinschaften") aufgrund ihrer Orientierungs-, Koordinierungs- und Motivierungsfunktion eine wichtige Voraussetzung für innovatives Handeln (Dierkes u.a. 1995). Vielfach wurde darauf hingewiesen, daß intensive Kooperations- und Kommunikationsbeziehungen und hohe Vertrauensbeziehungen innerhalb einer professionellen oder regionalen Gemeinschaft eine wichtige Voraussetzung für Innovationen seien. Die soziale Einbettung in eine "institutionell reiche" Gesellschaft ist - wie oftmals im Anschluß an Granovetter (1985) argumentiert wird - eine ideale Voraussetzung für Koordinierungsformen "jenseits von Markt und Hierarchie", da sozial eingebettete Unternehmensnetzwerke die Neukombination technischen Wissens erheblich erleichtern: "Networks, then, are especially useful for the exchange of commodities whose value is not easily measured. Such qualitative matters as know-how, technological capability, a particular approach or style of production, a spirit of innovation or experimentation, or a philosophy of zero defects are very hard to place a price tag on. They are not easily traded in markets nor communicated through a corporate hierarchy." (Powell 1990: 304)
Es ist daher nicht sinnvoll, einseitig die Dynamik und Kreativität alltäglicher Praktiken oder das Beharrungsvermögen und die Innovationsblockaden institutionell verankerter Denkordnungen zu betonen. Innovationen sind vielmehr auf eine "angemessene" Verbindung von Offenheit und Geschlossenheit, von Dynamik und Beharrung, von Variation, Selektion und Stabilisierung angewiesen. Intensive Kommunikations- und Kooperationsbeziehungen sind ebenso notwendig wie die Stabilisierung und gezielte institutionelle Verankerung erfolgversprechender Entwicklungspfade. Auf ein solches dynamisches Gleichgewicht von Kontinuität und Wandel zielen die (in sich wider-

sprüchlichen) Begriffe des organisatorischen und institutionellen Lernens (Johnson 1992).
Ein notwendiges "Gegengift" gegen institutionelle und kognitive Schließungs- und Verkrustungstendenzen sind daher Brückeninstitutionen, die die Bildung von Innovationsnetzwerken[1] außerhalb der bisherigen, institutionell verfestigten Denkordnungen und Netzwerke stimulieren. Beispiele für solche Brückeninstitutionen sind etwa Wissenschaftsstädte, die die Kooperation zwischen Wissenschaft und Wirtschaft erleichtern sollen, oder Akademien für Technikfolgenabschätzung, die einen Diskurs über neue Technologien initiieren und so die gesellschaftliche Einbettung neuer Technologien erleichtern können. Auch produktionsnahe Dienstleistungsunternehmen (Softwarehäuser, Unternehmensberater, Finanzdienstleister etc.) können als "Wissensbrücken" zwischen verschiedenen Unternehmen fungieren, indem sie Logistik-, Marketing-, Controlling- oder Managementfunktionen von Industrieunternehmen übernehmen und gezielt optimieren. Auch staatliche Wirtschaftspolitik kann Projekte initiieren, an denen Akteure aus den unterschiedlichsten Kontexten in eine gemeinsame Aufgabe eingebunden werden.[2] Tochterunternehmen mehrerer großer Unternehmen haben in strategischen Allianzen oftmals ebenfalls die Funktion von Brückeninstitutionen. Die Aufgabe solcher Brückeninstitutionen ist die Schaffung transdisziplinärer Arbeitszusammenhänge jenseits der üblichen Lern-, Kommunikations- und Kooperationsbarrieren. Solche Arbeitszusammenhänge bieten Raum, um die Kreativität praktischen Wissens und die beständige Reinterpretierbarkeit von Alltagswissen für betriebliche Innovationsvorhaben zu nutzen. Beispiele für solche Innovationsnetzwerke können gemeinsame Entwicklungsvorhaben von Unternehmen, regionale Zulieferarbeitskreise, runde Tische zwischen Wirtschaft und Politik, Branchenarbeitskreise oder regionale technologiepolitische Initiativen sein. Auch technikerzeugende und technikverwendende Sozialsysteme können in solchen Netzwerken verkoppelt werden, um die Einbettung neuer Techniken in ihre jeweiligen Anwendungskontexte zu unterstützen und um die wechselseitige Anpassung von Produkten und Nachfragerinteressen zu erleichtern. Die Stärke von Netzwerken liegt dabei in der Chance einer losen Koppelung, d.h. im Verzicht auf eine direkte, hierarchische Steuerung: "... Innovationsnetzwerke besitzen im Vergleich zu formal begrenzten Organisationen ein höheres Maß an Offenheit, Durchlässigkeit und Raum für Ambiguität und lassen systemische wie interorganisatorische Abstim-

1 Hierunter verstehen wir kognitiv und normativ verankerte Reziprozitätsbeziehungen zwischen Unternehmen, Ausbildungs- und Forschungseinrichtungen und politisch-administrativen Instanzen - insofern sie die Rekombination technischen Wissens und die Entwicklung und gesellschaftliche Einbettung neuer Technologien erleichtern.

2 Ein wichtiges Ziel des baden-württembergischen Multimedia-Pilotprojektes ist es etwa, Hardware- und Softwarehersteller, Diensteanbieter, die Telekom als Netzbetreiber, die Wirtschaftspolitik und private Haushalte zusammenzubringen, um gemeinsam getragene Technikleitbilder und Nutzungskonzepte zu entwickeln.

mungsprozesse - etwa zwischen Wissenschaft, Wirtschaft und Politik - zu." (Kowol/Krohn 1995: 78). Eine solche lose Koppelung zwischen verschiedenen "Wissenskulturen" ist auch in Regionalökonomien möglich, da die räumliche und alltagsweltliche Nähe den Kontakt zwischen verschiedenen organisatorischen und professionellen Kontexten erleichtert: "These technological spillovers (in regionalen Innovationssystemen; M.H.) are tied to knowledge and practices that are not always codified or explicit. They are frequently shared among firms or transferred from firm to firm through various forms of networks, such as user-producer relationships, strategic alliances, R&D consortia, collaborative training and marketing schemes, and supportive public infrastructure, such as educational institutions." (Wolfe/Gertler 1996)

Damit können innovative Milieus abschließend durch folgende Merkmale gekennzeichnet werden:

- durch die Existenz von Brückeninstitutionen, die die Bildung von Innovationsnetzwerken stimulieren. In der Regel wird dies nur durch direkte, persönliche Kontakte, Kooperations- und Kommunikationsbeziehungen zwischen Mitgliedern verschiedener Wissens- und Denkkulturen möglich sein. Lernen, d.h. die veränderte Nutzung und die kreative Neuinterpretation alltäglicher Wissensbestände, ist am leichtesten möglich, wenn die jeweiligen Selbstverständlichkeiten und das Alltagswissen von Akteuren aus unterschiedlichen organisatorischen Kontexten direkt miteinander konfrontiert werden. Solche Brückeninstitutionen ermöglichen eine organisatorische, institutionelle und kognitive Vielfalt, die zu Beginn des Jahrhunderts noch durch einzelne "Querdenker" - den schöpferischen Erfinder und Unternehmer Schumpeterscher Provenienz - sichergestellt wurde;
- durch die Möglichkeit der Selbstbindungen und kognitiven Schließungen: Ebenso wichtig wie die Möglichkeit permanenten Lernens sind Lernbarrieren, d.h. die Fähigkeit, ein einmal gewähltes Projekt unter Ausblendung anderer Möglichkeiten zu realisieren und den gewählten Entwicklungspfad durch flankierende Institutionen und ein gemeinsames Leitbild (d.h. durch kognitive Schließungen) abzusichern;
- durch die Chance, den gewählten Entwicklungspfad frühzeitig einem "Realitätstest" auszusetzen (die Brauchbarkeit der gewählten organisatorischen, technologischen und institutionellen Lösungen muß sich in der Konkurrenz zu anderen Lösungen behaupten können).

Literatur

Brater, Michael/ Beck, Ulrich (1983) Berufe als Organisationsformen menschlichen Arbeitsvermögens. S. 208-224. In: Wolfgang Littek, Werner Rammert und Günther Wachtler (Hg.) Einführung in die Arbeits- und Industriesoziologie (2., erweiterte Auflage). Frankfurt/M.: Campus

Berger, Peter L./ Luckmann, Thomas (1980) Die gesellschaftliche Konstruktion der Wirklichkeit. Eine Theorie der Wissenssoziologie (amerikanische Orginalausgabe 1966). Frankfurt a.M.: Fischer

Bloor, David (1976) Knowledge and Social Imagery. London/Henley/Boston: Routledge & Kegan Paul

Böhme, Gernot (1981) Wissenschaftliches und lebensweltliches Wissen am Beispiel der Verwissenschaftlichung der Geburtshilfe. S. 445-463 in: Nico Stehr und Volker Meja (Hg.): Wissenssoziologie. Sonderheft 22 der KZfSS. Opladen: Westdeutscher Verlag

Castells, Manuel/ Hall, Peter (1994) Technopoles of the World. The making of twenty-first-century industrial complexes. London/New York, Routledge

Clark, Kim B./ Fujimoto, Takahiro (1992) Automobilentwicklung mit System. Strategie, Organisation und Management im Europa, Japan und USA. Frankfurt/New York, Campus

Dewey, John (1958) Experience and Nature (unaltered republication of the second edition; amerikanische Erstausgabe 1925). New York: Dover

Dewey, John (1960) On Experience, Nature, and Freedom. Representative Selections. Edited, with an introduction, by Richard J. Bernstein. Indianapolis/New York: Bobbs-Merrill

Dewey, John (1960a) An Empirical Survey of Empiricisms (Erstveröffentlichung 1935). S. 70-87. In: John Dewey: On Experience, Nature, and Freedom. Representative Selections. Edited, with an introduction, by Richard J. Bernstein. Indianapolis/New York: Bobbs-Merrill

Dewey, John (1960b) The Need for a Recovery of Philosophy (Erstveröffentlichung 1917). S. 19-69 In: John Dewey: On Experience, Nature, and Freedom. Representative Selections. Edited, with an introduction, by Richard J. Bernstein. Indianapolis/New York: Bobbs-Merrill

Dierkes, Meinolf/ Canzler,Weert / Marz,Lutz/ Knie, Andreas (1995) Politik und Technikgenese, Mitteilungen des Verbundes Sozialwissenschaftliche Technikforschung Nr. 15/1995: 7-28

DiMaggio, Paul J./ Powell, Walther, W. (1991) Introduction. S. 1-38. In: Walther W. Powell und Paul J. DiMaggio (Hg.) The New Institutionalism in Organizational Analysis. Chicago/London: University of Chicago Press

DiMaggio, Paul J. Powell, Walther W. (1991) The Iron Cage Revisited: Institutional Isomorphism and Collective Rationality. S. 63-82. In: Walther W. Powell und Paul J. DiMaggio (Hg.) The New Institutionalism in Organizational Analysis. Chicago/London: University of Chicago Press

Dosi, Giovanni (1982) Technological paradigms and technological trajectories. A suggested interpretation of the determinants and directions of technical change, Research Policy 11: 147-162

Dreyfus, Hubert L./ Dreyfus, Stuart E. (1987) Künstliche Intelligenz. Von den Grenzen der Denkmaschine und dem Wert der Intuition. Reinbeck bei Hamburg: rororo

Ernst, Angelika/ Wiesner, Gerhard (1994) Japans technische Intelligenz. Personalstrukturen und Personalmanagement in Forschung und Entwicklung. München: IFO-Studien zur Japanforschung Nr. 7

Faulker, Wendy (1994): Conceptualizing Knowledge Used. In Innovation: A Second Look at the Science-Technology Distinction and Industrial Innovation, Science, Technology, & Human Values 19, Nr. 4: 425-458

Fleck, Ludwik (1980) Entstehung und Entwicklung einer wissenschaftlichen Tatsache. Einführung in die Lehre vom Denkstil und Denkkollektiv (Erstausgabe 1935). Frankfurt a.M.: Suhrkamp-Taschenbuch

Freidson, Eliot (1986) Professional Powers. A Study of the Institutionalization of Formal Knowledge. Chicago/London: University of Chicago Press

Gibbons, Michael/ Limoges,Camille/ Nowotny,Helga/ Schwartzman, Simon/ Scott,Peter/ Trow, Martin (1994) The new production of knowledge. The dynamics of science and research in contemporary societies. London/Thousand Oaks/New Dehli: Sage

Giddens, Anthony (1979) Central Problems in Social Theory: Action, Structure and Contradiction in Social Analysis. Berkeley/Los Angeles: University of California Press

Grabher, Gernot (1993) The weakness of strong ties. The lock-in of regional development in the Ruhr area. S. 255-277 in: Gernot Grabher (Hg.) The embedded firm. On the socioeconomics of industrial networks. London: Routledge

Granovetter, Mark (1985) Economic Action and Social Structure. The Problem of Embeddedness, American Journal of Sociology 91: 481-510

Hasse, Raimund/ Krücken, Georg/ Weingart, Peter (1994) Laborkonstruktivismus. Eine wissenschaftssoziologische Reflexion. S. 220-262 in: Gebhard Rusch (Hg.): Konstruktivismus und Sozialtheorie. Frankfurt a.M.: Suhrkamp

Heidenreich, Martin (1995a) Informatisierung und Kultur. Eine vergleichende Analyse der Einführung und Nutzung von Informationssystemen in italienischen, französischen und westdeutschen Unternehmen. Opladen: Westdeutscher Verlag

Heidenreich, Martin (1995b) Die gesellschaftliche Strukturierung technischen Wissens. Ein Drei-Länder-Vergleich; in: H. Weber (Hg.) Globalisierung der Zivilisation und überlieferte Kulturen. Bonn: Katholischer Akademischer Ausländer-Dienst, S. 63-77

Heidenreich, Martin/ Krauss, Gerhard (1996) Das baden-württembergische Produktions- und Innovationsregime: Zwischen vergangenen Erfolgen und neuen Herausforderungen. Arbeitspapier der Akademie für Technikfolgenabschätzung in Baden-Württemberg Nr. 54, Stuttgart

Heinemann, Friedrich/ Kukuk, Martin/ Westerheide, Peter (1995) Das Innovationsverhalten der baden-württembergischen Unternehmen. Eine Auswertung der ZEW/infas-Innovationserhebung 1993. Mannheim: ZEW-Dokumentation Nr. 95-05

Hughes, Thomas P. (1987) The Evolution of Large Technical Systems. S. 51-82. In: Wiebe E. Bijker (Hg.): The social construction of technological systems. Cambridge: MIT-Press

James, William (1977) Der Pragmatismus. Ein neuer Name für alte Denkmethoden. Übersetzt von Wilhelm Jerusalem. Mit einer Einleitung herausgegeben von Klaus Oehler. Hamburg: Meiner (Amerikanische Orginalausgabe 1907)

Joas, Hans (1992) Pragmatismus und Gesellschaftstheorie. Frankfurt a.M.: Suhrkamp

Johnson, Björn (1992) Institutional Learning. S. 23-44. In: Bengt-Ake Lundvall (Hg.): National systems of innovation: towards a theory of innovation and interactive learning. London: Pinter

Kalkowski, Peter/ Mickler, Ottfried/ Manske, Fred (1995) Technologiestandort Deutschland. Produktinnovation im Maschinenbau: traditionelle Stärken - neue Herausforderunge. Berlin: Sigma

Kern, Horst/ Sabel, Charles, F. (1994) Verblaßte Tugenden. Zur Krise des deutschen Produktionsmodells. S. 605-624 in: Niels Beckenbach und Werner van Treeck (Hg.) Umbrüche gesellschaftlicher Arbeit. Sonderband 9 der Sozialen Welt. Göttingen: Schwartz & Co

Kerst, Christian (1996) Unter Druck - Organisatorischer Wandel und Organisationsdomänen. Der Fall der Druckindustrie. Opladen: Westdeutscher Verlag (im Erscheinen)

Knorr-Cetina, Karin (1992) Laboratory Studies. The Cultural Approach to the Study of Science. S. 140-166. In: Sheila Jasanoff, Gerald E. Markle, James C. Petersen und Trevor Pinch (eds.): Handbook of Science and Technology Studies. Thousand Oaks, London, New Dehli: Sage

Krell, Gertraude (1994) Vergemeinschaftende Personalpolitik. Normative Personallehren, Werksgemeinschaft, NS-Betriebsgemeinschaft, Betriebliche Partnerschaft, Japan, Unternehmenskultur. München/ Mering: Hampp

Kowol, Uli/ Krohn, Wolfgang (1995) Innovationsnetzwerke. Ein Modell der Technikgenese. S. 77-104 in: Jost Halfmann, Gotthard Bechmann und Werner Rammert (Hg.): Technik und Gesellschaft, Jahrbuch 8. Frankfurt a.M.; New York: Campus

Kuhn, Thomas S. (1993) Die Struktur wissenschaftlicher Revolutionen (12. Auflage; Amerikanische Orginalausgabe 1962). Frankfurt a.M.: Suhrkamp Taschenbuch

Lane, Christel (1989) Management and Labour in Europe. The Industrial Enterprise in Germany, Britain and France. Aldershot: Edward Elgar

Lullies, Veronika, Heinrich Bollinger und Friedrich Weltz (1993) Wissenslogistik. Über den betrieblichen Umgang mit Wissen bei Entwicklungsprojekten. Frankfurt a.M./New York: Campus

Luhmann, Niklas (1990) Die Wissenschaft der Gesellschaft. Frankfurt a.M.: Suhrkamp

Lutz, Burkart (1987) Arbeitsmarktstruktur und betriebliche Arbeitskräftestrategie. Eine theoretisch-historische Skizze zur Entstehung betriebszentrierter Arbeitsmarktsegmentation. Frankfurt a.M./ NewYork: Campus

Malsch, Thomas (1987) Die Informatisierung des betrieblichen Erfahrungswissens und der "Imperialismus der instrumentellen Vernunft". Kritische Bemerkungen zur neo-tayloristischen Instrumentalismuskritik und ein Interpretationsvorschlag aus arbeitssoziologischer Sicht, Zeitschrift für Soziologie 16: 77-91

Malsch, Thomas (1994) Technologiepolitik braucht Innovationsmanagement. Ein Beitrag zur Standortdebatte. S. 13-20 in: Werner Fricke (Hg.) Jahrbuch Arbeit und Technik 1994. Bonn: Dietz

Mannheim, Karl (1970a) Das Problem einer Soziologie des Wissens (Erstveröffentlichung 1925). S. 308-387. In: Karl Mannheim: Wissenssoziologie. Auswahl aus dem Werk; eingeleitet und herausgegeben von Kurt H. Wolff. Neuwied/Berlin: Luchterhand

Mannheim, Karl (1970b) Die Bedeutung der Konkurrenz im Gebiet des Geistigen (Erstveröffentlichung 1929). S. 566-613. In: Karl Mannheim: Wissenssoziologie. Auswahl aus dem Werk; eingeleitet und herausgegeben von Kurt H. Wolff. Neuwied/Berlin: Luchterhand.

Nelson, Richard R./ Winter, Sidney G. (1982:) An evolutionary theory of economic change. Cambridge: Harvard University Press

Oehler, Klaus (1977): Einleitung. S. IX-XXXVI. In: William James, 1977: Der Pragmatismus. Ein neuer Name für alte Denkmethoden. Hamburg: Meiner

Powell, Walter W. (1990) Neither Market nor Hierarchy: Network Forms of Organization, Research in Organizational Behavior 12: 295-336

Polanyi, Michael (1985) (Erstauflage 1966): Implizites Wissen. Frankfurt am Main: Suhrkamp

Pyke, Frank/ Sengenberger, Werner (Hg.) (1992) Industrial districts and local economic regeneration, International Institute for Labour Studies, Genf

Sabel, Charles F./ Kern,Horst/ Herrigel, Gary (1991) Kooperative Produktion. Neue Formen der Zusammenarbeit zwischen Endfertigern und Zulieferern in der Automobilindustrie und die Neuordnung der Firma. S. 203-227 in: Hans Gerhard Mendius und Ulrike Wendeling-Schröder (Hg.): Zulieferer im Netz. Neustrukturierung der Logistik am Beispiel der Automobilzulieferung, Köln: Bund-Verlag

Scheler, Max (1977) Erkenntnis und Arbeit. Eine Studie über Wert und Grenzen des pragmatischen Motivs in der Erkenntnis der Welt. Frankfurt a.M.: Klostermann (Erstausgabe 1926)

Scheler, Max (1924) Probleme einer Soziologie des Wissens. S. 1-146. In: ders. (Hg.) Versuche zu einer Soziologie des Wissens. München/Leipzig: Duncker & Humblot

Scott, Richard W. (1994) Conceptualizing Organizational Fields. Linking Organizations and Societal Systems. S. 203-221. In: Hans-Ulrich Derlien, Uta Gerhardt und Fritz W. Scharpf (Hg.): Systemrationalität und Partialinteresse. Festschrift für Renate Mayntz. Baden-Baden: Nomos

Sewell, William H. (1992) A Theory of Structure: Duality, Agency, and Transformation, American Journal of Sociology 98: 1-29

Sorge, Arndt (1991) Strategic Fit and the Societal Effect: Interpreting Cross-National Comparisons of Technology, Organization and Human Resources, Organization Studies 12/2, S. 161-190

Stehr, Nico (1994) Arbeit, Eigentum und Wissen. Zur Theorie von Wissensgesellschaften. Frankfurt a.M.: Suhrkamp

Trettin, Käthe (1995) Zwei Fragen zur feministischen Erkenntnistheorie, Feministische Studien Nr. 1/1995: 95-106

Tushman, Michael L./ Rosenberg, Lori (1992) Organizational determinants of technological change: toward a sociology of technological evolution, Research in Organizational Behavior 14: 311-347

Waibel, Mira Chr./ Wehner, Theo (1994) Über den Dialog zwischen Wissen und Erfahrung in der betrieblichen Lebenswelt, Harburger Beiträge zur Psychologie und Soziologie der Arbeit Nr. 7

Wehner, Theo (1994) Arbeitssicherheit und Fehlerfreundlichkeit - ein Gegensatz? Konzeption und empirische Befunde zur psychologischen Fehlerforschung. S. 409-428. In: Niels Beckenbach und Werner van Treeck (Hg.): Umbrüche gesellschaftlicher Arbeit. Sonderband 9 der Sozialen Welt. Schwartz & Co.: Göttingen

Wehner, Theo/ Waibel, Mira Chr (1996) Erfahrung als Bindeglied zwischen Handlungsfehleranalyse und Expertenforschung In: J. Nitsch und H. Allmer (Hg.): Handeln im Sport. Zwischen Rationalität und Intuition. Köln: bps-Verlag (im Erscheinen)

Weick, Karl E. (1995) Sensemaking in Organizations. Thousand Oaks/London/New Dehli: Sage

Willke, Helmut/ Krück, Carsten P./ Thorn, Christopher (1995) Benevolent conspiracies. The role of enabling technologies in the welfare of nations. The Case of SDI, SEMATECH, and EUREKA. Berlin: de Gruyter

Winograd, Terry/ Flores, Fernando (1986) Understanding Computers and Cognition. A New Foundation for Design. Reading; Menlo Park etc.: Addison-Wesley

Wolfe, David A/ Gertler, Meric (1996) The Regional Innovation System in Ontario, in: Hans-Joachim Braczyk, Philip Cooke, und Martin Heidenreich (Hg.): Regional Innovation Systems. London: UCL (in print)

III. Internalisierung externer Effekte

Frieder Meyer-Krahmer

Umweltverträgliches Wirtschaften
Neue industrielle Leitbilder, Grenzen und Konflikte[1]

1. Einführung und Überblick

Dieser Beitrag beginnt mit der Feststellung, daß eine grundlegende und breite Entkopplung von Ressourcenverbrauch und Wirtschaftswachstum voraussichtlich nicht erreicht werden kann. Zwar läßt sich eine solche Entkopplung für die letzte Dekade für einige Ressourcen und Schadstoffe durchaus zeigen, dennoch werden insgesamt die spezifischen Einsparerfolge selbst durch ein moderates Wachstum überkompensiert.
Notwendig sind daher neue industrielle Leitbilder für ein umweltverträgliches Wirtschaften, die nicht nur wünschenswert, sondern auch für die Wirtschaftsteilnehmer (Unternehmen wie Verbraucher) unter marktwirtschaftlichen Bedingungen attraktiv sind, somit Chancen einer Umsetzung haben und eine wirklich substantielle Änderung unserer Umweltbedingungen beinhalten. Drei solcher Leitbilder werden näher behandelt:

- verstärkter Einsatz von umweltfreundlicher Technologie als traditionelles Leitbild
- Schließung von Stoffkreisläufen
- ganzheitliche Produktpolitik und -nutzung.

Es wird gezeigt, daß der verstärkte Einsatz von umweltfreundlicher Technologie erhebliche Fortschritte bringt und auch der Bundesrepublik Deutschland als inzwischen weltweit größtem Exporteur von Umweltschutztechniken wirtschaftliche Erfolge gebracht hat. Diese Erfolge dürften nicht zuletzt daher rühren, daß Forschungsanstrengungen, Umweltauflagen, innovative Unternehmen und vorhandene Technikakzeptanz sich gleichsinnig verhielten. Das grundlegende Problem dieses Leitbildes ist, daß der verstärkte Einsatz von umweltfreundlichen Technologien allein nicht die erforderlichen Wirkungsgrade hat, die umweltfreundliches Wirtschaften verlangt.
Für das Leitbild der Schließung von Stoffkreisläufen gibt es in der Produktion bereits eine ganze Reihe von Beispielen, die auch wirtschaftlich interessante Lösungen darstellen (inklusive Verwertungskaskaden). Die gegenwärtigen

---

1 Leicht veränderter Nachdruck von "Industrielle Leitbilder". In: Levi, Wolfgang / Danzer , B. (Hg.; 1994) Umweltverträgliches Wirtschaften: von der Utopie zum operativen Ziel. Stuttgart: Hirzel, S: 23-37

massiven Bemühungen zur Etablierung einer Recyclingwirtschaft folgen ebenfalls diesem Leitbild; seine Grenzen liegen nicht zuletzt darin, daß die Rückverwandlung von Gütern in Rohstoffe und Sekundärmaterialien, die dem Produktionsprozeß erneut zugeführt werden, immer noch einen relativ weiten "Kreislauf" darstellt.
Der Wandel von der Produktionsverantwortung zur Produktverantwortung bringt eine grundsätzliche Änderung des Leitbilds "Ganzheitliche Produktpolitik" mit sich. Umweltverträgliches Wirtschaften bedeutet in diesem Fall nicht nur "defensiven" Umweltschutz (z. B. Vollzug von Verordnungen), sondern ermöglicht neue Innovations- und Geschäftsstrategien der Unternehmen. Ermöglicht wird dieser Strategiewechsel durch die Veränderung des Preissystems (Internalisierung externer Kosten des Ressourcenverbrauchs), staatlicher Regulierung, freiwilliger Selbstverpflichtungen und Verhaltensänderungen der Verbraucher. Aus meiner Sicht werden solche unternehmerischen Innovationsstrategien die eigentliche Dynamik des Wegs in das umweltverträgliche Wirtschaften unter marktwirtschaftlichen Bedingungen bestimmen. Die Konflikte dieses Leitbilds werden primär von den Gewinnern und Verlierern bestimmt, die der ausgelöste Strukturwandel zur Folge haben wird.

2. Entkopplung von Ressourcenverbrauch und Wirtschaftsentwicklung?[1]

Der Ressourcenverbrauch und die Umweltbelastung haben sich in der BRD in den letzten zwanzig Jahren sehr unterschiedlich entwickelt, wie ein aktueller Überblick des ISI[2] ergab (vgl. Tabelle 1 im Anhang). So hat sich der Einsatz von Quecksilber, Cadmium und Magnesium absolut verringert, der Stahl- und Bleiverbrauch ist etwa konstant geblieben. Auf der anderen Seite ist die Verwendung von Aluminium und Nickel stärker als das Bruttosozialprodukt gestiegen. Hier hat also das Gegenteil von Entkopplung stattgefunden. Auch bei chemischen Produkten ist eine unterschiedliche Entwicklung zu beobachten: Auf der einen Seite blieb der Einsatz von Schwefelsäure und Ammoniak etwa konstant, auf der anderen Seite weisen Kunststoffe, Chlor und Natriumhydroxid höhere Wachstumsraten als das Sozialprodukt auf.
Die in der Bundesrepublik insgesamt eingesetzte Energiemenge, gemessen am Primär- und Endenergieverbrauch, weist deutliche Entkopplungstendenzen auf. Der Energieverbrauch hat sich in den letzten Jahren auf gleichbleibendem Niveau stabilisiert. Innerhalb des Energieverbrauchs lassen sich aber eindeutige Verlagerungstendenzen festmachen, so nimmt die Nachfrage nach Strom überproportional zu und die Wachstumsraten lagen über denen des Sozialprodukts.

---

1 Kap. 2 lehnt sich eng an Böhm/Walz (1994) an; vgl. auch Walz (1992).
2 Fraunhofer Institut für Systemtechnik und Innovationsforschung, Karlsruhe

Mit der Entwicklung des Energieverbrauchs hängt der Ausstoß von Luftschadstoffen eng zusammen. So entsprach der CO_2-Ausstoß im Jahre 1989 etwa dem des Jahres 1970, hat sich demnach gegenüber Ende der 70er Jahre sogar absolut reduziert. Ganz erheblich vermindert haben sich die Emissionen von Kohlenmonoxid, Staub und vor allem SO_2, die Ende der 80er Jahre deutlich geringer ausfielen als Anfang der 70er. Auf der anderen Seite ist die Entwicklung der NO_x-Emissionen zu beachten, deren Entkopplung vom Sozialprodukt sich erst jetzt abzuzeichnen beginnt. Gegensätzliche Tendenzen finden sich auch im Abwasser- und Abfallbereich.
Die aufgezeigte Entwicklung des Ressourcenverbrauchs und der Umweltbelastungen unterliegt verschiedenen Einflußgrößen. Allgemein werden Wachstums-, Struktur- und Technikeffekte unterschieden. Ersterer beschreibt die Entwicklung bei sich verändernder Güternachfrage, aber konstanter Wirtschaftsstruktur und gleichbleibender Technik (Walz et al. 1992, Böhm/ Walz 1994). In der Literatur wird angegeben, daß der Wachstumseffekt zu einer Erhöhung des Ressourcenverbrauchs geführt hat. Der Struktureffekt berücksichtigt die Änderungen in der Struktur der zur Produktion der Güter notwendigen Vorleistungen. Ihm wird in der Literatur zwar allgemein ein ressourcenschonender und umweltentlastender Effekt zugesprochen, jedoch ist er in der Größenordnung eher gering. Der bedeutendste Effekt zur Ressourcenschonung ist eindeutig der Technikeffekt. So hat nach Angaben des RWI[1] der Wechsel in der emissionsrelevanten Technik zwischen 1980 und 1986 eine Reduktion der Abfallmenge um 11% und des Produktionsabwassers um 20% bewirkt. Im Luftbereich sind die durch den Technikeffekt bewirkten Änderungen noch größer. Dies wird durch die Abbildungen 1 und 2 verdeutlicht, die den Technikeffekt zwischen 1978 und 1988 für die vier Luftschadstoffe SO_2, NO_x, CO_2 und VOC aufzeigen. Eine wesentliche Ursache dieser Entwicklung wird in den zur Kostensenkung durchgeführten Energieeinsparbemühungen der Wirtschaft gesehen. Speziell bei den SO_2- und - mit zeitlicher Verzögerung - bei den NO_x-Emissionen ist auch der Effekt der Großfeuerungsanlagenverordnung zu erwähnen. Schließlich ist auch auf Verfahrenssubstitutionen zu verweisen. So haben allein Verfahrensänderungen bei der Chlorerzeugung dazu geführt, daß die Quecksilberemissionen im Chemiebereich drastisch zurückgegangen sind und sich hierdurch auch die Quecksilberemissionen der Gesamtwirtschaft seit Ende der 60er Jahre halbiert haben.
Insgesamt zeigt sich, daß in vielen Bereichen eine verringerte Elastizität von Ressourcenverbrauch und Umweltbelastung einerseits und Wirtschaftswachstum andererseits zu beobachten ist, die oft wesentlich durch den Einsatz neuer Technologien erreicht wurde. Auch wenn der Einsatz neuer Technologien nicht alle Ressourcen- und Umweltprobleme lösen konnte und teilweise nur zu

1 Rheinisch-Westfälisches Institut für Wirtschaftsforschung e.V:

einer Verlagerung der Probleme geführt hat, ist dennoch festzuhalten, daß die Probleme ohne den Einsatz dieser Technologien noch weitaus gravierender wären. Eine ressourcenschonende Wirtschaftsweise wird daher auch in Zukunft die Entwicklung geeigneter Technologien erfordern. In vielen Fällen werden aber die spezifischen Einspareffekte selbst durch ein moderates Wirtschaftswachstum überkompensiert. Das bedeutet, daß der Einsatz neuer Technologien allein nicht ausreicht. Die Innovationsforschung zeigt, daß die Anwendung neuer Techniken häufig mit Verhaltensänderungen, neuen Dienstleistungen und der Veränderung von wirtschaftspolitischen sowie rechtlichen Rahmenbedingungen verbunden ist. Umweltverträgliches Wirtschaften erfordert deshalb "systemare Innovationen".
In diesem Zusammenhang spielen die neuen Leitbilder zur Ressourcenschonung und zum Umweltschutz eine ganz wesentliche Rolle.

3. Neue industrielle Leitbilder?

Die Leitbilder der Umweltpolitik sind nicht scharf voneinander getrennt: oftmals werden unterschiedliche Begriffe für gleiche oder ähnliche Sachverhalte gewählt, außerdem bestehen Überschneidungen und fließende Übergänge zwischen den Leitbildern. Ohne den Anspruch auf Vollständigkeit zu erheben, werden (vgl. im folgenden Böhm/Walz 1994) die technologisch orientierten Leitbilder der künftigen Umweltpolitik beschrieben und hinsichtlich ihrer Reichweite und Grenzen kommentiert. Diese Leitbilder schließen sich nicht aus, sondern ergänzen sich gegenseitig. Die Anwendungsorientierung steht in meinen Ausführungen im Vordergrund.

Verstärkter Einsatz von umweltfreundlicher Technologie

Dieses Leitbild ist die Fortschreibung der bisher betriebenen Umweltpolitik. Die Grundidee besteht darin, die Umweltbelastung auch in Zukunft durch verstärkten Einsatz von Umwelttechnologien zu reduzieren (vgl. Angerer et al. 1990, Enquête-Kommission 1990, Prognos/ISI 1991). Die künftige Rolle neuer Technologien zur Verbesserung der Ressourcenproduktivität ist anhand der beiden Querschnittstechnologien Mikroelektronik und Umweltbiotechnologie untersucht worden (vgl. z. B. Angerer, Hiessl 1991, Walz 1992). Für beide Technologien läßt sich zeigen, daß die erzielbaren Effekte zur Ressourcenschonung ganz erheblich sind. Tabelle 2 (im Anhang) zeigt Beispiele für mit mikroelektronischen Techniken erzielbare Emissionsminderungen an einzelnen Anlagen. Auch der Verbrauch von nicht-erneuerbaren Energien, und die Luftemissionen können durch neue Technologien erheblich reduziert werden. Die technischen Potentiale der rationellen Energienutzung, so wie sie von der Enquête-Kommission (1990) eingeschätzt wurden, finden sich

in Abb. 3 (im Anhang). Für die Umweltbiotechnologie ergeben sich Entwicklungschancen in der biologischen Reinigung industrieller und kommunaler Abwässer, der Abluftreinigung sowie neuen Aufgaben der Behandlung von Abfällen und Bodensanierung.
Dies unterstreicht die Relevanz des Einsatzes neuer Technologien; auf der anderen Seite darf nicht übersehen werden, daß neue Technologien kein Allheilmittel zur Schonung der Ressourcen darstellen. Dem stehen Verlagerungstendenzen und ökonomische sowie verhaltensbedingte Hemmnisse entgegen, die nur teilweise mit technischen Entwicklungen überwunden werden können.
Das Leitbild des verstärkten Einsatzes von Umwelttechnik umfaßt (vgl. Böhm/Walz 1994) nicht nur produktionsintegrierte Technologien, sondern auch additive Techniken, da sich trotz wesentlich verbesserter Produktions- und Fertigungsverfahren Emissionen und Abfälle und damit additive Verfahren nicht ganz vermeiden lassen. Die Entwicklung wird in Richtung leistungsfähigerer, d. h. besonders effektiver, zuverlässiger und kostengünstiger additiver Techniken gehen, die spezifischer auf die Kombination mit integrierten Maßnahmen zugeschnitten sind.
Der Schwerpunkt technologischer Entwicklungen liegt jedoch zweifellos bei integrierten Produktionsverfahren, in denen Schadstoffemissionen und Abfälle von **vornherein** vermieden oder erheblich verringert werden. Die Tendenz, herkömmliche Verfahren durch umweltschonendere zu ersetzen, wird künftig ein eigenständiger Bestandteil von Neuentwicklungen sein, wobei die jeweiligen Lösungen sehr problem- oder branchenspezifisch sein können. Dennoch gibt es branchenübergreifende Ansatzpunkte zur Verbesserung herkömmlicher Verfahren (Böhm, Walz 1994):

- Änderungen bei den eingesetzten Rohstoffen, Zwischenprodukten oder Hilfsstoffen;
- Ersatz ganzer Prozesse durch völlig neue Konzepte;
- Verbesserungen/Substitutionen bei einzelnen Teilschritten, Verfahrenstechniken, Apparaten;
- Optimierung der Prozeßführung und Prozeßüberwachung mit Hilfe moderner Meß-, Steuer- und Regelungstechniken;
- technische Änderungen bei den Arbeitsabläufen.

Daß der verstärkte Einsatz umweltfreundlicher Technologie auch wirtschaftlich zu Erfolgen führen kann, zeigt die westdeutsche Ausfuhr von Umweltschutzgütern: Nach Berechnungen des NIW und des ISI (NIW/ISI 1994; vgl. dort auch die Erläuterungen zur Schwierigkeit der statistischen Abgrenzung) belief sie sich 1992 auf knapp 38 Mrd. DM. Knapp 18 Mrd. davon entfielen auf Abwassertechnologien, 10,5 Mrd. DM auf Meß- und Regelgeräte, 6,5 Mrd. DM auf Güter zur Luftreinhaltung und gut 4 Mrd. DM auf die Abfalltechnik. Umweltschutzgüter sind somit im Exportsortiment

Deutschlands 1992 mit knapp 6% vertreten. Auf einer Reihe von umwelttechnischen Gebieten weist Deutschland eine überdurchschnittliche Patentaktivität auf (Abb. 4 im Anhang). Damit war Deutschland mit einem Welthandelsanteil von 20,5% (1991) weltweit der größte Exporteur von Umweltschutztechnologien. Die Nachfrage nach Umweltschutztechniken schafft zudem Arbeitsplätze. Es überrascht daher nicht, wenn fundierte Abschätzungen über die Beschäftigungswirkungen des Umweltschutzes einen positiven Beschäftigungssaldo ausweisen. Gegenwärtig sind in Deutschland rund 700.000 Arbeitsplätze umweltschutzinduzierten Tätigkeiten zuzurechnen. Ihre Zahl soll bis zum Jahr 2000 auf 1,1 Millionen ansteigen (DIW 1993).
Diese Erfolge dürften nicht zuletzt daher rühren, daß Forschungsanstrengungen, Umweltauflagen, innovative Unternehmen und vorhandene Technikakzeptanz sich gleichsinnig verhielten. Dieses Beispiel zeigt, wie wichtig das Zusammenspiel unterschiedlicher Einflußfaktoren für den Erfolg von Innovationen ist.

Das ISI hat kürzlich eine sogenannte Delphi-Befragung zum Realisierungszeitraum wichtiger technisch-wissenschaftlicher Innovationen durchgeführt (vgl. BMFT 1993). Für umweltrelevante Innovationen von 1998 bis 2015 ergibt sich: Zeitlich prioritär sind Aspekte der kommunalen Abfallwirtschaft, also letztlich der Einführung wirtschaftlicher Verfahren zur Verwertung des Hausmülls. Die Zukunft der Hausmüllsortierung gehört den Automaten, die mutmaßlich ab 2008 bereitstehen. Auf den Anfang des nächsten Jahrhunderts fällt auch die Anwendung biologisch abbaubarer Verpackungsmaterialien in großem Maßstab. Das andere zeitlich vorrangige Thema behandelt das globale Klimaproblem; vor der Jahrhundertwende wird mit der Aufklärung von Vorgängen im Bereich der Ozonschicht und dem Einsatz von Ersatzstoffen für FCKW und Halone gerechnet, danach mit der Klärung der Auswirkungen der Vernichtung tropischer Regenwälder auf Klima und Wetter, des Einflusses des Treibhauseffektes auf die weltweite Agrarproduktion, des Einflusses der Ausdehnung der Wüsten auf das Klima, bis schließlich um das Jahr 2009 die weltweiten jährlichen Kohlendioxidemissionen um bis zu 20% des heutigen Wertes reduziert werden sollen. Daneben wird an den Mechanismen und Ursachen des sauren Regens und den Transportmechanismen über große Entfernungen gearbeitet werden (um das Jahr 2004 wird weitere Aufklärung erwartet, um 2008 werden Verfahren zur Beseitigung von Luftschadstoffen flächendeckend eingesetzt). Am Ende der zeitlichen Skala im Bereich der Ökotechnik stehen utopischer anmutende Visionen, nämlich technische Gegenmaßnahmen zum Klimaproblem, wie z. B. die Absorption von Kohlendioxid oder die Entwicklung einer Technik, fossile Brennstoffe bei Erhaltung des natürlichen Gleichgewichts zu nutzen.

Schließung von Stoffkreisläufen

Das Leitbild der Schließung von Stoffkreisläufen hat im Bereich der Produktion zum Ziel, entstehende Produktionsrückstände aufzuarbeiten und aus Produktionshilfsstoffen, die nicht in das Produkt eingehen, aber für den Herstellungsprozeß erforderlich sind, die Schadstoffemissionen abzuscheiden und sie jeweils wieder im Produktionsprozeß einzusetzen (vgl. im folgenden Böhm/Walz 1994).

Diese Hilfsstoffe werden einerseits aus dem Prozeß emittiert, andererseits werden sie verunreinigt oder verändern mit der Zeit ihre Eigenschaften, so daß ihr Austausch zu Produktionsrückständen führt. Durch zusätzliche Einrichtungen/ Teilschritte können diese Hilfsstoffe abgeschieden, gereinigt oder regeneriert werden und stehen wieder für den Ausgangsprozeß zur Verfügung. Aufgrund der stark gestiegenen Entsorgungskosten sind die geschilderten Wege der Rückführung von Emissionen oder Rückständen vielfach auch wirtschaftlich interessant. Das Idealbild eines **geschlossenen Systems** ohne Emissionen und mit völliger Kreislaufführung ist nur in seltenen Fällen realisierbar, da bei der Reinigung oder Regeneration von Hilfsstoffen meist wiederum Abfälle entstehen, deren Menge aber verglichen mit der rückgeführten Menge gering ist.
Die **Verwertungskaskade**, das heißt die Nutzung von Produktionsrückständen in nachgelagerten Prozessen im direkten Produktionsverbund oder auch in anderen Branchen, erfüllt zwar nicht das Leitbild der Schließung von Stoffkreisläufen, kann aber zu spürbaren Verringerungen von Stoffflüssen führen. Der Begriff Kaskade deutet an, daß diese Verwertung in der Regel auf einem qualitativ oder energetisch niedrigeren Niveau stattfindet. Sie sollte erst dann gewählt werden, wenn ein Stoffkreislauf aus technischen Gründen oder wegen hoher Kosten (aus einzelwirtschaftlicher Sicht) nicht zu realisieren ist.
Für Stoffkreisläufe und Verwertungskaskaden in der Produktion gibt es bereits eine Vielzahl von Beispielen, die auch wirtschaftlich interessante Lösungen darstellen. So resultiert der reduzierte Wasserbedarf der Industrie zu einem beträchtlichen Teil aus der Wiederverwertung von Kühl- oder Abwasser im gleichen oder in anderen Prozessen im Sinne einer Kreislaufführung oder einer Kaskadennutzung mit bis zu 14 Verwertungsstufen. Auch in der Chemischen Industrie gibt es Beispiele für echte Stoffkreisläufe (vgl. Wiesner 1990) und für Verwertungskaskaden (die Verbundproduktion in der Chemischen Industrie gilt als klassisches Beispiel hierfür). Als weitere Beispiele für Stoffkreisläufe sind das Lösemittelrecycling bei der Lackierung und in Reinigungsanlagen, Recyclingverfahren in der Galvanik und die Regenerierung industriell eingesetzter Katalysatoren zu nennen. Wichtiges treibendes Element der Schließung von Kreisläufen und der Verwertungskaskade sind Kostenersparnisse und die zunehmende Wirtschaftlichkeit der Verfahren (aufgrund eines veränderten

Preissystems, der Internalisierung externer Kosten, sowie vermehrter Knappheit).
Neben der Schließung von Stoffkreisläufen in der Produktion wird aus abfallpolitischer Sicht eine weitergehende Schließung von Stoffkreisläufen durch die Rückführung von gebrauchten Produkten in den Produktionsprozeß beabsichtigt. Ziel ist es, die stoffliche Verwertung von Abfällen zu erhöhen. Dieser Ansatz wird z. Zt. bei verschiedenen Produkten - z. B. Verpackungsmaterial, Elektronikschrott, Batterien, Altautos - verfolgt. Die Aktivitäten des Gesetzgebers schaffen neue Märkte. Nicht zuletzt durch die Fokussierung der Umweltpolitik auf die Abfallwirtschaft zählt die Entsorgungswirtschaft heute zu den Branchen mit den höchsten Wachstumsraten. Der Bundesverband der Entsorgungswirtschaft (BDE) gibt den Gesamtumfang an Entsorgungsdienstleistungen in Deutschland im Jahre 1992 mit 20 Milliarden DM an. Er geht davon aus, daß dieser Markt in den kommenden Jahren um jährlich 20-30% wachsen wird. Potente Unternehmen haben die Wachstumschancen der Entsorgungswirtschaft erkannt und sind in großem Stil in den Markt eingestiegen, insbesondere die großen Energievesorgungsunternehmen (RWE, Preussag, Schleswag, Bayernwerk, EVS, Badenwerk, um einige zu nennen), aber auch Großunternehmen aus der Bauwirtschaft. Im Mittelpunkt steht die Entsorgung und das Recycling, auf die sich die gegenwärtigen Innovationsanstrengungen der Wirtschaft besonders konzentrieren. Dieses Leitbild hebt damit auf die Rückverwandlung von Gütern in Rohstoffe und Sekundärmaterialien und ihre Zuführung in die Produktion ab. Das folgende Leitbild geht deutlich darüber hinaus und zielt kürzere Kreisläufe an.

Ganzheitliche Produktpolitik und Produktnutzung

Der Wandel von der Produktionsverantwortung zur Produktverantwortung bringt eine grundsätzliche Änderung des Leitbilds mit sich. Ausgangspunkt ist die Erkenntnis, daß es nicht nur die Produktionsprozesse, sondern deren Produkte - die einzelnen Wirtschaftsgüter - sind, die einen Großteil des Ressourcenverbrauchs ausmachen und zu erheblichen Emissionen in die Atmosphäre (z. B. Lösemittel), in Oberflächengewässer und ins Grundwasser (z. B. Waschmittel, Pestizide) und zu kritischen Abfällen führen. Kernforderung dieses Leitbildes ist daher, bereits bei der Produktentwicklung auf deren ökologische Verträglichkeit zu achten. Hierbei sind mehrere Strategien möglich. So kann ein ökologisches Design an den Inhaltsstoffen der Produkte ansetzen (weitgehender Verzicht auf Schadstoffe) oder die Verlängerung der Nutzungs- und Lebensdauer, die Wiederverwendbarkeit und Recyclierbarkeit der Produkte zum Ziel haben. Um eine wirkliche Ressourcenschonung zu erreichen, darf das Design der Produkte nicht isoliert betrachtet werden, sondern man muß den gesamten Lebenszyklus des Produktes von den einzelnen

Vorleistungen über die Produktion und Nutzung bis hin zur Entsorgung berücksichtigen.
Aus dieser Forderung nach umweltfreundlichen Produkten ergeben sich vielfältige neue technologische Anforderungen. So muß die gesamte Fertigungstechnologie nicht nur im Hinblick auf die Produktion, sondern hinsichtlich der Entsorgung des Produktes optimiert werden, um z. B. die Wiederverwendung oder das Recycling einzelner Bestandteile zu erleichtern. Daraus ergeben sich Forderungen, wie Vereinfachung der Werkstoffvielfalt, die Kennzeichnung von Werkstoffen, um die Sortierung zu erleichtern, demontagegünstige Konstruktionen und gut lösbare Verbindungstechniken. Aus dem Ziel der Verlängerung der Nutzungsdauer von Produkten lassen sich folgende technologische Anforderungen ableiten: reparatur-, prüf- und wartungsfreundliche Konstruktionen; modulare Produktkonzepte, um die Modernisierung und Nachrüstung langlebiger Güter zu ermöglichen; konstruktive Lösungen und Schutzmaßnahmen, die Verschleiß und Korrosion minimieren; Wiederverwendung von Bauteilen als Austauscherzeugnisse (vgl. VDI 1993). Umweltverträgliches Wirtschaften bedeutet in diesem Fall nicht nur "defensiven" Umweltschutz (z. B. Vollzug von Verordnungen), sondern setzt neue Innovationsstrategien der Unternehmen voraus. Aus meiner Sicht werden solche unternehmerischen Innovationsstrategien die eigentliche Dynamik des Wegs in die Kreislaufwirtschaft und damit in eine zukunftsfähige Marktwirtschaft bestimmen.
Diese Beispiele machen deutlich, daß auch das Leitbild eines ökologischen Designs von Produkten hohe Anforderungen an neue Technologien und neue Organisationsformen stellt, die bei ihrer Entwicklung und Förderung beachtet werden sollten.

4. Umsetzung des Leitbilds "Ganzheitliche Produktpolitik und Produktnutzung": Modell und Konflikte

Die im vorhergehenden Kapitel genannten Leitbilder bedürfen aus zwei Gründen einer unternehmensnahen Umsetzung: Erstens sind die Unternehmen in Deutschland (wie in vielen industrialisierten Ländern) die zentralen Akteure im Innovationsgeschehen. Zwei Drittel der gesamten Forschung und Entwicklung werden in der Bundesrepublik von Unternehmen finanziert, mehr noch in ihnen durchgeführt. Sie sind die treibende Kraft in der Umsetzung neuer industrieller Leitbilder und Konzepte umweltverträglichen Wirtschaftens, insbesondere wenn es darum geht, "von der Idealvorstellung zum operativen Ziel" zu gelangen. Dies **setzt allerdings auch voraus**, daß sich wirtschaftspolitische und rechtliche Rahmenbedingungen (wie Internalisierung externer Kosten, Haftungsrecht, staatliche Innovationspolitik), Verhaltensänderungen bei den privaten Haushalten und die Technikakzeptanz im Gleichklang mit dem Wandel industrieller Leitbilder befinden. Nur solche

Leitbilder haben eine Chance auf Umsetzung, die betriebswirtschaftlichen Rentabilitätskriterien genügen und die Wettbewerbsfähigkeit der Unternehmen nicht verschlechtern. Aus Sicht der Innovationsforschung kommt es darauf an, Leitbilder so zu operationalisieren, daß Impulse für die Beschäftigung und die Dynamik einer qualitativen Wirtschaftsentwicklung über neue Unternehmensstrategien, technischen Fortschritt, Strukturwandel, neue Märkte und Geschäftsfelder, verbesserte Wettbewerbsvorteile und eine intelligente Verbindung von Dienstleistungen und Produktion ausgelöst werden.
Die Unternehmen in Deutschland und anderen Industriestaaten werden zum Beginn des 21. Jahrhunderts zunehmend dazu gezwungen sein, nicht nur die externen Kosten ihrer Produktion, sondern auch die externen Kosten ihrer Produkte zu übernehmen. Aufgrund des sich abzeichnenden Zwanges zur Rücknahme ihrer Produkte nach dem Gebrauch werden sie immer stärker mit der Optimierung der Nutzungs- und Lebensdauer der Erzeugnisse konfrontiert. Dieser Trend führt bereits heute dazu, daß produktbegleitende und die Lebensdauer verlängernde Dienstleistungen (Reparatur, Wiederinstandsetzung) sowie das Leasing-Geschäft im Vergleich zur Herstellung von Produkten zunehmend wichtige Ertragsquellen sind. Auch die derzeit in einigen Ländern (wie z. B. den USA) stattfindende Etablierung von "After-Sales"-Märkten ist ein Indiz für eine solche Entwicklung.

Generell lassen sich **folgende Strategien zur Gestaltung der Nutzung und Lebensdauer von Produkten** unterscheiden (nach Stahel 1991):

Strategie A:	Produktion länger haltbarer Güter	
Strategie B:	Verlängerung der **Nutzungsdauer von Produkten** durch	
	B1	Wiederbenutzung
	B2	Reparatur
	B3	Generalüberholung, Wiederaufarbeitung (Produktrecycling)
	B4	technische Hochrüstung
Strategie C:	Verlängerung der **Nutzungsdauer von Produktkomponenten** durch C1 - C4 analog zu B1 - B4	
Strategie M:	Produktion und Nutzung **multifunktionaler Güter**	
Strategie R:	**Rückgewinnung** der Stoffe (Stoffrecycling)	
	R1	direkte Rückgewinnung der Fabrikationsabfälle
	R2	sortenreines Stoffrecycling "end of pipe"

	R3	Rückgewinnung von Stoffen aus Abfallgemischen
Strategie V:	Kommerzielle Strategie der **Abfallvermeidung**	
	V1	Verkauf der Nutzung statt Verkauf der Produkte
	V2	geteilte, gemeinsame oder mehrfache Nutzung
	V3	Verkauf der Dienstleistung "Qualitätskontrolle" statt Ersatzverkauf von Produkten

Maßnahmen zur Verlängerung der Produktlebensdauer steht als Alternative das Recycling gegenüber. Die öffentliche Diskussion konzentrierte sich bisher hauptsächlich auf das **Stoffrecycling** als Lösungsansatz. Diese Strategie läßt sich im wesentlichen durch die Bereitstellung zusätzlicher Rückgewinnungstechnologien realisieren, ohne daß der bestehende Wirtschaftsprozeß verändert werden muß. Das Stoffrecycling ist allerdings insofern kritisch zu beurteilen, als es nicht nur extrem energieaufwendig ist, sondern darüber hinaus meist nur zu minderwertigen Sekundärrohstoffen (Problem des Downcycling) führt. Dieses Problem verschärft sich noch dadurch, daß durch Entwicklungen in der Werkstoffwissenschaft sowie im darauf aufbauenden materialproduzierenden Bereich zunehmend neue, in der Natur nicht vorkommende Werkstoffe und Werkstoffverbunde (z. B. Oberflächenwerkstoffe, Faserverbundwerkstoffe) bereitgestellt werden, welche auch neue Recyclingverfahren erfordern. Aus diesen Gründen ist das Stoffrecycling oft nur als Ultima Ratio anzusehen; das Ziel muß dagegen vielmehr darin bestehen, den **Stoffdurchsatz der Wirtschaft zu minimieren**. Dies kann nur durch die Schließung, Reduzierung bzw. Verlangsamung der Stoffkreisläufe auf möglichst hohem Wertniveau erreicht werden.

Dadurch ergeben sich Möglichkeiten, neuartige Gebrauchsgüter auf dem Markt einzuführen oder durch neue Nutzungsformen von Gebrauchsgütern (z. B. Verkauf von Nutzen anstatt von Produkten) neue Marktchancen zu eröffnen. Aus der Frage nach dem Nutzen von Gebrauchsgütern ergeben sich Konsequenzen für die Art der Nutzung (Kauf, Miete, Leasing, Nutzungsgemeinschaften, öffentliches Angebot der Nutzung) und die dadurch bedingte Produktgestaltung. So bedeutet die Strategie "Verkauf von Resultaten (Nutzen) anstelle von Gütern", daß der wirtschaftliche Schwerpunkt von der Herstellung (Produktion) zum Produktmanagement, also von Produktions- zu Betriebs- und Leasinggesellschaften ("Flottenmanagement") verschoben wird. Damit geht eine weitgehende Herstellerhaftung einher, die vom Konstrukteur verlangt, Produkte mit hoher Zuverlässigkeit, Fehlertoleranz und Schutz gegen Mißbrauch zu entwerfen, was zwangsläufig auch eine erhöhte Langlebigkeit der Güter bedeutet. Eine ganzheitliche Produktpolitik verlangt flexibel repa-

rierbare, an künftige Anforderungen und Technologien anpaßbare Komponenten, Produkte und Systeme, welche untereinander austauschbar sind, damit der technische Fortschritt laufend, z. B. durch Komponentenaustausch, in bestehende Systeme integriert werden kann, ohne daß auf einen Systemaustausch gewartet werden muß.
So führen sehr unterschiedliche Konzepte, welche von der Herstellung bis zur Entsorgung reichen, zu dauerhafteren Produkten. Gemeinsam ist all diesen Ideen der Übergang von einem linearen Produktions-/Konsum-/Abfall-Ablauf zu einer Strategie von **Nutzungsschlaufen**. Im Hinblick auf die Produktionstechnik bedeutet dies die Schließung von materiellen Kreisläufen auf möglichst hoher Wertstufe (Abb. 5 im Anhang), wobei die Strategien auf Produkt-, Komponenten- wie auch auf Werkstoffebene ansetzen können (Abb. 6 im Anhang). Dafür stehen verschiedene Wege, wie Modulbauweise mit Auswechslung einzelner, kompatibler Komponenten, Langzeitgüter, Verlängerung der Nutzungsdauer durch Wiederverwendung, Reparatur, Wiederinstandsetzung und die technologische Hochrüstung von Produkten zur Verfügung.
Aber auch im Hinblick auf den **Anbieter und Verbraucher** von Produkten sind neue, nicht-materielle Strategien notwendig (Abb. 7 im Anhang). Auf Anbieterseite bietet sich die verstärkte Einführung "intelligenterer" Produkte (Mehrzweckprodukte anstatt Einwegprodukten, polyvalente Güter) an, während der Verbraucher einen "intelligenteren" Nutzungsbegriff entwickeln muß, der der gemeinschaftlichen Nutzung von (dafür geeigneten) Produkten (geteilte oder Mehrfachnutzung) den Vorrang vor individueller Nutzung einräumt. Schließlich können an der Schnittstelle zwischen Produktanbieter und Nutzer/Verbraucher durch "intelligentere" Formen des Wohlstandes Fortschritte erreicht werden. Grundlage dafür ist ein Wohlstandsbegriff, der nicht wie bisher den Produktbesitz (und damit verbunden den Verkauf von Produkten), sondern vielmehr den Produktnutzen (und damit den Verkauf des Produktnutzens) als die Quelle des Wohlstandes erkennt. Diese Ansätze führen zu einer Intensivierung der Nutzung der Produkte und zu einer Verlängerung der Produktlebensdauer und tragen damit zur Ressourcenschonung bei.

Eine längere Nutzungsdauer von Produkten hat erhebliche Auswirkungen auf den wirtschaftlichen Strukturwandel, den Umgang mit dem bestehenden Güterbestand (Stock-Management) sowie auf Forschung und Entwicklung, zum Beispiel (vgl. Abb. 8 im Anhang):

- Flexibel reparierbare, an künftige Anforderungen und Technologien anpaßbare Komponenten und Produkte, offene Systeme mit hoher Austauschbarkeit, um technischen Fortschritt laufend in bestehende Systeme zu integrieren (ohne einen fortschrittsverzögernden Systemaustausch) sind zu entwickeln. Ein "lifecycle engineering" steht bereits bei der Produktentwicklung an, um so Stoffflüsse weitgehend zu schließen.

- Substitution von zentraler Fertigung mit dezentralen, facharbeitsintensiven Werkstätten (Wartung, Instandhaltung, technologische Hochrüstung).
- Zunehmende Bedeutung von Versicherungen durch eine wachsende Bedeutung der Produkthaftung.
- Wandel von einer produktionsorientierten Industriegesellschaft zu einer nutzungsorientierten industriellen Dienstleistungsgesellschaft.

Mit diesem Ansatz lassen sich völlig neue unternehmerische Innovationsstrategien verwirklichen. Diese enthalten vielfältige Zielsetzungen wie Kosteneinsparung, Qualitätsverbesserung, neue Geschäftsfelder sowie Produkt/Dienstleistungsangebote und sind gleichzeitig mit dem Ziel umweltgerechten Wirtschaftens kompatibel. Es gibt bereits Märkte und Unternehmen, die solchen Innovationsstrategien folgen. Beispiele hierfür sind die Flugzeugindustrie, Hersteller von Kopiergeräten, Getränkeautomaten sowie Komponentenhersteller (vgl. die umfangreiche Beispielsammlung bei Stahel 1994). Zum Teil erklären sich diese Verhaltensweisen aus Besonderheiten des Marktes (wie kostenträchtige Investitionsgüter, hohe Sicherheitsauflagen, Marktmacht der Nachfrager, hohe Markttransparenz im Fall der Flugzeugindustrie), aber auch aus spezifischen unternehmensstrategischen Ansätzen. Die Forschung zu dem Thema, unter welchen Bedingungen solche Innovationsstrategien technisch machbar, betriebswirtschaftlich rentabel und volkswirtschaftlich sowie ökologisch wünschenswert sind, steht noch ganz am Anfang.

Die Geschwindigkeit, mit der solche Innovationsstrategien aufgenommen werden, hängt nicht zuletzt vom Wandel der politischen Rahmenbedingungen, den geänderten Konsumentenpräferenzen und auch dem "mentalen Strukturwandel" in den Unternehmen ab. In jedem Fall werden diese Innovationsstrategien einen tiefgreifenden sektoralen Strukturwandel zur Folge haben, der - wie jeder Strukturwandel - durch gewinnende und verlierende Unternehmen (bzw. andere Wirtschaftsteilnehmer) gekennzeichnet ist. Von Glass (1993) hat am Beispiel des Kaskadenautos die Auswirkungen auf Rohstofflieferanten, Hersteller/Zulieferer, Händler/Werkstätten und Altautoverwerter untersucht (vgl. Abb. 9 im Anhang). Die aufarbeitungsbedingte Langlebigkeit der Komponenten des Kaskadenautos führt aufgrund der Ressourcenschonung bei Rohstofflieferanten und Altautoverwertern zu einem Einbruch der Geschäftstätigkeit. Für die Automobilhersteller, Händler und Zulieferer wird das sinkende Neuwagenpotential durch sich ergebende neue Geschäftsfelder bei den Pkw des zweiten Nutzungszyklus mehr als ausgeglichen. Die Verwertungsbetriebe erleiden analog zu den Rohstofflieferanten ein entsprechend dem Rückgang der Fahrzeuglöschungen verringertes Aufkommen an zu verwertenden Altautos. Eine Umorientierung in den wachsenden Bereich der Instandsetzung bietet Substitutionsmöglichkeiten.

Die Geschwindigkeit der Verbreitung solcher Innovationsstrategien wird auch maßgeblich von dem Einfluß der Gewinner und Verlierer bestimmt werden. Hier verläuft die eigentliche Konfliktlinie. Sie verläuft nicht zwischen links/rechts, ökologisch/nichtökologisch, Arbeitgeber/Arbeitnehmer, sondern sie verläuft quer durch Wirtschaft, Gesellschaft und Politik.

Ausgewählte Literatur:

Angerer, G./Hiessl, H. (1991) Umweltschutz durch Umweltelektronik - Anwendungen, Chancen, Forschungs- und Entwicklungsbedarf. Berlin/Offenbach

Boehm, E./Walz, R. (1994) Neue Zielsetzungen der Umweltpolitik und deren Konsequenzen für den künftigen Technologiebedarf. In: Jahrbuch Arbeit und Technik, im Erscheinen

Boehringer (1990) Symposium Umweltschutz durch Biotechnik. Penzberg

Bundesministerium für Forschung und Technologie (Hrsg.; 1993) Deutscher Delphi-Bericht zur Entwicklung von Wissenschaft und Technik (Studie des Fraunhofer-Instituts für Systemtechnik und Innovationsforschung (ISI) im Auftrag des BMFT). Bonn

DIW (Deutsches Institut für Wirtschaftsforschung) (1993) Beschäftigungswirkungen des Umweltschutzes. Berlin: Erich Schmidt Verlag

Enquête-Kommission "Vorsorge zum Schutz der Erdatmosphäre" (1990) Schutz der Erde, 3. Bericht der Enquête-Kommission "Vorsorge zum Schutz der Erdatmosphäre", Bundestagsdrucksache 11/8030. Bonn

Hohmeyer, O./Walz, R. u. a. (1992) Methodenstudie zur Emittentenstruktur in der Bundesrepublik Deutschland. Verknüpfung von Wirtschaftsstruktur und Umweltbelastungsdaten, Studie des FhG-ISI im Auftrag des Umweltbundesamtes. Karlsruhe

Infratest Industria (1990) Auswirkungen von Umweltschutzmaßnahmen auf die Wettbewerbsfähigkeit umweltkostenintensiver Produktionen der Deutschen Wirtschaft. München: Eigenverlag

Kunz, P. (1992) Umwelt-Bioverfahrenstechnik. Braunschweig/Wiesbaden: Vieweg-Verlag

NIW/ISI (Niedersächsisches Institut für Wirtschaftsforschung/Fraunhofer-Institut für Systemtechnik und Innovationsforschung) (1994) Innovationspotential und Hochtechnologie - technologische Position Deutschlands im internationalen Wettbewerb. Schriftenreihe des ISI, Band 8. Heidelberg

Prognos/ISI (1991) Konsistenzprüfung einer denkbaren zukünftigen Wasserstoffwirtschaft, Kurzfassung, FhG-ISI-B-44-91. Basel/Karlsruhe

Reiß, T. (1990) Perspektiven der Biotechnologie. Köln

RWI (1991) Umweltschutz, Strukturwandel und Wirtschaftswachstum. Essen

Stahel, W. R. (1991) Langlebigkeit und Materialrecycling-Strategien zur Vermeidung von Abfällen im Bereich der Produkte. Essen

Stahel, W. R. (1994) Produkt-Design und Ressourcen-Effizienz. In: Zoche, P. (Hrsg.) Herausforderungen für die Informationstechnik. Schriftenreihe des Fraunhofer-Instituts für Systemtechnik und Innovationsforschung (ISI), Band 7. Heidelberg

VDI (1993) Konstruieren recyclinggerechter technischer Produkte - Grundlagen und Gestaltungsregeln, VDI-Richtlinie 2243. Düsseldorf

von Glass, Th. (1993) Einzel- und volkswirtschaftliche Auswirkungen einer ressourcenschonenden Produktgestaltung. Manuskript, ISI/Universität Karlsruhe. Karlsruhe

Walz, R. (unter Mitarbeit von Gruber, E./ Hiessl, H./ Reiß, T.) (1992) Neue Technologien und Ressourcenschonung, ISI, Karlsruhe

Wiesner, J. (Bearb.) (1990) Produktionsintegrierter Umweltschutz in der Chemischen Industrie - Verpflichtung und Praxisbeispiele. Frankfurt: DECHEMA

Anhang:

Tab. 1: Entwicklung von Ressourcenverbrauch und Schadstoffemissionen im Verhältnis zum Wirtschaftswachstum
(Quellen: Daten des RWI 1991, Berechnungen des ISI; Walz et al. 1992)

Ressource/ Schadstoff	Entwicklung von Verbrauch/Emissionen				
	sinkt absolut	bleibt in etwa konstant	steigt im Vergleich zum BSP		
			unter-proport.	proport.	über-proport.
Aluminium					X
Zink			X		
Zinn			X		
Kupfer			X		
Blei		X			
Nickel					X
Quecksilber	X				
Cadmium	X				
Magnesium	X				
Stahl		X			
Kunststoffe					X
Chlor					X
Natriumhydroxid					X
Salzsäure				X	
Ammoniak		X			
Schwefelsäure		X			
Organ. Chemikalien				X	
Anorg. Chemikalien			X		
Primärenergieverbrauch		X			
Endenergieverbrauch		X			
Strom					X
NO_x		X			
SO_2	X				
CO_2		X			
VOC		X			
CO	X				
Staub	X				
Kühlwasser					X
Häusl. Abwasser		X			
Industrieabwasser	X				
Produktionsabfälle				X	
Hausmüll		X			

Abb. 1: Technikeffekt zwischen 1978 und 1988 für die SO_2- und NO_x-Emissionen (Quelle: ISI 1992, S. 323)

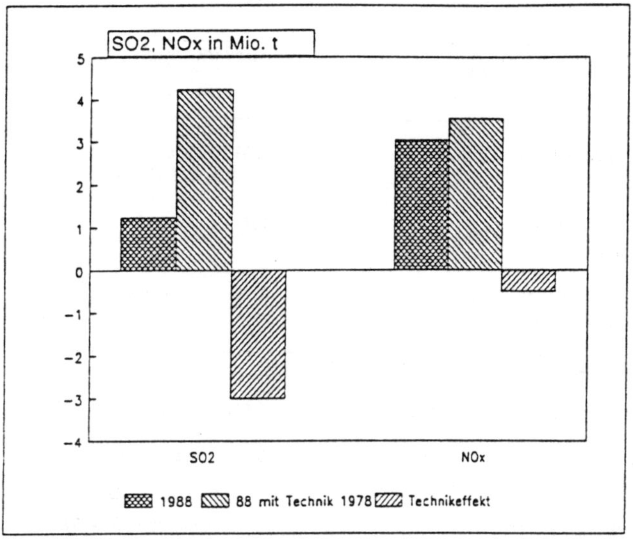

Abb. 2: Technikeffekt zwischen 1978 und 1988 für die CO_2- und VOC-Emissionen (Quelle: ISI 1992, S. 324)

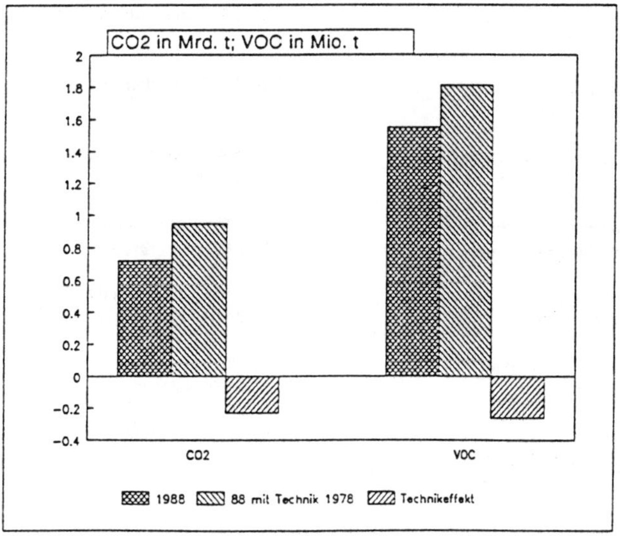

Tab. 2: Beispiele für mit mikroelektronischen Techniken erzielbare Emissionsminderungen an der Einzelanlage
(Quelle: Angerer/Hiessl 1991, S. 577/578)

technische Maßnahme	Auswirkungen
bestehende Techniken:	
geregelter Drei-Wege-Katalysator	90% Emissionsminderung von NO, CO, Kohlenwasserstoffen
Drehzahlstellung von Drehstrommotoren	50% Stromeinsparung
Elektronische Vorschaltgeräte in Leuchtstofflampen	25% Stromeinsparung
sich in Entwicklung befindende Anwendungen:	
Regelung von Destillationskolonnen	7-8% Energieeinsparung
Ausqualmregelung von UHP-Elektrolichtbogenöfen bei der Stahlerzeugung	3% Stromeinsparung
Regelung des Verbrennungsprozesses in Zementdrehrohröfen	ca. 35% Minderung der NO-Emissionen
Reduktion der Verbrennungsluftmenge in Glasschmelzwannen	70% Minderung der NO-Emissionen
Sensorik und Regelmodelle in Glasschmelzwannen	20-30% Energieeinsparung
bessere Erfassung der Dicke von Kunststoffolien	2-10% Rohstoffeinsparung
On-line Kontrolle von chemischen Nickelbädern in Galvaniken	Verdreifachung der Standzeit der Bäder
intelligente Spritzroboter für Lackieranlagen	25-30% Verbesserung des Auftragswirkungsgrades
verbesserte Leittechnik bei Feuerungsanlagen	10-20% Minderung der SO_2- und NO_x-Emissionen
verbesserte Regelungstechnik beim Hausbrand	10-20% Minderung der CO_2-Emissionen
Waschmitteldosierung beim Komponentenwaschverfahren	50% Waschmitteleinsparung

Abb. 3: Technische Potentiale der rationellen Energienutzung (Quelle: Enquête-Kommission 1990, S. 472)

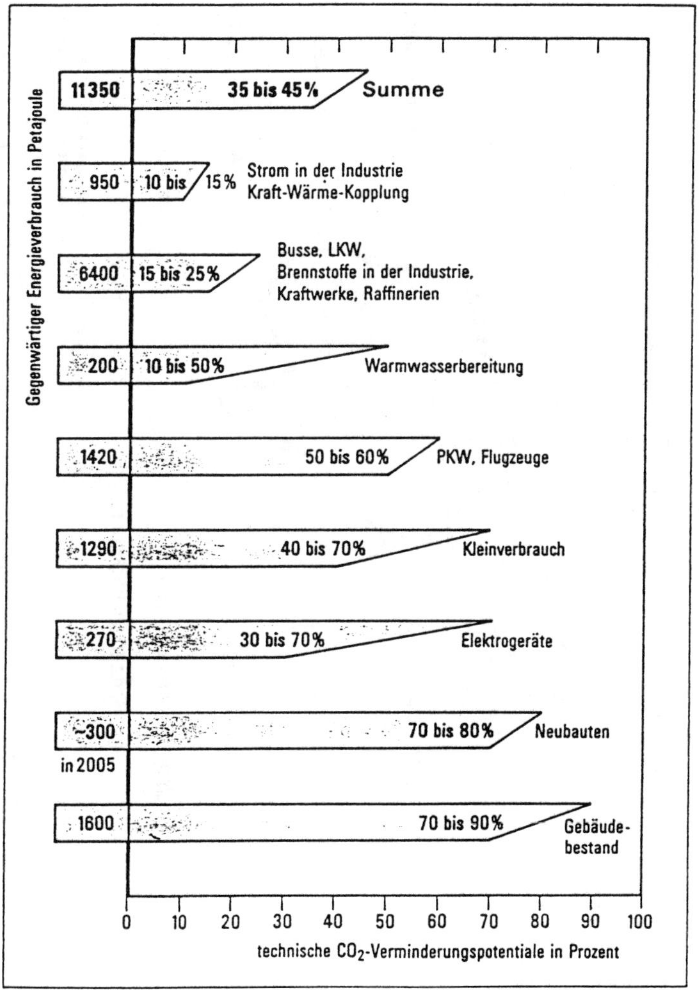

Abb.4

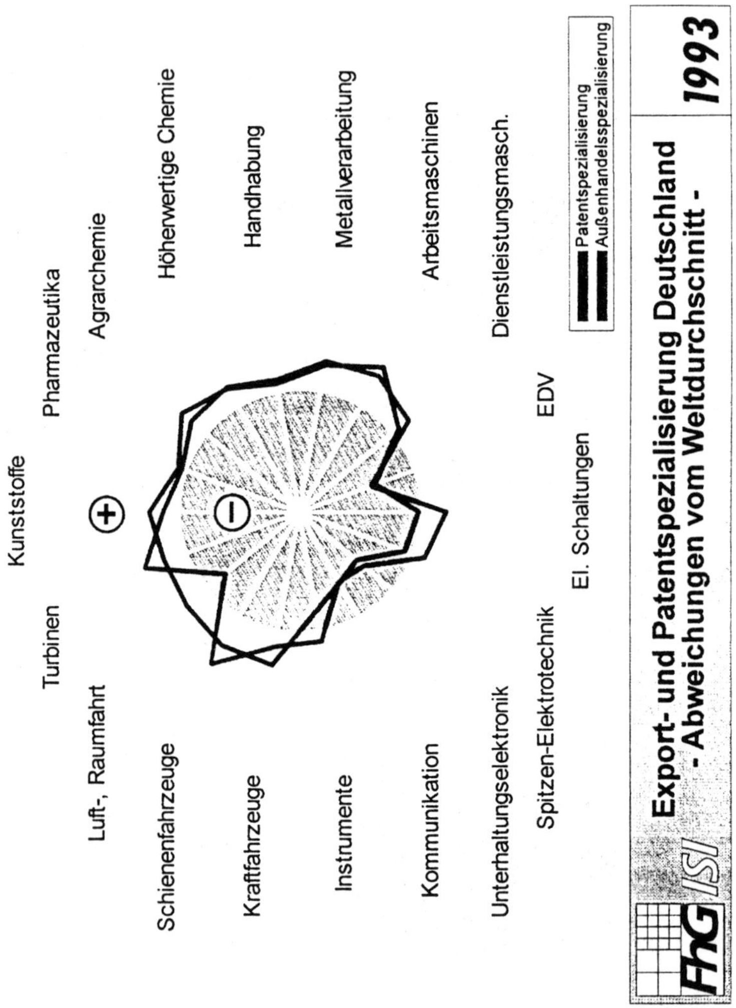
Export- und Patentspezialisierung Deutschland
- Abweichungen vom Weltdurchschnitt -
1993
FhG ISI
Patentspezialisierung
Außenhandelsspezialisierung
Kunststoffe
Pharmazeutika
Agrarchemie
Höherwertige Chemie
Handhabung
Metallverarbeitung
Arbeitsmaschinen
Dienstleistungsmasch.
EDV
El. Schaltungen
Spitzen-Elektrotechnik
Unterhaltungselektronik
Kommunikation
Instrumente
Kraftfahrzeuge
Schienenfahrzeuge
Luft-, Raumfahrt
Turbinen
+
−

C 64

Abb.5

Produkttechnische Strategien im Kreislauf
(Quelle: ISI 1994)

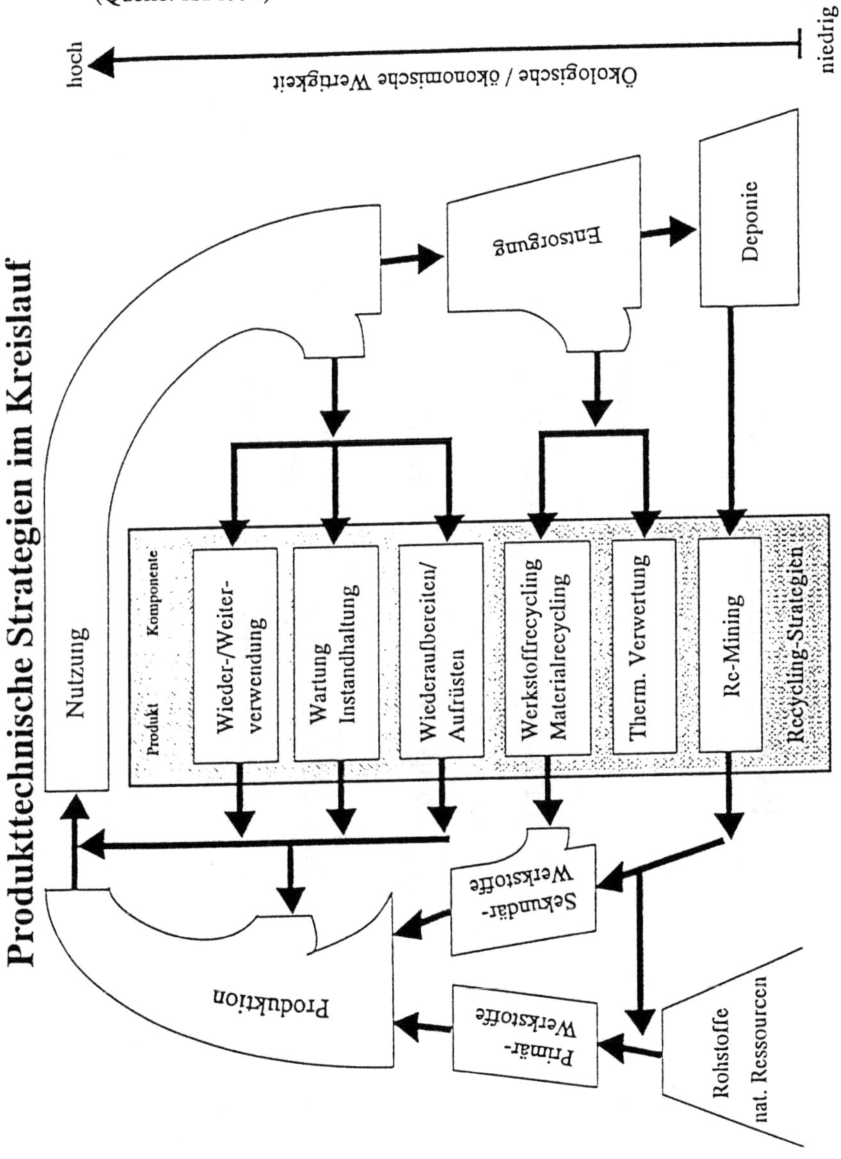

Abb.6

Strategien nach Produkten, Komponenten sowie Werkstoffe/Materialien
(Quelle: ISI 1994)

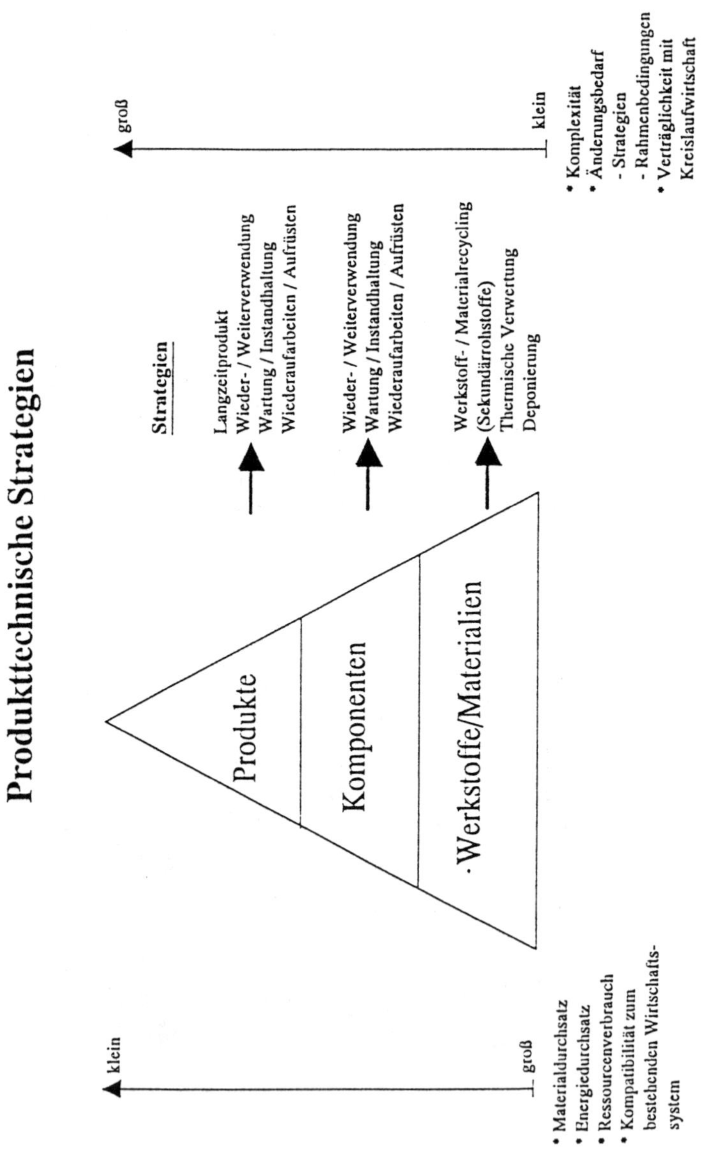

Abb.7

Integrierte Systematik der Anbieter/Verbraucher-Strategien
(Quelle: ISI 1994)

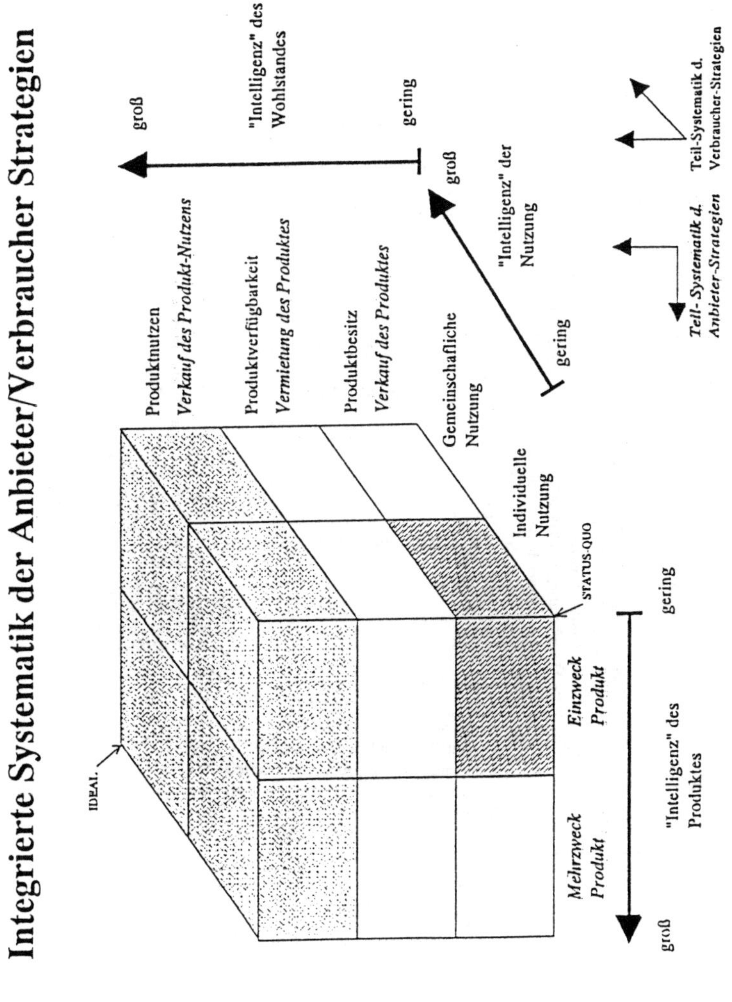

Abb.8

Wirkungen und Voraussetzungen von/für eine ganzheitliche Produktpolitik und -nutzung
(Quelle: ISI 1994)

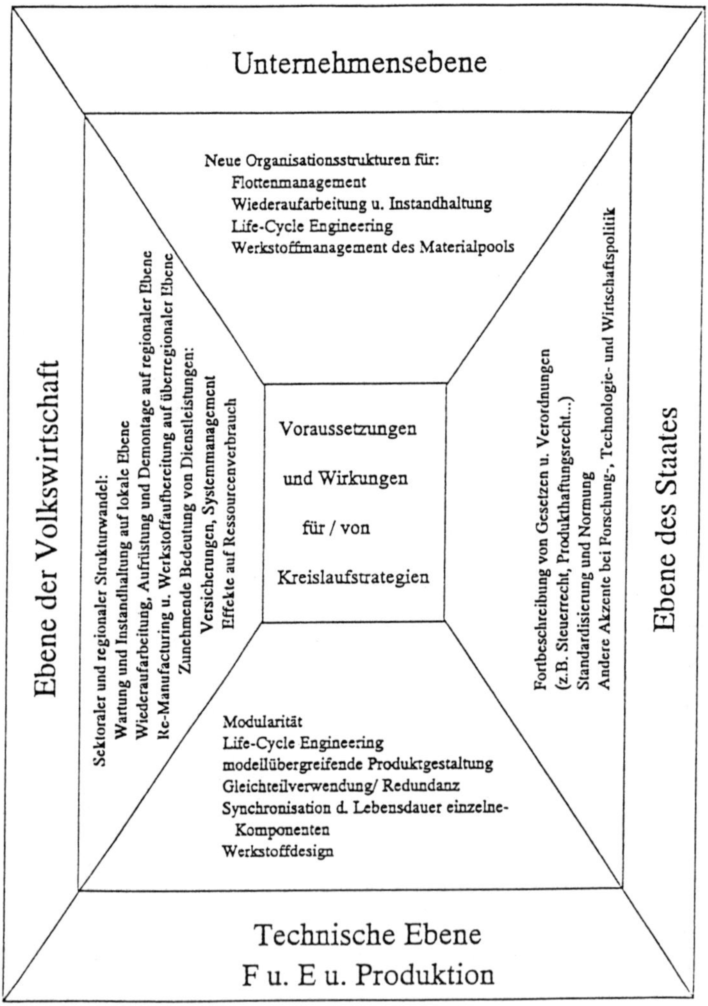

Abb.9

Die wichtigsten einzelwirtschaftlichen Auswirkungen des Kaskadenautos
(+/-/0 charakterisiert die Volumenentwicklung der Geschäftsfelder)
(Quelle: von Glass 1993)

Kaskadenauto: Einzelwirtsch. Auswirkungen	**Akteure**			
	Rohstoff-lieferanten	Hersteller Zulieferer	Händler Werkstätten	Altauto-verwerter
Bisheriges Geschäftsfeld	- Absatz sinkt, weniger Altstoffe	- Neuprod., Export 1. Zyklus sinkt	- weniger neue Pkw	- sinkendes Altauto-aufkommen
Neues Geschäftsfeld	**0**	+ Rebuilding, Export 2. Zyklus steigt	+ Absatz 2. Zyklus, Rücknahme	**0**
Gewinner (+) Status Quo (**0**) Verlierer (-)	- doppelter Einbruch	+ Grundlast, Marketing, Beschäftig.	+ Insgesamt erhöhter Absatz	- geringere Auslastung
Größere Veränderung	Produktions-volumen	Aufarbeitung statt Produktion, Inverse Logistik	Rückführungs-logistik	Altautodurch-satz
Aufwand/ Investition für		Betriebsmittel, Logistik		
Bemerkung	bei Rohstoffen für langlebige Güter	nur Zulieferer von Nichtverschleiß-teilen	Werkstätten kaum betroffen	Zerlegung erleichtert

Thomas Dresel, Birgit Blättel-Mink

Ökologie in Unternehmen

Einleitung: Innovation und Nachhaltigkeit

Die Innovationsbereitschaft eines Unternehmens, einer Branche, einer Region, Nation oder international in Richtung "Nachhaltigkeit" zu dirigieren, scheint kein leichtes Unterfangen. Zu sehr sind Innovationsentscheidungen von Effizienz-, Wettbewerbs- und Wachstumskriterien getragen. Wo paßt hier der Gedanke einer "zukunftsfähigen Entwicklung" hinein, die "... die Bedürfnisse der Gegenwart befriedigt, ohne zu riskieren, daß künftige Generationen ihre eigenen Bedürfnisse nicht befriedigen können". (Seifert 1995:1)
Die hier eingenommene Perspektive ist die des Unternehmens als Kern eines Innovationssystems. Das heißt, es geht nicht darum, die ökologische Innovativität auf Unternehmensebene als Resultante aus innovationsgünstigen und nachhaltigkeitsbestrebten institutionellen Umfeldern abzuleiten, sondern darum, die eigene Logik zu bestimmen, nach der wirtschaftliche Akteure strukturelle und institutionelle Faktoren innerhalb und außerhalb ihres Unternehmens perzipieren und diese in ihren ökologischen Innovationen umsetzen. In welcher Weise wird das Thema Umwelt in Unternehmen manifest? Wie kommt es in die Unternehmen hinein? Welche Lernprozesse finden dabei statt? Welche Faktoren determinieren ein Mehr oder Weniger an ökologischer Innovationsbereitschaft in Unternehmen? Welches sind aus der Sicht der Unternehmen die relevanten Umfelder, die ökologische Innovationen fördern oder hemmen?

Unsere Überlegungen verknüpfen zwei Diskussionsstränge: Zum einen die Diskussion um das Konzept "nationaler Innovationssysteme", wie es u.a. von Richard Nelson und Bengt-Ake Lundvall entwickelt wurde, und zum anderen das Konzept "nachhaltiger Entwicklung", das gerade in Deutschland in letzter Zeit als gesellschaftliches Leitbild kontrovers diskutiert wird.

In der Auseinandersetzung um das Konzept "nationaler Innovationssysteme", das seinen Ursprung in den Ansätzen der evolutorischen Ökonomik hat, ergeben sich folgende kritische Punkte: Nationale Wettbewerbsfähigkeit ist das gemeinsame Ziel ("Output") der beteiligten Akteure aus Wirtschaft, Wissenschaft und Politik, aber auch von Seiten der Arbeitnehmerschaft. "Input"-Faktoren der Wettbewerbsfähigkeit sind die einzelnen Unternehmen als Kern des Innovationssystems mit ihren je spezifischen relevanten Wettbewerbsfaktoren, Umfeldern, Strukturen, Kommunikationsformen, Problemwahrnehmungen und Handlungspotentialen, die wirtschaftliche Struktur und das nationale Institutionengefüge, sowie die Interaktion und Kooperation wirtschaftlicher und außerwirtschaftlicher Akteure mit dem Ziel der Innovation.

Zur Nachhaltigkeit schreibt Ortwin Renn: "Eine nachhaltige, auf Dauer angelegte Entwicklung muß den Kapitalstock an natürlichen Ressourcen so weit erhalten, daß die Lebensqualität zukünftiger Generationen gewährleistet bleibt." (Renn 1996:24) Er verweist damit auf das Prinzip der Gleichbehandlung von Menschen über Zeit und auf das begrenzende Kriterium, das die Norm der Nachhaltigkeit für ökonomisches Handeln darstellt. Zwar konzediert der Begriff wirtschaftliche Entwicklung, d.h. Wachstum kann weiterhin als dominantes Ziel gelten, aber eben unter nachhaltigen Bedingungen: Die Berücksichtigung der mittel- und langfristigen Folgen von wirtschaftlicher und technischer Entwicklung wird zur Norm.

Spielen diese Vorgaben auf der Unternehmensebene eine Rolle? Wie sieht das Verhältnis von institutionellem Umfeld und Unternehmen aus, wie das Verhältnis eines Staates, der Nachhaltigkeit zum nationalen Ziel erheben könnte, und Unternehmen, deren oberstes Ziel die wirtschaftliche Selbstbehauptung, normalerweise also Wachstum ist?
Ausgangspunkt ist das wirtschaftliche Unternehmen mit Zielen wie hohen Erträgen, Ertragszuwächsen, dem Zugewinn von Marktanteilen usw. Mittel dafür ist seine Wettbewerbsfähigkeit durch hohe Investitions- und Innovationsleistungen. Nationale Wettbewerbsfähigkeit ist als emergentes Phänomen zu verstehen. Hier zählen nicht nur Handelsbilanzen, Beschäftigungs- und Einkommensniveau, Wachstum des Bruttosozialprodukts und Arbeitslosenquote, sondern auch Arbeitskosten und Produktivität, Urlaub, Fehlzeiten und Streikbereitschaft, Ausstattung mit Produktionsfaktoren, Präferenzen und Verhaltensweisen der Wirtschaftssubjekte, Steuerbelastung, Wirtschafts- und Sozialrecht, Bildungs- und Ausbildungssystem, Wirtschaftspolitik, Umweltschutz. Unternehmen befinden sich in institutionellen Umfeldern, die ihre Innovationsbereitschaft fördern oder hemmen. Es geht also um die Herausbildung eines Konzepts struktureller Wettbewerbsfähigkeit, das die Interdependenz von Unternehmen und relevanten nationalen Umfeldern berücksichtigt. In diesem erweiterten Sinne der Einbeziehung von Input- und Output-Faktoren in ein Konzept nationaler Wettbewerbsfähigkeit lassen sich vier Dimensionen unterscheiden: wirtschaftliche, technologische, soziale und ökologische.
In dem hier vorgestellten Projekt geht es um ein Konzept ökologischer Wettbewerbsfähigkeit. Eine Unterscheidung muß hier deutlich gemacht werden. Die Frage, inwieweit eine Nation ihre Wettbewerbsfähigkeit steigern kann, indem sie auf ökologische Innovationen und nachhaltiges Wirtschaften setzt (bes. umweltschonende Fertigungsprozesse), ist nicht gleichbedeutend

mit der Frage, inwieweit eine Nation ihre Wettbewerbsvorteile erhöhen kann, indem sie auf Umweltschutz (Landschaftsschutz, Klimaschutz) setzt. Eine ähnliche Differenz findet sich auf der Unternehmensebene wieder: Öko-Sponsoring ist etwas anderes als Umweltmanagement innerhalb des Produktionsprozesses.

Wie angedeutet, wird ökologische Orientierung in Unternehmen als Innovation verstanden. Das setzt ein geeignetes Konzept organisationalen Wandels voraus. Zur Verfügung stehen Arbeiten aus der Systemtheorie, der Population Ecology und dem institutionellen Ansatz in der Organisationsforschung. Was die unternehmerische Bereitschaft zur Integration von Ökologie in ökonomische Strategien angeht, kann danach von folgenden Annahmen ausgegangen werden:

1. Die Innovationsbereitschaft eines Unternehmens ist abhängig von den spezifischen Zielen, aber auch Problemen, denen es sich gegenübersieht. Diese wiederum sind bedingt durch die allgemeinen Unternehmensziele (Expansion etc.), aber auch durch die spezifische Situation, in der sich ein Unternehmen befindet (Lebenszyklusphase).

2. Die Ziele und Probleme eines Unternehmens determinieren den Austausch mit dem institutionellen Umfeld, die Abhängigkeit vom Umfeld und die Bereitschaft, sich externen Anforderungen (z.B. Umweltschutz) anzupasssen. Denkbar ist auch das Ziel der Imageverbesserung, das ein Unternehmen dazu bringt, in Umweltschutz zu investieren.

3. Je kontextabhängiger ein Unternehmen ist, desto stärker unterliegt es der Kontrolle von außen, desto outputorientierter ist es, desto eher reagiert es auf ein Umfeld der Nachhaltigkeit, z.B. von Seiten der Politik. Wirtschaftsunternehmen sind im allgemeinen deutlich kontextabhängiger als beispielsweise Institutionen des Bildungswesens.

Eine Fallstudie und ihre Ergebnisse

Welche Motivation leitet nun die Unternehmen bei ihren ökologischen Innovationen, kurz: warum tun sie's? Dazu gibt es zwei populäre Auffassungen, die, scheinbar entgegengesetzt, doch genau komplementär sind. Die eine Auffassung erwartet von den Unternehmen eine Art moralischen Lernprozeß, einen ökologischen Gesinnungswandel, der sie dazu treibt, neben wirtschaftlichen Motiven in ihrem Handeln auch anderen Werten Geltung zu verschaffen oder gar von einer wirtschaftlichen zu einer anderen, umweltbezogeneren Wertorientierung umzuschwenken.

Die andere Auffassung unterstellt, daß die Wirtschaft von sich aus überhaupt nie ökologisch aktiv würde. Demnach reagieren Unternehmen einzig auf einen externen Antrieb. Dieser bestehe entweder in der Aussicht auf einen finanziellen Gewinn, sei es durch Einsparung, sei es durch erhöhte Absatzchancen. In dieser Einschätzung begegnen sich übrigens ökologische Industriekritiker und wirtschaftsfreundliche Umweltberater. Ein anderer externer Antrieb sei einzig durch gesetzlichen Zwang zu bewirken.
Hier setzt nun eine exemplarische, qualitative Fallstudie an. (Dresel 1996) Extensive Interviews und Dokumentenanalysen wurden mit sechs ausgewählten Unternehmen in Baden-Württemberg durchgeführt, die in verschiedener Weise als ökologische Pioniere angesehen werden können. Qualitativ ist diese Studie einmal insofern, als sie für ihre Befunde keine statistische Repräsentativität beansprucht, also keine Behauptungen darüber aufstellt, wie häufig die von ihr identifizierten Fallstrukturen auftreten. Wichtiger aber ist, daß sie nicht mit den üblichen quantitativen Erhebungsmethoden nach vordefinierten Kategorien Merkmale sowie deren Verteilung und Korrelation erfaßt. Wir wissen ja gar nicht genau, welches die aus der Perspektive der Unternehmen relevanten Kategorien sind. Die Studie sucht vielmehr solche Kategorien allererst zu gewinnen. Qualitativ ist die Studie also in dem präzisen Sinn, daß sie die ökologischen Innovationen in ihrer Qualität, d.h. aus ihrem inneren Kontext zu verstehen sucht. Sie erhebt den Anspruch einer qualitativen Repräsentativität, die Zusammenhänge exemplarisch rekonstruiert.
Es geht der Studie nicht darum, den effektiven Nutzen bestimmter unternehmerischer Umweltmaßnahmen zu beurteilen, den ökologischen sowenig wie den wirtschaftlichen. Es geht auch nicht darum, eine Firma insgesamt hinsichtlich ihrer ökologischen Errungenschaften zu bewerten. Es geht einzig darum, ob in dem, was die Unternehmen tatsächlich tun, ganz gleich wie man es nach ökologischen oder ökonomischen Gesichtspunkten bewerten würde, eine bestimmte wirksame Logik sichtbar wird. Die Fallrekonstruktion beantwortet eine zweiteilige Forschungsfrage:

1. Welches ist die Logik, nach der Unternehmen ökologische Innovationen tätigen?
2. Welches sind die Umstände oder Bedingungen dafür, daß sich diese Logik in bestimmten Unternehmen entfaltet oder durchsetzt?

Vier Fallgeschichten

Von den Innovationsstrategien der sechs Unternehmen der ursprünglichen Fallstudie sollen hier nur vier (Alpirsbacher, Ganter, Hansgrohe und EVS) in der gebotenen Kürze skizziert werden. Die weiteren Firmen waren: Freudenberg (Weinheim), exemplarisch für eine Prozeß- und eine Produktinnovation unter der Devise des Unternehmens: "Das technisch und wirtschaftlich Mögliche realisieren"; sowie ABB (Mannheim), wo gefragt wurde, wie die ökologische Orientierung in einer Konzernstruktur inkorporiert wird, und zwar in einem Umweltmanagementsystem, mit dem ABB eine Vorreiterrolle einnimmt, und in einem Forschungszentrum als Institutionalisierung von Innovation zwischen Technology-Push und Market-Pull.

1. Die Alpirsbacher Klosterbräu braut als Familienunternehmen in vierter Generation "Das Bier mit dem berühmten Brauwasser aus dem Schwarzwald". Mit ihrer Größe steht die Brauerei in einem asymmetrischen Konkurrenzverhältnis. Weder kann noch will sie mit gewissen west- bzw. norddeutschen Großbrauereien auf dem gesamten deutschen Markt konkurrieren, bekommt aber umgekeht wie alle mittleren und kleineren regionalen Brauereien den Konkurrenzdruck eben dieser Großbrauereien empfindlich zu spüren. Von den über 1200 Brauereien in Deutschland müssen derzeit jährlich etwa 50 den Betrieb aufgeben. Dazu kommt ein allgemein stagnierender bis rückläufiger Markt für Bier.
In dieser Situation wird die Verpackung des Produkts zum entscheidenden Marketinginstrument oder zum Vehikel eines Verdrängungswettbewerbs. Diese Verdrängung findet ganz buchstäblich auf den Verkaufsregalen des Einzelhandels statt, auf denen sich die werbeträchtigen Bierkästen der Premiummarken in schreienden Farben breitmachen. Die begrenzte Zahl der in einem Handelsgeschäft vertretenen Biermarken wird nun zusätzlich eingeschränkt durch das erforderliche Handling der Vielzahl von Kastentypen (z.T. auch Flaschentypen). Für den Handel bedeutet die Komplizierung des Mehrwegsystems Mehraufwand, an dem er kein Interesse haben kann. Er wird sich auf die umsatzstärksten, durch überregionale Werbekampagnen bekannten Marken konzentrieren.
Die Konsequenz ist, daß kleinere und regionale Brauereien in dem reinen Verpackungskrieg immer schwerer mithalten können. Genau das bezweckt die Strategie der großen Abfüller. Mit einem exakt kalkulierten Timing können sie Verpackungsänderungen durchdrücken, die schon wegen des großen Marktanteils praktisch zum Standard werden und andere zwingen, nachzuziehen oder - noch besser - beim Nachziehen auf der Strecke zu bleiben.
Das zeigt die strategische Einführung der sogenannten NRW-Flasche. Noch dramatischer ist aber der strategische Einsatz der Dosenabfüllung. Die Bierdose hat einen ungeheuren Markterfolg (mit ökologisch erschreckenden Zuwachsraten), weil sie der Bequemlichkeit des Konsumenten entgegenkommt, weil sie von gewissen (wichtigen) Teilen des Handels favorisiert wird und weil mit ihr ein ruinöser Preiswettbewerb geführt werden kann. Gleichzeitig werden Mehrwegquotenvereinbarungen systematisch unterlaufen. Wenn die Entwicklung der Dosenabfüllung unverändert anhält, steht in kürzester Frist das gesamte Mehrwegsystem beim Bier auf dem Spiel.

Vor diesem Hintergrund hat Alpirsbacher eine ökologische Innovation eingeführt: den Einheits-Mehrwegkasten Unica. Der Grundgedanke ist, das Mehrwegsystem dadurch zu retten, daß man es logistisch vereinfacht. Die Leergutabwicklung in Handel und Transport hätte es nur noch mit einem einzigen Kasten zu tun, das spart Zeit, Lagerraum usw. Ökologisch innovativ ist der Kasten erstens durch seinen Beitrag zur Bewahrung des Mehrwegsystems. Zweitens kann man errechnen, daß sich die Summe aller Transportwege verkürzen läßt, weil nicht jeder einzelne Kasten den Weg von einer bestimmten Brauerei zum Verkaufsort und zurück nehmen muß, sondern die Kästen im Pool zirkulieren. Dadurch läßt sich drittens die Anzahl der im Umlauf befindlichen Kästen verringern. Viertens ist der Kasten selbst aus Recycling-Kunststoff. Sodann bedeutet die Rettung des Mehrwegsystems auf dieser Grundlage zugleich die Erhöhung der Überlebenschancen für mittlere und kleinere regionale Brauereien. Durch den Unica-Kasten könnten sie auch mit einem geringeren Marktanteil neben den Großen im Handel vertreten bleiben.
Einen ökologisch-ökonomischen Fortschritt bringt der Unica-Kasten aber nur, wenn dem Pool genügend Brauereien beitreten. Die Überzeugungsarbeit von Alpirsbacher, BUND und Edeka und einigen Medien hat dieses Ziel nicht erreicht. Einstweilen hat der Kasten statt ökologischer Effektivität eher symbolische Wirkung als Zeugnis des ökologischen Engagements.
Die Bereitschaft zu einer ökologischen Interpretation ökonomischer Zusammenhänge bei der Alpirsbacher Brauerei drückt sich im Motto aus: "Ohne Ökologie keine Ökonomie." Dahinter steht die Familientradition einer besonderen kulturellen Identität.
Bier ist ein besonderer Saft, der (zumindest in Deutschland) ausgeprägte Konnotationen besitzt: zu Natur und zu Heimat. Natürlichkeit des Biers hat in Deutschland seit dem berühmten Reinheitsgebot Tradition und wird in der Werbung von vielen Brauereien entsprechend gepflegt. Kurz: Natur ist eine wichtige reale und symbolische Ressource, an deren Pflege Alpirsbacher ein besonderes Interesse haben muß. Ähnlich verhält es sich mit Heimat als realer und symbolischer Ressource: Die kulturelle Identität eines Bieres gehört zu seiner Qualität. Die Schwarzwald-Herkunft des Alpirsbacher Bieres führt nun einerseits wiederum zur Bedeutung einer ökologisch intakten Landschaft. Aber nicht nur dies, auch die kulturelle Pflege der Region ist für Alpirsbacher wichtig. Neben dem Naturschutz pflegt Alpirsbacher ein vielfältiges kulturelles Engagement: Man hat eine Glasbläserei eingerichtet, eine Galerie, eine Foto-Edition, sponsort Wandertage und anderes mehr.
In diesem Zusammenhang ist das Öko-Sponsoring von Alpirsbacher zu sehen: Es ist Ausdruck eines reflexiven Verständnisses der gesellschaftlichen Einbettung des Unternehmens. Das Bewußtsein der Angewiesenheit auf Ressourcen formuliert Alpirsbacher so: "Wenn es der Region gut geht, geht es uns gut."

2. Das Familienunternehmen Ganter ist eine Schuhfabrik, die in dem Schwarzwälder Kleinstädtchen Waldkirch hochwertige Schuhe und Sandalen herstellt. Diese in handwerklicher Tradition gefertigten Schuhe sind bekannt für besonderen Tragekomfort, gesundes Fußbett, Atmungsaktivität, Bequemlichkeit, möglichst natürliche Materialien usw. Das Image von reinen "Gesundheitsschuhen" beginnt man aber mehr und mehr abzulegen, weil sich die Nachfrage verschiebt: die traditionelle Kundin des großmütterlich-konservativen Typs weicht einer jüngeren, moderneren und kritischen Käuferschaft, deren Gesundheitsbewußtsein heute ein anspruchsvolles Kaufverhalten bestimmt. Im Design verjüngt, wahren die Ganter-Schuhe ihre Markenidentität in ihren fußgesunden Eigenschaften, was sie besonders bei Krankenhauspersonal, Servicepersonal usw. beliebt macht.
Die ökonomische Situation für Schuhproduktion in Deutschland ist schwierig. "Sie ist besch..." Zu hoch sind hier die Kosten, um im Konkurrenzdruck von Billigländern bestehen zu können. Ähnlich wie für die Textil- und Kleidungsindustrie gilt dies besonders für die Schuhherstellung, in die vergleichsweise viel Handarbeit eingeht. Handwerkliche Arbeitsmethoden mit bis zu hundert Arbeitsgängen pro Schuh bestimmen die Produktion.
Damit ist auch der Rahmen für mögliche ökologische Innovationen der Produktionstechnik bei Ganter gesetzt: Maschinen mit möglichst energiesparenden Motoren, Wärmerückgewinnung und Abluftfilteranlagen wurden eingeführt. Größere ökologisch-technische Umwälzungen sind nicht zu erwarten - der ökologische Problemdruck durch Energieverbrauch, Schadstoffausstoß usw. ist aber in der quasi-handwerklichen Produktion von vornherein eher gering.
Einzig der bislang technisch unvermeidliche Einsatz lösungsmittelhaltiger Kleber zeigt ein grundsätzliches Problem einer ökologischen Orientierung: was das ökologisch Richtige ist, ist keineswegs immer so eindeutig zu bestimmen. Die Schuhfabrik Ganter hatte zuvor nämlich einen lösungsmittelfreien Kleber (auf Wasserbasis) im Einsatz. Das funktionierte auch solange, bis die Sohlen (aus PU-Schaum), die Ganter nicht selbst herstellt, sondern einkauft, nicht mehr mit FCKW geschäumt wurden - aus Umweltgründen. Mit schlimmen Folgen für Ganter: Eine ganze Produktionsserie wurde wegen mangelhafter Klebeverbindung zum Reklamationsfall. Aus Qualitätsgründen mußte man sich darauf für den ökologisch problematischeren Kleber mit Lösungsmittel entscheiden.
Dem Preisdruck der ausländischen Konkurrenz sind die meisten deutschen Gerbereien zum Opfer gefallen. Leder bezieht Ganter mittlerweile fast ausschließlich aus dem Ausland. Das hat auch eine ökologische Seite: Gerade für Gerbereien gelten strenge (und kostenverursachende) Umweltauflagen. Die billigere Auslandskonkurrenz erfüllt diese oftmals jedoch nicht. Das bekommt Ganter z.B. durch überschreiten der PCB-Grenzwerte im eingekauften Leder zu spüren. Ganter muß jede Lieferung von einem Labor prüfen lassen; oft genug

müssen ganze Sendungen zurückgewiesen werden. Als umweltbewußtes Unternehmen fordert Ganter aus Gründen der Wettbewerbsgerechtigkeit nicht die Lockerung von Umweltvorschriften, sondern die gleichmäßige Einhaltung! Daß Ganter als Schuhfabrik in einer ökonomisch ungünstigen Situation überlebt, beruht darauf, daß man sich mit Qualitätsprodukten in einer bestimmten Nische des Marktes gut etabliert hat - mit einem Markenimage, in dem Gesundheit und Natur eine wichtige Rolle spielen. So ist es für Ganter eine Frage der Markenidentität, beides als wichtige Ressource zu pflegen. Es waren also bestimmte Inhalte der Produktion, die es für Ganter nahelegten, das Unternehmen selbst nach ökologischen Gesichtspunkten zu führen.
Früh wurde Ganter Mitglied im B.A.U.M. und hat wiederholt eine Auszeichnung für ökologische Unternehmensführung erhalten. Die jüngste Maßnahme ist ein Öko-Audit, den Ganter durch ein Umweltberatungsbüro durchführen läßt. Schon bald erwies sich, daß die Eigenkapazitäten eines Unternehmens von der Größe Ganters überfordert sind, das wünschenswerte ökologische Monitoring in allen Aspekten selbst durchzuführen. Für ein systematisches Monitoring ist man auf externe Berater oder Gutachter angewiesen. Ein Problem, die geeigneten Gutachter und Berater zu finden, gibt es für das ökologisch innovative Unternehmen nicht. Ein weiterer Lerneffekt betrifft die notwendige Formalisierung von umweltrelevanten Betriebsabläufen. Die Notwendigkeit objektivierter Verfahren bringt für die Firma einen erheblichen bürokratischen Mehraufwand.

3. In der Tradition Schwarzwälder Familienunternehmen ist die Firma Hansgrohe in Schiltach Spezialist für alle Arten von Armaturen in Dusche, Bad und Küche. Die Marke steht für qualitativ hochwertige Produkte mit anspruchsvollem Design und innovativer Technik. Das Unternehmen prosperiert. Offenbar befindet sich der Markt der Sanitärprodukte noch im Wachstum, und Hansgrohe hat sich im oberen Marktsegment mit einer Life-Style bewußten Kundschaft, die sich ein anspruchsvolles Einrichten leistet, gut etabliert.
Ökologisch spektakulär wurde das neue Zweigwerk in Offenburg (Elgersweier) gestaltet, das 1994 den Betrieb aufnahm. Auf dem Shed-Dach wurde eine der größten dachintegrierten Photovoltaik-Anlagen Europas installiert. Zur Solaranlage gehört außerdem ein nach ökologischen Prinzipien gebautes Niedrigenergiehaus, das als Solar-Turm ein augenfälliges Zeichen für das Vorzeigeprojekt und für die Firma insgesamt setzt. Ein großes mit Photovoltaikzellen besetztes "Sonnensegel" auf dem Turmdach wird dem Sonnenstand nachgeführt. Die Pilot-Anlage ist ein Forschungsprojekt, mit dem sich Hansgrohe außerhalb der eigentlichen Geschäftstätigkeit engagiert. "Ein kühler Rechner oder Betriebswirtschaftler wird die Entscheidung zu diesem Projekt kaum nachvollziehen können." Warum also?
Von allen Unternehmen dieser Studie hat Hansgrohe sicher die elaborierteste ökologische Philosophie. Dabei ist man um möglichst eigenständige, glaub-

würdige und authentische Argumente bemüht. Gern betont Hansgrohe z.B.: daß das Produkt selbst eine Emission darstelle; daß es deshalb eine umweltfreundliche Industrie schlechthin nicht gibt; daß eine Produktion für den sogenannten "Verbraucher" sich schon mit diesem Begriff ökologisch selbst desavouiert; daß Ökologiefragen wegen einer immer ungenügenden und provisorischen Informationslage nie definitiv beantwortet sind; und nicht zuletzt, daß große Philosophie ökologisch weniger bringt als kleine Schritte der Verbesserung. Schon der Umstand, wie man mit dieser Philosophie an die Öffentlichkeit tritt (z.B. in Form einer Umweltbroschüre mit einer Darstellung vieler ökologischer Innovationen der Firma, des Solarturms als Informationszentrum usw.), zeigt, wessen sich Hansgrohe auch inhaltlich bewußt ist: daß Ökologie ganz wesentlich eine Frage der Kommunikation ist. Für Hansgrohe selbst springt aus dem ökologischen Engagement
kommunikativ vor allem zweierlei heraus: Ökologie trägt bei zur Pflege und Entwicklung wichtiger Kommunikations- und Informationskanäle, zur Akzeptanz und Glaubhaftigkeit; und ökologische Innovation kommuniziert ein bestimmtes "Image", präsentiert das Unternehmen als leistungsfähig und kompetent.
Daß der Umweltschutz bei Hansgrohe alle Betriebsbereiche integriert (zuletzt in einem Öko-Audit), dokumentiert, daß nichts, was in dieser Firma getan wird, unüberlegt, aus bloßer Gewohnheit oder gar aus Schlamperei geschieht. Der sichtbare Beweis wird vorgeführt: dieses Unternehmen weiß, was es tut, und tut es kompetent.

4. Die Energieversorgung Schwaben, EVS, Stuttgart befindet sich, wie im Grunde alle Energieversorgungsunternehmen, im Branchenjargon: EVU, in einer doppelten Konfliktsituation. Diese bildet sich in der Rationalität der ökologischen Innovationen bei EVS ab als eine doppelte Spaltung.
EVS realisiert ihre wirtschaftliche Existenz im wesentlichen durch den Verkauf von Energie, dies aber in einem Umfeld, das nicht nur das konventionelle Interesse kennt, die Ware möglichst preisgünstig zu erhalten, sondern das aus politisch-ökologischen Gründen den Energieverbrauch selbst beschränkt sehen will. Das bedeutet für das Unternehmen, daß die üblichen, auf Umsatzwachstum ausgerichteten Strategien immer weniger greifen. Was als globale Strategie der Nachhaltigkeit naheliegt und immer gefordert wird, nämlich den Energieverbrauch über die Preise zu regulieren, steht den EVU selbst aber nicht zur Verfügung. Sie unterliegen der politisch bestimmten Prioritätensetzung, müssen sich selbst aber im Konkurrenzdruck (besonders nach der künftigen Freigabe des Strommarktes) bewähren.
Ausgerechnet die Methode der Stromerzeugung, die die EVU für die im Sinne der Wettbewerbsfähigkeit unabdingbare und in ökologischer Hinsicht günstigste halten, hat politisch die größten Akzeptanzschwierigkeiten. Gegen ihre eigene Überzeugung wären die EVU strategisch schlecht beraten, wenn sie auf

weiteren Ausbau der Kernenergie setzen würden. Gleichzeitig ist die Kernkraft, jedenfalls nach gegenwärtigem Stand, nach Auffassung der EVU sogar langfristig, unverzichtbar.
Scylla und Charybdis für die EVS sind also Konkurrenzdruck und Akzeptanzkrise. Was EVS nun macht, und zwar im Unterschied zu etlichen anderen EVU, ist dies: Sie versucht diesen Konflikt dadurch zu überwinden oder zu mildern, daß sie sich entschieden für Ökologie und Umweltschutz engagiert. Das ist die Rationalität hinter ihren ökologischen Innovationen. Diese werden eingesetzt, um das Unternehmen in einer konflikthaften Situation handlungsfähig zu halten oder die Handlungschancen zu erhöhen. Der Konflikt, in dem sich EVS befindet, ist keineswegs gleichbedeutend mit einem normativen Zielkonflikt zwischen Ökologie und Ökonomie, wie er so oft unterstellt wird. Das ökologische Engagement bedeutet dementsprechend auch keine Entscheidung zugunsten der einen Seite (der ökologischen) und ein Abwenden von der anderen (ökonomischen) in einer solchen unterstellten Polarität. Sondern: die ökologischen Maßnahmen (wie auch die von der EVS benutzten und angebotenen ökologischen Deutungsmuster) sind gerade dadurch gekennzeichnet (und das läßt sich unschwer an ihnen ablesen), daß sie als Instrumente eine Lösung oder doch zumindest eine gewisse Linderung in einem objektiven Konflikt schaffen sollen, der eben nicht durch normative Präferenzen gespeist wird.

Das Umweltengagement der EVS läßt sich in drei Bereiche differenzieren.
a) Umweltschutz in den Energieerzeugungsanlagen. EVS leistet beispielhafte Immissionsschutzmaßnahmen in ihren Kraftwerken. Die Ambition ist nicht weniger als dies: Was es an Umweltproblemen bei der Energieerzeugung (und -versorgung) gibt, hat EVS im Griff und wird nach dem Stand der Technik gelöst. So bleibt im Grunde nur ein einziges Umweltproblem übrig, nämlich CO2, das der Sache nach gar nicht vermieden werden kann - solange man fossile Brennstoffe verfeuert. Genau das bringt die Umweltargumentation zurück zur (öffentlich verpönten) Kernkraft. Sozusagen als dritter Weg zwischen CO2 und Kernkraft, werden aber noch zwei andere Möglichkeiten vorgeschlagen: nämlich der Einsatz sogenannter alternativer Energieträger und die Energieeinsparung. Beidem widmet sich EVS strategisch.
b) Das vielfältige Beratungsangebot wird von vielen (auch von EVS selbst) als etwas widersprüchlich wahrgenommen. Man möchte Strom verkaufen und rät den Kunden, wie sie möglichst wenig davon abzunehmen brauchen. Gleichwohl ist diese Beratung (die sich direkt aus der früheren Stromwerbung entwickelt hat) im Interesse der Kundenbindung notwendig. Denn längerfristig können die EVU ihr Geschäft nicht gegen die Kunden machen, sondern nur mit ihnen. In diesem Sinne ist die Energiesparberatung für das Unternehmen eine kontinuierliche Marktstudie. Die Beratung könnte nur dann auch unmittelbar etwas eintragen, wenn sie nicht als kostenlose Dreingabe geliefert

würde, sondern als (bezahlte) Serviceleistung in die eigentliche Geschäftstätigkeit aufgenommen würde. Es gibt tentative Ansätze, sich von einem reinen Stromlieferanten zu einem Dienstleister für komplette Energielösungen zu entwickeln.
c) Förderung alternativer Energiegewinnung. Auch hier zeigt EVS Kompetenz. Insbesondere demonstriert (und erforscht) EVS, was überhaupt möglich ist. In diesem Sinn betreibt EVS eigene Versuchsanlagen. Ein nennenswerter Beitrag zur Grundversorgung ist aber bislang nicht in Sicht. Wo alternative Energiegewinnung als Zusatz sinnvoll ist, wird's gemacht. In diesem Zusammenhang unterstützt EVS auch dezentrale (und umweltfreundliche) Energiegewinnungsanlagen bei bestimmten Anwendern. In solchen Projekten konvergieren Energieberatung und Förderung alternativer Energien.

Die wirtschaftliche Logik ökologischer Innovation

Die Rekonstruktion der Logik ökologischer Innovationen in den exemplarischen Fällen unserer Studie bestätigt keine der zitierten populären Auffassungen. Der vielleicht überraschendste empirische Befund lautet: Ein normativer Zielkonflikt zwischen Ökonomie und Ökologie ist bei den innovativen Unternehmen nicht festzustellen. Es sind keine Anzeichen dafür zu identifizieren, daß eine Internalisierung von Nachhaltigkeitsnormen stattgefunden hätte. Der unternehmerische Lernprozeß, der zu ökologischen Innovationen führt, ist nicht als ein moralischer Wertewandel zu verstehen. Die wirtschaftliche Logik wird von keinem Unternehmen zugunsten einer Umweltgesinnung verlassen.
Auf der anderen Seite finden wir aber auch die Auffassung nicht bestätigt, daß einzig ein am kurzfristigen Profit orientiertes Denken die ökologischen Innovationen bestimme, die Aussicht auf unmittelbaren Gewinn oder die Vermeidung akuten Schadens, daß aber darüber hinaus jeder Umweltschutz der Wirtschaft der Sache nach völlig gleichgültig wäre. Die Fallstudie zeigt, daß der unternehmerische Lernprozeß sich keineswegs in einem bloß externenen Reiz-Reaktions-Lernen erschöpft.
Vielmehr kann man eine spezifisch intrinsische Motivation für Umweltfragen bei den innovativen Unternehmen entdecken. Die Rationalität ihrer Umweltorientierung zeigt eine deutliche logische Verwandtschaft und auch eine sachliche Nähe zu der, die etwa strategisches Management und Qualitätsmanagement ausmacht.
Zweifellos geht es allen Unternehmen dieser Studie primär um ihren wirtschaftlichen Vorteil. Dies allein würde sie aber nicht hinreichend von skrupellosen Umweltausbeutern oder -verschmutzern differenzieren. Der maßgebliche Unterschied scheint vielmehr darin zu liegen, wie die Unternehmen jeweils ihren wirtschaftlichen Vorteil interpretieren. Die ökologisch innovativen

Unternehmen interpretieren den wirtschaftlichen Vorteil von Umweltschutz und Ökologie gerade nicht in einer verkürzten oder verengten Weise als Imagepflege, Kostensenkung oder Vermeiden gesetzlicher Sanktionen.
Umweltschutz aus der Marketingabteilung? Ökologische Produktinnovationen lassen sich noch am ehesten über ein ökologisches Produktimage in ein Verkaufsargument ummünzen. In der Tat erhoffen sich die Firmen eine Akzeptanz für ihre ökologisch innovierten Produkte. Es muß aber auffallen, daß in der Produktwerbung ein vergleichsweise sparsamer Gebrauch von Öko-Argumenten gemacht wird. Ausgiebigen Gebrauch von Öko-Siegeln u.dgl. findet man dagegen auf eher fragwürdigen, wenig innovativen Produkten. Die Grenzen der ökologischen Produktakzeptanz liegen u.a. in der Preisgestaltung oder durchaus ungewissen Kundenpräferenzen. Schon von der Natur der Produkte her ist ein Vorteil durch ein Öko-Image keineswegs für alle Unternehmen garantiert, in unserer Stichprobe am ehesten bei Bier oder Schuhen; der Marketing-Erfolg eines ökologischeren Filter-Vlieses hat dagegen den Hersteller selbst überrascht. Innerbetriebliche Prozeß- oder Organisationsinnovationen schließlich lassen sich ohnehin kaum verkaufsträchtig vermitteln.
Daß ökologische Innovation dem allgemeinen Firmenimage zugute kommen kann, erhoffen sich die Firmen ebenfalls. Das Image ist aber eine sehr komplexe Angelegenheit und läßt sich nicht unmittelbar in Verkaufszahlen übersetzen. Die Imagepflege folgt deshalb auch einer viel subtileren Logik. Das gilt insbesondere für das Öko-Sponsoring. Als Beweis der Leistungsfähigkeit eines Unternehmens drückt Öko-Sponsoring ein innovativ verändertes Verständnis der Einbettung des Unternehmens in sein Umfeld aus. Keines der untersuchten Unternehmen betreibt ökologische Innovationen als aufgesetzte Public-Relations-Kampagne mit der Hoffnung auf einen unmittelbaren Gewinn oder gar als eine auf Täuschung oder Ablenkung angelegte Alibifunktion. In der Regel geht Öko-Sponsoring oder andere ökologische Imagepflege logisch konsequent einher mit anderen ökologischen Maßnahmen, die das Wirtschaftshandeln der Unternehmen direkt berühren oder verändern.
Umweltschutz als Kostensenkungsstrategie? Als unmittelbarer finanzieller Vorteil ökologischer Innovationen werden oft Einsparungen in Aussicht gestellt. Aber auch für das Einsparmotiv sind Relativierungen angebracht. Wo sich ein Einsparpotential ergibt, was manchmal erst im Zuge der Innovationen überraschend entdeckt wird, wird dies von den Unternehmen natürlich gern angenommen. Wäre aber Einsparung das einzige und ausschließliche Motiv, so könnte dies auf ganz andere Weise, ohne Rücksicht auf die Umwelt noch viel gewinnträchtiger realisiert werden, jedenfalls kurzfristig. Überdies erschöpft sich der Grenznutzen ökologischer Innovation durch Sparen. Die manchmal sensationellen anfänglichen Sparerfolge durch Reduktion von Energie- und Materialverbrauch, Müllaufkommen usw. lassen sich nicht linear fortschreiben. Manche Unternehmen berichten von vornherein, daß sich für sie aus öko-

logischen Maßnahmen kein nennenswertes Einsparpotential ergibt. Gleichwohl bleibt ökologisch realisiertes Einsparen ein wichtiges Motiv. Kein Unternehmen kann allein vom Vorschuß auf strategische Handlungskompetenz leben, die sich erst in 10 Jahren ausbezahlt.

Reaktion auf gesetzlichen Zwang? Gesetzliche Auflagen, Umweltvorschriften usw. bilden für die ökologischen Innovationsstrategien der Unternehmen sozusagen absolute Eckpfosten: Sie sind nicht umzustoßen und es ist klüger, sich nicht daran zu stoßen. Was immer in einem Betrieb ökologisch entwickelt und arrangiert wird, muß als Minimalanforderung mindestens die gesetzlichen Vorschriften erfüllen. Die ökologischen Innovationen sind aber nicht mit der Reaktion auf gesetzliche Zwänge und dem Vermeiden rechtlicher Sanktionen (mit wiederum finanziellen Konsequenzen) erklärt. Die Unternehmen zeichnen sich vielmehr durch einen innovativ klugen und vorausschauenden Umgang mit dem gesetzlich Unvermeidlichen aus. So werden etwa große Umweltinvestitionen zeitlich auf das Inkrafttreten verschärfter Auflagen abgestimmt. Darin zeigen die Unternehmen weniger eine erzwungene Reaktion als ein kluges und souveränes Timing. Bei Investitionen dieser Größenordnung wird, lange bevor ein gesetzlicher Zwang entsteht, strategisch abgestimmt, wann eine Anlage im technischen Sinn veraltet ist, wann neue Umweltvorschriften erfüllt sein müssen, welche weiteren Entwicklungen antizipiert werden können und welche grundsätzliche Richtung die Umwelt- und Investitionspolitik des Unternehmens einschlägt. Die ökologisch innovativen Unternehmen beziehen gesetzliche Zwänge maßgeblich in ihre Strategie ein, aber ihre Innovationen geschehen nicht unter Handlungszwang. Die Logik des Kompetenzgewinns ist es gerade, diesem zuvorzukommen.

All die genannten wirtschaftlichen Vorteile können in Einzelfällen eine Rolle spielen, kein Aspekt reicht aber für sich aus, die Gesamtlogik ökologischer Innovation zu charakterisieren. Grundlage für ökologische Innovation ist wohl das Interesse an einem wirtschaftlichen Vorteil. Der wird aber von den Unternehmen weiter gefaßt als ein kurzfristiger, unmittelbarer Gewinn. Der wirtschaftliche Vorteil liegt vielmehr in einem spezifisch unternehmerischen Gewinn. Die Unternehmen handeln ökologisch, weil dies ihre strategische Kompetenz (wenn nicht ihre Sachkompetenz) erhöht. Sie erhöhen durch ökologisch bewußtes Wirtschaften ihre Handlungsrationalität und ihre strategische Handlungsfähigkeit.

Ökologie in Unternehmen ist demnach keine Frage der Moral, sondern der Leistungsfähigkeit.

Wenn die Logik ökologischer Neuerungen in Unternehmen in der Erhöhung ihrer strategischen Handlungsfähigkeit durch eine erhöhte Reflexion und Rationalität besteht, dann können wir daraus schlüssig drei Arten von Strukturhypothesen ableiten. Nämlich Strukturhypothesen darüber, was die spezifische Qualität der bevorzugten Innovationen ausmacht, welches die spezifischen Qualitäten der Unternehmen sind, die eine solche Innovationslogik realisieren, und welche Umfelderfordernisse gemäß dieser Logik aus Unternehmenssicht unabdinglich sind.

"Was": Typen und Grenzen der ökologischen Innovation

Die Logik ökologischer Innovation als strategischer Kompetenzgewinn umreißt zugleich die bevorzugten Innovationstypen und die Grenzen der ökologischen Innovationsbereitschaft.

Es gibt bei den ökologischen Pionieren eine freiwillige Vorleistung, die man "Verpflichtung" nennen kann, weil der damit verbundene Einsatz sich weder sofort auszahlt, noch direkt aus den gegebenen Handlungszwängen abgeleitet werden kann. Wenn aber, wie es die These dieser Studie ist, das treibende Motiv hinter ökologischen Innovationen das unternehmerische Interesse an Steigerung der Leistungsfähigkeit und an Rationalitätsgewinn ist und dies durch bessere Information über Ressourcen, höhere Transparenz betrieblicher Abläufe, durch Reflexion der Zusammenhänge und der Einbettung bewerkstelligt wird, dann muß dies noch nicht per se zu einer ökologischen Verpflichtung führen. Die Unternehmen könnten vielmehr nach derselben Logik auch eine parasitäre Haltung einnehmen. Sie könnten versuchen, sich die nötigen ökologischen Informationen zu beschaffen, sich alle relevanten Kenntnisse anzueignen, also ihre Kompetenz zu steigern, dann aber eine schmarotzende Strategie einschlagen und ihre gewonnene Kompetenz gerade dazu einsetzen, einer möglichen ökologischen Handlungsverpflichtung optimal auszuweichen.

Aus zwei Gründen sind die Unternehmen bereit, ökologische Verpflichtungen einzugehen (und auf unmittelbare Gratifikationen zu verzichten): Erstens lassen sich Kompetenz und Information nicht rein virtuell gewinnen, sondern erfordern reales, praktisches Engagement. Handlungskompetenz kann nur im Handeln erworben werden. Zweitens hat eine Selbstverpflichtung symbolische Qualität. Als symbolischer Beweis für Handlungskompetenz ist ein freiwilliges ökologisches Engagement nicht nur aus reiner Eitelkeit, sondern aus verschiedenen unternehmerischen Gründen vorteilhaft oder notwendig. Man kann sich (und andere) seiner Kompetenz nämlich nur versichern, wenn sie in irgend einer Form objektiviert, also für das äußere, aber auch innere Unternehmensumfeld sichtbar dokumentiert wird.

Die ökologische Selbstverpflichtung reicht nun genau so weit, wie sie das Prinzip der Erhöhung der Handlungskompetenz erfüllt. Man ist bereit, ökologisch zu handeln, auch ohne unmittelbaren materiellen Gewinn, weil und insofern es der Erhöhung der Handlungskompetenz dient. Man nimmt Kostennachteile in Kauf, wenn es strategisch die Handlungsfähigkeit erhöht.

Das bedeutet: Die Unternehmen werden vorzugsweise solche Innovationen tätigen, die entweder den höchsten erwartbaren Beitrag zur Kompetenz erbringen (z.B. durch Information), der nicht auf eine andere Weise günstiger beschafft

werden kann, und/oder die einen hohen Symbolwert besitzen, auf den zum Beweis vorhandener Kompetenz nicht ohne Nachteil verzichtet werden kann.
Diese beiden Motive, die zugleich Gründe und Grenzen der Verpflichtung umschreiben, erklären die bevorzugten Handlungs- oder Implementationsstrategien ökologischer Innovationen. Deshalb zum Beispiel gibt es soviel Interesse am Öko-Audit und an Umweltmanagementsystemen, aber vergleichsweise wenig an Analysen und Innovationen gesamtgesellschaftlicher Nutzungssysteme von Produkten und Technologien. Nur in gewissen Konstellationen können sich nämlich Unternehmen von letzteren einen realistischen Beitrag zu ihrer Kompetenz bzw. einen symbolisch wichtigen Kompetenzbeweis versprechen.
Ökologische Produktinnovationen werden vorrangig als eine Frage der technischen Kompetenz und der Leistungsfähigkeit im weiteren Sinn angesehen. In ökologischen Produkten ist Kompetenz (und nicht Moral) quasi als Komponente miteingebaut. Ökologische Produktinnovationen bedeuten verbessertes Wissen und Know-how, das Leistungsfähigkeit und Handlungskompetenz herstellt, lange bevor der Druck des Marktes oder des Gesetzes Leistungen und Handlungen erzwingt. Ökologisch innovative Produkte tragen über das eingebaute Know-how die Leistungsfähigkeit des Herstellers auch symbolisch zur Schau.
Gewisse Grenzen der ökologischen Innovativität werden am ehesten bei der Bereitschaft zur Innovation ökologischer Systeme sichtbar. Nutzungssysteme, die gesellschaftliche Gebrauchsweisen und Verhaltensweisen umfassen, überschreiten regelmäßig die Grenzen dessen, was noch in Kompetenz von Einzelunternehmen liegt. Die unternehmerische Kompetenz, und damit ökologische Innovation, sinnvoll auf ganze Nutzungssysteme zu beziehen, bleibt überwiegend ein Privileg größerer Konzerne. Einen eigentümlichen Sonderfall bieten Brauereien (und seien es sogenannte Kirchturmbrauereien), für die ein bestimmtes Nutzungssystem, nämlich die Bierdistribution in Flaschen, traditionell zum angestammten Geschäftsbereich gehört. Das erklärt, warum eine ökologisch orientierte Brauerei sich eine Innovation vornimmt, die sich aufs ganze Mehrwegsystem bezieht. Gerade dieser Fall veranschaulicht aber auch das Problem der grundsätzlichen Begrenztheit des unternehmerischen Kompetenzbereichs. Wenn nämlich beim Projekt des Einheitskastens nicht andere Brauereien in größerer Zahl mitziehen, bleibt er als Innovation ökologisch folgenlos. In den Kompetenzbereich aller Unternehmen aber fällt: Entwicklungen im Zusammenhang gesellschaftlicher Nutzungen zu beobachten. Man könnte dies eine ökologisch erweiterte Marktbeobachtung nennen. Für alle geht es darum, Systemzusammenhänge zu erkunden, die zwar derzeit noch nicht zum Handlungsbereich im engeren Sinn gehören, die aber in Zukunft relevant werden könnten. Zur langfristigen Kompetenzsicherung halten es deshalb die Unternehmen für wichtig, frühzeitig und nach vielen Richtungen hin offen Wissen zu beschaffen.

Der Schwerpunkt ökologischer Innovationen liegt eindeutig bei den Prozeß- (Verfahrens-) und Organisationsinnovationen, also den ökologisch innovativen Maßnahmen, die eine Rationalisierung betrieblicher Abläufe bewirken. Alle diese ökologischen Innovationen tragen direkt zur Kompetenzsteigerung bei und werden von den Unternehmen auch so gesehen. Die Verfahrensinnovationen haben ausnahmslos das unmittelbare Ziel: die Prozesse besser im Griff zu haben. Durch die Rationalisierung der Produktionsprozesse schonen die Unternehmen ihre Ressourcen: Energie, Abfallaufkommen, Deponieraum usw. Der Rationalisierungsvorteil, der oft erhebliche Investitionen erfordert, stellt sich für ökologische Firmen so dar: Ausweich- und Vermeidungsstrategien funktionieren nur auf kurze Sicht. Ihnen aber geht es um langfristige Kompetenzsicherung. Da sie ihre Verfahren über das Soll hinaus kompetent im Griff haben, sind sie auch auf längere Sicht handlungs- oder reaktionsfähig, wenn sich Änderungen in der ökologischen Bewertung von Stoffen, Verfahren usw. ergeben.
Ähnliches gilt auch für die ökologischen Organisationsinnovationen. Ein Umweltmanagementsystem (wie das vom Öko-Audit geforderte), eine Öko-Bilanz (wie sie ebenfalls im Öko-Audit impliziert ist), aber auch schon ein "einfacher" Umweltbericht bedeuten: Alle betrieblichen Vorgänge werden zunächst systematisch durchforstet und dann in einem einheitlichen Modell abgebildet. Das Innovative an den ökologischen Management-, Bilanz- und Controllingsystemen ist gar nicht primär, daß Umweltschädliches umweltfreundlich umgekrempelt wird (dieser Effekt stellt sich erst unter dem Strich der Bilanz ein), sondern daß alles, was vorher unbewußt ablief (ob im Effekt umweltfreundlich oder nicht), nun bewußt gemacht und dokumentiert wird. Der primäre Effekt ist also eine erhöhte Transparenz betrieblicher Vorgänge. Sollten irgendwelche Umstellungen notwendig oder wünschenswert erscheinen, sind diese Unternehmen in der Lage, entsprechend schnell und flexibel zu reagieren, Stoffe oder Verfahren zu substituieren usw., weil ihr Umweltmanagementsystem die Implikationen schon lange vorher erfaßt hat. Kurz: die ökologisch innovativen Unternehmen wissen besser Bescheid.
Die unternehmerische Kompetenz und Leistungsfähigkeit, um die es in ökologischen Kommunikationsinnovationen geht, erweist sich darin, daß das wirtschaftliche Handeln seine gesellschaftliche Einbettung und die kommunikativen Ressourcen reflektiert, ohne die es nicht auskommt. Die (knappen) Ressourcen, die es in der Unternehmenskommunikation zu berücksichtigen und zu pflegen gilt, sind: Information und Legitimität. Im Zusammenhang ökologischer Innovationen spielt Information eine doppelte Rolle: Information ist nicht nur eine entscheidende Grundlage für ökologische Innovationen (genau wie für alle anderen strategischen Entscheidungen und Innovationen), sondern viele ökologische Innovationen tragen ihrerseits dazu bei, mehr und bessere Informationen zu beschaffen. Damit relevante ökologische

Informationen auch ankommen, sind alle ökologisch innovativen Firmen bemüht, institutionell die geeigneten Kanäle dafür zu schaffen und zu pflegen.
Die andere wichtige kommunikative Ressource ist: Akzeptanz, Vertrauen oder Legitimität. In den kommunikativen Beziehungen sind - im ökonomischen Interesse - Akzeptanz und Vertrauen wichtig. Nur diese Vertrauensgrundlage sichert einerseits dem Unternehmen eine unverzerrte und frühzeitige Wahrnehmung wichtiger Signale; ökologisch orientierte Unternehmen sind andererseits daran interessiert, daß Kunden und Öffentlichkeit mündig und umfassend informiert sind. Nur unter dieser Voraussetzung können die Unternehmen erwarten, daß ihnen nicht nur ein vorurteilsfreies Verständnis für möglicherweise bestehende objektive Probleme entgegengebracht wird, sondern auch, daß sie für ihre ökologische Leistung eine entsprechende Würdigung und Anerkennung finden. Und nur unter dieser Bedingung haben die ökologischen Unternehmen die Chance, gegenüber der nicht-ökologischen Konkurrenz einen Wettbewerbsvorteil zu realisieren. Das ist sehr voraussetzungsreich und stellt hohe Ansprüche an die ökologische Kommunikationsstrategie der Unternehmen.
Es ist sicher richtig, ökologische Kommunikationsmaßnahmen als Imagepflege zu bezeichnen. Falsch wäre es aber, das "Image", um das es dabei geht, als werbemäßig kurzfristig konstruier- und beliebig manipulierbare Fassade zu interpretieren. Es geht bei ökologischer Unternehmenskommunikation darum, wie das Unternehmen seine Einbettung ins gesellschaftliche Umfeld reflektiert und kommunikativ als Ressource pflegt, kurz: es geht um seine kulturelle Identität.

"Wer": Merkmale innovativer Unternehmen

Was die Eigenschaften oder Merkmale angeht, die ökologisch innovative Unternehmen auszeichnen, so können wir aus der rekonstruierten Logik der Innovation so viel schlußfolgern: Es werden genau solche Unternehmen sein, die eine Unternehmenskultur ausgebildet haben, in der strategisches Denken und strategische Reflexivität in besonderer Weise verankert sind.
Welche konkreten Umstände nun im einzelnen dazu führen, daß eine solche strategische Unternehmenskultur ausgebildet wird und in welchen konkreten Ausprägungen sich diese Unternehmenskultur manifestiert, kann - wie die Fallgeschichten zeigen - durchaus variieren, und zwar nach den unterschiedlichen Marktsituationen in bestimmten Branchen, nach der Betriebsgröße und der spezifischen Firmengeschichte (path dependency).
Diese (methodologisch) strukturalistische Interpretation wird dem empirischen Umstand gerecht, daß dieselbe Logik von oberflächlich scheinbar sehr verschiedenen Bedingungen erfüllt werden kann, daß aber andererseits scheinbar ähnliche Merkmale keineswegs dieselbe Logik erfüllen müssen. In diesem

Licht betrachten wir im folgenden einige Charakteristika der Unternehmen unserer Fallstudie.

Die ökologisch innovativen Unternehmen zeichnen sich auch sonst durch hohe Innovationsleistungen aus. Freilich taucht sofort die Frage auf: Woran bemißt sich die Innovativität? Über den statistisch geringen Datenumfang dieser Studie hinaus stellt sich das allgemeine Problem der Quantifizierung von Merkmalen zur Bestimmung von Innovation. Unsere Fallstudie kann dieses Problem dadurch umgehen, daß sie eher die bestimmte Art und Weise rekonstruiert, in der die Unternehmen innovativ sind. Die Fallgeschichten zeigen nämlich, daß ihre Innovativität geleitet ist von einem strategischen Denken.

Hinsichtlich der Unternehmensführung zeigt sich das in einem ausgeprägt strategischen Management. Das praktizierte Managementmodell selbst kann dabei innovativ sein, kann aber auch die Qualität mittelständischer Familienunternehmen aufweisen.

Was die Produktinnovativität angeht, fällt an unseren Firmenbeispielen das hohe Qualitätsbewußtsein als eine der möglichen Ausdrucksformen eines strategischen Produktmanagements auf. Produktqualität erweist sich in dieser Hinsicht eben nicht nur, wie oft gelehrt wird, als eine Frage des Marketing. Aufschlußreich ist vielmehr die - allen Unternehmen bewußte - Parallelität von Qualitätsmanagement und Umweltmanagement.

Alle ökologisch innovativen Unternehmen bemühen sich typischerweise in einem Maß um eine Kundenbetreuung und Kundenbindung, das deutlich über den erfolgreichen (einmaligen) Verkauf hinausgeht. Selbst die innovative Brauerei unternimmt Anstrengungen, um zusätzlich zum Biergenuß, wo vergleichsweise wenig Beratung und noch weniger Nachsorge notwendig ist, noch mehr anzubieten (hier: ein Schwarzwalderlebnis zu vermitteln), also die Kundenbeziehung über die eigentliche Konsumption auszuweiten.

Thesenhaft lautet unser Befund, daß eine Unternehmenskultur, in der strategisches Denken und die Reflexion auf den Sinn der Geschäftstätigkeit und ihrer Gegenstände (Produkte) besonders ausgeprägt sind, das Verbindende zwischen ökologischer Innovation und sonstigen herausragenden, wenn auch variierenden Merkmalen darstellt.

Einen Beleg dafür kann man in dem Umstand sehen, daß bei allen Unternehmen dieser Studie (und das läßt sich sicher auch darüber hinaus generalisieren) die besonderen umweltbezogenen Innovationen durchweg eingebettet sind in das allgemeine Konzept der Geschäftstätigkeit, insbesondere der Innovationstätigkeit. Diese beinahe nahtlose Integration schließt zwar nicht aus, daß innerbetrieblich, etwa zwischen dem Umweltschutzbeauftragten und anderen Abteilungen, oder auch in den Beziehungen des Unternehmens zu seinem Umfeld in Einzelfragen auch Spannungen auftreten können, die dann mehr oder weniger konsensuell ausgeräumt werden. Aber es heißt, daß ökologische Innovationen, seien es nun besondere Umweltschutzmaßnahmen oder ökologische Produktverbesserungen, in keinem Fall als ein bloß angehängtes Extra zum ansonsten unveränderten Betrieb plötzlich hinzugekommen wären. Stets ergibt sich die Umweltorientierung aus dem inneren Zusammenhang einer auf Kompetenzgewinn ausgerichteten wirtschaftlichen Rationalität. Und dieser strukturelle Kontext stellt ökologische Innovationen in eine Reihe neben ganz unterschiedliche innovative Bemühungen, die alle prima facie mit einem Bemühen um Umwelt nichts zu tun zu haben scheinen. Um nur einige Beispiele aus unserer Fallstudie zu nennen: ausgeprägte Public Relations, modernes Produktdesign, Engagement für Tourismus, Rationalisierung und Straffung der Unternehmensführung, Kundenorientierung, Qualitätszertifikation etc.

Das heißt aber umgekehrt gerade nicht, daß die ökologisch innovativen Unternehmen durch und durch von einem Umweltgewissen getrieben wären. Alle befragten Unternehmen legen sogar ausdrücklich Wert auf die Feststellung, daß sie, um die Formulierung eines Firmensprechers aufzugreifen, keine "Teesocken", also keine grünen Gesinnungstäter sind.

Umfeldanforderungen

Eine dritte, aus der Logik ökologischer Innovation als Kompetenzgewinn ableitbare Strukturhypothese betrifft die Umfeldanforderungen. Aus Unternehmensperspektive sind für eine ökologische Gestaltung des Wirtschaftens genau diejenigen Umfeldvoraussetzungen entscheidend, auf die auch sonst jedes erfolgreiche strategische Management angewiesen ist. Tatsächlich fiel in der Studie auf, daß kein Unternehmen eigens Anforderungen nennen will, von denen es speziell seine ökologischen Innovationen abhängig sieht. Wohl aber melden sie (Minimal-) Forderungen an, unter denen allein sie sich imstande sehen, eine bestimmte Rationalität ihres Wirtschaftshandelns aufrechtzuerhalten. Aus dieser Rationalität stellt sich die ökologische Komponente nach ihrem Selbstverständnis dann ohne weiteres ein.

Die wichtigsten genannten Umfeldanforderungen nehmen, nach der Beseitigung der Moral aus der ökologischen Unternehmensorientierung, eigentümlicherweise auf so moralische Kategorien Bezug wie Verläßlichkeit, Gerechtigkeit und Verhältnismäßigkeit:

Verläßlichkeit, insbesondere der politischen Entscheidungen, ist im Sinne der strategischen Planbarkeit unerläßlich.

Gerechtigkeit ist ein Anspruch, der im modernen Wirtschaftsleben altmodisch klingen mag, aber vehement von den Unternehmen eingeklagt wird. Die Gerechtigkeitsforderung betrifft zum einen die Fairness im Wettbewerb, also im Verhältnis zu den Konkurrenten, zum anderen die Angemessenheit von zugemuteten Zuständigkeiten und Verantwortungen.

Verhältnismäßigkeit meint die praktische Handhabbarkeit des umweltbezogenen oder auch sonstigen gesetzlichen Regelwerks.

Schluß: Internalisierung externer (ökologischer) Kosten

Das wirtschaftliche Problem der Ökologie wird oft beschrieben als ein Problem der Internalisierung bislang externer, nämlich ökologischer Kosten. Demnach wirken die Marktmechanismen des Wirtschaftssystems dann von selbst ökologisch, wenn alle umweltbezogenen Werte auch als Marktwerte in Erscheinung treten. Daß ökologische Werte im ökonomischen System abgebildet, also letzlich in Geldbeträgen ausgedrückt werden, kann auf verschiedene Weise zustande kommen. Es geschieht von allein, wenn nachgefragte Umweltgüter sich real verknappen. Weil es dann aber im Sinn der Nachhaltigkeit bereits zu spät sein könnte, kann man auch daran denken, diese erzwungene Abbildung künstlich vorwegzunehmen, durch politisch-rechtliche Arrangements, Umweltgesetzgebung, Schaffen von quasi-marktlichen Anreizsystemen u.dgl. Man kann schließlich auch darauf hoffen, daß die Wirtschaftsakteure selbst, die Verbraucher wie die Industrie, gewissermaßen aus eigenem Antrieb oder eigener Einsicht ökologische Zielsetzungen intentional in ihrem ökonomischen Zielsystem abbilden. Offensichtlich geschieht das bereits in den ökologischen Innovationen von Unternehmen. Worin besteht nun der Antrieb oder die Einsicht dieser Unternehmen? Worin besteht ihre intrinsische Motivation, diese Abbildung zu leisten?

Keine der ökologisch innovativen Firmen orientiert ihr Handeln im Sinne eines Wertewandels am normativen Ideal einer globalen Nachhaltigkeit. Ihr dominantes normatives Ziel ist und bleibt die Wahrung der Handlungs- und Überlebensfähigkeit. Die Umwelt ist dabei eine Handlungsbedingung, kein intentionales Anliegen. Der unternehmerische Lernprozeß liegt darin, die strategische Rationalität dadurch zu erhöhen, daß die wirtschaftliche Tätigkeit reflexiv vergegenwärtigt und in ihrer Ressourcenabhängigkeit transparent gemacht wird. So sichern sich die Unternehmen Handlungsspielräume. Eben darin liegt der Beitrag der Unternehmen zur Nachhaltigkeit.

Literatur

Dresel, Thomas (1997) Die Bedingungen ökologischer Innovation in Unternehmen. Fallanalysen. Arbeitsbericht Nr. 71 der Akademie für Technikfolgenabschätzung in Baden-Württemberg. Stuttgart

Lundvall, Bengt-Ake (1992) User-producer relationships, national systems of innovation and internalisation. In: Lundvall (ed.) 1992, 45-67

Lundvall, Bengt-Ake (ed.) (1992) National systems of innovation. Towards a theory of innovation and interactive learning. London: Pinter Publishers

Nelson, Richard E. (ed.) (1993) National innovation systems. A comparative analysis. Oxford: Oxford University Press

Renn, Ortwin (1996) Externe Kosten und nachhaltige Entwicklung. In: VDI Berichte, Nr. 1250. 23-38

Seifert, Eberhard K. (1995) Jenseits des Bruttosozialprodukts. Neue Ansätze zur Messung von nachhaltiger Entwicklung. In: ISI (Infomations-dienst Soziale Indikatoren), Nr. 13, Januar, Mannheim: ZUMA. 1-5

Hedwig Rudolph

Personalpolitik als Innovationsstrategie

Die Formulierung des Themas ist mißverständlich und könnte daher falsche Erwartung wecken. Ich beginne deshalb mit einer Abgrenzung. Ich werde keine betriebswirtschaftlichen Konzepte zu Personalwirtschaft oder Personalpolitik diskutieren. Mir geht es vielmehr darum, einen Perspektivenwechsel anzuregen. Mein Plädoyer geht dahin, gesellschaftliche Veränderungen, die Auswirkungen auf das unternehmensseitig verfügbare Arbeitskräftereservoir haben, nicht nur als Grenze, sondern als Herausforderungen zu begreifen und zu ergreifen. Bei den gesellschaftlichen Veränderungen beziehe ich mich vor allem auf die gestiegene Berufsmotivation und die höhere Qualifikation von Frauen.

In den aktuell mit großer Vehemenz geführten Debatten um den "Standort Deutschland" wird neben der Forderung nach Deregulierung oder Regulierung der Märkte vor allem die Notwendigkeit zur Senkung personalbezogener Kosten betont. Damit wird Personal einseitig als Kostenfaktor thematisiert. Demgegenüber stellt erst jüngst eine Studie der IBM Unternehmensberatung und des Instituts für Wirtschaftsinformatik der Universität Regensburg fest, **der** Weg aus der Innovationsfalle der deutschen Wirtschaft seien Investitionen in neue Management-Praktiken und die Förderung kreativen Personals (Frankfurter Rundschau 1.2.'96). Der Einwand, diese Empfehlung sei weder originell noch neu, veranlaßt erst recht zu der Frage, warum veränderte Konzepte in der Praxis so schwierig und allenfalls langwierig umsetzbar sind.

Meine Argumentation habe ich in vier Schritte untergliedert. Zunächst werde ich einen theoretischen Perspektivenwechsel von der Neoklassik zur Sozio-Ökonomie vorschlagen und hinsichtlich des Erkenntnisgewinns begründen. Anschließend skizziere ich aktuelle Tendenzen der weltwirtschaftlichen Entwicklung unter dem Stichwort "Globalisierung" und frage nach den personalpolitischen Implikationen. Im dritten Abschnitt gebe ich einen Überblick über verschiedene theoretische Ansätze, die die Hartnäckigkeit horizontaler und vertikaler Arbeitsmarktsegmentationen entlang geschlechtsbezogener Muster plausibel machen wollen. Die These, daß Konzepten, die gesellschaftliche und unternehmensinterne Machtverhältnisse in den Mittelpunkt stellen, die größte Erklärungsreichweite zukommt, wird im abschließenden vierten Abschnitt auf der Basis eigener empirischer Untersuchungen überprüft.

1. Von der Neoklassik zur Sozio-Ökonomie

Eine sozio-ökonomische Perspektive auf wirtschaftliches Handeln macht die Widerständigkeiten gegen Veränderungen (zumindest teilweise) plausibel. Aus dieser Sicht ist das Wirtschaften gesellschaftlich eingebettet. Die Einsicht, daß das Wirtschaften soziale Aktivitäten beinhaltet und insoweit mit ökonomischen Kategorien allein nur unzureichend erfaßt wird, gilt auch und vor allem für Transaktionen, die sich auf Beschäftigung beziehen. Das neoklassische Modell des "vollkommenen Marktes" kennt demgegenüber nur die abstrakte Arbeitskraft. Präferenzen spielen - weder auf Seiten der Arbeitskraftanbieter noch auf der Nachfrageseite - eine Rolle, und auch Machtverhältnisse werden entthematisiert. Beides sind jedoch wichtige Faktoren, die in der Realität das Arbeitsmarktgeschehen prägen (Rudolph 1986).

Beschäftigungsorganisationen und Arbeitskräfte agieren im gesamtgesellschaftlichen Regelwerk, dem Institutionen-Rahmen, den sie für ihre jeweiligen Interessen nutzen und zu beeinflussen trachten - bekanntlich mit unterschiedlichen Durchsetzungschancen. Arbeitsweltbezogene und allgemeine gesellschaftliche Normen, Werte, Strukturen und Prozesse sind also nicht gegeneinander abgeschottet, sondern beeinflussen sich wechselseitig; sie unterstützen die Tendenz zur Fortschreibung des *status quo* und zu seiner Legitimierung. Nicht zuletzt wegen dieser Legitimierungsfunktion (die ja konkret eine Rechtfertigung von Hierarchie und Ungleichheit ist) ist es schwierig, Änderungen nur auf einer "Seite" dieses gesamtgesellschaftlichen Raumes vorzunehmen. Aber es ist auch problematisch, die interne "Ordnung" in einem Teilbereich zu verschieben, weil mit der Abwehr (potentieller) Verlierer zu rechnen ist, aber auch weil die Entsprechungen zu anderen gesellschaftlichen Feldern verschoben werden.

2. Personalpolitik im Kontext der Globalisierungsprozesse

Spätestens seit Mitte der 80er Jahre sehen sich Unternehmen in Deutschland mit neuen Herausforderungen konfrontiert. Die Herausforderungen liegen in der verschärften Konkurrenz, die durch zwei Momente bedingt ist: einerseits die wirtschaftliche Integration Europas (Binnenmarkt) und das Erstarken von sogenannten Schwellenländern, andererseits die Tendenzen zur Globalisierung von Wirtschaftsaktivitäten. Antworten der Unternehmen auf der Ebene von Marktstrategien zielen auf Diversifizierung und/oder Spezialisierung, vor allem aber auf Kundenorientierung. Dem korrespondieren Politiken der (internen und externen) Flexibilisierung der Prozesse von Produkt- und Dienstleistungserstellung.

Auf der Ebene der Personalpolitik stellen diese Entwicklungen technokratische Planungsmodelle endgültig ins Abseits; sowohl die sequentielle Markt-,

Investitions- und Personalplanung als auch die synchrone Form erweisen sich als unangemessen, da sie zu spät ansetzen, zu starr und zu wenig auf die prognostischen Unwägbarkeiten abgestimmt sind. Werden diese Defizite durch eine Potentialorientierung der Personalplanung vermieden, bei der die Rückkopplungen von Personalpotential und Personalentwicklung auf Technologieauswahl, Organisationsgestaltung und Marktentwicklung berücksichtigt werden? Staudt u.a. (1993) verweisen darauf, daß die notwendig dezentral gesteuerten, potentialorientierten Änderungsprozesse neue Probleme für Planung, Gestaltung und Kontrolle des gesamten betrieblichen Geschehens stellen. Werden "lernende" Organisationseinheiten etabliert, so setzt man damit nämlich Entwicklungen in Gang, deren Verlauf im voraus kaum zu bestimmen ist.
Diese Unwägbarkeiten können sich als Innovationsbarrieren auswirken, insbesondere wenn nicht auf allen Führungsebenen die Bereitschaft zur Veränderung gesichert ist. Von dieser Bereitschaft kann nicht umstandslos ausgegangen werden, zumal die Führungsebenen bei diesen Restrukturierungen selbst in Frage gestellt werden. Insbesondere die Rolle des unteren und mittleren Managements bedarf einer Neudefinition - und es sind gerade diese Ebenen, auf denen neue Personalpolitiken und Potentialentwicklungspläne in die Praxis umzusetzen wären. Daraus erklärt sich die skeptische Einschätzung. "Wenn (...) in einem Unternehmen nicht zugleich eine neue Sichtweise betreffend Machtphänomene und Konfliktverhalten geweckt wird, schafft eine systematische Potentialförderung mehr Probleme als sie löst" (Good 1991, zitiert nach Staudt u.a. 1993).
Dieses Spannungsverhältnis prägt auch Unternehmenspolitiken, über die im folgenden zu berichten sein wird und die für ihre innovativen Personalstrategien Frauen als Zielgruppe wählen.

3. Geschlechtsbezogene Arbeitsmarktsegmentationen: Erklärungsansätze

Betrachtet man die Entwicklungen von Frauen- und Männerbeschäftigung, so zeigt sich auch in langfristigem historischem Rückblick weit mehr Kontinuität als Brüche. Offenbar sind Arbeitsmarktprozesse stark pfadabhängig, d.h. tendieren dazu, einmal etablierte Strukturen zu konsolidieren. Berufsfelder und Tätigkeitsbereiche sind weitgehend geschlechtshomogen, d.h. als Männer- oder aber Frauendomänen konturiert. Eine Verdrängung von Männern durch Frauen erfolgt nicht - auch nicht in Expansionsphasen (Beer 1990). Diese Beharrungstendenzen sind weniger dem bornierten weiblichen Berufswahlverhalten geschuldet als vielmehr den Personalpolitiken der Beschäftigungsorganisationen - so eine meiner zentralen Thesen.

Übersicht 1: Erklärungsansätze für die Situation von Frauen am Arbeitsmarkt

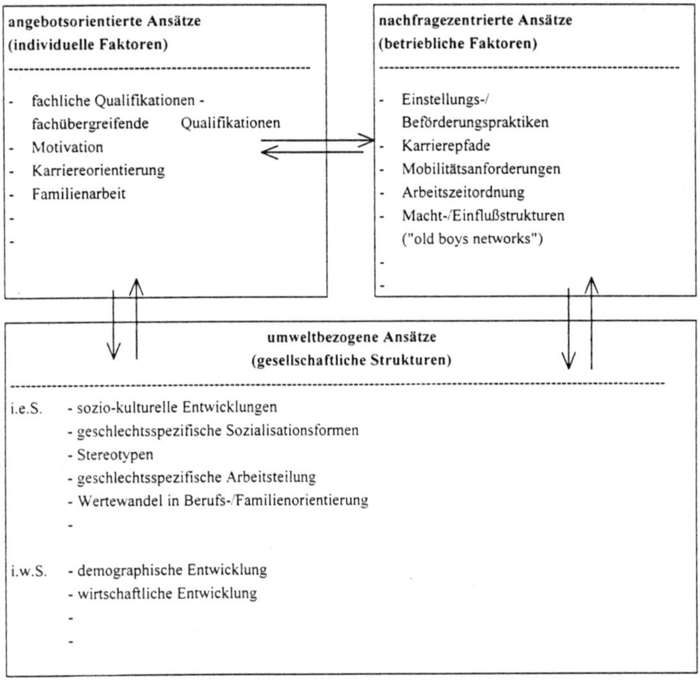

1) Theoretische Ansätze, die - in neoklassischer Tradition - die Ursachen für geschlechtsbezogene Segregationen auf Seiten der weiblichen Arbeitskräfte vermuten, bewähren sich nicht bei der empirischen Überprüfung.[1] Entgegen der Unterstellung, Frauen hätten - aufgrund ihrer geschlechtsspezifischen Sozialisation und/oder ihrer Zuständigkeit für Haus- und Sorgearbeiten - eine Präferenz für schlecht bezahlte und unsichere Jobs (Albach 1994), dokumentieren empirische Untersuchungen weitgehende Parallelen in den Vorstellungen von Frauen und Männern, was gute Arbeitsplätze anbetrifft (Reskin 1994: 103).

(2) Die Dauerhaftigkeit ungleicher Lebens- und Arbeitsbedingungen für Frauen und Männer liegt auch darin begründet, daß diese Geschlechterordnungen mit

1 Im folgenden greife ich auf Überlegungen zurück, die - in erweiterter Fassung - veröffentlicht sind in Rudolph, H. (1995).

dem jeweiligen Produktionsmodell verschränkt sind (Connell 1987). Das nationale Institutionengefüge, das das Produktionsmodell konstituiert, ist nicht beliebig und selektiv austauschbar. Vielmehr lassen sich - wie international vergleichende Studien aufzeigen - typische Verknüpfungen von nationalem Gesellschaftsvertrag, Produktionsmodell und Geschlechterkontrakt identifizieren. Diese institutionellen Verknüpfungen sind sedimentierte Formen sozialer Aushandlungsprozesse und damit gleichzeitig geronnene Machtbeziehungen.
Frauen werden - wie andere Akteure auf dem Arbeitsmarkt auch - bei ihren Entscheidungen durch Normen, Werte, Konventionen, Gesetze u.ä. einerseits angeregt, andererseits begrenzt. Die Politiken öffentlicher Akteure (d.h. neben dem Staat auch Parteien, Gewerkschaften, Verbände und andere intermediäre Organisationen) sind von großem Einfluß auf das Selbstbild von Frauen, ihre Erwartungen und Ansprüche an den Arbeitsmarkt. Diese Politiken prägen umgekehrt auch die sozialen Normen und Vorstellungen der "Angemessenheit" von Verhaltensmustern und Anspruchstandards, die auch für Beschäftigungsorganisationen Orientierungsfunktionen haben. Diese Normen sind geschlechtsspezifisch different.
Insgesamt soll das nationale Institutionengefüge mit seinen Anreiz- und Bestrafungsfaktoren die Passung zwischen Produktionsmodell und Geschlechterordnung gewährleisten und legitimieren (Lane 1993). Von daher wird plausibel, daß die in der früheren Bundesrepublik relativ niedrige und nur zögerlich steigende Integration von Frauen in den Arbeitsmarkt nicht nur dem unzureichenden Angebot außerfamiliärer Kinderbetreuung geschuldet ist. Zum vermutlich überwiegenden Teil ist sie Resultante vielfältiger Demotivationen der Erwerbsarbeit verheirateter Frauen, die in die deutsche Wirtschafts-, Sozial- und Ausbildungspolitiken sowie in das Steuer- und Versicherungssystem eingelassen sind (Pfaff 1994). Dieses Regelungsnetzwerk, das als Familienförderung propagiert wird, privilegiert faktisch die Ehe als Institution und belohnt die Nichterwerbstätigkeit oder allenfalls Teilzeitarbeit eines Ehepartners - im Regelfall der Frauen.

(3) Beschäftigungsorganisationen bilden Gelenkstellen zwischen Arbeitskräften und dem gesellschaftlichen Gefüge.
Acker (1990) kennzeichnet Organisationen als *gendered processes* und dokumentiert, wie grundlegend Arbeitsbeziehungen, Lohnrelationen, Karrieremuster u.ä. beeinflußt sind von Geschlechtssymbolen, Prozessen der Geschlechtsidentität und der materiellen Ungleichheit von Frauen und Männern. Die scheinbar neutralen Kategorien für gute Jobs und Karrierepositionen werden am ehesten von männlichen Arbeitskräften erfülllt, nicht zuletzt weil die Anforderungen dieser Positionen die gesellschaftliche Notwendigkeit von Sorge- und Pflegearbeit entthematisieren (ebenda).
Was veranlaßt die Betriebe, die Asymmetrien im Geschlechterverhältnis zu respektieren, fortzuführen und durch ihre Personalpolitiken zu legitimieren?

Schließlich wäre der Rückgriff auf weibliche Arbeitskräfte unter Kostenminimierungsaspekten günstiger. Während Gary Becker (1975) argumentiert, die Betriebe würden ihrem "Hang zur Diskriminierung" sogar einen Teil des Gewinns opfern, machen Strober und Catanzarite (1994) plausibel, warum Frauendiskriminierung - von besonderen Umständen abgesehen - durchaus ökonomischem Kalkül entspricht. Da es sich als eine der "Spielregeln" des Arbeitsmarktes verfestigt hat, Frauen (und Minderheiten) zu diskriminieren, wäre es für Betriebe sogar kostenträchtig, nicht zu diskriminieren. Betriebe, die aus dem traditionellen "Pakt" aussteigen und in bislang beruflichen Männerterritorien auch Frauen einbeziehen, müssen mit negativen Reaktionen ihrer männlichen Beschäftigten (und eventuell auch Geschäftspartner) rechnen, die durchaus auf der Kostenseite zu Buche schlagen können.
Dabei spielen die bestandssichernden und ökonomischen Effekte von "Vertrauen" gerade in wichtigen Positionen und Funktionen eine entscheidende Rolle, wie Deters belegt (Deters 1995). Die Heterogenisierung hochqualifizierter und entscheidungsrelevanter Arbeitsbereiche widerspricht mithin der Organisationslogik und begründet die "homosexuelle Kooptation" als Rekrutierungsprinzip. Die Instrumentalisierung von "Vertrauen" in neueren personalpolitischen Konzepten wird berufliche Schließungsprozesse gegenüber Frauen vermutlich verstärken.
Die Risiken von Unmut, Ärger oder Widerstand seitens der männlichen Beschäftigten wiegen i.d.R. schwerer als mögliche Kosteneinsparungen beim Einsatz weiblicher Arbeitskräfte. Hier liegen wichtige Gründe für die privilegierten Chancen von Männern und für die hartnäckige Ausgrenzung von Frauen aus attraktiven Beschäftigungssektoren.
Um die Gründe für das Beharrungsvermögen geschlechtsbezogener Arbeitsmarktspaltungen analytisch zu fassen, nutzte Barbara Reskin (1994) das Konzept der "Schlangen" von Arbeitskräften und Arbeitsplätzen. Dieses Konzept begreift das asymmetrische Geschlechterverhältnis am Arbeitsmarkt als Resultat vielfältiger sozialer Aushandlungsprozesse. Arbeitskräfteschlangen spiegeln die Präferenzen der Beschäftiger, Arbeitsplatzschlangen die Rangordnung von Tätigkeiten aus Sicht der männlichen Arbeitskräfte. Grundsätzlich - so die Annahme - nehmen (weiße, gesunde) Männer höhere soziale Rangplätze ein als Frauen. Dies leitet sich aus der Männern zugeschriebenen primären Verantwortung für den Familienunterhalt ab (und ist als gesellschaftliche Zuschreibung weitgehend unabhängig vom Grad der Übereinstimmung mit der Realität). Dieser höhere Rang sichert (weißen, gesunden) Männern Priorität bei der Besetzung attraktiver Jobs.

Die Attraktivität von Arbeitsplätzen wird durch vier Elemente definiert (Strober/Catanzarite 1994: 120):

- Das Einkommen in Relation zum erforderlichen Vor-Bildungsniveau;

- die Arbeitsbedingungen einschließlich Autonomie, Qualifizierungschancen, physische und psychische Belastung sowie Arbeitszeit;
- Macht und Prestige, das die Position in der Gesellschaft verleiht und schließlich
- die absehbaren Entwicklungspotentiale der Position und in der Position.

Die Betriebe können sich bei ihren Mikropolitiken in Übereinstimmung wähnen mit gesamtgesellschaftlichen Wertvorstellungen, in denen hierarchische Geschlechterbeziehungen und - darin impliziert - die Nachrangigkeit der Berufsarbeit von Frauen gegenüber der von Männern weiterhin verankert sind. Davon abweichende Strategien, beispielsweise die Nutzung weiblicher Beschäftigter als Innovationspotential, sind mithin an markante Veränderungen der politischen und/oder ökonomischen Rahmenbedingungen gebunden. Davon soll im Folgenden die Rede sein.

4. Frauen als Zielgruppe innovativer betrieblicher Personalpolitik

Warum im früheren Bundesgebiet die quantitativen und qualitativen Fortschritte der Frauenbeschäftigung so gering ausfielen und unter welchen Voraussetzungen sie überhaupt realisierbar waren, diesen Fragen gingen wir Anfang der 90er Jahre in zwei empirischen Studien nach (Rudolph/Grüning 1993; Rudolph/Grüning 1994; Rudolph 1994). Dabei befragten wir sechzig Entscheidungsträger auf verschiedenen Hierarchie-Ebenen im privatwirtschaftlichen und öffentlichen Sektor. Unsere Fragen bezogen sich auf:

- die Erfahrungen und Einschätzungen von betrieblichen "Innovationen" als Bewältigungsstrategien von Außendruck sowie
- die speziellen Voraussetzungen für den Zugang von Frauen zu neuen Positionen (Aufstieg) bzw. zu neuen Berufsfeldern (technische Facharbeit).[1]

Mit diesem zweistufigen Vorgehen verfolgten wir die Absicht, unseren Expert/innen-Gesprächspartner/innen einen Perspektivenwechsel auf "Frauenfragen" in Betrieb/Behörde nahezulegen. Erst nachdem generell über Politiken

---

1 In Rahmen der ersten Studie wurden Explorationen in 4 Beschäftigungsorganisationen im früheren Bundesgebiet durchgeführt (je ein Konzernbetrieb sowie eine kommunale Stadtverwaltung mit Frauenförderplan und eine/r ohne spezielle Programme). Im Herbst 1990 wurden 28 Interviews mit Expertinnen und Experten aus Personalbüros/Personalämtern und Fachabteilungen/Stadtplanungsämtern durchgeführt. Die Gottlieb-Daimler- und Carl Benz-Stiftung hat diese Untersuchung finanziell gefördert.
Die zweite Studie umfaßte 16 Betriebe aller Größenordnungen der Metall- und Elektrobranche, die zumindest eine Facharbeiterin mit metall- oder elektrotechnischer Qualifikation beschäftigten. Im Herbst/Winter 1991 wurden Interviews mit 32 betrieblichen Expertinnen und Experten durchgeführt. Das Projekt wurde durch eine Zuwendung des Bundesministers für Bildung und Wissenschaft ermöglicht.

und Erfahrungen als Reaktionen auf Umfeldveränderungen diskutiert worden war, thematisierten wir die Frauenbeschäftigung - und zwar mit den gleichen Fragestellungen wie für Innovationen allgemein. Indem wir "Frauenförderung" so in einen auch für unsere Gesprächspartner/innen neuen Kontext stellten, beugten wir dem vereinfachenden und zugleich verdeckenden Rückgriff auf positive oder negative Stereotypen bei den Antworten vor.
Aus der Praxis der Frauenförderung wurden keineswegs spektakuläre Erfolge berichtet. Die wichtigsten Unterschiede zwischen den untersuchten Organisationen mit bzw. ohne Frauenförderplan zeigten sich nicht in äußeren Merkmalen, sondern im unternehmerischen Konzept.[1] Betriebe und Behörden mit "Programm" nahmen die Veränderungen in ihrem Umfeld als Innovationsdruck wahr und antworteten darauf - nachdem technische Lösungen weitgehend "ausgereizt" waren - mit umfassenden organisatorischen Veränderungen. Dabei wurde seitens der Entscheidungsträger Frauenförderung - als eine unter mehreren Lösungsstrategien - begründet und veranlaßt. In der Kommunalverwaltung und dem Konzernbetrieb ohne explizite Frauenförderung wurde der Modernisierungsdruck dagegen nicht als existentiell definiert. Bei der Beschränkung auf kleinteilige Reaktionen bauten die Entscheidungsträger hier auf die Unterstützung durch die traditionelle Klientel bzw. die Mehrzahl der Beschäftigten.
Die Mehrheit unserer Gesprächspartner/innen teilte die Einschätzung, daß es überwiegend Machtfaktoren sind, die einer Gleichbehandlung von Frauen und Männern im Arbeitsleben entgegenstehen: Erwartungen an Karriereleitern, eingespielte Netzwerke, die entweder nur mit Männern besetzt sind, oder doch Männern einen eindeutigen "Bonus" einräumen und die durch betriebliche bzw. behördeninterne Personalstrategien bedient wie auch legitimiert werden. Allerdings ergaben unsere Expert/inneninterviews, die - wie erwähnt - die Gesamtheit der betrieblichen bzw. behördeninternen Innovationsstrategien thematisierten, daß nicht nur Maßnahmen mit dem Ziel der Frauenförderung gehemmt wurden. Auf Widerstände trafen vielmehr alle substantiellen Veränderungsansätze. In der Praxis gab es immer Gruppen, die bei Änderungen eine Schlechterstellung befürchteten. Vor diesem Hintergrund müssen innovative Politiken mit Konflikten rechnen, und Konflikte bergen Kostenrisiken. Daraus erklärt sich, warum Konsensstrategien als Leitlinie in Betrieben und Behörden bemerkenswert weit verbreitet sind, und Konsens bedeutet: status quo-Erhalt.
In unseren Untersuchungen konnten wir einige betriebliche und behördliche Konstellationen identifizieren, unter denen Frauen als Ressource wahrgenommen werden.

---

1 Domsch u.a. berichten aus ihrer Hamburger Untersuchung, die betrieblichen Entscheidungsträger seien überwiegend der Meinung, Chancengleichheit werde im Rahmen des allgemeinen Personalmanagements gewährleistet; eine besondere Berücksichtigung von Mitarbeiterinnen sei daher nicht erforderlich (Domsch u.a. 1994: 163).

(1) Insbesondere Neuerungen, die Verhaltensänderungen voraussetzen, sind nach Aussagen der betrieblichen und behördlichen Experten kaum durchsetzbar. Wo unumgängliche Maßnahmen aber genau dies verlangen, erscheinen Frauen als Potential aufgrund von ihnen unterstellten "spezifischen Fähigkeiten": soziale Sensibilität und Kompetenz. Dazu zwei Beispiele:

- Frauen kommen ins personalpolitische Kalkül als Begabungsreserve für neuartige Führungsfunktionen und darüber hinaus als "zivilisierender Faktor" in Männerteams an der Basis. Sie schaffen Voraussetzungen zur erfolgreichen Implementierung neuer Führungsstile und -methoden.
- Auch beim Aufbau von Parallelhierarchien (zur Kompensation von unzureichenden Managementfähigkeiten der männlichen "Experten") erweisen sich Frauen als wertvolle Personalressource. Ein mit Männern besetztes Management "im Windkanal" parallel zur Pyramide der Fachkräfte stieße dagegen auf massive Widerstände dieser Fachkräfte.

In beiden Fällen wird über die Akzentuierung der Geschlechterdifferenz den Männern der "Gesichtsverlust" erspart. Es darf keine Verlierer geben! Voraussetzungsreich war auch die Erschließung des Zugangs zu neuen Tätigkeitsfeldern und Karriereleitern für Frauen:

(2) Beim Zugang von Frauen zu gewerblich-technischen Ausbildungen und Berufen muß institutionell ein wichtiger Hemmfaktor abgefedert werden: die Angst der Vorgesetzten vor dem Risiko, ob sich diese "Exotinnen" bewähren. Betriebsphilosophien, die die Gleichbehandlung von Frauen und Männern anstreben und die Verpflichtung zur Übernahme der selbst ausgebildeten Lehrlinge umfassen, relativieren diese Risikozuschreibung beträchtlich. Als entscheidend erweist sich jedoch, daß Personal- und Fachabteilung gemeinsam die Auswahl treffen, der Meister also mit dem "Risiko" nicht allein belastet ist.

(3) Die umfassendsten Veränderungen des personalpolitischen Entscheidungsrahmens wurden in der Kommune im Zusammenhang mit der Verwaltungsreform umgesetzt, und sie entpricht dem gewandelten Selbstverständnis dieser Behörde als öffentliches Dienstleistungsunternehmen. Das Spektrum der Veränderungen umfaßte die Einführung "kollegialer Mitarbeiterbewertung", die Definition von Frauenförderung als wichtiges Kriterium in der Führungskräftebewertung, die Abschaffung langer Aufstiegslinien im gleichen Amt und nicht zuletzt eine Reihe von Neuerungen im Stellenbesetzungsverfahren; dabei ist der Konsenszwang im Entscheidungsgremium besonders bedeutsam. Die Tatsache, daß dabei die Frauenbeauftragte nicht überstimmt werden kann, ist eine ungewöhnlich weitreichende institutionelle Absicherung. In der Praxis erhöhen diese Veränderungen die Einstellungs- und Beförderungschancen von Frauen; aber auch die Männer außerhalb der "Seilschaften" sind Nutznießer.

Wie lassen sich diese Befunde zu den Rahmenbedingen erfolgreicher Frauenförderung in Kategorien des oben skizzierten Konzepts der "Schlangen" von Arbeitsplätzen und Arbeitskräften übersetzen?

- Im ersten Fall wird die überkommene Hierarchie der Arbeitsplätze selektiv erweitert (im Sinne von "verzweigt") mit dem Argument der "Sonderentwicklung"; hier - und prinzipiell erst einmal auch nur darauf begrenzt - wird Frauen der Zugang zu neuen Ebenen bzw. Feldern eröffnet.
- Im zweiten Fall wird - vor dem Hintergrund relativ egalitärer Unternehmenskultur und i.d.R. auch von Fachkräftemangel sowie wiederum auf bestimmte Tätigkeitsbereiche begrenzt - eine "Allianz" gegen das Monopol von Männern geschlossen. Dadurch wird auch das Risiko von Sanktionen wegen "Normverstoß" minimiert.
- Um bewußte Auflösung überkommener Arbeitsplatzschlangen wie auch etablierter Beschäftigtenschlangen handelt es sich im dritten Beispiel. Der als grundlegend wahrgenommene Außendruck, der auf neue Tätigkeitsschneidungen zielt, führt die Beschäftigtengruppen zusammen, die von Veränderungen des status quo gewinnen können.

Wir fanden auch wichtige positive Einflußfaktoren im Privatbereich der männlichen Experten. Diejenigen, die berufliche Probleme von Frauen durch ihre Partnerin erfahren hatten oder denen der Werdegang der Tochter am Herzen lag, waren offenbar für geschlechtsbezogene Diskriminierungen im Betrieb bzw. in der Behörde sensibilisiert und hatten einen klareren Blick für die Existenz von Machtstrukturen.

Ob sich die Bedingungen für egalitäre Integration von Frauen in den Arbeitsmarkt verbessern, liegt bislang weitgehend in der Disposition der Beschäftigungsorganisationen. Im Ergebnis zeigte sich, daß der Nachweis der ökonomischen Produktivität, hoher Fachqualifikation und starker Berufsmotivation von Frauen nicht hinreichend für eine tatsächliche Nutzung durch Betriebe und Behörden war. Beschäftigungsorganisationen signalisierten erst dann Bereitschaft, Frauen in bislang unüblichen Berufen oder Positionen zu beschäftigen, wenn

- Probleme nicht mehr allein durch technische Modernisierung lösbar erschienen, sondern soziale Innovationen erforderlich waren, oder
- wenn eine angemessene Erfüllung von neugeschnittenen Aufgaben ein verändertes Verhalten zur Voraussetzung hatte, was vor allem im öffentlichen Dienst eine Rolle spielte.

Aber selbst unter den relativ günstigsten Umständen vollzieht sich die Integration von Frauen in den Arbeitsmarkt weiterhin über Segregation:

- sie erhalten am ehesten Zutritt zu Tätigkeitsfeldern, die Männer wegen günstigerer Alternativen verlassen haben (Strober/Catanzarite 1994) oder zu neu

etablierten Beschäftigungsbereichen, soweit sie nicht auch für Männer attraktiv sind und
- sie müssen sich legitimieren durch besondere Qualifikationen.

Der Hinweis auf die bisherige Dominanz des (mikro-)ökonomischen Kalküls bei Entscheidungen über Frauenbeschäftigung bedeutet nicht, daß politische Zielsetzungen keine Rolle spielen oder gar spielen sollten. "Ökonomisches Kalkül" meint Abwägen von Kosten und Erträgen. Dabei handelt es sich aber gerade nicht um objektive, festliegende Größen. "Kosten" sind bewerteter Verbrauch von Gütern und Dienstleistungen und in die Bewertungen gehen - teils implizit, teils explizit - politische Setzungen ein. Diese Setzungen können verändert werden, wie aktuell die Debatte um das Umwelt-Audit nachdrücklich aufzeigt. Im Ökologiebereich ist die Herausbildung neuer gesellschaftlicher Normen in vollem Gang: war es bislang für Unternehmen kostensparend, sich umweltschädigend zu verhalten (weil "Natur" als scheinbar freies Gut zum Nulltarif vernutzt werden konnte), so soll sich in Zukunft umweltbewußtes Verhalten lohnen.
Einer vergleichbaren Strategie veränderter Normbildung folgt auch öffentliche Antidiskriminierungspolitik. Während es bislang - wie oben angemerkt - für Betriebe kostenträchtig ist, nicht zu diskriminieren, sollten zukünftig egalitäre bzw. frauenförderliche Maßnahmen belohnt werden als betriebliche und gesellschaftliche Innovationsstrategie.

Literatur

Acker, Joan (1990) Hierarchies, Jobs, Bodies: A Theory of Gendered Organizations. In: Gender & Society 4/2, S. 139-158

Albach, Horst (1994) Frauenfreundliche Rahmenbedingungen betrieblicher Personalpolitik. In: Zeitschrift für Betriebswirtschaft, 64. Jg., H. 11, S. 1401-1416

Becker, Gary S. (1975) Human capital. A theoretical and empirical analysis with special reference to education. 2. Auflage, New York

Beer, Ursula (1990) Geschlecht, Struktur, Geschichte. Frankfurt/New York: Campus

Connell, R. (1987) Gender and Power. Cambridge: Polity Press

Deters, Magdalene (1995) Sind Frauen vertrauenswürdig? Vertrauen, Rationalität und Macht: Selektionsmechanismen. In modernen Arbeitsorganisationen. In: Wetterer, Angelika (Hrsg.) Die soziale Konstruktion von Geschlecht in Professionalisierungsprozessen. Frankfurt/New York: Campus, S. 85-100

Domsch, Michel E./ Hadler, Antje/ Krüger, Detlev (1994) Personalmanagement & Chancengleichheit. Betriebliche Maßnahmen zur Verbesserung beruflicher Chancen von Frauen in Hamburg. München/Mering: Hampp

Lane, Christel (1993) Gender and the Labour Market in Europe: Britain, Germany and France Compared. In: The Sociological Review, 41/2, S. 274-301

Pfaff, Anita B. (1994) Frauenforschungsansätze in der Volkswirtschaftslehre. In: Deutsche Forschungsgemeinschaft (Hrsg.) Sozialwissenschaftliche Frauenforschung in der Bundesrepublik Deutschland. Berlin: Akademie Verlag, S. 190-220

Reskin, Barbara F. (1994) Sex Segregation: Explaining Stability and Change in the Sex Composition of Work. In: Beckmann, Petra/ Engelbrech, Gerhard (Hrsg.) a.a.O., S. 97-115

Rudolph, Hedwig (1986) Der männliche Blick in die Nationalökonomie. In: Hausen, Karin; Nowotny, Helga (Hrsg.) Wie männlich ist die Wissenschaft? Frankfurt a.M.: Suhrkamp, S. 129-144

Rudolph, Hedwig (1994) Jenseits der "behäbigen Gegend" - Wie weiblich ist der Arbeitsmarkt? In: Zapf, Wolfgang/Dierkes, Meinolf (Hrsg.) Institutionenvergleich und Institutionendynamik, WZB-Jahrbuch. Berlin: edition sigma, S. 201-213

Rudolph, Hedwig (1995): Frauenförderung als Teil innovativer Personalpolitik. In: Bumlop, Eva; Maier, Friederike (Hrsg.): Geschlechterpolitik in Organisationen. SAMF-Arbeitspapier 1995 - 2, S. 5-22

Rudolph, Hedwig/Grüning, Marlies (1993): Neue Jobs für neue Frauen? Frauenförderpläne und die Dynamik gespaltener Arbeitsmärkte. In: Strümpel, Burkhard; Dierkes, Meinolf (Hrsg.): Innovation und Beharrung in der Arbeitspolitik. Stuttgart: Schäffer/Poeschel, S. 209-239

Rudolph, Hedwig/Grüning, Marlies (1994): Frauenförderung: Kampf- oder Konsensstrategie? In: Beckmann, Petra; Engelbrech, Gerhard (Hrsg.): a.a.O., S. 773-795

Staudt, Erich/Kröll, Martin/von Hören, Martin (1993) Die lernende Unternehmung: Innovation zwischen Wunschvorstellung und Wirklichkeit. In: Friehling, Ekkehart/ Reuther, Ursula (Hrsg.) Das lernende Unternehmen. Studien aus der betrieblichen Weiterbildungsforschung Nr. 7, Hochheim: Neres, S. 51-88

Strober, Myra H./Catanzarite, Lisa M. (1994): The Relative Attractiveness of Occupational Segregation by Gender. In: Beckmann, Petra/ Engelbrech, Gerhard (Hrsg.) a.a.O., S. 116-139

IV. Innovation und Diffusion

Ortwin Renn

Die Rolle von Technikleitbildern für technische Innovationen

Einleitung

Der Ruf nach mehr Innovationen erschallt allenthalben durch die meisten Industrieländer, vor allem durch Deutschland. Als immer noch führende Exportnation in der Welt, sofern man den Anteil am Welthandel pro Kopf der Bevölkerung mißt, ist Deutschland auf Gedeih und Verderb in den globalen Wettbewerb eingebunden. Die deutsche Wirtschaft mit ihrem hohen Kostenniveau ist folglich darauf angewiesen, innovative Produktionsverfahren zu entwickeln und innovative Produkte auf den Markt zu bringen, um wirtschaftlich leistungsfähig zu bleiben. Alle politischen Parteien sind sich in der Forderung nach einem Innovationsschub einig. Uneinig sind sie sich darüber, mit welchen Strategien und Mitteln Innovationen zu fördern sind, und welche Technologiebereiche öffentlicher Unterstützung bedürfen. Auch innerhalb der Wirtschaft macht sich inzwischen weitgehend Unsicherheit breit. Alte Rezepte der Wirtschaft zur Sicherung von Exportmärkten scheinen ihre Wirksamkeit verloren zu haben. Zu hohe Kosten, zu lange Genehmigungsverfahren und zu viel Akzeptanzverweigerung sind die immer wiederkehrenden Argumente, warum aus Sicht der Wirtschaft die Innovationskraft gebremst scheint. Alle drei Faktoren mögen eine Rolle spielen, aber kaum einer kann in ihnen die Ursache von Innovationshemmnissen sehen, bestenfalls negative Begleitfaktoren. Im Gutachten des Deutschen Instituts für Wirtschaftsforschung von 1995 wird bei der Suche nach den Gründen für die Innovationsschwäche der deutschen Wirtschaft auf einen ganzen Kranz von Faktoren hingewiesen.[1] Stichworte in diesem Zusammenhang sind: zu hohe Lohnstückkosten, zu viel Wohlstandsspeck, aufwendige Sozialleistungen bei gleichzeitig steigender Staatsverschuldung, zu geringe Arbeitseffizienz, vor allem im Bereich Dienstleistungen, Managementfehler, schwerfällige Bürokratie, Akzeptanzverweigerung und schließlich mangelnde Innovationsfreude und -leistung. Diese Auflistung zeigt vor allem eins: Genaues weiß man offensichtlich nicht.

Hilfesuchend wenden sich Politiker, Verbandsvertreter wie auch Praktiker aus der Wirtschaft an die Wissenschaft. Die Frage ist klar: Welche Bedingungen sind notwendig, damit sich innovatives Verhalten Bahn brechen kann? Hinter dieser Frage stehen zwei Teilprobleme: Was beeinflußt die Entwicklung des Innovationspotentials und was die Geschwindigkeit der Innovationsein-

1 Institut der Deutschen Wirtschaft 1995

führung? Beide Fragen sind nicht unabhängig voneinander, zielen aber auf unterschiedliche Teilsysteme der Gesellschaft ab. Die Frage des Innovationspotentials ist in erste Linie auf die Interaktion zwischen Wissenschaftssystem und Entwicklern von Technologien, also der Schaltstelle zwischen Erkenntnis und technischer Umsetzung ausgerichtet. Die zweite Frage behandelt die notwendigen Rahmenbedingungen, um technische Neuerungen in Produktion und Konsum durchzusetzen.

Diffusion von Technologien als Forschungsobjekt

Auf beide Fragen haben Wissenschaftler bislang recht unterschiedliche Antworten gegeben. Schon Josef Schumpeter war von dem Problem der Innovation fasziniert und behandelte die Innovationskraft als eine Funktion von individueller Motivation, organisatorischer Struktur und dem Bedingungskranz für innovative Marktchancen (in moderner Sprache ausgedrückt die Innovationskultur.[1] Neuere Arbeiten zu Innovationen, vor allem die systemtheoretisch geprägten Studien von Mensch, Deutsch oder Marchetti, haben eine Verbindungslinie zwischen makro-konjunkturellen Zyklen, Wettbewerbsbedingungen und Krisenerscheinungen gezogen.[2] Viele technische, ökonomische und soziale Folgeerscheinungen zeigen klare Regelmäßigkeiten, wenn man sie auf einem hoch-aggregierten Niveau betrachtet.[3] Die technische Diffusionsforschung ist dafür ein gutes Beispiel. Der Siegeszug von Techniken in Marktwirtschaften verläuft nach einem ähnlichen Muster. Sobald eine Technik einen Marktanteil von 3-5 Prozent des entsprechenden Marktvolumens gewonnen hat, setzt sie sich quasi naturwüchsig auf dem entsprechenden Markt durch, wobei die Diffusionsrate durch eine logistische Funktion (oder Evolon Kurve) recht genau beschrieben werden kann. Diese Regelmäßigkeit ist bis heute nicht kausal erklärt worden, ebensowenig wie viele andere Trends in Wirtschaft und Gesellschaft. Man denke nur an die bekannten Langzeitzyklen der Konjunktur, die erstmalig von dem russischen Ökonomen Kondratieff beschrieben wurden.[4] Diese generellen Trends, die man mit Hilfe von Regressionsrechnungen aus vergangenen Ereignissen ableiten kann, sind offenkundig deshalb so regelmäßig anzutreffen, weil sich positive und negative Einflußvariablen die Waage halten. Betrachtet man die gleichen Ereignisse auf der lokalen oder regionalen Ebene, sind diese Trends überhaupt nicht, oder nur in schwachem Maße nachzuweisen. Sie gehen im Hintergrundrauschen anderer Einflußfaktoren unter.

---

1 Vgl. Schumpeter 1991, S. 243ff
2 Übersicht in: Marchetti/Nakicenovic 1979
3 Vgl. Krupp 1982, S. 92
4 Vgl. dazu die Übersicht in: Ayres 1985; vgl. auch Renn 1983

Aber auch bei allgemeinen Trends gibt es Ausnahmen von der Regel. Nimmt man die Textilbranche als Beispiel, so zeigt sich, daß synthetische Stoffe bereits in den 50er Jahren die kritische Grenze von 5 Prozent Marktanteil überschritten, und sie es dennoch nie geschafft haben, den Markt zu beherrschen. Zur Erklärung dieses Phänomens kann man auf induktiv aufgebaute Studien zurückgreifen, die deutlich machen, daß sich in den 60er Jahren eine Präferenzverschiebung hin zu natürlichen Produkten in den Hauptverbrauchergebieten durchgesetzt hat.[1]
Nimmt man die Ergebnisse beider Perspektiven, also der deduktiven und der induktiven Vorgehensweise zusammen, dann kommt man zu der generellen Einsicht, daß Diffusionsraten nur dann einer logistischen Kurve folgen, wenn es im Verlauf der Markteinführung keine Verschiebungen im Präferenzverhalten und in den bevorzugten Lebensstilen der Nachfrager gegeben hat. Dies ist bei Investitionsgütern am seltensten, bei Luxusgütern am häufigsten zu erwarten. Für Potentialabschätzungen ist diese Einsicht wesentlich, weil man dann Trendszenarien unter Einbeziehung des sich abzeichnenden Wertwandels erstellen kann.
Neben der klassischen Diffusionsforschung werden Qualität und Geschwindigkeit von Innovationen auch von den Forschungs- und Entwicklungsleistungen von Unternehmen und ganzen Gesellschaftssystemen beeinflußt. Theoretische Arbeiten zu Bildungs- und Forschungsstrukturen wurden ergänzt durch eine Reihe von empirischen Untersuchungen über Forschungs- und Entwicklungsstrukturen (F&E) und deren Auswirkungen auf das innovative Verhalten einzelner Unternehmen. Vor allem sind hier die Untersuchungen von Nelson und Winter zu nennen.[2]
In jüngster Zeit sind zu den klassischen Erklärungsmustern drei neuartige theoretische Ansätze zur Erklärung von Innovationen in den Vordergrund getreten:[3] als erstes ist der Versuch zu nennen, Elemente einer Innovationskultur zu bestimmen, in der die Akteure psychologisch motiviert und strukturell befähigt werden, innovativ tätig zu werden. Zum zweiten hat sich der Ansatz der Netzwerktheorie weitgehend durchgesetzt. Dort werden Innovationen als ein Produkt eines spezifischen Diskurses zwischen Partnern eines Netzwerkes gesehen und analysiert. Schließlich wird die Frage der Innovationskraft auch unter dem Gesichtspunkt des Technikleitbildes thematisiert, wobei dieser Gesichtspunkt durchaus mit den beiden vorher genannten Ansätzen in Verbindung gebracht werden kann. Leitbilder sind eine wichtige Variable in einem komplexen Geflecht von Einflußvariablen. Was können diese verschiedenen Ansätze zur Erklärung und Prognose von Innovationen leisten?

---

1 Wenke 1993
2 Vgl. Nelson/Winter 1977
3 Vgl. Brooks 1981; vgl. auch Rammert 1988, S. 17ff

Technikleitbilder als Orientierungsgröße

Ein generelles Problem der Innovations- und Diffusionsforschung ist die mangelnde Prognosetauglichkeit der gefundenen Erkenntnisse. "Man muß bei der Technologie- und Produktauswahl auf den Wandel setzen, den die Großen übersehen, dann ist der Erfolg unausweichlich", so äußerte sich der Milliardär Robert Gates kürzlich in der Wochenzeitung "Die Zeit". Retrospektiv läßt sich das immer leicht sagen, wer zählt schon die Tausende von Möchtegern-Gates, die beim Konkursrichter gelandet sind. Innovationen und ihre Markterfolge sind nicht berechenbar. Fast alle Studien erklären haargenau im nachhinein, warum das eine Produkt erfolgreich und das andere ein Flop wurde. Ebenfalls im nachhinein läßt sich leicht darlegen, warum unter den gegebenen Bedingungen innovatives Verhalten zu erwarten gewesen sei. Diese Erkenntnisse aber auf die gegenwärtige Situation anzuwenden und Entscheidungshilfen für Politik und Wirtschaft zu geben, ist dagegen ein hoch riskantes Geschäft (obwohl viele davon gut leben).

Die fehlende Prognosetauglichkeit von Erklärungsmodellen für Innovationen hat ihren Grund in der unauflösbaren Ambivalenz und Unsicherheit künftiger Entwicklungsprozesse. Waren noch die klassischen Diffusionstheoretiker davon überzeugt, daß sich Neuerungen unter vorher bestimmbaren Bedingungen quasi naturmäßig durchsetzen würden, so sind die modernen Innovationsforscher wesentlich skeptischer in Bezug auf die Vorhersagbarkeit technischer Innovationen geworden. Allenfalls kann es gelingen, laufende technische Trends in die Zukunft zu verlängern, zum Beispiel die Entwicklung der maximalen Informationsdichte pro Chip-Größe. Der Umschlag von einer Techniklinie auf die nächste ist dagegen kaum vorhersehbar. Viele technische Prognosen sind immer wieder als Fehlurteile durch die Empirie widerlegt worden. Allenfalls könne man, so der Innovationsforscher Robert Ayres, die Bedingungen aufzählen, die Innovationskraft begünstigen bzw. erschweren.[1]. Neben konjunkturellen und strukturellen Faktoren hebt Ayres vor allem auch Visionen und Technikleitbilder als eine wichtige Einflußgröße hervor. Nur von diesen soll im folgenden die Rede sein.

Technikleitbilder sind nach Marz und Dierkes Kombinationen von Visionen (Bildcharakter) und Handlungsorientierungen (Leitcharakter).[2] Ihre gestalterische Kraft entfalten sie aus dieser Kombinationswirkung. Ihre Funktion besteht einerseits darin, konkrete Normen und Orientierungen im organisatorischen Kontext institutionell zu verankern, andererseits ein diffuses Bild einer Vision zu entwerfen, die das Handeln von Individuen in unsicheren und ungewohnten Situationen anleitet. Technikleitbilder haben demgemäß begrenzenden wie handlungsermöglichenden Charakter. Sie dienen dazu, das Wahrnehmungs-

---

1 Vgl. Ayres 1985
2 Marz/Dierkes 1994

feld selektiv auf bestimmte Aspekte auszurichten und damit andere Aspekte zu ignorieren, gleichzeitig aber innerhalb dieser Aspekte weitere kreative Möglichkeiten auszuschöpfen. Denn erst unter dem Eindruck von Begrenzungen an Ressourcen, Orientierungen und Umsetzungsmöglichkeiten können kreative Problemlösungen entstehen. Die postmoderne Beliebigkeit verführt allenfalls zum unproduktiven Eklektizismus.
Ein zweiter Vorteil, der mit der Wahl von Leitbildern als Analyserahmen verbunden ist, besteht in der Verknüpfung handlungstheoretischer und struktureller Ansätze in den Sozialwissenschaften. Wie Sonje in einer kürzlich vorgelegten Promotionsarbeit darlegt, sind Leitbilder gleichzeitig individuelle Motivatoren wie organisatorische Strukturierungsinstrumente.[1] In Anlehnung an Giddens sieht Sonje in den Leitbildern die Verzahnung zwischen organisatorisch ermöglichten Handlungsfeldern und individuell verfügbaren Handlungsstrategien. Auf diese Weise können Leitbilder dazu beitragen, Stabilität in der Struktur von Organisationen zu erhalten und gleichzeitig Flexibilität in den Innen- und Außenbeziehungen zu fördern.

Klassische Innovationstheorie aus der Perspektive des Leitbildgedankens

In der klassischen Innovationsforschung unterscheidet man bei der Betrachtung technischer Neuerungen zwei Entwicklungsstränge, die als Technology Push und als Demand Pull bezeichnet werden. Beim Technology Push geht es um eine Technikentwicklung, die sich aus der vorhersehbaren Verbesserung technischer Leistungsfähigkeit ergibt. Mit jeder Generation neuer Computerchips steigt die in einem Chip integrierte Speicherleistung an, bis sich alle Verbraucher im Wohnzimmer eine auf Taschenrechnergröße miniaturisierte Cray Anlage aufstellen können. Mit Demand Pull bezeichnet man eine Technikentwicklung, die durch die am Markt wirksamen Präferenzen für Produkte oder Dienstleistungen gesteuert wird. Verlangt der Markt nach Videofilmen auf Abruf, dann bewegt sich das Kommunikationsnetz, die entsprechende Kaufkraft vorausgesetzt, in Richtung der viel beschworenen Datenautobahn, die auch bewegte Fernsehbilder individuell an jeden angeschlossenen Haushalt liefern kann.
Die Innovationsforschung hat deutlich gemacht, daß beide Prozesse, der angebotsorientierte Technology Push und der nachfrageorientierte Demand Pull sich gegenseitig beeinflussen, manchmal in verstärkender, manchmal in sich gegenseitig behindernder Weise. Keineswegs ist es so, daß alles, was technisch machbar ist, auch gemacht wird. Dieses nicht etwa, weil bösartige Technikfolgenabschätzer die Regulationsschere in Bewegung setzen, sondern

1 Sonje 1996

einfach, weil für viele Technikanwendungen keine Käufer zu finden sind. Die Regale der Elektronikbranche sind voll von Flops, die keiner kaufen will. Manchmal treibt der Markt eine Technik in ganz andere Anwendungen als ursprünglich vorgestellt. Der ohnehin begrenzte Markt für Tragflächenboote ist heute nahezu ausgereizt, im wenig spektakulären Rasenmäher hat das Tragflächenprinzip jedoch vor allem in den USA seinen Siegeszug angetreten. Beide Prinzipien, technology push und demand pull können als Technikleitbilder verstanden werden. Zum einen geht es um ein technikimmanentes Leitbild der stetigen Steigerung funktionaler Leistungsfähigkeit, zum anderen um ein Leitbild der optimalen Kundenorientierung, bei der die Befriedigung der Marktnachfrage Orientierungscharakter erhält.
Schon die klassische Innovationsforschung ging davon aus, daß beide Leitbilder für sich allein genommen nicht ausreichen, daß sich technologieorientierte Anbieter im globalen Wettbewerb behaupten könnten. Aber selbst die Kombination beider Leitbilder zu einem Portofolio von technikimmanenten und markttreibenden Kriterien verliert in einer Zeit, in der Globalisierung und Beschleunigung von Produktzyklen Hand in Hand gehen, zunehmend an Wirksamkeit.

Grenzen technikorientierter und marktorientierter Leitbilder

Das traditionelle Technikleitbild in Deutschland bestimmt sich bis heute weitgehend aus immanenten Zielen: Fortschritt bedeutet, größer, schneller, besser, effizienter, raffinierter und halt auch teurer zu sein als die anderen. Das geht so lange gut, bis die Phase des abnehmenden Grenznutzen einsetzt. Ein Wagen, der über 200 Stundenkilometer fährt und dabei auch noch maximale Kurvensicherheit bietet, ist auf Straßen, auf denen durchschnittlich 64 Kilometer pro Stunde und auf Autobahnen, auf denen durchschnittlich 123 Kilometer pro Stunde gefahren werden, wenig sinnvoll. Eine solche Technikentwicklung geht weitgehend an den Marktbedingungen vorbei. Das Problem liegt darin, daß die Suche nach Innovationen auf die "noch bessere" Technik hin orientiert war, es aber dafür keinen oder keinen expansionsfähigen Markt mehr gibt. Irgendwann ist die Technik ausgereizt, der zusätzliche Gewinn an Produktverbesserung steht in keinem Verhältnis mehr zu den dafür erforderlichen Kosten. Von technikbesessenen Pioniermärkten kann keine Branche langfristig leben, das gilt für die Hifi Branche ebenso wie für die Photobranche. Selbst im Computer Bereich wachsen die Bäume nicht in den Himmel. Ob es zum Beispiel einen Markt für wesentlich leistungsfähigere PCs geben wird, halte ich entgegen landläufigen Vorhersagen für äußerst fraglich. Noch ist die Leistungsfähigkeit des eingebauten Chips ein Prestigemerkmal. Ein Pentium Chip läßt die Herzen der Freaks höher schlagen. Nur - schon heute wird allenfalls ein Bruchteil der Verarbeitungskapazität genutzt,

sofern man aufwendige Videoübertragung außen vor läßt. Für die vorrangigen Nutzungsprogramme, wie Textverarbeitung, einfache Grafikprogramme, Tabellierprogramme und Spiele sind weitere Leistungsverbesserungen nur von begrenztem Nutzen.
Aber auch das zweite Leitbild der Marktorientierung stößt an seine Grenzen. Wenn auch eine gehörige Portion Skepsis angebracht ist, wenn überall von einem sich beschleunigten Wertewandel die Rede ist, so bleibt meines Erachtens unbestreitbar, daß in den modernen Konsumgesellschaften Präferenzen für Güter und Dienstleistungen einem schnellen Wandel unterliegen. Sind einmal die primären und bei den meisten Mitbürgern auch die sekundären Bedürfnisse gestillt, werden zunehmend tertiäre Bedürfnisse nach lebensstil-adäquaten Produkten und Dienstleistungen mit hohem symbolischen Wert bedeutsam. Diese sind aber wegen ihres Zuschreibungscharakters schwer vorhersehbar und gleichzeitig äußerst instabil gegenüber meist zufällig ausgelösten oder kausal unverbundenen gesellschaftlichen Veränderungen. Am deutlichsten läßt sich dieses Phänomen im Sport- und Freizeitmarkt beobachten. Zu jedem neuen Modesport gibt es ein eigenes Outfit und entsprechende Accessoirs, die sofort ihren Marktwert verlieren, wenn die Modewelle die nächste Sportart als "in" gekürt hat. Auch wenn Mode "gemacht" wird, so ist sie keineswegs beliebig steuerbar, wie dies häufig von Außenstehenden wahrgenommen wird. Was sich am Markt durchsetzt, hängt von vielen, oft unvorhergesehenen Randbedingungen ab, die, wie beim berühmten Schmetterlingseffekt in der Meteorologie, Entwicklungen unberechenbar in die eine oder andere Richtung abdriften lassen. Solche Entwicklungen sind weitgehend dem planenden Eingriff des einzelnen Akteurs entzogen. Anpassung an den Trend wird vom Produzenten wie Konsumenten verlangt.
Die Schnelllebigkeit des Marktes und seiner Präferenzen stehen im auffälligen Gegensatz zur Notwendigkeit der Anbieter, technische Produkte langfristig zu planen und hohe Entwicklungskosten vorzuschießen, ohne daß sie sicher sein können, daß sich die Investitionen auch wieder auszahlen. Der Markt selektiert ex post und das können sich vor allem die technologie- und forschungsintensiven Branchen nicht leisten. Noch vor rund 30 Jahren konnte eine Weltfirma wie Ford den Flop des Wüstenschiffes Etzel trotz hoher Verluste verschmerzen. Weitaus weniger gravierende Einbrüche, wie etwa die Umsatzrückgänge bei der Mercedes S-Klasse Anfang der 90er Jahre, lösten krisenhafte Wirkungen auf den regionalen Wirtschaftsraum weit über das direkt betroffene Unternehmen hinaus aus. Hohe Entwicklungskosten, spezialisierte Fertigungstechniken, auf bestimmte Verfahren hin qualifiziertes Personal und eingefahrene Vertriebswege machen eine flexible Anpassung an sich schnell wandelnde Marktpräferenzen schwierig, in vielen Fällen sogar unmöglich. Daher wächst das Bestreben der Anbieter, einerseits durch verfeinerte Formen der Marktanalyse zukünftigen Bedarf abzuschätzen und andererseits durch eine

angebotsorientierte Entwicklungspolitik neue Produkte auf den Markt zu plazieren, auch wenn noch kein Bedürfnis dafür erkennbar ist.

Suche nach neuen Leitbildern: Anpassung an strukturelle Entwicklungen und künftige Probleme

In beiden Fällen wird eine Orientierung an gesellschaftlichem Technikbedarf unumgänglich. Die Orientierung nach technikimmanenten Entwicklungsmöglichkeiten reicht nicht aus, um den launischen Präferenzen der Marktteilnehmer gerecht zu werden, die momentanen Präferenzen ergeben nur unzureichende Anhaltspunkte für technische Produkte, die auch in Zukunft nachgefragt werden. Was also könnte als eine weitere Orientierungsmarke dienen? Meines Erachtens kann die Analyse des gesellschaftlichen Technikbedarfs hier Schützenhilfe leisten, ohne allerdings den Anspruch zu erheben, die grundsätzliche Ambivalenz und Unsicherheit der weiteren technischen wie sozialen Entwicklung aufzulösen zu können. Innovation bleibt bei aller Verfeinerung der Prognosen ein schwer oder gar nicht kalkulierbares Risiko.
Ein Leitbild, das sich am vorhersehbaren Bedarf an Technik orientiert, umfaßt den Versuch, auf der Basis der vorhersehbaren Strukturänderungen und der kollektiven Aufgabenerfüllung innerhalb der Gesellschaft Bedarfsfelder ausfindig zu machen, für deren Deckung neue technologische oder organisatorische Angebote erforderlich sind. Als Elemente des bedarfsorientierten Leitbildes kommen also strukturelle Veränderungen der Gesellschaft wie erkennbare Probleme künftiger Entwicklungen in Betracht. Zunächst soll kurz auf die strukturellen Faktoren eingegangen werden. Darunter verstehe ich solche Entwicklungen, die auf der Basis demographischer Veränderungen und erkennbarer Trends bestimmte Technikentwicklungen begünstigen oder zumindest wahrscheinlich machen. Dazu zwei Beispiele:

- Unsere Gesellschaft wird zunehmend älter. Für ältere Menschen werden einige Techniken an Bedeutung verlieren, andere an Einfluß gewinnen. Gesundheitsschutz, Freizeitgestaltung, Reisen, Geselligkeit, soziale Aktivitäten und Unterhaltung sind nur einige der Stichworte, die in einer älter werdenden Gesellschaft expandierende Märkte kennzeichnen. Dazu gehören auch Techniken, die dazu geeignet sind, diese Bedürfnisse effizient und altersgerecht zu stillen.
- Wenn auch niemand weiß, in welchem Umfang Wanderungsbewegungen in den nächsten Jahrzehnten auftreten werden, so sind sich doch alle Prognostiker darin einig, daß sich Gesellschaften, die einen hohen Lebensstandard genießen, mit einer konstanten Immigration von Ausländern rechnen müssen. Dies schafft die Notwendigkeit der Integration und der Qualifikation dieser Menschen. Sekundäre Bildungsangebote müssen verbessert und neue organisatorische Formen der Eingliederung gefunden werden. Auch in diesen, zunächst

technikfernen Bereichen werden neue Anwendungen der Informations- und Kommunikationstechnik eine wesentliche Rolle spielen.

Mit den strukturellen Veränderungen, von denen ich hier nur zwei herausgegriffen habe, gehen gesellschaftliche Problembereiche und Anforderungen einher, die neue kollektive Leistungen der Politik und innovative technische Entwicklungen erfordern. Mangel an Kandidaten gibt es wahrhaftig nicht: Umweltverschmutzung, Landschaftsverbrauch, Grenzen individueller Mobilität, soziale Desorientierung, Alterspflege, Ernährung, erschwinglicher Wohnungsbau und viele andere mehr. Von den weltweiten Problemen, wie Hunger, Urbanisierung, Verelendung und Ressourcenübernutzung einmal ganz zu schweigen. Natürlich verlangen viele dieser Probleme kollektive Lösungen ohne Einschaltung des Marktes, aber die meisten sind auf Produkte und Dienstleistungen, die vorrangig über den Markt erbracht werden können, angewiesen. Diese Forderung geht über eine Strategie des Demand Pull hinaus, sie versucht vielmehr, die Bedarfe abzuschätzen, die sich aufgrund der heute bereits absehbaren Veränderungen national und international ergeben. Zur Illustration können auch hier zwei Beispiele herausgegriffen werden:

- In Zukunft wird sich die Umweltproblematik noch verschärfen. Angesichts des Leitbildes einer nachhaltigen Wirtschaft wird die toxikologische Auswirkung von anthropogenen Schadstoffen stärker in den Hintergrund treten und durch eine neue Politik der quantitativen Stoffflußbegrenzung und der qualitativen Stoffflußbewertung ersetzt werden. Beide Tendenzen werden den Öko-Markt verändern. Anstelle von den zur Zeit immer noch dominierenden "end of pipe" Lösungen werden zunehmend komplexe Systemlösungen verlangt, die, ausgehend von einer Bilanzierung der Stoffströme, Technologien und Verfahrensweisen einsetzen, die hohe Wertschöpfung mit geringem Materialaufwand und Umweltnutzung verbinden.

- In Zukunft wird der Bedarf nach kollektiver Orientierung angesichts der Zunahme von pluralen Lebensstilen und Werten ansteigen. Schon heute erleben wir eine Zersplitterung der modernen Gesellschaft in Lebensstilgruppen mit eigenem Wissenskanon, eigenen Überzeugungen, Normen, Gewohnheiten und Konsumbedürfnissen. Die Präferenzen dieser Gruppen sind in der Tat schwer vorhersehbar, aber die Tendenz zur Abschottung und eigenständigen Lebensweise scheint auch in der Zukunft anzuhalten. Damit wächst die Notwendigkeit der Koordination, da in dicht besiedelten Räumen die Handlungen des einen die Handlungsmöglichkeiten des anderen beeinträchtigen. Koordination und Orientierung sind beides Aufgaben, die auf der einen Seite bessere Kommunikationskanäle voraussetzen, auf der anderen Seite neue organisatorische Formen der Mitbestimmung und Selbstbestimmung erforderlich machen. Hier gehen soziale und technische Innovationsanfordernisse Hand in Hand.

Um den künftigen Technikbedarf als Leitbild für Technikentwicklung und -politik wirksam werden zu lassen, sind vor allem zwei Bedingungen zu erfüllen. Zum ersten ist es Aufgabe der Unternehmen, die dazu notwendigen komplexen Vernetzungen zwischen Konsumenten, Produzenten und der Öffentlichkeit zu erkunden und horizontale Kooperationen aufzubauen. Hier läßt sich auch die Verbindungslinie zur Erforschung von Innovations-Netzwerken ziehen, die im Rahmen moderner Innovationstheorien eine wichtige Schaltfunktion zur Technikorientierung und -steuerung ausüben. Zunehmend wird dabei deutlich, daß innovatives Handeln von den Akteuren eine über die normale Verbandsarbeit hinausgehende Kontaktpflege mit anderen Unternehmen, gesellschaftlichen Gruppen und politischen Institutionen benötigt. In solchen unkonventionellen Netzwerken wächst der Nährboden für neue technische Lösungen, bei denen externe Kosten vermieden und erwünschte Funktionen mit einem Minimum an ökologischen und sozialen Belastungen erfüllt werden können. Eine solche Orientierung an nachvollziehbaren Funktionen sowie an den Möglichkeiten zur Reduktion unerwünschter Nebenwirkungen erhöht nicht nur die Wettbewerbsfähigkeit, sondern verspricht auch eine Dämpfung der Technikskepsis in weiten Teilen der Bevölkerung.
Zum zweiten bedarf es einer politischen Initiative, die Anstrengungen der Unternehmen durch einen intensiven gesellschaftlichen Diskurs über die Zukunft der Technikorientierten Industriegesellschaft zu unterstützen und im Sinne einer Standortbestimmung und eines Leitbildes für die weitere gesellschaftliche Entwicklung Anregungen zu geben. Beispielsweise könnte das beim Umweltgipfel in Rio de Janeiro so intensiv beschworene Konzept einer nachhaltigen Entwicklung die Funktion eines solchen gesellschaftlichen Leitbildes erhalten.[1] Wichtig ist dabei, daß die Menschen, denen unsere heutige Gesellschaft zu technikbezogen erscheint und die alternativen Lebensstilen nachhängen, sich in ein Zukunftsbild von Gesellschaft einbringen können, in dem plurale Lebensformen und funktionsnotwendige Techniken nebeneinander existieren und sich möglicherweise sogar gegenseitig befruchten können. Solche Zukunftsbilder sind natürlich nicht von oben zu verordnen und erst recht nicht durch Wissenschaft objektiv zu erstellen. Sie sind vielmehr Produkte eines intensiven Diskurses zwischen Technikanbietern, Technikkonsumenten und Technikbetroffenen. Auf diese Weise könnte die notwendige Orientierung nach gesellschaftlichen Technikleitbildern einen wichtigen Impuls erhalten.

1 Hauff 1989, S. 13ff

Drei Typen von technikbezogenen Diskursen

In welcher Weise können Diskurse die Entwicklung von erfolgreichen Technikleitbildern fördern? Meiner Ansicht sind dazu drei Arten von Diskursen notwendig.[1] Zunächst müssen in einem diskursiven Verfahren die kognitiven Grundlagen für die Erkundung der strukturellen Trends und der künftigen Problemlagen gelegt werden. Welche strukturellen Veränderungen sind zu erwarten, und wie ordnen sich diese absehbaren Veränderungen in die unterschiedlichen Zukunftsentwürfe der beteiligten Diskursteilnehmer ein? Welche Unsicherheiten verbleiben und welche unabdingbaren Kopplungen von Vor- und Nachteilen ergeben sich aus dieser Bedarfsermittlung? Gibt es methodische Kriterien oder anerkannte Verfahren, Dissens unter den Fachleuten aufzulösen oder zumindest einen Konsens über den Dissens zu erzielen? Ein solcher kognitiver Diskurs richtet sich in erster Linie an die Experten, wobei bei lebensweltlichen Auswirkungen auch die Erfahrungen der betroffenen Laien eine wichtige Rolle spielen können.

Der zweite Diskurs berührt die Frage der Wertigkeit der ausgekundschafteten Bedarfsfelder (samt Unsicherheiten) für die Technikentwicklung. Hierzu sind vor allem die Technikgestalter und -anwender gefragt. Welche technischen Möglichkeiten und Potentiale sind geeignet, Lösungen für die aufgezeigten Bedarfsfelder anzubieten? Gibt es Strategien, negative Auswirkungen, durch Modifikationen des Anwendungs- und Umsetzungsprozesses abzumildern? Ziel dieses zweiten Diskurses ist es also, die möglichen Handlungsstrategien aufzuzeigen und innovative Chancen auszuloten, gleichzeitig aber auch die mit der Entwicklung von Innovationen zwangsweise verbundenen Risiken zu verdeutlichen und die dadurch erforderlichen Prioritäten festzulegen.

Zum dritten benötigen wir den Diskurs mit den von Innovationen betroffenen Bürgern und der allgemeinen Öffentlichkeit. Information der Öffentlichkeit reicht nicht aus. Was not tut, ist eine diskursive Auseinandersetzung mit den Personen, die von den Folgen innovativen Handelns profitieren mit denjenigen, die darunter leiden können. Werden die Interessen dieser Menschen gewahrt? Können sie den von ihnen präferierten Lebensstil weiter pflegen? Fühlen sie sich bei der Lösung der Zielkonflikte ausreichend repräsentiert? Alle drei Diskursformen müssen im Ergebnis offen geführt werden, auch der Dialog mit der Öffentlichkeit muß noch Spielraum für Veränderungen haben, sonst verkommt er zum bloßen Ritual.

1 Zu den drei Diskursebenen vgl. unsere Ausführungen in: Renn/Webler/Rakel / Dienel/Johnson 1993; vgl. auch Renn 1996

Ein Diskurs ohne öffentliche Wirkung und ohne politische Relevanz wird die allseits grassierende Politikverdrossenheit eher verstärken als einen Beitrag dazu leisten, sie zu überwinden. Die Politik moderner Gesellschaften muß deshalb handlungsleitende Formen ihrer eigenen Selbstreflexion entwickeln, in denen diskursive Verfahren der Entscheidungsfindung eine integrale und politisch wirksame Rolle spielen können.

Schluß: Die Rolle der Wissenschaft

Technikleitbilder können als Orientierungen für Individuen und Organisationen eine wichtige Rolle spielen, um innovatives Verhalten zu fördern und richtungsweisend zu beeinflussen. Dabei erscheint mir eine Ausrichtung der Leitbilder an zukünftig erwartbaren Bedarf besonders erfolgversprechend. Dieser Bedarf läßt sich einerseits auf der Basis struktureller Veränderungen, etwa im demographischen wie auch im politischen Bereich abschätzen, andererseits aus den damit verbundenen Problemen ableiten. Die Konkretisierung der für einzelne Unternehmen, für ganze Branchen oder sogar Wirtschaftszweige gültigen Leitbilder sollte in diskursiven Verfahren zwischen den Partnern neuer horizontaler Netzwerke erfolgen. Die alten Leitbilder des technology push und des market pull sind als Ergänzung und als Teilelemente eines Leitbildes weiterhin sinnvoll, versagen aber angesichts des Globalisierungsdruckes und Beschleunigungstendenzen, wie sie für den Weltmarkt inzwischen typisch geworden sind. Für eine umfassende und marktgerechte Ausarbeitung und Entwicklung von Leitbildern sind Diskurse auf Experten-, Umsetzungs- und Nutzerebene notwendig.

Welche Rolle kann die Wissenschaft im Rahmen der notwendigen Umorientierung zur verbesserten Innovationsfähigkeit spielen? Bei aller Notwendigkeit, die naturwissenschaftliche Forschung weiter zu fördern und angewandte Technikforschung zu betreiben, sollte niemand aus den Augen verlieren, daß Innovationen von Menschen vorangetrieben und durch sie angenommen werden. In der technischen Entwicklung Spitzenstellung einzunehmen, ist eine notwendige, aber keine hinreichende Bedingung für eine gelungene Diffusion angewandter Forschung in die Wirtschaft. Was not tut, ist neben der immer erforderlichen Verbesserung wirtschaftlicher Effizienz eine Stärkung der Motivation der Betroffenen und eine Einbettung der neuen Techniken in konsensfähige Leitbilder für eine erwünschte Entwicklung unserer Industriegesellschaft. Um diesen Auftrag ernstzunehmen, müssen Motivation und soziale Einbindung als zentrale Elemente der Diffusion gefördert werden. Dazu können die Sozial- und Geisteswissenschaften einen wesentlichen Beitrag leisten. Diese Wissenschaften können, wie der Geisteswissenschaftler Rendtorff es einmal ausgedrückt hat, Hilfestellung zur Deutung und Orientierung des technischen Wandels anbieten.[1] Sie können aber noch mehr: vor allem die Bedingungen und Voraussetzungen aufzeigen, unter denen Motivation zur Innovation gedeiht und eine rationale Auseinandersetzung mit den Technikfolgen ermöglicht wird. Diese katalytische Rolle der Kulturwissenschaften kann in einer pluralen und durch Interessen bestimmten Sozialstruktur nicht hoch genug eingeschätzt werden.

Literatur

Ayres, R.U. (1985) A Schumpeterian Model of Technological Substitution. In: Technological Forecasting and Social Change, Jg. 27, S. 375-384

Brooks, H. (1981) Technology, evolution, and purpose. In: Daedalus, Jg. 109, S. 65-81

Marz, L./Dierkes, M. (1994) Leitbildprägung und Leitbildgestaltung. In: Bechmann, G./Petermann, T. (Hg.) Interdisziplinäre Technikforschung - Genese, Folgen, Diskurs. Frankfurt am Main, S. 35-71

Hauff, V. (1989) Sustainable Development. Der Brundlandt Bericht zur Zukunftsfähigkeit der Welt. Balingen: Eggendorf

Institut der deutschen Wirtschaft (1995) Jahresgutachten 1995. Köln: BDI

Krupp, H.-J. (1982) Möglichkeiten der Abschätzung langfristiger wirtschaftlicher Konsequenzen von Technologien. in: Münch,E./Renn, O./ Roser, T (Hg.) Technik auf dem Prüfstand. Essen: Giradet und ETV, S. 89-97

Marchetti, C./Nakicenovic (1979) The Dynamics of Energy Systems and the Logistic Substitution Model. Research Report 79-13. Institute for Applied Systems Analysis. IIASA: Laxenburg bei Wien

Nelson, R.R./Winter, S.G. (1977) In Search of a Useful Theory of Innovation. In: Stroetmann, K.A. (Hg.) Innovation, Economic Change and Technology Policy. Basel und Stuttgart: Birkhäuser, S. 215-245

Rammert, W. (1988) Das Innovationsdilemma. Technikentwicklung in Unternehmen. Opladen: Westdeutscher Verlag

Rendtorff, T. (1994) Forschung und Gesellschaft - Was kann Ethik leisten? In: Max-Planck-Gesellschaft (Hg.) Der schrumpfende Freiraum der Forschung. MPG: München, S. 285-297

Renn, O. (1996) Kann man die technische Zukunft voraussagen? Zum Stellenwert der Technikfolgenabschätzung für eine verantwortbare Zukunftsvorsorge. In: Pinkau, K./Stahlberg, C. (Hg.) Technologiepolitik in demokratischen Gesellschaften. Stuttgart: Universitas, S. 23-51

1 Rendtorff 1994

Renn, O. (1983) High Technology and Social Change. In: High Tech Newsletter, Jg. 1, S. 14-23
Renn, O./Webler, T./Rakel, H./Dienel, P./Johnson, B. (1993) Public Participation in Decision Making: A Three-Step Procedure. In: Policy Science, Jg. 26, S. 189-214
Schumpeter, J. A. (1991) Kapitalismus, Sozialismus und Demokratie. Vierte Auflage. Stuttgart: Vahlen
Sonje, D. (1996) Handlungsspielräume bei der Implementierung von Informations- und Kommunikationstechnik. Leitbilder als Form sozialer Steuerung in einer kommunalen Organisation. Promotionsarbeit an der Universität Stuttgart
Wenke, M. (1993) Konsumstruktur, Umweltbewußtsein und Umweltpolitik. Eine makroökonomische Analyse des Zusammenhanges in ausgewählten Konsumbereichen. Berlin: Duncker und Humblot

Deziderio Sonje / Michael Schenk / Hermann Dahm

Werkzeug oder Spielzeug?

Individuelle Bewertungskriterien moderner Kommunikationstechnik

Die Entscheidung für eine Technik sowie die Art und Weise der Nutzung wird auch von deren öffentlichem Erscheinungsbild beeinflußt. Personal Computer wurden bspw. am Anfang ihrer Entwicklung als eine technische Innovation betrachtet, die hauptsächlich von "Computerfreaks" verstanden und genutzt worden sind. Dementsprechend galten zunächst vor allem Computerspiele ("Pacman") oder einfache Grafikanwendungen ("Chart") als das Hauptanwendungsgebiet dieser Technik. Erst allmählich erkannte man das Potential des PC für den professionellen Einsatz. Von da an wurde das Bild des PC von Vorstellungen dominiert, bei denen der Computer in umfassender Weise in organisatorische, verfahrenstechnische und psycho-soziale Prozesse eingriff ("Die Wunschmaschine", TURKLE 1986; WEIZENBAUM 1977). Nicht selten verband man damit Szenarien, die entweder das Kontrollpotential des PC betonten, oder in denen der Umgang mit diesem zu einem "Selbstverlust in einer simulierten Welt" (TURKLE 1986:98) führte. Derzeit befinden wir uns in einer Phase, bei der Computer in nahezu allen Lebensbereichen zu finden sind und in der ihre Vorteile, aber auch ihre Grenzen, relativ nüchtern eingeschätzt werden (MUNDORF u.a. 1994). Insbesondere die Option der Datenfernübertragung (DFÜ) erweiterte das Nutzungspotential des Computers beträchtlich. Inzwischen gibt es eine Vielzahl von z.T. sehr unterschiedlichen Kommunikationsnetzen (z.B. ISDN, Btx, Corporate Networks), die ein kaum zu überblickendes Angebot von Anwendungsoptionen bzw. Dienstleistungen offerieren. Eine derartige Entwicklung unterstreicht den Werkzeugcharakter des Computers. Der Computer ist zu einem Mittel geworden, dessen man sich bedient, um spezifische Anforderungen im beruflichen oder privaten Alltag besser, schneller oder bequemer zu bewältigen. Gleichwohl schließt dies Formen des spielerischen Umgangs bzw. der Unterhaltung mit dem Computer nicht aus. Vor allem bei Jugendlichen stellen Computerspiele und die Option, weltweit im Internet "surfen" zu können, eine wichtige Motivation für den Einstieg in die Welt des Computers dar (FRITZ 1995). Hieraus ergeben sich vielfältige Formen des individuellen Gebrauchs, bei dem von Fall zu Fall entweder die instrumentellen oder die affektiven Anteile überwiegen.
Die Entwicklung der Telekommunikation weist insoweit Gemeinsamkeiten zum Computerbereich auf, als es auch hier in den letzten Jahren und Jahrzehnten zu einer Zunahme an technischen Innovationen kam. Pager, Chekker und das Bildtelefon sind nur einige Beispiele für technische

Neuerungen. Dessenungeachtet kann man davon ausgehen, daß vor allem das Mobiltelefon das "neue" Bild der Telekommunikation (mit-)geprägt hat. Vergleicht man das öffentliche Bild des Mobiltelefons mit dem des Computers, so wird man sowohl Ähnlichkeiten als auch Unterschiede finden. Analog zur Computernutzung wird auch das Mobiltelefon von vielen als ein Organisationsinstrument für das Berufs- und/oder Privatleben betrachtet. Ständige Erreichbarkeit in Verbindung mit räumlicher Mobilität gilt hierbei als das Versprechen dieser Technik (METTLER-MEIBOM 1994). FOCK führt dies darauf zurück, daß das Mobiltelefon einem "gesellschaftlichen Mainstream (entspricht; die Autoren), der sich das "Immer und Überall" zu seinem Leitmotiv erkoren hat" (1994:24). Anhand des Werbeslogans eines Mobiltelefonanbieters "Mobile Technik für mobile Leute" läßt sich dieser Zusammenhang zwischen gesellschaftlichen Ansprüchen und der technischen Entwicklung besonders eindringlich verdeutlichen. Die Unterschiede zum Computer ergeben sich jenseits technisch bedingter Differenzen z.B. dadurch, daß der Gebrauch des Mobiltelefons i.a. in einem öffentlichen Bereich stattfindet. Telefonieren im Auto, während einer Zugfahrt oder mitten auf einer Baustelle zieht daher notwendigerweise gewollte oder ungewollte Aufmerksamkeit auf sich. Darüber hinaus mehrten sich vor einigen Jahren Presseberichte, wonach der Gebrauch von Mobiltelefonen von affektiven, auf öffentliche Anerkennung suchenden Motiven bestimmt wurde. Nicht wenige waren (und sind) der Auffassung, daß das Mobiltelefon nicht vorrangig ein Kommunikationsinstrument sei, sondern eher ein Spielzeug, mit dem man das eigene Prestige heben möchte. Ein weiterer Unterschied besteht darin, daß man, ungeachtet des Booms der letzten Jahre, das Mobiltelefon als ein im Prinzip "übersehenes" Medium bezeichnen kann[1]. Obwohl die Mobilfunktechnik seit den 50er Jahren in Deutschland im Einsatz ist, zieht sie erst seit wenigen Jahren die öffentliche Aufmerksamkeit auf sich. Bis auf wenige Arbeiten gibt es bis heute kaum Untersuchungen, die sich mit dieser Technik beschäftigt haben (vgl. ZOCHE 1991; DÖRRENBÄCHER 1992; LANGE 1990; METTLER-MEIBOM 1994; FOCK 1994). Daher weiß man nach wie vor relativ wenig über den Anwendungskontext des Mobiltelefons sowie den damit verbundenen Folgen. Dies kann wiederum als ein Indikator dafür genommen werden, daß man vom Mobiltelefon keine weitreichenden Veränderungen sozialer Prozesse befürchtet, und es macht ferner plausibel, warum man mit dieser Technik keine Schreckensszenarien ("Jobkiller") verbindet.

1 Eine Beobachtung, die ursprünglich DORDICK (1989) hinsichtlich des herkömmlichen Telefons gemacht hat (vgl. FIELDING/HARTLEY 1987).

Einstellungsmodell

Die vorliegende Arbeit nimmt auf die angesprochenen Aspekte insoweit Bezug, als hier ausgewählte Ergebnisse einer empirischen Untersuchung vorgestellt werden, bei der die individuelle Beurteilung der DFÜ und des Mobiltelefons im Vordergrund stehen[1]. Das Untersuchungskonzept beruht auf einem Innovationsverständnis, bei dem die innovative Qualität einer Neuerung aus der Perspektive der Anwender bestimmt wird[2]. Methodologisch wurde dieses Konzept mit Hilfe des Einstellungsmodells von AJZEN und FISHBEIN umgesetzt (vgl. FISHBEIN/AJZEN 1975; AJZEN/FISHBEIN 1980). Im Kern besagt ihr Modell, daß die Bereitschaft, eine Handlung tatsächlich auszuführen, als eine (lineare) Funktion dreier Modellkomponenten betrachtet werden kann. Dazu zählen sie die Einstellung zu dieser Handlung als affektiv-evaluative Komponente ("behavioral beliefs and outcome evaluations"), ferner die Wahrnehmung sozialer Einflüsse einschließlich der Bereitschaft, diesen nachzukommen ("normative beliefs and motivations to comply"), und schließlich die subjektive Einschätzung der Verfügbarkeit von Ressourcen und Gelegenheiten ("control beliefs and perceived facilitation"). Bezogen auf die zuvor gemachten Feststellungen kann die von AJZEN und FISHBEIN formulierte Theorie geplanter Handlungen ("theory of planned behavior") als ein wichtiger Ansatzpunkt für die Erklärung der individuellen Adoptionsbereitschaft betrachtet werden. Sie ermöglicht ein Verständnis von Innovationen, bei dem die Adoption einer Neuerung i.S. einer individuellen Aneignung verstanden werden kann. Die Akteure entwickeln - im prozessualen Verlauf - auf der Grundlage subjektiver Einstellungen, kontextueller Rahmenbedingungen und der Wahrnehmung individueller Restriktionen eine für sie charakteristische Form der Aneignung. Soziologisch relevant sind Aneignungsprofile jedoch nur dann, wenn sich hierbei überindividuelle Aneignungsmuster herausbilden. Zwar kann unterstellt werden, daß nicht nur die subjektiven Ansprüche an eine Technik, sondern auch die individuellen Erfahrungen, Wissensbestände und Rahmenbedingungen unterschiedlicher Natur sind. Gleichwohl fördern gleichförmige kontextuelle Abhängigkeiten, vergleichbare berufliche Anforderungen und die in die Technik eingebauten Bedienungs- und Nutzungsroutinen die Herausbildung (typischer) Einstellungsmuster (vgl. HENNEN 1992). Die Bestimmung dieser Einstellungsmuster war eines der Hauptanliegen der Studie. Analog dazu wurden die Einstellungen in vier Themenkomplexe gegliedert: *die Einstellung zu den Produkteigenschaften*, die Nutzenbewertung

1 Die Studie trägt den Titel "Innovationen im Kommunikationssystem" (vgl. SCHENK/DAHM/SONJE 1996). Sie wurde von der VW-Stiftung gefördert und von der Forschungsstelle für empirische Kommunikationsforschung an der Universität Hohenheim im März 1996 abgeschlossen.

2 In gleicher Weise argumentiert auch FRIEDRICHS, wenn er darauf hinweist, daß bei Adoptionsentscheidungen nicht die (objektive) Qualität einer Technik ausschlaggebend ist, sondern deren subjektiv "wahrgenommene Problemlösungs-Kapazität" (1991:117).

der *Anwendungsmöglichkeiten im Beruf und Privatleben*, die Einschätzung der *beruflichen und privaten Folgen* und schließlich der Bereich *symbolischer Nutzenzuschreibungen* (vgl. Abbildung 1).

Abb. 1: Aufbau des Einstellungsmodells

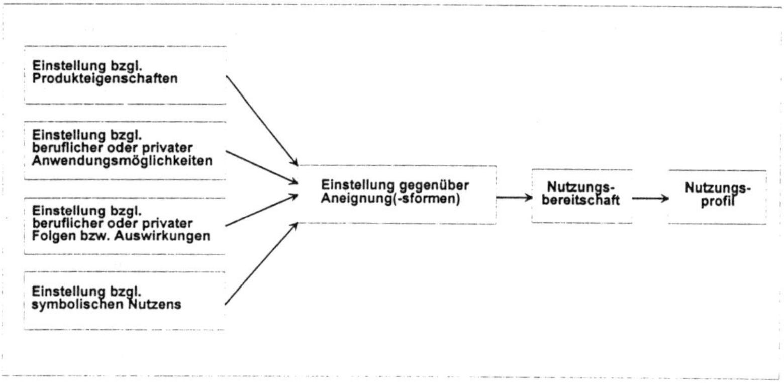

Methode

In einer Vorstufe wurden zunächst über das gesamte Interviewernetzwerk eines Marktforschungsunternehmens die Nutzer beider Techniken ermittelt. Darauf aufbauend wurde ein Quotenplan bestimmt, der diese Grundgesamtheit in ihren relevanten Merkmalen abbildet und der überdies ein breites Anwenderspektrum sicherstellt. Entsprechend den modelltheoretischen Überlegungen wurde die Gesamtstichprobe a priori so bestimmt, daß in etwa gleich viele Personen entweder Anwender der DFÜ (n=244) oder eines Mobiltelefons (n=260) waren. Jede Teilstichprobe wurde ferner mit einer Kontrollstichprobe kontrastiert (DFÜ: n=123; Mobiltelefon: n=124). Deren soziodemographische Struktur entspricht hierbei der der einzelnen Nutzergruppen (SCHENK/DAHM/SONJE 1996). Die Stichprobe weist einige auffällige Unterschiede zu einer repräsentativen Bevölkerungsstichprobe auf, nämlich: einen hohen Männeranteil (ca.90%), ein Durchschnittsalter von etwa 40 Jahren, überproportional viele Personen mit einer Fach- oder Hochschulreife (ca. 44%), einen hohen Anteil an Personen in technisch bzw. informationstechnischen Berufen (ca. 25%), einen hohen Anteil Selbständiger (26%) sowie überdurchschnittlich viele Befragte mit einem eher hohen persönlichen Nettoeinkommen (über 40% verfügen über 5000.- DM Nettoeinkommen). Mit anderen Worten: Nutzer moderner Computer- und Telekommunikationstechniken unterscheiden sich in sozialdemographischer Hinsicht erheblich vom Bevölkerungsdurchschnitt.

Nachfolgend sollen einige exemplarische Ergebnisse der Studie vorgestellt und diskutiert werden. An dieser Stelle werden sowohl Gemeinsamkeiten als auch Unterschiede zwischen den beiden technischen Innovationen sowie die Differenzen und Ähnlichkeiten zwischen der beruflichen und der privaten Nutzung zur Sprache kommen. Auf einen Vergleich der Einstellungen von Anwendern und Kontrollgruppenbefragten soll hier aus Platzgründen verzichtet werden.

Ergebnisse

- *Produkteigenschaften der DFÜ*

Der Begriff Produkteigenschaften bezieht sich in der vorliegenden Untersuchung auf mehr oder weniger objektivierbare bzw. meßbare Größen, wie technische Leistungsdaten, Gebühren, Funktionen, Anschlußzahlen etc. Im Falle der DFÜ wurde den Befragten eine Merkmalsliste mit insgesamt 17 Eigenschaften der Schnittstelle, des Netzes und der Software vorgelegt[1]. Anhand der Lage der einzelnen Merkmale in Abbildung 2 ist abzulesen, welchen Nutzenbeitrag die beruflichen DFÜ-Anwender mit den einzelnen Merkmalen im Durchschnitt verbinden.

1 Soweit einzelne Begriffe im Text *kursiv* gesetzt sind, handelt es sich um vorgegebene Merkmale.

Abb. 2: Einstellung zu DFÜ-Produkteigenschaften - berufliche Anwender (N=160) [1]

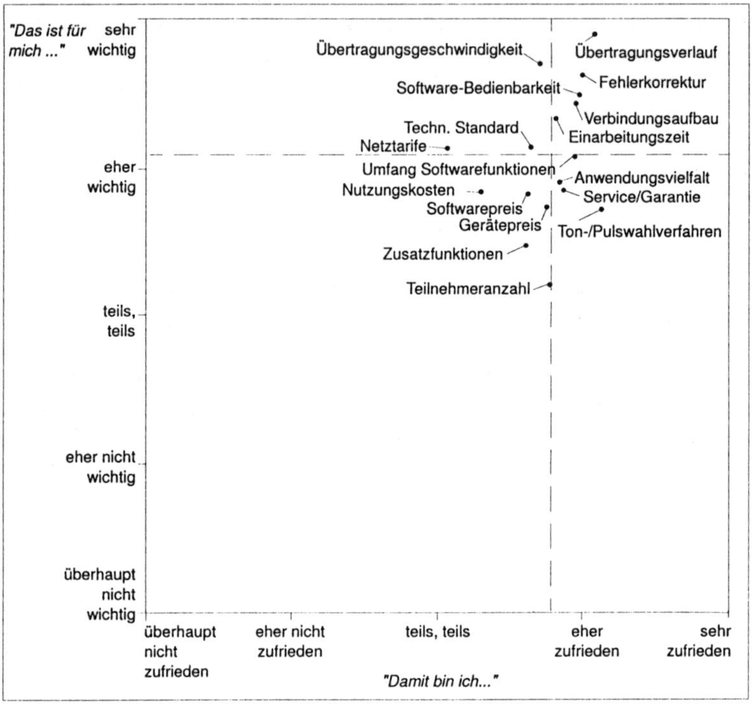

Am augenfälligsten sind zunächst die geringen Unterschiede zwischen der kognitiven (Wichtigkeit) und der evaluativen (Zufriedenheit) Einstellungsdimension[2]. Die meisten Merkmale sind für überdurchschnittlich viele

---

1 Die Differenzen zwischen den Fallzahlen der einzelnen Teilstichproben ergeben sich dadurch, daß bei den einzelnen Einstellungsmerkmalen jeweils nur die gültigen Fälle berücksichtigt wurden. Die Größe der Teilstichproben ist demnach ein Durchschnittswert aller Merkmale je Einstellungsbereich. Die gestrichelten Linien bezeichnen die Lage des Gesamtmittelwertes je Einstellungsbereich.

2 Um den Zusammenhang zwischen der evaluativen und der kognitiven Komponente darstellen zu können, wurde eine Darstellungsweise gewählt, bei der beide in einem orthogonalen Koordinatensystem abgebildet werden. Auf der vertikalen Achse wurde die kognitiv-bedeutsame (z.B. *"Das ist für mich... wichtig."*), auf der horizontalen die evaluative Komponente (z.B. *"Damit bin ich ... zufrieden."*) abgetragen. Die Einschätzung eines jeden Merkmals ergibt sich aus dessen Lage in diesem Koordinatensystem. Je weiter links ein Punkt steht, um so unzufriedener sind die Befragten mit diesem Merkmal. Hingegen kann man die Bedeutung einer kognitiven Komponente bei einem Merkmal an seiner vertikalen Position feststellen. Je höher ein Punkt liegt, desto wichtiger ist das Merkmal für die Befragten. In der rechten oberen Ecke des Koordinatensystems fällt eine maximal positive Beurteilung ("sehr zufrieden") mit einer maximalen Bedeutung zusammen ("sehr wichtig").

Personen nicht nur wichtig, sie sind darüber hinaus auch überwiegend mit ihrem Gerät zufrieden. Besonders hohe Werte sind hinsichtlich des *fehlerfreien Übertragungsverlaufs*, der *Übertragungsgeschwindigkeit* und der *Fehlerkorrektur* zu verzeichnen. Mittlere Rangplätze nehmen Eigenschaften wie die *längere Gültigkeit des technischen Standards*, die *Netztarife*, der *Umfang der Softwarefunktionen* oder die *Einarbeitungszeit* ein. Als (relativ) unwichtig stellen sich dagegen die *Zusatzfunktionen*, die *Teilnehmerzahl* oder die *Unterstützung des Ton-/Pulswahlverfahrens* heraus, wobei immer noch eine Mehrheit diese Aspekte für sehr oder eher wichtig hält.
Die Einschätzung der Produkteigenschaften durch die privaten Nutzer der DFÜ unterscheidet sich nur unwesentlich von denen der beruflichen Anwender. Es sei deshalb nur auf einige exemplarische Unterschiede hingewiesen. Erwartungsgemäß sind den privaten Anwendern alle monetären Größen, ob es sich um Anschaffungs- oder laufende Kosten handelt, wichtiger als den beruflichen Anwendern. Ein ähnliches Bild zeigt sich auch bei den *Nutzungskosten für Dienste/Angebote* oder dem *Geräte-* und *Softwarepreis*. Auf der Zufriedenheitsskala werden laufende Kosten von den privaten Anwendern tendenziell eher negativ bewertet, Anschaffungskosten hingegen etwas positiver. Bei allen anderen Merkmalen sind die Unterschiede zwischen privater und beruflicher Einschätzung nur marginaler Art.
Die in allen Gruppen überwiegend positiv beurteilten technischen Leistungsmerkmale der DFÜ können im Sinne der wahrgenommenen *Systemreife* interpretiert werden, d.h. alle die "Sicherheit und Zuverlässigkeit" des Systems (DÖHL 1983:233) betreffenden Merkmale. Im Kontext der Beurteilung von Produkteigenschaften sieht die Mehrheit der Befragten hierin den größten Nutzen in der DFÜ. Insbesondere Geschwindigkeit und Zugriffszeiten, die auch schon bei der Einführung von Videotext oder Btx eine wesentliche Rolle spielten (EHLERS 1985:475), stellen offenbar eine wichtige Komponente in der Gesamteinstellung dar. Die Erlernbarkeit der DFÜ bildet für die Anwender kein auffallendes Akzeptanzhindernis[1]. Die Benutzerfreundlichkeit der DFÜ-Systeme scheint für die Anwender in der Zwischenzeit alles in allem einen akzeptablen Standard erreicht zu haben. So wird die Dauer der *Einarbeitungszeit*, der *Umfang* und die *Bedienbarkeit der Software* durchweg als zufriedenstellend bzw. vorteilhaft beurteilt. Die mit der DFÜ-Nutzung verbundenen finanziellen Aufwendungen werden demgegenüber skeptischer bewertet. Die laufenden Kosten, die zumindest im privaten Sektor ein generelles Akzeptanzproblem bei der Einführung neuer Medien darstellen (vgl. SCHMIDT/TONNEMACHER 1987:373), werden auch hier im Vergleich zu den übrigen Beurteilungsmerkmalen relativ negativ beurteilt.

---

1 Während dieser Aspekt bei weniger komplexen Innovationen bereits bei der Markteinführung relativ problemlos war (DEHM/KNOCHE 1981:577), registrierte man hierin für Btx in der Startphase durchaus ein Adoptionshemmnis (MEIER/BONFADELLI 1985:695).

- *Produkteigenschaften des Mobiltelefons*

Beim Mobiltelefon assoziieren die Befragten vor allem mit den folgenden Eigenschaften einen besonders hohen Nutzen: *Bedienbarkeit, Klangqualität, Betriebszeit, Diebstahlsicherung* und *Handlichkeit.* In all diesen Fällen verbinden die Anwender damit nicht nur eine hohe Wertschätzung, sondern auch eine große Zufriedenheit mit ihrem Gerät. Hingegen sind Sachverhalte, wie bspw. *Versorgungsbereich des Netzes*, *Nutzungstarife, Gerätepreis* oder *Gebührenberechnung,* zwar nicht minder wichtig, man ist damit aber weniger zufrieden. Am unteren Ende der Nutzenskala stehen Funktionsmerkmale wie etwa *Anschlußfähigkeit*, *Um- und Weiterleitungsfunktionen, Ansage- und Mehrwertdienste* oder *Gestaltung.* Der relativ geringe Nutzenbeitrag dieser Eigenschaften resultiert nicht daraus, daß man damit nicht zufrieden ist, sondern daß sie als nicht so wichtig empfunden werden.

Abb. 3: Einstellung zu Mobiltelefon-Produkteigenschaften - berufliche Anwender (N=162)

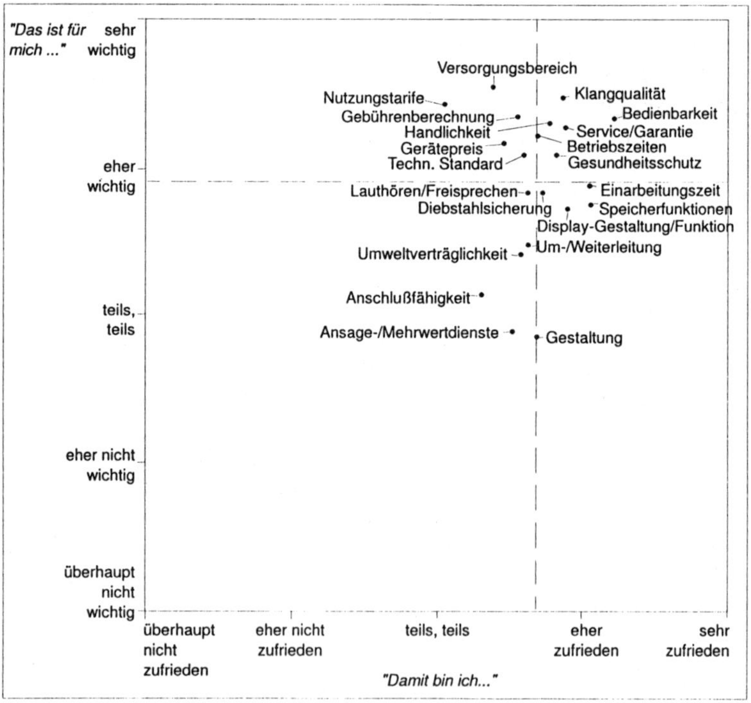

Zusammenfassend kann man also festhalten, daß sich die Beurteilung der Produkteigenschaften eines Mobiltelefons in ihrer Struktur durchaus mit der der DFÜ vergleichen läßt. Auch hier gehen hohe kognitive Beurteilungen mit hohen evaluativen Bewertungen einher. Ferner erreichen auch beim Mobilfunk vor allem diejenigen technischen Merkmale hohe Nutzenwerte, die unmittelbar mit der Bauart des Produktes verbunden sind. Hierzu zählen bspw. die *Klangqualität*, die *Bedienbarkeit* oder die *Handlichkeit* eines Gerätes. Kennzeichen, die einen höheren Grad an Komplexität aufweisen (z.B. *Umweltverträglichkeit*), oder die sich auf den Systemcharakter des Mobiltelefons beziehen (bspw. *Um-/Weiterleitung, Umweltverträglichkeit, Anschlußfähigkeit* sowie *Ansage- und Mehrwertdienste*) werden dagegen nicht nur weniger positiv beurteilt, der Nutzen wird auch als geringer erachtet. In diesem Sinne kann auch hier die insgesamt homogene und weitgehend positive Einschätzung der Produkteigenschaften des Mobiltelefons als ein Ausdruck wahrgenommener Systemreife gedeutet werden.

- *Berufliche und private Anwendungen neuer Innovationen*

Die subjektive Vorstellung des einzelnen darüber, inwieweit eine Technik dazu geeignet ist, ihn bei der Bewältigung alltäglicher Probleme zu unterstützen, ist eine wichtige Grundlage seiner Einstellung zur jeweiligen Technik. Um ein möglichst genaues Einstellungsprofil zu erhalten, wurde den befragten Personen eine sehr umfassende Liste mit kommunikativen Anwendungsoptionen vorgelegt[1]. Im Falle der DFÜ sollten die Nutzer 23, in dem des Mobiltelefons 20 kommunikative Tätigkeiten beurteilen[2].

- *Berufliche Anwendungen der DFÜ*

Die Verteilung der Mittelwerte über das gesamte Spektrum der Nutzenskala spricht zunächst einmal dafür, daß die beruflichen Anwender der DFÜ eine

---

1 Die Zusammenstellung der Anwendungsoptionen basiert zum einen auf einem Vorschlag von RICE (1993), mit dem die individuelle Vorstellung über die Tauglichkeit ("appropriateness") von Kommunikationsmedien gemessen werden kann, zum anderen ist sie das Ergebnis einer Literaturstudie, bei der konkrete Anwendungsmöglichkeiten zusammengetragen und systematisiert wurden. Die Mehrzahl der Vorgaben, wie bspw. *dringende Angelegenheiten erledigen, organisieren und verwalten,* wurde sowohl über den jeweiligen Kontext (beruflich und privat) als auch über die beiden Techniken hinweg konstant gehalten. Nur ein Teil der Anwendungen, wie bspw. *in Datenbeständen/Archiven recherchieren, Geschäftsdaten abrufen bzw. weitergeben,* wurde auf die Spezifika der jeweiligen Technik bezogen.

2 Entsprechend den theoretischen Annahmen von AJZEN und FISHBEIN setzt sich die Einstellung einer Person aus einer kognitiven und einer evaluativen Komponente zusammen. Im Falle der Anwendungsoptionen wurde bei beiden Innovationen zunächst die Wichtigkeit einer Tätigkeit für das Berufs- bzw. Privatleben erfragt. Daran schloß sich die Frage an, inwieweit man der Überzeugung ist, daß sich die entsprechende Technik hierfür eignet.

recht differenzierte Vorstellung über den Nutzen der Technik haben (vgl. Abbildung 4). Bei der Einschätzung der beruflichen Einsatzmöglichkeiten werden Tätigkeitsformen, wie bspw. *dringende Angelegenheiten erledigen, organisieren/verwalten, Auskünfte einholen bzw. erteilen, Aufträge erhalten oder erteilen, aktuelle Informationen austauschen* oder *ausführliche/detaillierte Informationen austauschen,* mit sehr hohen Nutzenwerten versehen. In diesen Fällen ist die Mehrheit der beruflichen Anwender nicht nur der Ansicht, daß diese Tätigkeiten für sie überdurchschnittlich wichtig sind, sie sind ferner auch davon überzeugt, daß sich die DFÜ hierfür besonders gut eignet. Dabei fällt auf, daß sich unter diesen Tätigkeiten keine Aufgaben befinden, die im allgemeinen einen besonders hohen interpersonalen Interaktionsgrad voraussetzen. Es handelt sich meist um eine bestimmte Art von Abrufinformationen (aktuell, ausführlich) oder um formalisierte Einzelereignisse (*Bestellungen/Reservierungen, Aufträge, Bankgeschäfte*). Der Faktor *Zeit* bildet dabei offenbar eine bestimmende Größe, wird der DFÜ doch hinsichtlich *aktueller* und *dringender* Geschehnisse eine besondere Eignung zugesprochen. Das Problemfeld adäquanzkritischer Punkte schließt demgegenüber diejenigen Aufgaben ein, die für die Befragten eine relativ hohe Relevanz haben, für die sich die DFÜ ihrer Meinung nach jedoch nur bedingt eignet. Hierunter fallen Tätigkeiten wie *sich beraten lassen/jemanden beraten, Verhandlungen führen/Absprachen treffen, neue Kontakte herstellen,* aber auch *Kontakte aufrechterhalten/Beziehungen vertiefen, Probleme besprechen* oder *vertrauliche Informationen erhalten/weitergeben.* Ferner wird ersichtlich, daß der DFÜ in bezug auf weniger strukturierte, kontinuierliche Interaktionen (*Verhandlungen, Aufrechterhaltung von Kontakten*) oder auch hinsichtlich emotionaler Ereignisse (*Problemlösung, Vertiefung von Beziehungen, Vertrauliches*) geringere Nutzenwerte zugesprochen werden. Allerdings kann dies nicht als echte Akzeptanzbarriere interpretiert werden - sind doch die angesprochenen Tätigkeiten für die beruflichen Anwender auch weniger wichtig.

Abb. 4: Einstellung zu DFÜ-Anwendungen - berufliche Nutzer (N=156)

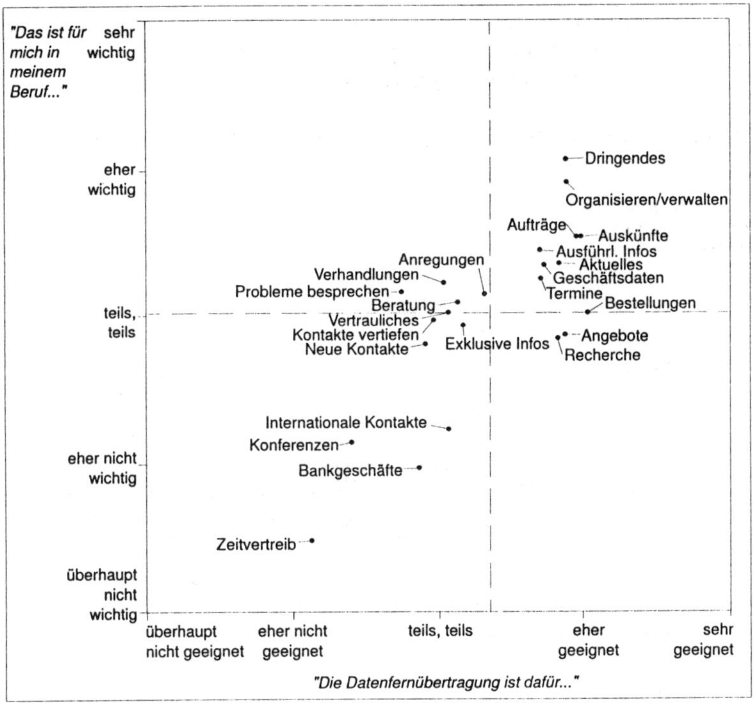

- *Private Anwendungen der DFÜ*

Vergleicht man die Verteilungen der Nutzenmittelwerte im privaten Kontext mit denen im beruflichen, so zeigen sich erstmals größere Unterschiede (vgl. Abbildung 5). Die Handlungsoption *Bankgeschäfte* spielt bspw. für die beruflichen Anwender der DFÜ kaum eine Rolle, ganz anders ist dies bei den privaten Anwendern. Hier rangiert diese Anwendungsoption relativ weit oben in der Rangskala der Nutzenmittelwerte. Ähnliche Rangunterschiede findet man bei Tätigkeiten, wie z.B. *Zeitvertreib*, *Aufträge erteilen* oder *organisieren/ verwalten*. Dennoch sind dies nur vereinzelte Beurteilungsunterschiede, die überwiegende Mehrheit der Anwendungsoptionen wird von privaten Nutzern nicht anders gesehen als von den beruflichen. Vergleichbar zum beruflichen Anwendungskontext nehmen Aktivitäten, wie bspw. *aktuelle Informationen/Neuigkeiten austauschen, Anregungen sammeln, Auskünfte einholen bzw. erteilen, Angebote einholen* und *ausführliche/detaillierte Informationen austauschen,* auch im privaten Kontext die ersten Rangplätze ein (vgl. Abbildung 5). Erst danach folgen interpersonale, eher informelle Kommunikationsvorgänge, wie *Kontakte aufrechterhalten/Beziehungen vertiefen, Probleme besprechen, diskutieren* oder *Absprachen treffen.* Am Ende der privaten Nutzenüberlegungen stehen Anwendungsoptionen wie bspw. *vertrauliches besprechen* oder die Option, *internationale Kontakte herzustellen bzw. zu halten.*

Abb. 5: Einstellung zu DFÜ-Anwendungen - private Anwender (N=84)

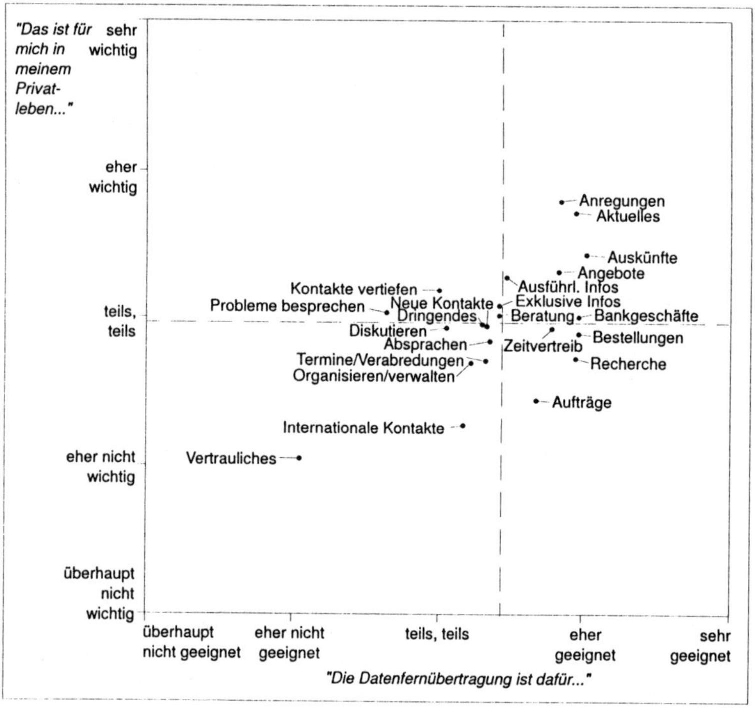

- *Berufliche Anwendungen des Mobiltelefons*

Die Anwender des Mobiltelefons haben ebenso eine recht genaue Vorstellung darüber, in welchen Situationen ihnen das Mobiltelefon nützt und in welchen nicht (vgl. Abbildung 6). In der Gegenüberstellung beider Techniken zeigt sich darüber hinaus, daß Anwendungsoptionen, die bei beiden Innovationen möglich sind (z.B. *dringende Angelegenheiten erledigen, Bankgeschäfte tätigen* oder *an Konferenzen teilnehmen*), in nicht wenigen Fällen auf ähnlichen Rangplätzen stehen. Ein deutlicher Unterschied zur DFÜ besteht jedoch darin, daß beim Mobilfunk zwei Sachverhalte eindeutig im Vordergrund der Nutzenüberlegungen stehen. Dies ist zum einen die Möglichkeit, *dringende Angelegenheiten* zu erledigen, und zum anderen die Option, *Termine* bzw. *Verabredungen* auszumachen. Dies spricht dafür, daß der Faktor Zeit für die Mobiltelefon-Nutzer von noch herausgehobener Bedeutung ist als für die DFÜ-Anwender. Nutzungsformen, die in einem hohen Maße zeitabhängig sind und einen niedrigen Grad an kommunikativer Komplexität aufweisen, haben aus der Sicht der Mobiltelefon-Anwender einen hohen Nutzen. Demzufolge weisen komplexe Gebrauchsformen, wie bspw. *Verhandlungen führen, Aufträge erteilen oder erhalten* oder *organisieren/verwalten,* geringere Nutzenwerte auf. Am Ende der Skala findet man Tätigkeiten wie bspw. den *Zeitvertreib* oder *internationale Kontakte herstellen bzw. halten.* Für die Mehrheit der beruflichen Anwender sind die zuletzt genannten Aspekte der Telefonnutzung nicht nur nahezu bedeutungslos, sie sind ferner auch der Ansicht, daß das Mobiltelefon hierzu nicht besonders gut geeignet ist.

Abb. 6 Einstellung zu Mobiltelefon-Anwendungen - berufliche Nutzer (N=162)

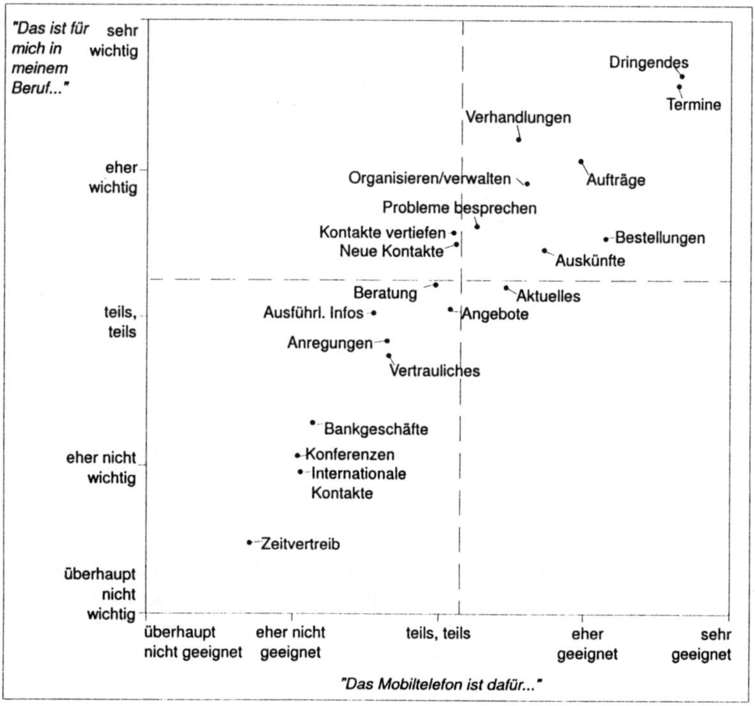

• *Private Anwendungen des Mobiltelefons*

Ungeachtet der Tatsache, daß die Liste privater Anwendungsoptionen nicht in jedem Punkt mit der der beruflichen Nutzungsmöglichkeiten übereinstimmt, zeigt sich doch, wie so oft, eine erstaunliche Kongruenz in den Einstellungen. In beiden Bereichen dominieren Tätigkeiten, die die Informationsfunktion des Mediums beschreiben. Hierzu ist z.B. die Möglichkeit zu zählen, *dringende Angelegenheiten erledigen, Termine ausmachen* oder *Bestellungen/Reservierungen machen.*

Abb. 7: Einstellung zu Mobiltelefon-Anwendungen - private Nutzer (N=96)

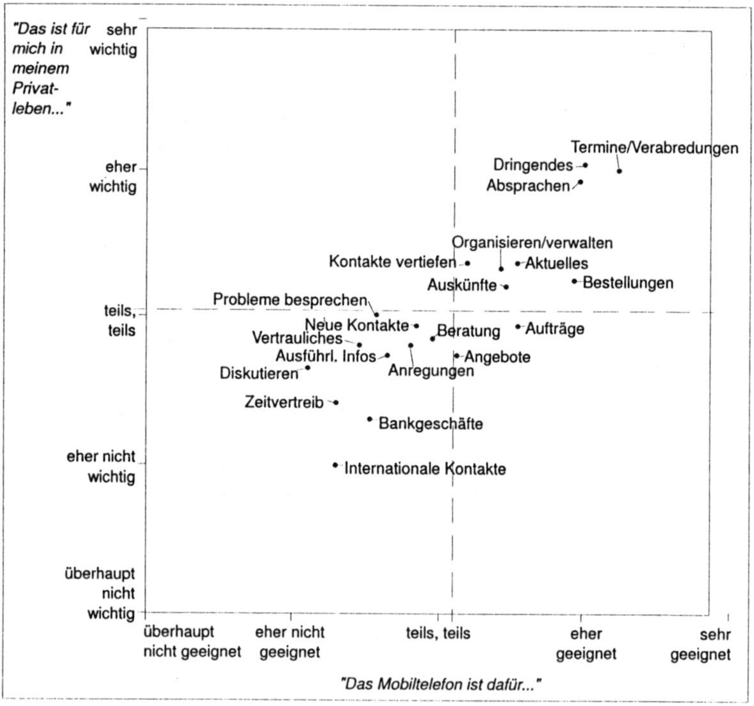

Analog dazu werden Optionen, wie bspw. *internationale Kontakte halten* oder *Bankgeschäfte tätigen,* von beiden Gruppen als Anwendungen betrachtet, für die sich das Mobiltelefon wohl weniger eignet und die einem nicht sonderlich wichtig sind. Größere Unterschiede zeigen sich hingegen zwischen privaten und beruflichen Anwendungen, wie bspw. *Zeitvertreib, diskutieren, aktuelle Informationen, Probleme besprechen* und *organisieren/verwalten.* Bezüglich

dieser Handlungsoptionen sind die privaten Anwender im Vergleich zu den beruflichen Anwendern häufiger der Meinung, daß diese für sie weitaus wichtiger sind. Dem entgegengesetzt ist ihre Beurteilung der Merkmale *Probleme besprechen* und *organisieren/verwalten*. Hier sind die beruflichen Anwender der Ansicht, daß derartige Dinge für sie eine größere Rolle spielen.
Vertiefende Analysen führen zu dem Ergebnis, daß die privaten bzw. beruflichen Anwender der DFÜ oder des Mobiltelefons die jeweilige Technik nach durchaus vergleichbaren Dimensionen bewerten. Eine Konsequenz, die angesichts der Homogenität der bisherigen Ergebnisse kaum überraschen kann. Für die DFÜ lassen sich die zwei folgenden Anwendungsmuster identifizieren:

(1) Tätigkeiten, die den Informationsaustausch betreffen: *Ausführliche Informationen austauschen, aktuelle Informationen austauschen, Auskünfte einholen bzw. weitergeben, exklusive/schwer zugängliche Informationen austauschen.*
(2) Tätigkeiten, die transaktionale Vorgänge beschreiben: *Angebote einholen, Aufträge erhalten oder erteilen, Bestellungen/Reservierungen machen.*

Mit *Informationsaustausch* sind Anwendungssituationen gemeint, die den Abruf bzw. die Weitergabe von Fakten betreffen. Wesentliches Kennzeichen solcher Vorgänge ist, daß emotionale, zwischenmenschliche Aspekte eine eher untergeordnete Rolle spielen, daß sie im Falle maschinisierter Datenbankabfragen, also reiner "Mensch-Maschine-Kommunikation", sogar völlig fehlen können. Dies gilt im wesentlichen auch für das Nutzungsmuster *Transaktion*, wobei es sich hierbei hauptsächlich um die Abwicklung geschäftlicher Belange wie *Bestellungen, Reservierungen, Aufträge* oder *Angebote* handelt. Diese *transaktionale Sphäre* (MUNDORF u.a. 1994:138) wird durch Tätigkeiten wie Einkaufen, Bankgeschäfte, Dienstleistungen, Weiterbildung und Behördenkontakte charakterisiert. Aus der Sicht des privaten Akteurs stellen sie die Schnittstelle zu kommerziellen oder öffentlichen Einrichtungen bzw. Unternehmen dar, aus der Sicht des beruflichen Anwenders die Schnittstelle zu Kunden und sonstigen Geschäftsverbindungen. Die Datennetze erlauben den Anwendern, ihre persönlichen Kommunikationsbedürfnisse bzw. -aufgaben an den strengen zeitlichen (und räumlichen) "Fahrplan" solcher transaktionalen oder informationsorientierten Geschäfte anzupassen (vgl. ebd.,143). Die Nutzung der DFÜ kann in diesem Sinne als eine "Zeitgewinnungstechnik" angesehen werden, indem die Anwender versuchen, "flexible und disponible Zeitstrukturen aus[zu]bilden und ihre Zeit aktiv-autonom einzuteilen" (HÖRNING u.a. 1990:148)[1]. Beide Dimensionen, Informationsaustausch und

1 Insofern sind die Ergebnisse der vorliegenden Studie durchaus vergleichbar mit anderen Untersuchungen. So unterscheidet DEGENHARDT im Rahmen der ersten Btx-

Transaktionen, umfassen "Situationen, die rekurrent und stark standardisiert sind, d.h. Regeln, durch die Aufgabenstruktur bzw. über entsprechende Planungsinstanzen hinweg relativ klar vorgeschrieben sind und mögliche Verhaltensweisen vorzeichnen" (SCHENK u.a. 1991:12).

Von deutlich geringerer Bedeutung ist dagegen ein drittes Anwendungsmuster der DFÜ:

(3) Tätigkeiten, die sozio-emotionale Kommunikationsvorgänge thematisieren: *Verhandlungen führen/Absprachen treffen, neue Kontakte herstellen, sich beraten lassen, jemanden beraten.*

Sozio-emotionale Kommunikationsvorgänge, wie *Verhandlungen führen, Absprachen treffen, Kontaktanbahnung* oder *-stabilisierung,* setzen aufgrund ihres kontinuierlichen, wechselseitigen, eher informellen Charakters neben der Übermittlung reiner Sachinformationen den Austausch zwischenmenschlicher Zusatzinformationen (wie z.B. Vertrauen, Glaubwürdigkeit, Attraktivität, Kenntnis, Überzeugungskraft der Kommunikationspartner) voraus, die sich in der Regel einer höheren Formalisierbarkeit entziehen. In der Unterscheidung zwischen Informationsaustausch/Transaktion einerseits und sozio-emotionaler Kommunikation andererseits deutet sich die Polarisierung zwischen instrumenteller (aufgabenorientierter) und expressiver (beziehungsorientierter) Technikaneignung an, wie sie auch schon in anderen Studien zur Nutzung von IuK-Techniken postuliert wird. ADLER stellt beispielsweise für die Telefonkommunikation fest, daß zwischen einer instrumentellen Nutzung als funktionale Organisationshilfe und einer emotionalen Nutzung als Beziehungsmedium, unterschieden werden kann (1992:15ff.). RICE spricht hinsichtlich der kommunikativen Eignung von Medien von den zwei fundamentalen Dimensionen "information exchange (less equivocal)" und "socio-emotional relations (more equivocal)" (1993:479).
Beim Mobilfunk zeigen sich sowohl Parallelen als auch Differenzen zur DFÜ. Im einzelnen können die unterschiedlichen kommunikativen Anwendungsformen des Mobiltelefons zu folgenden zwei inhaltlichen Dimensionen gruppiert werden:

Demonstrationsprojekte hinsichtlich der privaten Nutzung zwischen zwei Zielmärkten, dem a) semi-professionellen, die Alltagsorganisation und -transaktion betreffenden, aufgabenorientierten Bereich und b) dem rein privaten, unterhaltungsorientierten Bereich (1986:27). Er kommt zu dem Schluß, daß sich Btx besonders für Kommunikationsaufgaben eignet, die nur eine geringe soziale Präsenz erfordern, wie z.B. behördliche und organisatorische Erledigungskontakte des Alltags (ebd., 1986:130). MEIER/BONFADELLI stellen ebenfalls für Btx fest: "Die Nutzer erhoffen sich von der Systembenutzung primär eine Erleichterung alltäglicher Routinen in Sachen Geldverkehr und Einkaufen sowie eine schnelle Beschaffung für sie relevanter Informationen im weitesten Sinn" (ebd., 1985:695).

(1) Tätigkeiten, die transaktional-informative Vorgänge beschreiben: *dringende Angelegenheiten erledigen oder Termine und Verabredungen vereinbaren.*

Dieser Faktor beinhaltet Anwendungsmöglichkeiten, die i.a. einen höheren Anspruch an die kommunikativen Fähigkeiten der Gesprächspartner bzw. der Kommunikationssituation stellen und daher meistens mit einem höheren zeitlichen Aufwand verbunden sind. Im Gegensatz dazu subsumiert der zweite Faktor kommunikative Tätigkeiten, die einen geringen Komplexitätsgrad aufweisen und die ferner mit einem geringen zeitlichen Aufwand für den Anwender verbunden sind.

(2) Tätigkeiten, die sozio-emotionale Kommunikationsvorgänge thematisieren: *neue Kontakte herstellen, Kontakte aufrechterhalten und Beziehungen vertiefen oder Anregungen sammeln.*

Setzt man beide Faktoren in Beziehung zueinander wird deutlich, daß die Befragten vor allem die transaktional-informative Funktion des Mobiltelefons betonen. Das Mobiltelefon wird demnach vor allem als ein Medium betrachtet, mit dem man relativ einfache kommunikative Dinge erledigen kann, bei dem es darauf ankommt, möglichst schnell und unmittelbar zu reagieren, bei dem kurzfristige Änderungen möglich sein müssen und keine komplexen Sachverhalte berührt werden. Dies wird als der eigentliche Vorteil des Mobiltelefons angesehen. Nutzungsformen, die darüber hinaus gehen, werden zwar als solche durchaus gesehen, jedoch als weniger gut geeignet eingestuft. Je komplexer und zeitaufwendiger eine Tätigkeit ist, je mehr sie mit affektiven Inhalten in Verbindung gebracht wird, um so weniger scheint das Mobiltelefon dafür geeignet zu sein, und um so geringer ist der Nutzen, den man damit verbindet. Eine sozio-emotionale Funktion wird dem Mobiltelefon in einem nur geringen Umfang zugesprochen[1].

- *Einschätzung beruflicher und privater Folgen von Innovationen*

Die Beurteilung der Folgen, die den Gebrauch technischer Innovationen für den einzelnen nach sich ziehen, sind aus mehreren Gründen facettenreich. So impliziert die Einführung einer Technik i.a. nicht nur die Substitution einer bereits bestehenden Technik, sondern beinhaltet auch die Veränderung organisato-

1 Damit fügt sich die Beurteilung des Mobiltelefons in das Bild ein, welches bereits vom herkömmlichen Telefon bekannt ist. Wie die Ergebnisse von SCHABEDOTH u.a. (1989) oder ADLER (1992) verdeutlichen, sind die Nutzer eines herkömmlichen Telefons z.B. der Ansicht, daß sich dieses nur bedingt dazu eignet, um Aussprachen über Beziehungsprobleme oder über persönliche und familiäre Angelegenheiten bzw. Streitigkeiten herbeizuführen. Nutzungsformen des Telefons als *"Nabelschnur"* oder als *"Gefühlskatalysator"* spielen für viele Befragte nur eine kleine Rolle.

rischer bzw. lebensweltlicher Abläufe. Für Personen, die eine Technik hauptsächlich beruflich nutzen, ist es i.d.R. schwer zu entscheiden, ob die neue Technik der Impetus von Veränderungen war, oder ob die Einführung der Technik "nur" das Resultat derartiger Veränderungen gewesen ist. Weiterhin ergeben sich technisch induzierte Veränderungen nicht selten erst durch die Kombination mehrerer - im Prinzip eigenständiger - technischer Innovationen. Das Auto als "mobiles Büro" wurde z.B. erst durch die Kombination des tragbaren Computers, des portablen Druckers und des Mobiltelefons möglich. Beim privaten Gebrauch gilt es ferner zu bedenken, daß lebensweltliche Handlungs- und Nutzungsroutinen in aller Regel ausgesprochen stabil sind. Haben sich in einem bestimmten Kontext spezielle Nutzungsgewohnheiten verankert, bedarf es i.a. einer gewissen Zeit, bis sich neue, der Innovation angemessenere Formen des Gebrauchs herausgebildet haben. Zwischen der zunächst möglicherweise sporadischen Nutzung einer Technik und spürbaren Veränderungen für das Privatleben können relativ lange Zeiträume liegen. Diese Beispiele verdeutlichen die Schwierigkeit, einer spezifischen Innovation konkrete Auswirkungen bzw. Konsequenzen zuzuschreiben. Dieser Umstand spiegelt sich auch in der subjektiven Einschätzung der beruflichen und privaten Anwender der DFÜ und des Mobiltelefons wider.

- *Berufliche und private Folgen der DFÜ*

Die Einschätzung der beruflichen Folgen der DFÜ ist durch geringe Einstellungsunterschiede gekennzeichnet (Abbildung 8). Fast alle Merkmale haben für die beruflichen DFÜ-Anwender eine hohe persönliche Bedeutung. Nahezu alle Vorgaben werden von der Mehrzahl der Befragten als wünschenswert beurteilt. *Selbständigkeit*, *Flexibilität*, die Möglichkeit des *direkten Informationszugriffs* oder *Arbeiten schneller erledigen zu können* sind Sachverhalte, die sich in den Augen der Anwender einer besonders hohen Wertschätzung erfreuen. Lediglich das Merkmal *Leistungsdruck* wird deutlich negativer bewertet, obwohl selbst hier noch ein guter Teil der Befragten angibt, sich dies zu wünschen.

Abb. 8: Einstellung zu beruflichen Folgen der DFÜ - berufliche Anwender (N=160)

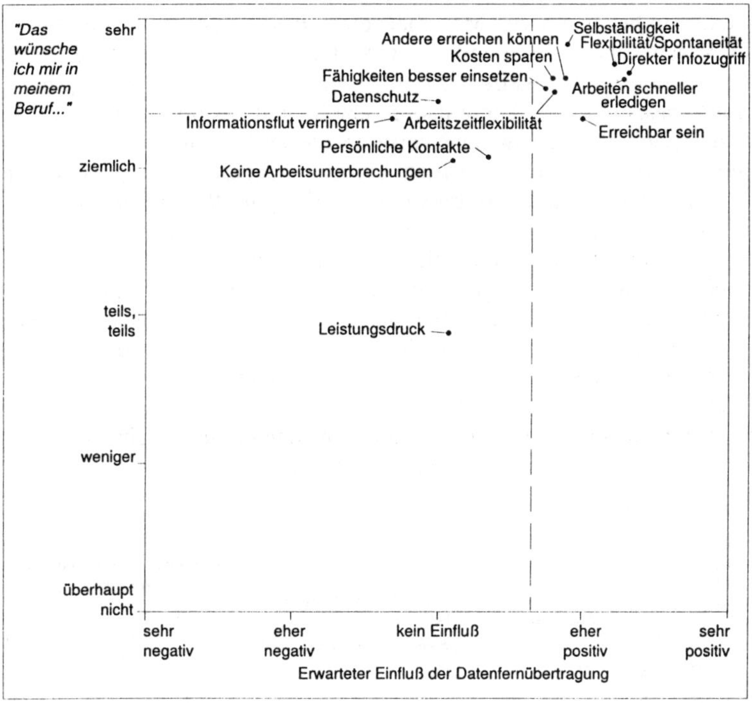

Wie aber werden die Auswirkungen der DFÜ im Beruf bewertet? Auch hier überwiegen die positiven Einschätzungen. Der *direkte Informationszugriff*, die Möglichkeit, *Arbeiten schneller zu erledigen* und die *Flexibilität bzw. Spontaneität* sind Kennzeichen des beruflichen Alltags, die klar an der Spitze der positiven Auswirkungen liegen, die man mit der DFÜ-Nutzung verbindet. Kritische Einschätzungen finden sich aber ebenso. Bei der Frage, ob und inwieweit sich der *Leistungsdruck* durch die DFÜ verändert habe, halten sich die Anteile der positiven und negativen Nennungen in etwa die Waage. In eine ähnliche Richtung geht die Beurteilung der Merkmale *Datenschutz* und *Anzahl der Arbeitsunterbrechungen*. Kritisch beurteilt wird ebenfalls die *Zunahme an überflüssigen Informationen.*

- *Private Folgen der DFÜ*

Bezogen auf die private Nutzenerwartung zeigt sich, daß sich die privaten Anwender in bezug auf vier Merkmale einen besonders großen Vorteil von der DFÜ versprechen. Es handelt sich dabei um die Aspekte *direkter Informationszugriff, Weiterbildung, Interessen/Hobbys nachgehen* und *Computerbeschäftigung*. Diese instrumentelle, auf das persönliche EDV-Interesse ausgerichtete Herangehensweise an die DFÜ charakterisiert die dominierende Nutzenerwartung. Einen etwas geringeren Nutzen nehmen die Merkmale *Abwechslung/Erlebnisvielfalt, Komfort/Bequemlichkeit, persönliche Kontakte halten* und *Spielen* in Anspruch. Diese eher emotional besetzten Nutzenerwartungen liegen aber ebenso eindeutig im positiven Bereich. Einen sehr geringen Nutzen sehen die privaten Anwender demgegenüber in der DFÜ im Hinblick auf das *politische Engagement* oder einer *kulturellen/ künstlerischen Betätigung*. Die finanziellen Kosten der DFÜ-Nutzung werden jedoch zweifellos als klarer Nachteil deklariert.

Abb. 9: Einstellung zu Folgen der DFÜ - private Anwender (N=84)

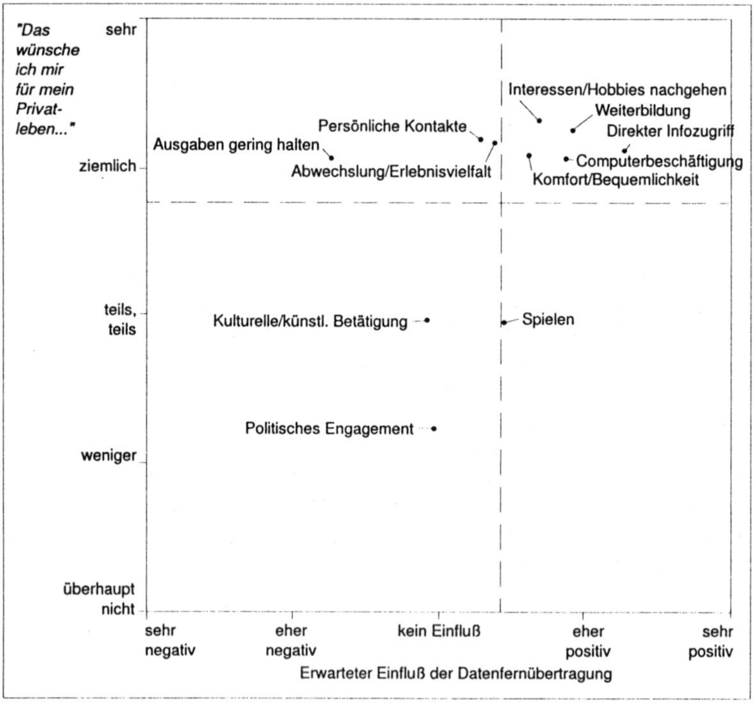

Ein Versuch, die Einschätzung der Auswirkungen zu systematisieren, führt nur im Bereich der beruflichen Anwender zum Erfolg. Im einzelnen lassen sich die folgenden Variablengruppen beschreiben:

(1) Folgen, die die Optimierung der Unternehmenskommunikation und die damit einhergehende finanzielle Rationalisierung betreffen: *Erreichbar sein für berufliche Ansprechpartner, berufliche Ansprechpartner erreichen können, persönliche Kontakte zu den beruflichen Ansprechpartnern, betriebliche Kosten sparen.*
(2) Folgen, die die Ablaufoptimierung betreffen: *Flexibel und spontan reagieren können, direkt und unmittelbar auf Informationen zugreifen.*
(3) Folgen, die die Zeitsouveränität und die damit einhergehenden Planungsfreiheiten am Arbeitsplatz betreffen: *Flexible Arbeitszeiten, Arbeiten schnell erledigen, Selbständigkeit bei der Planung der beruflichen Tätigkeit.*
(4) Folgen, die mögliche Risiken (bzw. negative Begleiterscheinungen) einer DFÜ-Anwendung am Arbeitsplatz betreffen: *Leistungsdruck, Arbeitsunterbrechungen, Datenschutzprobleme, Informationsflut.*

Zusammenfassend kann festgestellt werden, daß die Nutzenkalkulation professioneller DFÜ-Anwender nicht nur primär auf eine betriebliche Kosteneinsparung gerichtet ist, sondern daß dies nur eine Motivation unter mehreren anderen darstellt (wie dies im übrigen auch für Unternehmensentscheidungen für IuK-Techniken im allgemeinen angenommen werden kann). Im Vordergrund der durch eine DFÜ-Nutzung erwarteten Vorteile stehen vielmehr individuelle Autonomisierungsbestrebungen, die sich in der Optimierung von Arbeitsabläufen einerseits bzw. einer erhöhten Zeitsouveränität/Planungsfreiheit andererseits äußern. Den Hauptnutzen der DFÜ verspricht man sich wohl von der Integration zeitlich und räumlich getrennter, arbeitsteiliger Geschäftsprozesse sowie sequentiell und parallel verlaufender Arbeitsschritte. Direktheit und Unmittelbarkeit der Informationsbeschaffung, Flexibilität, Spontaneität und Selbständigkeit bei der Planung führen beim Bearbeiter dieser Vorgänge zu einer Ablaufoptimierung und einer zeitlichen, räumlichen bzw. personellen Autonomisierung.
Im Gegensatz zur beruflichen DFÜ-Nutzung wird im privaten Bereich kein rationalisierender Effekt im Sinne finanzieller Einsparungen erwartet. Im Gegenteil: Ein Großteil der Befragten sieht in den finanziellen Belastungen einen eindeutigen Nachteil. Gleichwohl scheint dieser Sachverhalt den DFÜ-Aktivitäten der privaten Anwender jedoch keinen Abbruch zu tun. Dies deutet darauf hin, daß vor dem Hintergrund der beschriebenen hohen Nutzenerwartungen die derzeitigen Kosten der Nutzung nicht so hoch sind, daß sie diese entscheidend einschränken. In bezug auf die inhaltlichen Interessen der privaten Anwender ist festzuhalten, daß das Thema EDV gegenüber gesell-

schaftspolitischen Feldern wie Politik und Kultur den Vorrang erhält. Auch wenn sich zu diesen Themen bereits spezialisierte DFÜ-Szenen herausgebildet haben, spielt das politische oder kulturelle Engagement für die Mehrzahl der DFÜ-Nutzer nur eine periphere Rolle. Dies betrifft sowohl die Bedeutung dieser Themen im Privatleben der Nutzer als auch die erwartete Eignung der DFÜ. Diesbezüglich ähneln die Untersuchungsergebnisse denen der ersten Btx-Pilotversuche, für die festgestellt wurde, daß die Stimulationswirkung bzw. eine Aktivierungsfunktion im kulturellen Bereich nur gering sei. Allenfalls ist eine Verstärkung bei kulturell bereits Interessierten zu erwarten (vgl. MEIER/BONFADELLI 1985:698). Private Anwender erwarten von der DFÜ dagegen vor allem einen Nutzen bei der Entfaltung persönlicher Interessen, beim Zugewinn an Komfort, bei der Weiterbildung und der Möglichkeit des direkten Informationszugriffs.

• *Berufliche und private Folgen des Mobiltelefons*

Die Einschätzung der sozialen Auswirkungen des Mobiltelefons auf das Berufs- und/oder Privatleben ähnelt in ihrer Struktur der der DFÜ. Die meisten der vorgegebenen beruflichen Merkmale sind für die befragten Anwender entweder von ziemlich hoher bzw. sehr hoher Bedeutung. Ganz oben stehen Sachverhalte wie bspw. *Selbständigkeit bei der Planung der beruflichen Tätigkeit, Flexibilität und Spontaneität* sowie *Erreichbarkeit.* Entgegen der Vermutung von LANGE (1990 und 1993) wird nicht nur die eigene Erreichbarkeit, sondern auch die Möglichkeit, andere zu erreichen, positiv bewertet. Von einem "Erreichbarkeitsstreß" ist demnach in der vorliegenden Untersuchung nichts zu erkennen. Gleichzeitig sind die meisten Befragten auch der Ansicht, daß sich ein Großteil dieser Dinge durch den Einsatz des Mobiltelefons verbessert hat. Am positivsten werden *Erreichbarkeit, Mobilität* oder *Flexibilität und Spontaneität* beurteilt. Kaum geringer wird die Möglichkeit, die eigene *Arbeit schneller zu erledigen* oder die persönliche *Arbeitszeitflexibilität,* eingeschätzt. Durch die Kombination hoher kognitiver und hoher evaluativer Einschätzungen entstehen Nutzenwerte, die sehr nahe am maximal möglichen Nutzenwert liegen (rechte obere Ecke).

Abb. 10: Einstellung zu Mobiltelefon-Folgen - berufliche Anwender (N=160)

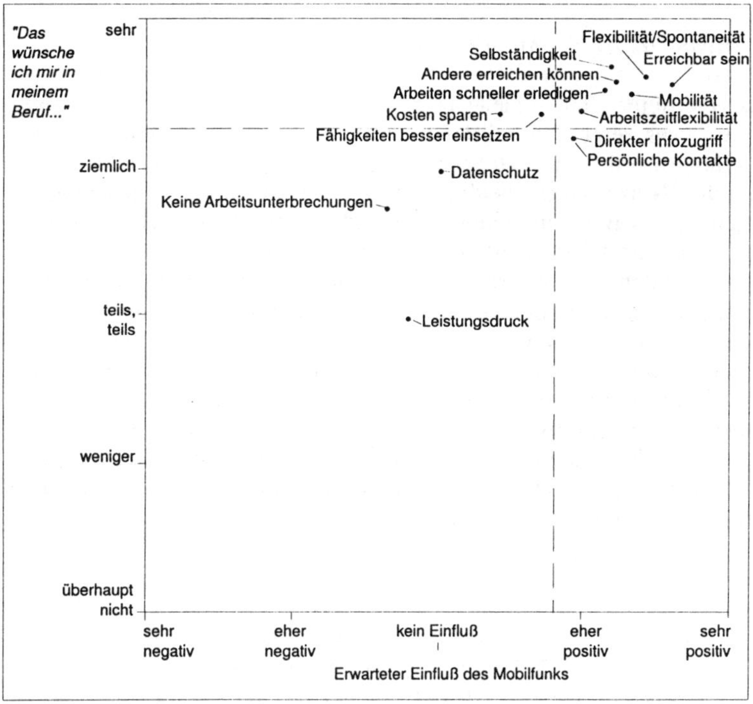

Insgesamt kann man also festhalten, daß die beruflichen Anwender in ihrer überwiegenden Zahl sehr zufrieden mit der Entwicklung sind, die sich durch den Einsatz des Mobiltelefons ergeben hat. Diese generell positive Beurteilung wird nur durch drei Punkte ein wenig getrübt. Wie in der Abbildung zu erkennen ist, weichen die Beurteilungen der Merkmale *Arbeitsunterbrechungen, Leistungsdruck* und *Datenschutz* deutlich von den anderen Kriterien ab. Dies bedeutet, daß zumindest ein Teil der befragten beruflichen Anwender hier persönliche Nachteile erwartet. Allerdings ist hierbei zu beachten, daß eine derartige tendenziell eher negative Einschätzung vor dem Hintergrund der ansonsten sehr positiven Beurteilung zu sehen ist. Sie ergibt sich erst in Relation zu den anderen Beurteilungen. Absolut betrachtet (d.h. bezogen auf den jeweiligen Skalenpunkt) sind die Befragten in der Mehrzahl der Fälle der Auffassung, daß der Gebrauch des Mobiltelefons diese drei Punkte in einem nur geringen Maße beeinflußt hat. Dabei sollte man aber auch nicht aus den Augen verlieren, daß sich diese Dinge auch untereinander deutlich unterscheiden. Betrachtet man den *Datenschutz* und den Wunsch nach *Vermeidung von Arbeitsunterbrechungen*

als etwas, was grundsätzlich wichtig ist, wird der *Leistungsdruck* nur von relativ wenigen als wünschenswert betrachtet.

- *Private Folgen des Mobiltelefons*

Trotz erwarteter Unterschiede in der beruflichen und privaten Nutzung des Mobiltelefons zeigt sich bei der Interpretation der Ergebnisse, daß sich das Einstellungsprofil der privaten Anwender in nur wenigen Punkten von dem der beruflichen Nutzer unterscheidet. Es fällt auf, daß es kaum Unterschiede in der Beurteilung der Bedeutung gibt, die einzelne Merkmale für sie im Privatleben haben. Der Unterschied zwischen dem bedeutsamsten (*im Notfall Hilfe holen können*) und dem unbedeutsamsten (*ungestört sein*) Merkmal ist, gemessen an allen anderen Befragtengruppen, recht gering. Innerhalb einer engen Spannweite befinden sich alle vorgegebenen Beurteilungskriterien. Im wesentlichen gilt diese Beobachtung auch für die Einschätzung der Auswirkungen, die das Mobiltelefon im Privatleben hat. Bis auf zwei werden alle anderen Kriterien als eher positiv beurteilt. Am positivsten fällt die Beurteilung beim Merkmal *im Notfall Hilfe holen können* aus, knapp dahinter folgen Aspekte wie die eigene *Erreichbarkeit* und die *Erreichbarkeit* von anderen. Kaum weniger bedeutsam sind *Flexibilität* und *Mobilität.*

Abb. 11: Einstellung zu Mobiltelefon-Folgen - private Anwender (N=96)

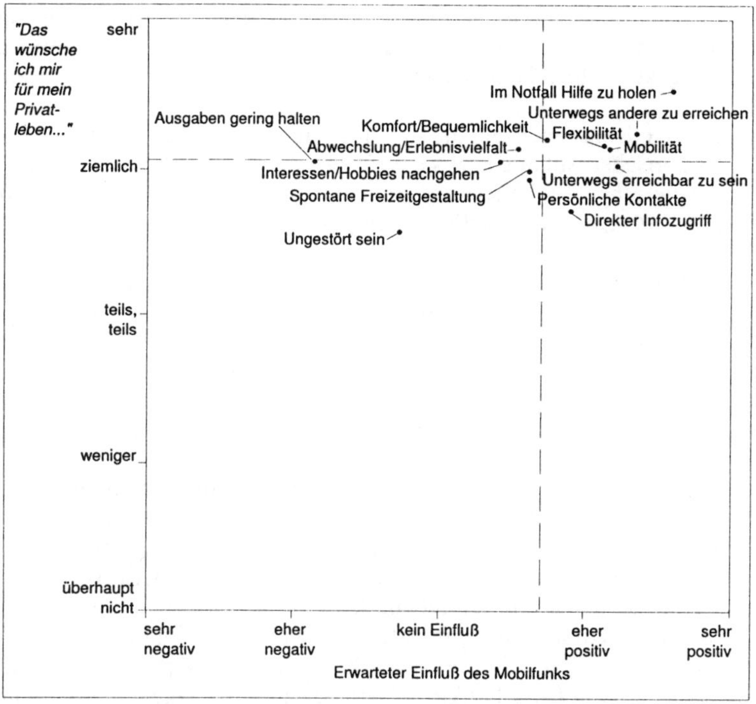

Eindeutig negativ wird erwartungsgemäß die Entwicklung der *privaten Ausgaben* beurteilt. Hier ist sich die Mehrheit der privaten Anwender darin einig, daß es zu einer mehr oder weniger deutlichen Erhöhung der privaten Ausgaben gekommen ist. Daher ist dieser Punkt derjenige, der den geringsten Nutzenbeitrag für die privaten Anwender hat. Ob sich daraus jedoch eine einschränkende Verwendung des Mobiltelefons ableiten läßt, ist so nicht zu beantworten. Vergleichbar negativ werden auch die *Störungen im Privatleben* beurteilt. Der Lage im Koordinatensystem nach wird dieser Punkt zwar als ziemlich bedeutsam eingeschätzt, jedoch hat er nach Meinung der meisten Anwender einen eher geringen Einfluß auf ihr Privatleben. Vergleicht man jedoch seine Position mit der überwiegend doch sehr positiven Beurteilung der anderen Merkmale, so ist ersichtlich, daß er alles in allem als eher negativer Aspekt der Mobilfunknutzung angesehen wird. Anscheinend nimmt der Grad der Störung des Privatlebens durch das Mobiltelefon insgesamt eher zu.

Die Ergebnisse einer Faktorenanalyse führen zu der folgenden Systematisierung der Folgen. Die beruflichen Anwender unterscheiden recht deutlich zwischen den positiven (Dimension (1) und (2)) und den negativen (Dimension (3)) Konsequenzen, die der Einsatz des Mobiltelefons für sie im Beruf nach sich zieht. Im einzelnen können die Faktoren wie folgt beschrieben werden:

(1) Positive Konsequenzen, die sich überwiegend auf die Optimierung organisatorischer Abläufe beziehen: *Erreichbar sein für berufliche Ansprechpartner, berufliche Ansprechpartner erreichen können, persönliche Kontakte zu den beruflichen Ansprechpartnern, betriebliche Kosten sparen.*

(2) Positive Konsequenzen, die die persönlichen Arbeitsabläufe optimieren: *Selbständigkeit, Arbeitszeitflexibilität, Verbesserung der persönlichen Mobilität.*

(3) Negative Konsequenzen, die i.S. von Risiken (bzw. negative Begleiterscheinungen) der Mobiltelefonnutzung betrachtet werden können: *Leistungsdruck, Arbeitsunterbrechungen, Datenschutzprobleme.*

Allerdings ist die Trennungslinie zwischen den beiden positiven Faktoren nicht so eindeutig wie die Abgrenzung zu den negativen Konsequenzen. Ein Ergebnis, das natürlich auch dadurch vorgeprägt ist, daß die Folgen alles in allem als sehr positiv eingeschätzt werden. Die Beurteilung der privaten Nutzer fügt sich in das bislang beschriebene Bild ein. Ebenso wie die beruflichen Anwender assoziieren auch die privaten Anwender des Mobiltelefons mit dessen Gebrauch vor allem positive Auswirkungen. In der Mehrzahl der Fälle beziehen sich diese auf die konkrete Verbesserung der eigenen Kommunikationsmöglichkeiten (*erreichbar sein,* mehr *Flexibilität* und *Spontaneität* oder besserer *Informationszugriff*) bzw. der privaten Lebenssituation (mehr *Komfort*, *Mobilität* und *Abwechslung*). Lediglich zwei Auswirkungen (Erhöhung der privaten Ausgaben und die Gefahr in der Freizeit gestört zu werden) werden als negative Begleiterscheinungen der Nutzung gesehen. Ihre absolute Bedeutung dürfte jedoch vor dem Hintergrund des sehr positiven Gesamturteils relativ gering sein. In keinem Fall können sie als echtes Adoptions- bzw. Akzeptanzhindernis betrachtet werden.

- *Symbolische Nutzenzuschreibungen*

In den Vorstellungen der Anwender über den Gebrauchswert einer Technik dominierten nach den Ergebnissen der Studie bislang Überlegungen, die sehr stark mit Formen instrumenteller Nutzung verbunden sind. Insbesondere bei den kommunikativen Anwendungsoptionen wurde der "Werkzeugcharakter" beider Innovationen besonders deutlich. Im Prinzip ergibt sich dies daraus, daß die Anwender immer auch auf den Entstehungs- bzw. Vermittlungszusammenhang Bezug nehmen, in dem die Nutzung stattfindet. Dies geschieht primär über den jeweiligen Funktionsumfang der Technik ("auferlegte Relevanz"), bedarf aber i.a. auch einer darüber hinausgehenden individuellen Interpretation, bei der die entsprechenden Funktionen und Einsatzmöglichkeiten des Gerätes subjektiv gedeutet und bewertet werden ("immanente Relevanz"; vgl. HENNEN 1992). Im Verlauf verinnerlichter Prozesse wird der praktische Nutzen einer Technik mit einem "symbolischen Gebrauchswert" bzw. "Zusatznutzen" verbunden[1]. Im Einzelfall kann der symbolische Zusatznutzen einer Technik an die Stelle des praktischen, instrumentellen "Hauptnutzens" treten. Methodisch umgesetzt wurde dieser Einstellungsbereich durch die Kombination aus einem angestrebten persönlichen Image und der Kompatibilität der Innovation zu diesem Selbstbild. Die Zielpersonen wurden daher danach gefragt, wie sie den typischen DFÜ- bzw. Mobiltelefon-Anwender einschätzen (z.B. *modern/fortschrittlich*, *technikverliebt* etc.) und wie angenehm es für sie ist/wäre, selbst in dieser Weise wahrgenommen zu werden. Durch die Kombination beider Elemente bemißt sich der Symbolgehalt eines jeden Merkmals.

- *Symbolgehalt der DFÜ*

Hinsichtlich der Bedeutung symbolischer Merkmale sind die Beurteilungen der privaten und beruflichen Anwender strukturell und graduell weitgehend identisch[2].

---

1 Auf diesen Sachverhalt bezieht sich auch HENNEN (1992), wenn er davon spricht, daß technische Artefakte vom einzelnen symbolisch "aufgeladen" werden (können).

2 Daher verzichten wir hier im Unterschied zu den bisherigen Analysen auf eine getrennte Präsentation der Ergebnisse der beiden Anwendungskontexte.

Abb. 12: Einstellung zum DFÜ-Symbolgehalt - alle Anwender (N=244)

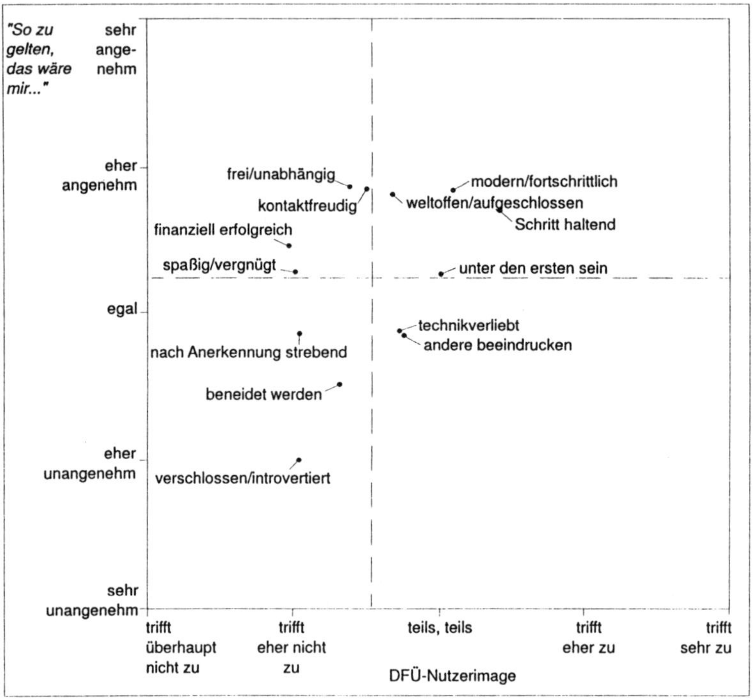

Auf der horizontalen Ebene des Diagramms ist die Wahrnehmung des DFÜ-Nutzerimage abzulesen. Die Befragten sollten angeben, wie sehr die einzelnen Merkmale ihrer Ansicht nach auf DFÜ-Nutzer im allgemeinen zutreffen. Auf den ersten Plätzen finden sich Merkmale, wie *mit der technischen Entwicklung Schritt halten*, *modern/fortschrittlich*, *unter den ersten sein*, *mit Wissen beeindrucken* und *technikverliebt*. Tendenziell negative Zuschreibungen, wie *beneidet werden wollen*, *nach Anerkennung streben*, *verschlossen/introvertiert* belegen daher eher die hinteren Rangplätze. Auch Merkmale, wie *Spaß und Vergnügen suchen* oder *finanziell erfolgreich sein* werden weniger mit der DFÜ in Verbindung gebracht.

Zusammenfassend kann man daher sagen, daß die Anwender der DFÜ den größten symbolischen Nutzen in den Merkmalen *modern/fortschrittlich*, *mit der technischen Entwicklung Schritt halten* und *weltoffen/aufgeschlossen* sehen. Auch hinsichtlich der Aspekte *kontaktfreudig* und *frei/unabhängig* (auch *unter den ersten sein*) sind noch deutlich positive Tendenzen zu verzeichnen. Im neutralen Bereich liegen die Merkmale *mit Fähigkeiten/Wissen andere beeindru-*

cken, technikverliebt, finanziell erfolgreich sein, nach Anerkennung streben und *Spaß und Vergnügen suchen.* Als Nachteil der DFÜ-Nutzung wird der Umstand, als *verschlossen und introvertiert* zu gelten, angesehen (evtl. auch *etwas zu besitzen, um das einen andere beneiden*). Einen nennenswerten symbolischen Nutzen sehen die Befragten durchschnittlich in der Demonstration von Innovationsbereitschaft. Ein dem technischen Wandel aufgeschlossenes DFÜ-Image stellt für einen Großteil der Stichprobe offenbar einen positiven Gebrauchseffekt dar. Dabei geht es nicht unbedingt nur um die Inszenierung vom Besitz des "Neuen", sondern in erster Linie darum, den Anschluß an die technische Entwicklung zu halten. Die erhoffte Demonstrationswirkung bewegt sich demnach auf der Ebene einer kognitiven (Meta-)Kompetenz, d.h. einem allgemeinen technischen Orientierungsinteresse. Bei einem nicht geringen Anteil von Kontroll- und Anwendergruppe mischt sich dieses (zunächst) neutrale Interesse allerdings mit einer befürwortenden Technikeinstellung; so sind einige Befragte einem technikverliebten Image durchaus nicht abgeneigt. Die Inszenierung von Technikaneignung als kultureller Alltagsstil (vgl. HÖRNING 1985) hat für diesen Personenkreis - neben dem originären Gebrauchswert der Innovation - offenbar einen nutzbringenden Zusatzeffekt. Sie stellen jedoch auf der Grundlage der vorliegenden Daten eher die Ausnahme dar.

- *Symbolgehalt des Mobiltelefons*

Die Auswertung der symbolischen Zuschreibungen, die berufliche und private Anwender mit dem Mobiltelefon verbinden, verdeutlicht ein Auseinanderfallen der einzelnen Merkmale (vgl. Abbildung 13). Im Gegensatz zu der Beurteilung der Produkteigenschaften oder der Einschätzung der Auswirkungen auf den Beruf bzw. das Privatleben sind hier die Merkmale nicht auf einen Quadranten konzentriert, sondern verteilen sich auf alle vier. Das Selbstverständnis wird dabei von einer ganzen Reihe von sowohl positiven als auch negativen Kriterien bestimmt. Man sieht sich selbst als jemanden (bzw. möchte von anderen in dieser Weise beurteilt werden), der *frei und unabhängig, modern und fortschrittlich, kontaktfreudig* und *weltoffen* ist. Hingegen werden Einschätzungen, die auf öffentliche Aufmerksamkeit, Luxus und Extravaganz oder Neid abzielen, eher gescheut. Bei der Beurteilung dessen, ob und inwieweit der Gebrauch eines Mobiltelefons die einzelnen sozialen Zuschreibungen beeinflußt, sind die Nutzer überwiegend der Ansicht, daß der Einfluß eher gering ist. Erkennen kann man dies daran, daß selbst die relativ negativen Einschätzungen (*extravagant* und *öffentlich auffallen*) im Schnitt bei der Mittelposition (*"teils/teils"*) liegen.

Abb. 13: Einstellung zum Symbolgehalt des Mobiltelefons - alle Anwender (N=256)

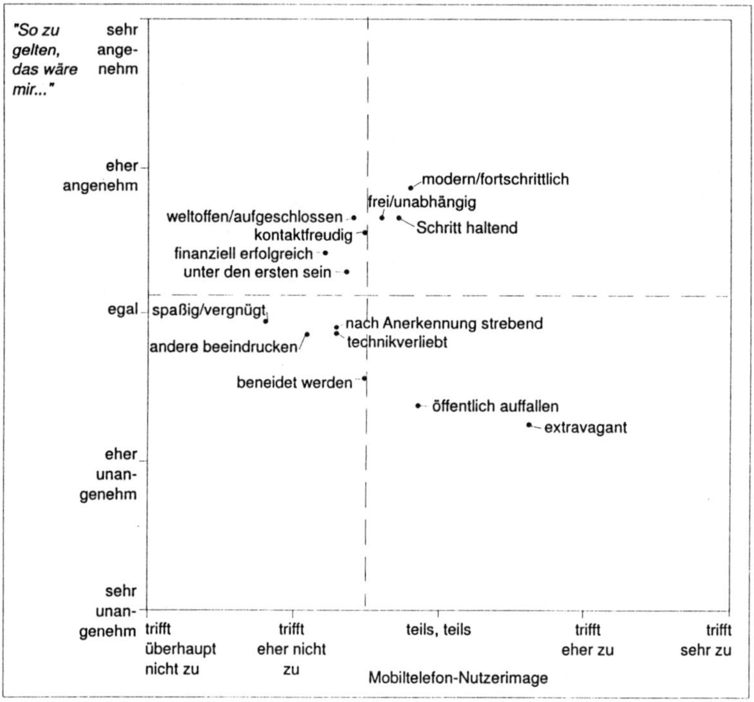

Dennoch gibt es deutliche Unterschiede in der Einschätzung bzgl. des Images eines Mobiltelefons. Nur wenige glauben daran, daß man mit einem Mobiltelefon *andere beeindrucken* kann, daß man darum *beneidet* wird, oder daß die Verwendung dazu beiträgt, als jemand zu gelten, der *Spaß und Vergnügen* sucht. Interessant ist ferner, daß nicht nur bei einigen positiven, sondern auch bei einigen negativen Einschätzungen ein Teil der Anwender der Auffassung ist, dies könne man mit einem Mobiltelefon erreichen. Im negativen Fall sind dies *Extravaganz* und *öffentliche Aufmerksamkeit*, im positiven Fall zählt man dazu *Modernität*, *Fortschrittlichkeit* und *Aufgeschlossenheit.*

Private und berufliche Anwender unterscheiden sich vor allem in der Einschätzung, inwieweit man durch den Gebrauch eines Mobiltelefons bestimmte Imageattribute erzielen kann. Tendenziell haben berufliche Nutzer eine pointierte Vorstellung davon, welche symbolischen Nutzeneffekte man mit einem Mobiltelefon erreichen kann bzw. welche nicht verwirklicht werden

können. Verdeutlichen kann man dies bspw. anhand der Selbsteinschätzung der Anwender, ob man zu den ersten gehört, die etwas *Neues ausprobieren*, oder die *Schritt halten mit der technischen Entwicklung*. Für beide Gruppen sind diese Selbsteinschätzungen in etwa gleich an- bzw. unangenehm. Allerdings sind die privaten Anwender optimistischer in der Beurteilung der Realisierungschancen. In beiden Fällen glauben private Nutzer eher daran, daß man dies mittels des Mobiltelefons erreichen kann (oder könnte). Sie empfinden sich stärker als Vorreiter der (privaten) Nutzung. Zurückführen läßt sich dies einerseits auf die deutlich geringere Nutzungsdauer und dem damit verbundenen kürzeren Erfahrungshintergrund, andererseits vorwiegend auf die kontextuelle Einbindung der beruflichen Nutzung. Der berufliche Gebrauch beider Techniken ist - wie die hier nicht berücksichtigten Netzwerkanalysen zeigen - weitaus stärker im jeweiligen Kontext verankert als dies beim privaten Gebrauch der Fall ist. Den beruflichen Anwendern ist offenbar bewußt, daß die Nutzung der Innovationen von beruflichen Notwendigkeiten bestimmt wird, denen sie nicht allein unterworfen sind. Die Singularität, die sich in einer Vorreiterrolle widerspiegelt, wird dadurch zwangsläufig relativiert.
Die Symbolik der Mobilfunknutzung läßt sich zusammenfassend bei den Anwendern im beruflichen wie im privaten Bereich dahingehend interpretieren, daß beide Gruppen einen begrenzten symbolischen Nutzen des Mobilfunks erkennen: am ehesten trägt die Mobilfunknutzung noch dazu bei, daß man als *frei* und *unabhängig* gelten kann bzw. als jemand, der mit der *Technik Schritt* hält. Für private Anwender ist *Kontaktfreude* ein weiteres bedeutsames Merkmal, welches durch den Gebrauch des Mobiltelefons unterstützt wird. Für berufliche Anwender ist dagegen tendenziell wichtig, daß sie als *modern* und *fortschrittlich* gelten. Dagegen sind *Neid*, *Anerkennung* oder *Extravaganz* Aspekte, die von den meisten Befragten gemieden werden. Im Vergleich zu den anderen Einstellungsbereichen sind die Nutzenvorteile, die aus dem Symbolgehalt eines Mobiltelefons resultieren, eher geringerer Natur. Der "Zusatznutzen" der Mobilfunkverwendung in Beruf und Alltag ergibt sich insgesamt bei den Anwendern eher im Kontext der *Mobilität* (Freiheit/ Unabhängigkeit), der *Modernität/Fortschrittlichkeit* sowie der *Kontaktfreude*. Alles in allem sind dies Merkmale, die auch in der Werbung für Mobilfunk eine nicht unbedeutende Rolle spielen.

Resümee

Ein Vergleich zwischen den beiden Typen technischer Innovation führt zu folgenden Ergebnissen. Im Prinzip werden beide Techniken nach einem weitgehend vergleichbaren Einstellungsmuster beurteilt. Sowohl die DFÜ als auch das Mobiltelefon werden von nahezu allen Anwendern als Techniken betrachtet, mit denen man weitgehend zufrieden ist und die darüber hinaus genau dies leisten, was man sich von ihnen verspricht. In diesem Sinne können beide Innovationen als technisch ausgereifte Produkte betrachtet werden. Ein nicht unwesentlicher Punkt, wenn man nach Akzeptanzbarrieren sucht.

Systematische Unterschiede zeigen sich jedoch bei der Einschätzung des Komplexitätsgrades der beiden Innovationen. In der Tendenz wird die DFÜ von den Anwendern als ein komplexeres technisches System betrachtet (vgl. SCHENK/DAHM/SONJE 1996). Insoweit erfordert die DFÜ eine intensivere Auseinandersetzung mit der Technik und führt auch zu einer differenzierteren Nutzenvorstellung. Dies schlägt sich bspw. auch darin nieder, daß die Nutzer des Mobiltelefons nicht zwischen transaktionalen und informativen Anwendungsformen unterscheiden. Kommunikative Anwendungsfomen, die einen geringen interpersonalen Grad an Interaktion aufweisen und/oder die in einem hohen Maße zeitabhängig sind, bilden hierbei eine weitgehend eigenständige Beurteilungsdimension. Nach Ansicht vieler Anwender sind genau dies die Tätigkeiten, für die die beiden Innovationen besonders gut geeignet sind. Demgegenüber stellen Tätigkeiten, die in den Augen der Befragten einen hohen Grad an sozialer Präsenz erfordern, ein Beurteilungskriterium dar, nach dem beide Techniken relativ schlecht abschneiden. Da dies jedoch kommunikative Anwendungsformen sind, die nicht primär im Zusammenhang mit dieser Technik gesehen werden, ist deren Einfluß auf das Gesamturteil relativ schwach. Insoweit beruht die überaus positive Beurteilung beider Techniken auf einem Erfahrungshintergrund, der geprägt ist durch einen hohen persönlichen Zugewinn an Vorteilen und/oder Bequemlichkeit bei Formen unterschiedlicher Kommunikation, bei denen es vor allem auf schnelle Informationsübermittlung ankommt.

Überraschend ist, daß beide Techniken von den privaten als auch von den beruflichen Anwendern relativ ähnlich berurteilt werden. Abgesehen von einzelnen Unterschieden zeigt sich ein relativ hoher Grad an inhaltlicher Übereinstimmung zwischen privater und beruflicher Einschätzung, die sich durch nahezu alle Einstellungsbereiche zieht. Allerdings zeigt ein Vergleich beider Anwendungskontexte auch, daß die entsprechenden Werte im beruflichen Bereich generell die privaten Werte übersteigen[1]. Dies läßt den Schluß zu, daß die DFÜ bzw. das Mobiltelefon den Alltag der beruflichen Anwendergruppe positiver beeinflußt hat als dies bei den entsprechenden privaten Vergleichsgruppen der Fall ist. Hierbei wird die berufliche Nutzung durch eine betriebswirtschaftliche Vorstellung geprägt, bei der der flexible, zeit- und ortsunabhängige Einsatz des *"Produktionsfaktors Arbeit"* in Übereinstimmung

1 Ein Vergleich der mittleren Nettonutzensummen in den einzelnen Einstellungsbereichen belegt dies eindeutig.

mit den jeweiligen konkreten Produktionserfordernissen erfolgen muß (vgl. METTLER-MEIBOM 1994:13). Hieraus ergibt sich verständlicherweise eine Dominanz von bestimmten Anwendungsmöglichkeiten bzw. beruflichen Merkmalen, die den Werkzeugcharakter beider Innovationen betonen. Insoweit kann es weder erstaunen, daß die symbolische Nutzenzuschreibung eine so geringe Bedeutung einnimmt, noch daß affektive Gebrauchsformen im Hintergrund der Nutzenüberlegungen stehen. Dies ist ein Indiz für die Richtigkeit der von METTLER-MEIBOM und FOCK geäußerten Vermutung, daß hinter dem Erfolg des Mobiltelefons ein grundlegender gesellschaftlicher Trend steht, bei dem spezifische "Versprechungen" ("nie mehr etwas zu verpassen", "Ubiquität" und "optimale Zeitallokation") im Vordergrund stehen und so eine bestimmte Nutzung des Mobiltelefons unterstützen. Eine These, die von den vorliegenden Ergebnissen gestützt wird und die sich mit Sicherheit auf beide Innovationstechniken beziehen läßt.

Greift man noch einmal die Eingangsfrage auf, ob die DFÜ bzw. das Mobiltelefon eher als ein Werkzeug oder eher als ein Spielzeug zu betrachten ist, fällt die Antwort hierauf eindeutig aus. Ungeachtet der positiven bzw. negativen Utopien ("Informationsgesellschaft", "mobile Kommunikation", "Cyber-Reality" etc.), die man mit beiden Techniken in der Öffentlichkeit verbindet, sind die Vorstellungen der Anwender beider Innovationen auf ein eher nüchternes, instrumentelles Nutzenprofil ausgerichtet. Es scheint so, daß Formen des spielerischen Umgangs mit beiden Techniken vor allem in der Anfangsphase der Nutzung eine größere Bedeutung haben oder daß sie längerfristig nur für eine spezifische Nutzergruppe (z.B. "Computerfreaks") attraktiv sind. Unsere Untersuchungsergebnisse legen die Interpretation nahe, daß für den normalen Anwender Formen des spielerischen Umgangs allmählich an Bedeutung verlieren.

Literatur

Adler, J. (1992) Telefonieren in Deutschland. In: Wissenschaftliches Institut für Kommunikationsdienste (Hg.): Diskussionsbeitrag Nr. 97. Bad Honnef

Ajzen, I./Fishbein, M. (1980) Understanding attitudes and predicting social behavior. Englewood Cliffs

Degenhardt, W. (1986) Akzeptanzforschung zu Bildschirmtext. Methoden und Ergebnisse. München

Dehm, U./Knoche, M. (1981) Videotext aus der Sicht der Nutzer. In: Media Perspektiven 8/81, S. 575-583

Döhl, W. (1983) Akzeptanz innovativer Technologien in Büro und Verwaltung. Göttingen

Dörrenbächer, C. (1992) Die Auswirkungen der Mobilkommunikation auf die Zukunft der Arbeitswelt. In: DGB (Hg.): Informationen zur Technologiepolitik und zur Humanisierung der Arbeit. Nr. 17/November 92. Düsseldorf

Dordick, H. S. (1989) The social uses of the telephone - an U.S. perspective. In: Lange, U./Beck, K./Zerdick, A. (Hg.): Telefon und Gesellschaft. Beiträge zu einer Soziologie der Telefonkommunikation. Band 1. Berlin, S. 221-238

Ehlers, R. (1985) Nutzung und Akzeptanz der regionalen und überregionalen Videotext-Angebote. In: Media Perspektiven 6/85, S. 471-478

Fielding, G./Hartley, P. (1987) The telephone: a neglected medium. In: Cashdan, A./Jordin, M. (Hg.): Studies in Communications. Oxford/New York

Fishbein, M./Ajzen, I. (1975) Beliefs, attitude, intention and behavior: an introduction to theory and research. Englewood Cliffs

Fock, C. (1994) Hier und jetzt - oder nirgends und nie: Mobilfunk und Erreichbarkeit. Immer und überall - Die Versprechungen der Mobilkommunikation. In: Fickert, J. (Institut für Informations- und Kommunikationsökologie E. V.) (Hg.) Kommunikation überall. Bonn, S. 24-26

Friedrichs, J. (1991) Unter welchen Bedingungen werden neue Technologien angenommen? In: Jaufmann, D./Kistler E. (Hg.) Einstellungen zum technischen Fortschritt. Frankfurt/M., S. 117-134

Fritz, J. (1995) Faszination Computerspiel. Empirische Annäherungen an Nutzung und Wirkung von Bildschirmspielen

Hennen, L. (1992) Technisierung des Alltags. Ein handlungstheoretischer Beitrag Zur Theorie technischer Vergesellschaftung. Opladen

Hörning, K. H./Gerhard, A./Michailow, M. (1990) Zeitpioniere. Flexible Arbeitszeiten - neuer Lebensstil. Frankfurt/M.

Lange, K. (1990) Chancen und Risiken der Mobilfunktechnologien. In: WIK, Diskussionsbeitrag Nr. 60/Oktober 90. Bad Honnef

Lange, K. (1993) Gestaltungsfelder beim Mobilfunk in der Arbeitswelt. In: WIK, Diskussionsbeitrag Nr. 108/Mai 93

Meier, W./Bonfadelli, H. (1985) Evaluation der Btx-Begleitforschungen. In: Media Perspektiven 9/85, S. 692-701

Mettler-Meibom, B. (1994) Hier und jetzt - oder nirgends und nie: Mobilfunk und Erreichbarkeit. Der Fetisch Erreichbarkeit - Ein neues Kapitel in der Geschichte unserer Wünsche. In: Fickert, J. (Institut für Informations- und Kommunikationsökologie E. V.) (Hg.) a.a.o. Bonn, S. 5-23

Mundorf, N./Meyer, S./Schulze, E./Zoche, P. (1994) Families, information technologies, and the quality of life: German research findings. In: Telematics and Informatics 2/94, S. 137-146

Rice, R. E. (1993) Media appropriateness. Using social presence theory to compare traditional and new organizational media. In: Human Communication Research, Vol. 19, No. 4, S. 451-484

Rogers, E. M./Shoemaker, F. F. (1971) Communication of innovations. 2. Auflage. New York

Schabedoth, E./Storll, D./Beck, K./Lange, U. (1989) "Der kleine Unterschied". Erste Ergebnisse einer repräsentativen Befragung von Berliner Haushalten zur Nutzung des Telefons im privaten Alltag. In: Lange, U./Beck, K./Zerdick, A. (Hg.): Telefon und Gesellschaft. Beiträge zu einer Soziologie der Telefonkommunikation. Band 1. Berlin, S. 101-115

Schenk, M. Et Al. (1991) Computerunterstützte Gruppenarbeit zur Führung internationaler Unternehmen. Arbeitspapier. Stuttgart

Schenk, M./Dahm, H./Sonje, D. (1995) Zur Nutzung und Aneignung neuer Kommunikationstechnik. Welche Rolle spielen Einstellungen und Nutzenkalküle? In: Kubicek, H./Müller, G./Neumann, K.-H./Raubold, E./Roßnagel, A. (Hg.; 1995) Jahrbuch Telekommunikation und Gesellschaft. Multimedia - Technik Sucht Anwendung. Heidelberg, S. 140-155

Schenk, M./Dahm, H./Sonje, D. (1996) Innovationen im Kommunikationssystem. Heidelberg

Schmidt, C./Tonnemacher, J. (1987) Kabeltext und Videotext: am liebsten lokal? Der Kabeltext Dortmund in Nutzung und Beurteilung durch die Teilnehmer des Kabelpilotprojekts. In: Media Perspektiven 6/87, S. 366-374

Turkle, S. (1984) Die Wunschmaschine. Der Computer als zweites Ich. Reinbek

Weizenbaum, J. (1977) Die Macht der Computer und die Ohnmacht der Vernunft. Frankfurt/M.

Zoche, P. (1991) Technikfolgen des Mobilfunks in der Arbeitswelt. In: Garbe, D./ Lange, K. (Hg.): Technikfolgenabschätzung in der Telekommunikation. Berlin u.a., S. 165-179

Zu den Autorinnen und Autoren

Dr. Birgit Blättel-Mink - Hochschulassistentin am Lehrstuhl für Technik- und Umweltsoziologie der Universität Stuttgart

Hermann Dahm, M.A. - Wissenschaftlicher Mitarbeiter an der Forschungsstelle für Empirische Kommunikationsforschung der Universität Hohenheim

Thomas Dresel, M.A. - Freischaffender Soziologe in Freiburg

PD Dr. Martin Heidenreich - Wissenschaftlicher Mitarbeiter an der Akademie für Technikfolgenabschätzung in Baden-Württemberg

Dipl. Soz. Uli Kowol - Wissenschaftlicher Mitarbeiter am Institut für Wissenschafts- und Technikforschung an der Universität Bielefeld

Prof. Dr. Wolfgang Krohn - Professor für Wissenschafts- und Technikforschung an der Universität Bielefeld

Dr. Georg Licht - Leiter des Forschungsbereiches "Industrieökonomik und Internationales Management" am Zentrum für Europäische Wirtschaftsforschung in Mannheim

Prof. Dr. Helge Majer - Professor für Wachstums- und Innovationsforschung an der Universität Stuttgart

Prof. Dr. Frieder Meyer-Krahmer - Leiter des Fraunhofer Institut für Systemtechnik und Innovationsforschung in Karlsruhe und Professor für Volkswirtschaftslehre an der Universität Straßburg

Prof. Dr. Ortwin Renn - Vorstandsmitglied der Akademie für Technikfolgenabschätzung in Baden-Württemberg und Professor für Technik- und Umweltsoziologie an der Universität Stuttgart

Prof. Dr. Hedwig Rudolph - Direktorin des Forschungsschwerpunktes "Arbeitsmarkt und Beschäftigung?" am Wissenschaftszentrum Berlin für Sozialforschung

Prof. Dr. Dr. Michael Schenk - Professor für Kommunikationswissenschaft und Sozialforschung an der Universität Hohenheim und Geschäftsführender Leiter der Forschungsstelle für empirische Kommunikationsforschung an der Universität Hohenheim

Prof. Dr. Gerd Schienstock - Professor für Soziologie an der Universität Tampere (Finnland)

Prof. Dr. Hermann Schnabl - Professor für Mikroökonomik an der Universität Stuttgart

Wolfgang Schnell - Wissenschaftlicher Mitarbeiter am Forschungsbereich "Industrieökonomik und Internationales Management" am Zentrum für Europäische Wirtschaftsforschung in Mannheim

Dr. Deziderio Sonje - Wissenschaftlicher Mitarbeiter an der Forschungsstelle für empirische Kommunikationsforschung an der Universität Hohenheim